AF565838

Ferdinand Ritzel OFM

Pater Pio

Ferdinand Ritzel

PATER PIO

Sein Leben, Lieben und Leiden

media
maria

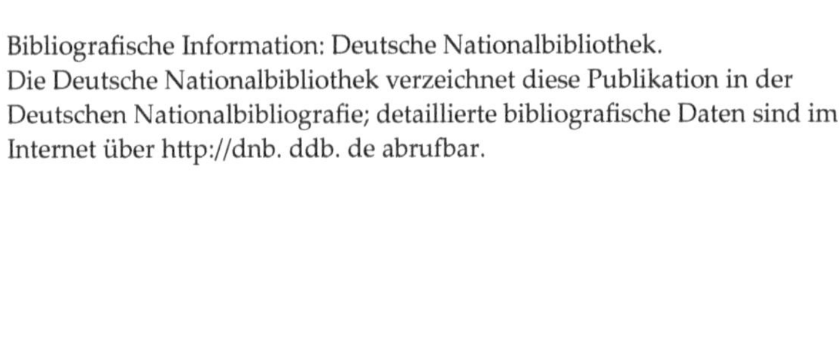
Bibliografische Information: Deutsche Nationalbibliothek.
Die Deutsche Nationalbibliothek verzeichnet diese Publikation in der Deutschen Nationalbibliografie; detaillierte bibliografische Daten sind im Internet über http://dnb. ddb. de abrufbar.

Der Titel wurde 1970 erstmals im Credo-Verlag, Wiesbaden, veröffentlicht. Die ursprüngliche Ausgabe wurde in überarbeiteter Form 1976 veröffentlicht und wird jetzt in etwas gekürzter Form neu herausgegeben.

PATER PIO
Sein Leben, Lieben und Leiden
Ferdinand Ritzel
Media Maria Verlag, 5. Auflage 2025

ISBN 978-3-9454018-9-7

www.media-maria.de

INHALT

Pater Pio wurde von Papst Johannes Paul II.
am 2. Mai 1999 selig- und am 16. Juni 2002 heiliggesprochen.
Sein Gedenktag ist der 23. September.

VORWORT

Aus der geistlichen Familie des Pater Alfons Lallinger ging als erster Priester und Ordensmann Pater Leodegar Klinger hervor. Die Barmherzigen Brüder, bei denen er eintrat, schickten ihn zum Studium nach Rom an die »Gregoriana«. Als er dort im Februar 1965 die Diakonenweihe empfing, wollten einige aus der Gemeinschaft unbedingt daran teilnehmen, um ihm die Glückwünsche der Heimat und der geistlichen Familie zu überbringen. Nachdem das Fest gefeiert war, meinte einer: »Jetzt sind wir schon in Rom. Wie wäre es, wenn wir zu Pater Pio fahren würden?« Gesagt, getan! Pater Leodegar erhielt von seinem Oberen einige Tage Urlaub und kam auf diese Weise zu Pater Pio. Unser Mitbruder durfte Pater Pio erleben, wie er sich in der Sakristei unbefangen mit den Männern unterhielt, mit ihnen scherzte und alle erfreute durch seinen Humor und seine kindliche franziskanische Freude. Als unsere Italienfahrer dann heimkamen, ermunterten sie auch mich, zu Pater Pio zu fahren. So machte ich mich dreimal auf den Weg. Einmal war ich fast eine ganze Woche bei Pater Pio. Beim Abschied ließ er mir durch seinen Sekretär ausrichten: *Farò tutto il possibile pregando per Lei che Dio lo aiuti.* (»Ich werde alles mir Mögliche tun und für Sie beten, dass Gott Ihnen helfe.«)

So möge man dieses Buch als Zeichen der Dankbarkeit und des Vertrauens auf die Hilfe dieses großen Gottesmannes auffassen. Das Interesse an der Gestalt Pater Pios hält trotz der vielen Pater-Pio-Schriften immer noch an. Ja, die wahre Größe dieses stigmatisierten Priesters muss nach einem Wort eines seiner Mitbrüder erst noch tiefer entdeckt werden. Diesem Ziel soll auch die vorliegende Arbeit dienen. Sie stützt sich vor allem auch auf die beiden Lebensbeschreibungen der italienischen Kapuziner Fernando da

Riese Pio X. und Alessandro da Ripabottoni. Auch das Studium seines Briefverkehrs mit seinen beiden Seelenführern, Pater Benedetto und Pater Agostino, und der Akten des 1. Kongresses zum Studium der Geistigkeit Pater Pios haben dazu beigetragen, dass aus der beabsichtigten Verbesserung meines ersten Pater-Pio-Buches fast ein ganz neues Buch entstanden ist. Möge es zum Streben nach christlicher Innerlichkeit ermuntern.

Der Verfasser

EINLEITUNG

Pater Pio war der erste sichtbar stigmatisierte Priester, der in der kirchlichen Öffentlichkeit als solcher bekannt wurde. Fünfzig Jahre lang trug er die Wundmale, die ihn zu einem lebendigen Abbild des Gekreuzigten machten. Wie sein Ordensvater Franz von Assisi den besonderen Vorzug hatte, die Menschen an Christus zu erinnern und die Liebe zu ihrem Erlöser in ihnen zu entzünden, so war auch das Leben und Wirken dieses stigmatisierten Priesters ein einziges Ausstrahlen Christi. Seit Langem lebte er nicht mehr sein eigenes Leben. Ein anderer hatte ihn gerufen und ihn als Werkzeug der Seelenrettung bereitet. Wie wenige andere durfte er in Wahrheit und voll dankbaren Jubels das Pauluswort auf sich beziehen: »So ist mein Leben ein Leben im Glauben an den, der mich geliebt und sich für mich dahingegeben hat. Nicht ich lebe, sondern Christus lebt in mir« (Gal 2,20). Ebenso intensiv und umfassend wie der Poverello von Assisi durfte er unserer Zeit die Wirklichkeit Christi künden. Gott hatte ihm so deutlich das Bild des göttlichen Heilandes und Erlösers eingeprägt und ihm einen so umfassenden Anteil an der Sendung seines eigenen Sohnes gegeben, damit er für unsere Zeit Zeuge und Weckruf des Göttlich-Übernatürlichen werde.

Einer Zeit, die großenteils nach dem Wort eines ihrer Philosophen lebt: »Gott ist tot! Bleibt der Erde treu!«, sollte er durch sein Leben und Wirken zurufen: »Gott lebt! Christus will auch in unserer Zeit leben und alle Menschen guten Willens an sich ziehen. Öffnet eure Seelen dem Anruf der göttlichen Liebe! Tut Buße für eure Sünden, damit nicht Gottes Zorn und Gerechtigkeit über euch kommen und euch verderben!«

Gleich Petrus war er zum Menschenfischer bestellt. Im Auftrag des göttlichen Meisters bekehrte er die schwersten Sünder.

Viele und auffallend große Fische verfingen sich in seinen Netzen. Jesus, der Gute Hirte, hatte seinen Diener dazu mit besonderen Gaben und Charismen ausgestattet. Gleich einem Pfarrer von Ars las er in den Menschenherzen. Er erkannte die Tiefe der Verwundung und zugleich die von Gott verordnete Arznei. Er war ein begnadeter Beichtvater und Seelenführer. Wie der Herr sich außer den Sündern und unschuldigen Kindern mit besonderer Liebe den Kranken zuneigte und alle Gebrechen heilte, so hatte er auch seinen Diener mit der Gabe der Krankenheilung beschenkt. Auf seine Fürbitte hin wurden Kranke aller Art geheilt. Taube, Krüppel, Lahme, Blinde haben den vollkommenen Gebrauch ihrer Organe und Gliedmaßen wiedererlangt. Tödliche Krankheiten wie bösartige Tumore, fortgeschrittene Formen der Tuberkulose, akute Hirnhautentzündungen sind bei bloßer Berührung mit einem von Pater Pios Gebrauchsgegenständen auf wunderbare Weise verschwunden. Einer Zeit, die auf der einen Seite wundersüchtig ist und der Wunder bedarf, um den allzu schwachen Glauben der Menschen zu stärken, und auf der anderen Seite durch ihre Intellektuellen darangeht, die Möglichkeit des Wunders zu leugnen, gab Pater Pio täglich neue Fragen auf. Eine Fülle von Zeichen und Wundern geschah durch den Gottesmann. Die Menschen einer aufgeklärten und glaubensarmen Zeit sollten auf die Macht der Fürbitte des glaubensstarken Gebets und auf Gottes allmächtige Hand hingewiesen werden.

I.
KINDHEIT UND JUGEND

Um dieses lebendige Christusabbild, das Gott in seiner Weisheit und Liebe unserer Zeit in Pater Pio geschenkt hat, noch besser begreifen zu lernen, ist es unbedingt notwendig, die Leitlinien seines langen Lebens nachzuzeichnen. In welche Zeit und Umgebung stellt Gott seinen Erwählten hinein? Wie formt er sein Werkzeug? Welche Menschen und Geschehnisse wirken mit an dieser Formung?

Schildern wir kurz die Zeitsituation, in die Pater Pio hineingeboren wird. Wie sieht es 1887, dem Geburtsjahr Pater Pios, in Italien aus? In den Provinzen herrschten damals die Freimaurer und kirchenfeindlichen Geheimbündler. Die Freimaurerei war auf dem Höhepunkt ihres Einflusses. Der Kirchenfeind Francesco Crispi gab den Befehl, das Kreuz aus den Schulen zu entfernen. Ob die Geburt des kleinen Francesco Forgione am 25. Mai dieses Jahres so etwas wie eine Antwort Gottes auf die Umtriebe der Kirchenfeinde war? Die Predigt vom Gekreuzigten und von der Notwendigkeit der Erlösung durch ihn wird er einen am lebendigen Leib Gekreuzigten halten lassen. Er wird sein Werkzeug mit den erhabenen Zeichen seiner Passion schmücken, nicht so sehr als Auszeichnung für ihn selbst, sondern als Predigt für die Welt, die dessen bedarf.

Eine schlichte und einfache Form des Betens ist das Rosenkranzgebet. Seit Kindestagen ist es das Lieblingsgebet von Pater Pio. Einer Anregung des ehrwürdigen Bartolo Longo folgend, hatte Leo XIII. die Madonna von Pompeji krönen und inthronisieren lassen und die Menschen zum Rosenkranzgebet aufgefordert. So ist er zum Rosenkranzpapst geworden. Immer wird es

Pater Pio zu eigen sein, die Anregungen und Wünsche der römischen Päpste wörtlich zu befolgen. Als er eines Tages von jemand gefragt wurde, was er als Erbe hinterlasse, sagte er: den Rosenkranz.

Im Jahre 1887, dem Geburtsjahr Pater Pios, empfängt die stigmatisierte Leidensbraut Gemma Galgani ihre erste hl. Kommunion. Allerorten in Italien blüht die christliche Heiligkeit. In Turin leben Don Bosco, Don Cafasso, die Helferin Don Boscos, Maria Mazarello, und der heiliggesprochene Lieblingszögling Don Boscos, Domenico Savio. In Rom wirkt der hl. Vinzenz Pallotti. Assisi schenkt der Kirche den jung vollendeten Passionisten Gabriel von der schmerzhaften Muttergottes. In diese Zeit wird Pater Pio hineingeboren. So antwortet Gott auf das Anwachsen der kirchenfeindlichen Bewegung des jungen Italien.

In Pietrelcina, einem kleinen Städtchen der Provinz Benevent, steht das Elternhaus Pater Pios, klein und bescheiden, an die Armut von Bethlehem erinnernd. Seine Mutter war damals 28 Jahre alt und hatte schon vier Kinder. Michele war bereits auf der Welt. Dann waren drei Kinder auf die Welt gekommen, die kurz nach der Geburt starben, danach die Mädchen Felicità, Pellegrina und Graziella[1]. Als letztes Kind wurde Francesco geboren. Ohne ihn wären sicher auch die Namen der anderen nie über den engeren Familienkreis hinaus bekannt geworden.

Bei der Geburt ereignete sich nichts Außergewöhnliches. Die Hebamme meinte zwar zur Mutter: »Giuseppa, das Kind wurde geboren, eingehüllt in einen weißen Schleier. Das ist ein gutes Zeichen. Es wird groß und glücklich sein.«

Die Mutter entgegnete darauf als schlichte und nüchterne Frau: *Come Dio vuole!* – »Wie Gott will!«

Francesco war ein Kind wie alle anderen. Die Mutter stillte ihn regelmäßig. Der Kleine war brav und ruhig. Freilich von Zeit zu Zeit konnte er auch durch lautes und anhaltendes Weinen seinen Vater zum Zorn reizen. Vater Grazio erzählte selbst einmal davon. Es war nach einem strengen Arbeitstag auf dem Feld. Müde und abgespannt kam er heim und sehnte sich nach der wohlverdienten Nachtruhe. Aber der kleine Francesco schrie ununterbrochen und wollte sich nicht beruhigen lassen.

Was tut Grazio? Aufgeregt nimmt er den kleinen Schreihals und schleudert ihn aufs Bett und das so energisch, dass er auf den Boden fällt. »Aber was denn! Sollte in meinem Haus ein Teufel zur Welt gekommen sein statt eines Christen?! …«

Da wird auch Maria Giuseppa zornig und schimpft ihren Mann: »Du hast mir das Kind umgebracht! …« Aber schon hebt sie es voll mütterlicher Sorge auf und drückt es ängstlich an ihre Brust. Der Kleine hatte sich nicht im Geringsten wehgetan. Aber von dieser Stunde an weinte er nicht mehr. Grazio konnte sich ohne Sorge der verdienten Nachtruhe hingeben.

Sucht man auch vergebens nach Zeichen der Heiligkeit, wie sie die zweite Nokturn des Breviers von vielen Heiligen berichtet, so lässt uns doch das Lob der Mutter auf ihren heranwachsenden Francesco aufhorchen. Francesco war doch alles andere als ein Lausbub. Hören wir, was die Mutter berichtet: »Als er allmählich in die Jahre kam, beging er keinen Fehler mehr. Er bockte nicht, er gehorchte mir und Grazio immer. Jeden Morgen und jeden Abend begab er sich in die Kirche, um Jesus und Maria zu besuchen, wie er sagte. Niemals ging er während des Tages aus dem Haus, um mit anderen Buben herumzulärmen. Manchmal sagte ich zu ihm: ›Francesco, komm! Geh ein wenig hinaus und spiele mit deinen Kameraden!‹ Aber er weigerte sich: ›Ich mag nicht zu ihnen hinausgehen, weil sie fluchen.‹«

Der Vater

Der Kleinbauer Grazio Forgione, im Volksmund »Onkel Grazio« genannt, war ein guter, gerechter und intelligenter Mensch. Nie verlor er seinen jugendlichen Frohsinn. Dieser Frohsinn hatte etwas Ansteckendes und war gewürzt mit unschuldigen Scherzen und schlagfertigen Erwiderungen. Seine Augen waren lebendig und sprechend, seine Manieren manchmal etwas rau und aufreizend, aber immer geistvoll. Er verfügte über eine schöne, sonore

Stimme. An harte Arbeit gewöhnt, hatte er trotzdem ein feinfühliges Herz. Er konnte eine Ameise aus dem Weg räumen, um sie nicht zu zertreten. »Armes Tierchen«, sagte er dann, »warum sollst du sterben?«

Grazio lebte aus seinem Glauben. Freilich ging er nicht so oft wie sein Kleinster zur Kirche und manchmal entkam ihm statt eines Stoßgebetes sogar ein Fluchwort. Darüber wurde Francesco ganz traurig und sein unschuldiges Kindergesicht verdüsterte sich.

Als er sich nach leider etwas zu langem Warten entschloss, seinen Buben auf die Schule zu schicken, zögerte er nicht, nach Amerika auszuwandern, um das nötige Kleingeld für die Familie zu verdienen. Denn in Pietrelcina bearbeitete man den kargen Grundbesitz, um zu leben, aber nicht, um etwas dabei zu verdienen. Als sich dann Grazio nach Amerika einschiffte, fiel die ganze Last der Arbeit in Haus und Feld, vor allem aber die Verantwortung der Kindererziehung, Mutter Giuseppa zu.

Die Mutter

Giuseppa Di Nunzio war eine brave und kluge Frau. Nur aus Liebe hatte sie Grazio geheiratet. Grazio war zwar kein Pächter, sondern arbeitete auf seinem eigenen Grund und Boden. Aber mit dem Besitztum der Familie seiner Frau konnte sich sein bescheidenes Anwesen keineswegs messen, betrug es doch um diese Zeit kaum mehr als zwei Hektar.

Giuseppa war ebenso lustig und voll heiteren Frohsinns wie ihr Mann, immer bereit, ein schönes Geschichtchen gekonnt und meisterhaft zu erzählen. Dabei war sie eine ernste und religiöse Frau. Dreimal in der Woche, Mittwoch, Freitag und Samstag, aß sie zu Ehren der Muttergottes kein Fleisch. Auf jeden Fall gelang es ihr, sich und ihre Kinder ehrenvoll durchzubringen. Ihr Mann im fernen Amerika konnte sich auf sie verlassen. Freilich, im Überfluss lebten die Forgiones nie. Die Armut war immer zu Gast in ihrem bescheidenen Häuschen. Pater Pio meinte später häufig:

»Bei uns zu Haus war es schwierig, zehn Lire zu finden, aber es fehlte nie etwas.«

In den Sommermonaten, wenn die Feldarbeit drängte, zog man es vor, gleich in der Nähe der Felder zu wohnen. In der Piana Romana, so hieß der Flurteil, hatten sie eine halbe Stunde von Pietrelcina entfernt eine Art Meierei, eine Hütte, bestehend aus einer einzigen Stube. In der Nähe befanden sich ähnliche kleine Häuser von drei, vier anderen Familien. Nach seiner zweiten Auswanderung nach Amerika kaufte Grazio noch einige Stück Land in der Via Monte und im Flurteil der hl. Barbara dazu.

Der kleine Francesco folgte seiner Mutter mit aufs Feld. In seiner schönen, kindlichen Einfalt bewunderte er die Größe und Schönheit Gottes in der Natur. Er dankte für die göttliche Vorsehung, die eine so reiche Ernte schenkte, und bewunderte die gute, aber anstrengende Arbeit der Schnitter. In demütig-schlichten Gebeten sammelte er sein Herz vor Gott und grüßte auch die »Madonna della Libera«, die hehre Patronin von Pietrelcina. Sein ganzes Leben lang wird er die Schutzfrau seiner Heimat innig verehren.

Francesco war ein ruhiger und schweigsamer Knabe. Er liebte das Stillschweigen. Aber die Liebe zur Einsamkeit machte ihn nicht zum widerborstigen Einzelgänger oder gar zum ängstlichen Duckmäuser. Das Wort von der »ungesalzenen Makkaroni«, die er als junger Mensch gewesen sein soll, stammt nicht von ihm. Pater Pio erinnerte sich jedenfalls nicht, es irgendwie gebraucht zu haben. Als man ihn eigens einmal fragte, ob er als Bub auch gern gespielt habe, gab er zur Antwort: »Sicher, ich freute mich am Spiel, ich freute mich aber ebenso, beim Spielen zuzuschauen. Das machte mir in gleicher Weise Spaß.«

Freilich verschweigt Pater Pio bei dieser Antwort, dass er schon in Kindestagen einen anderen Spielgefährten hatte, nämlich seinen hl. Schutzengel, dessen sichtbarer Gegenwart er sich erfreute.

Francesco hütet die Schafe

Sobald er konnte, musste sich der kleine Francesco nützlich machen. Wie viele der Bauernkinder auf dem Hof helfen müssen, so gab man Francesco zwei Schafe zum Hüten. Ein Nachbarsbub namens Orlando Luigi leistete ihm dabei Gesellschaft. Er hatte nur ein Schaf zu betreuen. So trieben die beiden kleinen Hirten täglich ihre Schafe in die Piana Romana oder auch nach S. Barbara. Während die Schafe sich die saftigsten Gräser suchten, scherzten die Buben. Ab und zu maßen sie auch ihre Kräfte miteinander. Francesco, der drei Jahre älter war, siegte fast immer. »Einmal«, so erzählt Luigi, »hatte mich Francesco wieder mit den Schultern auf den Boden genagelt. Da versuchte ich die Situation zu wenden und ihn nach unten zu bringen. Doch all meine Anstrengungen waren vergebens. Als ich sah, dass absolut nichts zu machen war, entfuhr mir ein starker Ausdruck. Francesco reagierte sofort darauf: Sich loszumachen, aufzustehen und sich davonzumachen war alles eins bei ihm.« Wie er selbst nie böse Worte sagte oder gar einen Fluch ausstieß, so mied er auch schlechte oder leichtsinnige Spielkameraden.

Sonst aber war Francesco kein Sonderling. Er ging mit auf Eidechsenjagd und wusste deren Nester ausfindig zu machen. Er tat ihnen aber nie etwas zuleide. Was das Spiel mit den Schnecken betrifft, half er Luigi, die Schnecken mit den schönsten Häusern, die kein Loch haben durften, als Öllämpchen herzurichten. Luigi zog die Bewohner heraus, Francesco goss dann in die gereinigte Muschel das Öl. Nachdem man einen Docht hineingetaucht hatte, zündete man das Lichtlein an. Solche Lichter verwendeten sie in der Weihnachtskrippe. Das göttliche Kind, die Muttergottes und der hl. Josef sollten nicht im Finstern stehen. Die Hirten modellierte Francesco selbst aus Ton.

War Francesco auch kein Spielverderber, so zog es ihn doch mehr nach innen. Die Ruhe und Schweigsamkeit nach außen, die Liebe zur Sammlung und zum Alleinsein bereiteten ihn für jenes existenzielle Spiel, wozu Gott seine Lieblinge einlädt. Und der kleine Francesco ist ein großer Liebling Gottes. Gott ruft ihn schon in früher Kindheit beim Namen (vgl. Jes 43,1). Francesco erklärt sich für das göttliche Abenteuer bereit. Er will ganz Gott gehören und ihm in einem Stand dienen, der diese Ganzhingabe an Gott zum Ausdruck bringt. Schon mit fünf Jahren empfängt er seine Berufung zum Ordensstand.

Francesco liebt den hl. Märtyrer Pio, der in Pietrelcina sehr verehrt wird. In sein Heiligtum zieht er sich gern zurück, um zu beten. Francesco hat Freude am Gebet. Sein Besuch im Piusheiligtum ist kein Besuch von wenigen Minuten, sondern dehnt sich oft über Stunden aus. Wurde dann gegen Abend die Kirche geschlossen, setzte er sich auf einen Stein neben dem kleinen Heiligtum und betete weiter, bis ihn schließlich die ihn mit besonderer mütterlicher Liebe umsorgende Mama rief.

Francesco betete viel und gern. Aber sein kindlich-einfältiges Gebet war kein bloßes Lippengebet und auch keine Häufung von bloßen Gebetsformeln. Es brachte Früchte der Tugend und fester Vorsätze hervor. Er wollte gern und bereiten Herzens folgen. Niemals verletzte er im Mindesten die Folgsamkeit und Ehrfurcht gegenüber seinen Eltern.

Aus seinem liebenden Zwiegespräch mit dem Herrn erwachte auch die Sehnsucht nach Leiden und Sühne. Heiteren Sinnes ertrug er alles, was ihm von anderen angetan wurde. Er wies das ihm zufallende Leid nicht zurück, sondern nahm es freudig an. Außerdem legte er sich auch schmerzliche Bußen auf, Bußen, die wirklich wehtaten. Und das mit einer dem Evangelium entsprechenden Klugheit. Alles sollte im Verborgenen bleiben. Niemand sollte etwas davon merken.

Freilich der lieben Mutter konnte nicht alles verborgen bleiben. Francesco war neun oder zehn Jahre alt, als Mutter Giuseppa eines Tages Kettengeräusch hinter dem Bett vernahm. Als sie hinging, sah sie, dass Francesco sich mit einer eisernen Kette schlug. Die Mutter hieß ihn aufhören. Sie hatte Angst, er könnte sich wehtun. Doch Francesco ließ sich nicht beirren.

»Aber warum, mein Sohn, schlägst du dich so? Die Eisenkette tut dir doch weh!«, wehrte Mama Peppa eines Tages ab.

Darauf Francesco: »Ich muss mich schlagen, wie die Juden Jesus geschlagen haben. Sie haben ihn bis aufs Blut gegeißelt, und so will auch ich, dass mir das Blut von den Schultern rinnt.«

Die Mutter war bestürzt, als sie diese Antwort hörte. Sooft sich ihr Bub geißelte, entfernte sie sich. Dabei standen ihr die Tränen in den Augen.

War Francesco auch aufs Wort gehorsam, auf den Wegen der Buße folgte er einem höheren Antrieb. Mochte ihm auch seine Mutter das Bett in mütterlicher Liebe herrichten, Francesco zog es zur rechten Zeit vor, auf dem Boden zu schlafen. Ein Stein diente ihm dabei als Kopfkissen.

Himmlische Erscheinungen

Schon mit fünf Jahren beginnt seine außergewöhnliche religiöse Erfahrung. Francesco erlebt ein visionäres Vorspiel der Mystik. In der Nähe des Bauernhauses in der Piana Romana stand eine Schatten spendende Ulme. Hier hielt sich der Kleine gern auf. Gerade hier unter diesem Baum begannen für ihn die geistlichen Kämpfe und Prüfungen, der harte und mühevolle Kampf gegen Satan. Da das Dämonische, der Kampf mit dem Teufel, in Pater Pios Leben einen großen Raum einnimmt, werden wir später eigens darauf zurückkommen müssen. Francesco nennt den Teufel mit dem biblischen Namen Beelzebub, er findet auch manchen Spitznamen für ihn. Obwohl klein und jung an Jahren, war Francesco doch schon groß vor Gott. Sonst hätte ihn Satan nicht so bekämpft. Aber er setzte sein ganzes Vertrauen auf Gott allein. Nie wird er deshalb dem Teufel unterliegen. Doch diese Teufelserscheinungen und Belästigungen durch den Bösen waren nur das Gegenspiel zu jenen himmlischen Erscheinungen, die ebenfalls mit dem fünften Lebensjahr begannen und nie mehr aufhören sollten. Als ihn 1915 sein Seelenführer darüber befragte, warum er diese Dinge so lange verschwiegen habe, antwortete er in seiner Kindeseinfalt, er habe sie verschwiegen, weil er sie für ganz gewöhnliche Dinge hielt, die jeder habe.

In der Tat fragte er denselben Seelenführer eines Tages: »Und Sie sehen die Madonna nicht?« Er konnte das gar nicht glauben. Als Pater Agostino das verneinte, meinte er: »Sie sagen das aus Demut.«

Vorsichtig hatte also Francesco sein inneres Leben der ersten Jahre für sich behalten. Niemand wusste, dass er schon als Fünfjähriger Teufelskämpfe ausgefochten hatte, aber auch durch Schauungen der Muttergottes zutiefst beglückt wurde. Um dieselbe Zeit von fünf Jahren erwachte in ihm das Verlangen, sich dem Herrn für immer zu weihen.

Ein Wunder geschieht

Wir schreiben das Jahr 1896. Der kleine Francesco ist jetzt 9 Jahre alt. Es ist das Jahr, in dem ihn die Mutter an einem Wintermorgen am Boden schlafend findet, mit einem Stein als Kopfkissen. Da nimmt ihn der Vater mit zur Kirchweih von Altavilla Irpina. Man feiert das Fest des seligen Peregrin. Die Kirche ist zum Erdrücken voll. Da bahnt sich auf einmal eine Frau mit ihrem Kind den Weg zum Altar des Heiligen. Es ist ihr Erstgeborener, von Geburt an missgestaltet. Leidenschaftlich weint und bittet und fleht sie. Es ist eine herzzerreißende Szene. Die Frau hält ihr Kind empor zum Herrn im Tabernakel. Und dann, unter Schluchzen und Klagen, wirft sie es zum Erschrecken der Leute dem Heiligen zu. »Warum willst du ihn mir nicht heilen?«, fragt sie fast zornig. »Behalte du ihn, er ist dein …« Das Kind fällt ihr in den Schoß zurück. Es ist geheilt. Zum ersten Mal erlebt der kleine Francesco die wunderwirkende Macht des glaubensstarken Fürbittgebetes. Später werden Wunder und Zeichen sein priesterliches Wirken begleiten. Er wird sie der Fürbitte Mariens zuschreiben.

Francesco war an die zehn Jahre alt, als er eines Tages schwere Leibschmerzen bekam. Über einen Monat musste er das Bett hüten und eine strenge Diät halten. Der Arzt gab sich alle Mühe, aber ohne Erfolg. Die Mutter war darüber fast etwas verzweifelt, sollte sie doch zugleich für ihren kranken Buben sorgen und die Erntearbeit bewerkstelligen.

Eines Tages, als es Francesco sehr schlecht ging, verlangte der Arzt von der Mutter, sie solle ihren Kleinen nicht allein lassen. Er verordnete noch einige Pillen, die aber der Kranke nicht einmal anrührte. Donna Peppa war äußerst besorgt und empfahl ihn der »Madonna della Libera«, der Schutzfrau Pietrelcinas.

Da sie um diese Zeit die Erntearbeiter in der Piana Romana hatte, buk sie eine Schüssel voll Paprikaschoten. Francesco lag im angrenzenden Zimmer und sog den Geruch der guten Peperoni begierig in die Nase ein, hatte aber nicht im Entferntesten den Mut, darum zu bitten. Nachdem der Peperoni-Auflauf fertig war, packte die Mutter die Hälfte davon in den Esskorb, um sie den Erntearbeitern zu bringen, die andere Hälfte hob sie im Küchenschrank auf. Dann verabschiedete sie sich vom Kranken: »Franci mio, mein Franci, lebe wohl! Ich gehe jetzt in die Piana Romana zu den Schnittern und komme dann sofort wieder heim. Hast du verstanden? Rühr dich nicht! Die ›Madonna della Libera‹ möge dir helfen!«

Kaum war die Mutter aus dem Haus, steht Francesco langsam auf. Er fühlt sich noch schwach und muss sich an Bett und Mauern festhalten. Kranke brauchen etwas Appetitanregendes. Die gebackenen Peperoni haben es ihm angetan. So geht er zum Küchenschrank, um sich dort seinen Teil zu holen. Sie schmecken ihm, und er isst tüchtig davon. Dann geht er zufrieden wieder ins Bett und schläft ein.

Bald kommt auch die Mutter wieder vom Feld zurück. »Franci, wie fühlst du dich?«, fragt sie, indem sie ans Bett tritt. Doch Francesco schläft. Der Schweiß rinnt ihm nur so herunter und sein Gesicht ist röter als die Peperoni, die er mit Heißhunger verschlungen hatte. Donna Peppa bekommt es mit der Angst zu tun. Sie läuft zum Arzt und fragt den Doktor, ob er ihm wohl die ganzen Pillen verabreicht habe. »Keine einzige«, entgegnet der Arzt und eilt zusammen mit der Mutter ans Krankenbett. Er fühlt den Puls. Alles in Ordnung. Er horcht das Herz ab. Noch besser. Die Zunge ist frisch und rot wie Feuer, die Temperatur auf

36 Grad gesunken. Er konnte es sich einfach nicht erklären. So beauftragte er die besorgte Mutter, ihren Francesco zu überwachen. Er würde dann am nächsten Morgen wiederkommen, ja sogar in der Nacht, wenn sich irgendeine Verschlimmerung einstelle. Trotz aller Anzeichen der Besserung fürchtete er nämlich einen totalen Zusammenbruch.

Inzwischen aber taten die Peperoni ihre Wirkung. Während der Nacht kam eine vollständige Entleerung. Als der Arzt am anderen Morgen der Mutter begegnete, berichtete ihm diese, was vorgefallen war, dass der Bub nach reichlicher Entleerung ausgezeichnet geschlafen habe.

Francesco wollte schon am selben Tag mit in die Piana Romana aufs Feld gehen. Doch die Mutter wehrte ab. Als sie dann fortgehen musste, beauftragte sie eine Nachbarin, nach ihm zu sehen für den Fall, dass der Arzt nochmals komme.

Aber der Kranke, der fühlte, wie sich seine Kräfte erneuerten, handelte schneller. Bevor die Nachbarin es gewahr wurde, war er aufgestanden und hatte sich angezogen, um seinen ersten Ausmarsch zu riskieren. Die Nachbarin sah ihn gerade noch, als er in Richtung Campagna davonging. Als die Mutter dann nach Hause kam, erfuhr sie das von der Nachbarin, und als der Arzt ein wenig später zur Visite kam, wartete auch er vergebens auf den Kranken, der sich selbst kuriert hatte.

Francesco hütete nach wie vor die Schafe. Aus den zwei Schafen war inzwischen eine Handvoll geworden. Da kam eines Tages der Vater zu ihm auf die Weide. Nachdenklich hielt er inne und fragte sich: Ist es recht, dass mein Bub dieser fünf, sechs Schafe wegen nicht in die Schule gehen kann? Francesco war nämlich über das gewöhnliche Alter des Schulbeginns längst hinaus. Wollte er trotzdem noch in die Schule gehen, dann musste er das Versäumte im Privatunterricht nachholen.

Grazio betrachtete also seinen Francesco und fragte ihn: »Francesco, möchtest du nicht in die Schule gehen?« Ohne auch nur im Geringsten überlegen zu müssen, entgegnete ihm sein Bub: »Aber ja, ich möchte schon in die Schule gehen.«

Darauf der Vater: »Ah, du willst, du möchtest in die Schule. Wenn du lernst und es nicht machst wie dein Bruder, wirst sehen, dass dich dein Papa Mönch werden lässt.«

Grazio hatte Francescos Bruder Michele einige Jahre zur Schule geschickt. Doch dieser lernte nichts und so musste er ihn beschämt wieder von der Schule nehmen. Er hatte Angst, dass es ihm mit Francesco ebenso ergehen würde wie mit Michele. So versprach er zwar zweimal seinem Buben, dass er ihn bald zur Schule schicken würde, hielt aber sein Versprechen nicht.

Ein drittes Mal, als der Vater wieder auf die Weide kam, ergriff Francesco selbst die Initiative: »Papa, wann wirst du mich zur Schule schicken?« Jetzt raffte sich der Vater auf. Der Entschluss war gefasst. Noch am selben Abend besprach er die Sache mit seiner Frau Giuseppa. Die Würfel waren gefallen.

Erster Schulunterricht

Die Anfangsgründe des Lesens und Schreibens musste Francesco bei einem Bauern lernen, der selbst nur einige Volksschulklassen besucht hatte. Des Abends nach getaner Feldarbeit unterrichtete er in einem kleinen Zimmer, das weder ein Pult für den Lehrer noch Schulbänke für die Schüler besaß. Dann erhielt er seinen ersten wirklichen Lehrer in der Person des säkularisierten Geistlichen Don Domenico Tizzani, kurz Don Domé genannt. Wegen einer Liebesgeschichte hatte er den Talar ausgezogen und geheiratet. Nun versuchte er, sein Leben durch privaten Schulunterricht zu fristen.

Pater Pio lobt ihn als tüchtigen Lehrer, der den Kindern etwas beibrachte. Er beschreibt ihn als feinfühlig und zurückhaltend. Nie machte er seinen Schülern die geringste Andeutung von seiner klerikalen Vorgeschichte. Trotzdem konnte er es nicht verhindern, dass sein sowohl Ärgernis wie Mitleid erregender Fall im ganzen Ort bekannt wurde. Was bleibt schon geheim in einem kleinen Ort auf dem Land!

Francesco besuchte also drei Jahre die Grundschule bei ihm, machte aber trotzdem keine rechten Fortschritte. In der Frühe ging er zur hl. Messe, jeden Abend in die eucharistische Segensandacht. Sein Vater war um diese Zeit schon in Amerika.

Als sich deswegen die Mutter einmal zum Lehrer begab, um sich über ihren Buben zu informieren, musste sie von Don Domé bittere Klage über ihren Francesco hören: »*Non profitta!* ... Er macht keine Fortschritte ... Man versteht es auch, wenn er nur immer in die Kirche geht. Morgens in die Messe. Abends nochmals in die Kirche! Was kann er da schon lernen?« In erregtem Tonfall hatte der Lehrer diese Auskunft gegeben. Die Mutter kam dadurch etwas aus der Fassung. Daheim lief ihr Francesco gerade in die Hände. Er war eben aus der Kirche zurückgekehrt. Da konnte sich Donna Peppa nicht zurückhalten und überschüttete ihren Francesco mit Vorwürfen. War sie in ihrem Elternstolz irgendwie gekränkt? Oder hatte sie Angst, dass es mit Francesco ebenso ginge wie mit seinem Bruder Michele?

Francesco ließ das Gewitter über sich ergehen und schwieg. Welch eine Selbstbeherrschung für einen Zehnjährigen! Welch beispielhaftes Verhalten bei schweren Demütigungen! Da aber die Mutter nicht aufhörte, ihn zu tadeln, und ihrem betrübten Herzen Luft machte mit der Drohung: »Was werde ich deinem Vater, der nach Amerika ausgewandert ist, um dich studieren zu lassen, schreiben?« Da antwortete Francesco fast in Tränen aufgelöst: »Mama, nicht ich bin es, der keine Fortschritte macht, nicht das In-die-Kirche-Gehen ist es, das mich am Lernen hindert, aber er ist ein schlechter Priester ...« Da schwieg die Mutter und brachte kein Wort mehr heraus.

Auch dem Vater in Amerika kamen Zweifel an der rechten Wahl des Lehrers. Als er darüber nachdachte, dass sein Bub Ordensmann werden sollte, musste er sich sagen, dass es nicht richtig gewesen war, ihn einem abgefallenen Priester anzuvertrauen. Das ließ ihm keine Ruhe mehr. Er musste sich hinsetzen und seiner Frau schreiben: »Nimm Francesco sofort aus der Schule dieses Tizio und schicke ihn zu einem besseren Lehrer!« Als der Brief ankam, tat Donna Peppa einen Seufzer der Erlösung und nahm ihren Francesco aus der Schule des abgefallenen Priesters.

Der unschuldige, in einem schönen übernatürlichen Sinn einfältige Francesco musste drei Jahre in die Schule dieses abgefallenen Priesters gehen. Er hat unter diesem Priesterlehrer viel gelitten. Doch seine Leiden sollten nicht unfruchtbar bleiben. Er durfte diese bemitleidenswerte Priesterseele retten für die Ewigkeit.

Es war in den Tagen nach der Primiz, da ging der junge Neupriester zufällig am Haus seines ehemaligen Lehrers vorbei. An der Haustür stand die Tochter, ganz verdemütigt, fast weinend. Pater Pio rief sie beim Namen und fragte sie nach dem Befinden ihres Vaters. Zitternd und schluchzend gab das Mädchen zur Antwort: »Es geht ihm sehr schlecht.«

Ohne Zögern fragte der junge Kapuziner: »Kann ich ihn besuchen?« – »Sicher, ohne Weiteres!«, und sie ließ den Priester die Treppe hochsteigen. Dann benachrichtigte sie den kranken Vater, dass Pater Pio da sei, und bat diesen einzutreten. Welch eine Begegnung! Beide empfanden eine innere Rührung. Und jedes Mal, wenn Pater Pio später davon erzählte, konnte er es nicht tun, ohne dieselbe innere Bewegung und Rührung zu verspüren. Es war wirklich eine große Gnade für den Lehrer, denn keiner der ansässigen Priester wollte ungerufen den Exkommunizierten besuchen.

So blieben beide allein mit Gott. Der Kranke beichtete und bereute tief zerknirscht seine Sünden und der Friede Gottes kehrte wieder in dieses Haus ein. Pater Pio benachrichtigte sofort den Erzpriester davon. Dieser freute sich sehr darüber und dankte Gott von Herzen.

Der Kranke aber kehrte nach einigen Tagen heim. Alle am Ort freuten sich über den glücklichen Ausgang dieses Priesterschicksals. Am meisten aber dankte der Neupriester selbst, dass er Werkzeug der barmherzigen Liebe Gottes sein durfte.

Auf den Brief ihres Mannes aus Amerika hin hielt Mama Peppa Ausschau nach einem besseren Lehrer. Sie fand ihn in Angelo Càccavo, der zu dieser Zeit ebenfalls eine Privatschule mit staatlicher Genehmigung leitete. Ausgebildet am erzbischöflichen Seminar von Benevent, hatte er über dreißig Jahre in den öffentlichen Schulen von Pietrelcina unterrichtet. Daneben leitete er eine Abendschule auf eigene Verantwortung.

Als nun Donna Peppa mit der Bitte kam, ihren Francesco in seine Schule aufzunehmen, gab er ihr zuerst prompt eine Absage. Er wollte nicht mit Don Domenico ins Gehege kommen und noch weniger mit dessen Frau. Schließlich gab er aber dem anhaltenden Drängen der Mutter, die dabei von einigen Verwandten unterstützt wurde, nach.

Mama Giuseppa übergab ihm nun ihren etwas schüchternen und körperlich eher schmächtigen Buben. Schon stieg sie die Treppe des Schulhauses wieder hinunter und wollte zur Tür hinausgehen. Da wandte sie sich nochmals um und sagte zum Herrn Lehrer hinauf: »Herr Lehrer, ich gehe nun aufs Feld, ich vertraue ihn euch an. Haut ihn nur tüchtig!«

Der schüchterne Francesco hörte, was seine Mutter sagte, brachte aber kein Wort heraus, denn er liebte und schätzte seine Mutter über die Maßen. Dann nahm er Platz in der Klasse. Doch anstatt der Schläge, die ihm winken sollten, merkte er bald, dass ihm sein Lehrer eine große Zuneigung entgegenbrachte. Er wusste Francescos willige Gelehrigkeit und auch seinen Fleiß und Lerneifer zu schätzen. Mit Freude und Genugtuung durfte er erleben, dass sich sein Schüler geistig schnell entwickelte. Aus dem als stumpfsinnig und unbegabt Verschrienen wurde innerhalb kurzer Zeit der Klassenbeste.

In einem Brief vom 5. Oktober 1901 machte er seinem Vater in Amerika Mitteilung von seinen schulischen Fortschritten: »... Jetzt befinde ich mich unter der Führung eines neuen Lehrers. Ich merke, dass ich von Tag zu Tag Fortschritte mache. Ich und Mama sind deswegen über die Maßen zufrieden.«

Francesco war aber auch wirklich ein fleißiger und eifriger Schüler. Er setzte sich tüchtig hinter die Bücher, um das Versäumte nachzuholen. Er zeigte dabei einen Ernst und eine Ausdauer, wie sie den auffassungsschnellen Südländern sonst weniger zu eigen ist. Während die Mutter mit den anderen Kindern aufs Feld ging und in der schönen Jahreszeit gar nicht jeden Abend heimkam, blieb Francesco zu Hause, um in die Schule zu gehen und zu lernen. Blieb die Mutter mit Michele und den Mädchen in der Meierei, bereitete er sich selbst ein frugales Mahl. Es gab dann einen Teller Zucchini, ein anderes Mal *patate fritte,* in Öl gebratene Kartoffeln. Wenn er sich zum Lernen hinsetzte, ließ er sich durch nichts mehr stören. Kamen dann seine Kameraden am Fenster vorbei und luden ihn zu einer Knopfpartie ein, vertröstete er sie lächelnd: *Dopo!* – »Später!« Und dies tat er nicht nur einmal, sondern sooft sie kamen, bis zum Abend. Er wollte sein Grundschulwissen vertiefen und sich eifrig auf das Examen der dritten Gymnasialklasse vorbereiten. Francesco erreichte auch bald dieses Ziel. Neben seinem Eifer und Fleiß verdankte er es vor allem seinem tüchtigen Lehrer, dass er in zwei Jahren die ersten drei Gymnasialklassen schaffen konnte.

Einmal veranlassten seine Mitschüler ein Mädchen, ein leidenschaftliches Liebesbriefchen zu schreiben, das sie dann heimlich in Francescos Tasche steckten.

Nachdem der erste Akt geschehen war, folgte gleich auch der zweite, eingeleitet durch ein ungewöhnliches und anhaltendes Hüsteln der Schüler. So dachten sie, die Aufmerksamkeit des Lehrers wachzurufen und ihn zum Nachforschen zu reizen.

»Was gibt's, das nicht in Ordnung ist?«

»Herr Lehrer, Francesco …«

»Was denn?!«

»Francesco hat eine Liebschaft!«

»Francesco, ist es wahr, was die Kameraden sagen?«

»Nichts ist wahr, Herr Lehrer!«

Inzwischen deuteten die Ankläger auf die Jackentasche des Verdächtigten. »Na siehst du, dass du lügst …«

»Nein, das, was ich sage, ist wahr«, wiederholte Francesco.

»Pass auf, dass ich dich nicht durchhaue!«, drohte der Lehrer.

»Tun Sie, wie es Ihnen beliebt. Ich weiß von nichts«, versicherte Francesco ruhig und gelassen.

Da greift der Lehrer in seine Jackentasche und schon hält er das *Corpus Delicti,* den Liebesbrief, in Händen.

»Ah, das ist's, warum du ins Kloster gehen willst. Und obendrein bist du noch ein Lügner«, donnerte der Lehrer und sofort begann es zu gewittern. Francesco versuchte, unter die Bank zu krabbeln, aber es gelang ihm nicht. Er bekam seinen Hintern tüchtig versohlt. Niemand wird ihm diese Tracht Prügel mehr abnehmen, wenn sich seine Unschuld herausstellen wird. Und bald stellte sie sich heraus.

Dem Mädchen tat es schließlich doch leid, dass Francesco so unschuldig verprügelt worden war. Als es am nächsten Tag seine Schuld bekannte, fühlte sich der Lehrer beleidigt und gedemütigt. Grob und unbeherrscht gab er ihr einen Fußtritt, der sie die Treppe hinunterbeförderte.

Francesco bewahrte diesem Lehrer zeitlebens ein dankbares Andenken. Diesen seinen Dank stattete er vor allem vor Gott im Gebet ab. Er lässt das seinen Lehrer auch wissen. Dieser bewunderte zwar den lebendigen und eifrigen Glauben seines Schülers, teilte ihn aber nicht. Er huldigte wie viele seiner Standesgenossen dem liberalen Zeitgeist. In einem Brief vom 11. Mai 1919 schreibt Pater Pio an ihn: »Ich denke vor dem Herrn immer an Sie in meinen demütigen Gebeten und Gott weiß, wie viel ich ihn belästige wegen ihrer gänzlichen Bekehrung.«

Einen letzten Lehrer, der ihm einige Nachhilfestunden in Mathematik gab, fand Francesco in Don Nicola Caruso, einem Ruhestandspriester, der sich auf diese Weise noch nützlich machen wollte. Don Nicola erinnert sich noch gut an Francesco als einen gut erzogenen, gesunden Jungen, der sich in nichts von seinen Altersgenossen unterschied. Nach seinen Aussagen war Francesco zwar bescheiden, aber immer ordentlich und sauber gekleidet und war gut begabt.

Francesco will Kapuziner werden

Mit fünfzehn Jahren wollte nun Francesco Forgione sein Vorhaben ausführen, dem Herrn im klösterlichen Stand zu dienen. Es handelte sich nur um die Wahl des Ordens. Er selbst ergriff dabei die Initiative. Mehrmals sprach er mit der Mutter, mit dem Erzpriester Don Salvatore Pannullo und seinem Onkel Pellegrino von seinem lebhaften Verlangen, Ordensmann zu werden.

Pietrelcina liegt nicht weit von Morcone entfernt, wo sich das Noviziat der Kapuziner befand. Doch war es weniger die Nähe des Noviziats, das ihn die Kapuziner lieb gewinnen ließ. Es war mehr die Begegnung mit dem liebenswürdigen Sammelbruder Fra Camillo da Sant'Elia a Pianisi, der von Morcone oft zum Almosensammeln nach Pietrelcina kam. Der fromme und unermüdliche Ordensmann mit dem schwarzen wallenden Bart machte einen großen Eindruck auf Francesco. Er hatte stets ein gutes Wort und ein feines Verstehen für die Kinder. Auch brachte er ihnen immer eine Kleinigkeit mit, eine Kastanie, eine Nuss, ein Heiligenbildchen oder eine kleine Medaille. Zu diesem einfältigen, demütigen und kinderfreundlichen Bettelbruder fühlte sich Francesco sehr hingezogen. Wenn dieser kam, vermochte er sich kaum von ihm zu trennen.

Inzwischen besprach man sich im Kreis der Vertrauten oft über Francescos Vorhaben. Am aktivsten unterstützte wohl Onkel Pellegrino den Wunsch des Jungen. Er sprach darüber mit dem Erzpriester Pannullo. Dieser war Francesco ebenso wie sein Lehrer Angelo Càccavo sehr zugetan und schrieb bald an den Kapuzinerprovinzial Pater Pio da Benevento in Foggia. In seiner Antwort ließ dieser wissen, dass das Noviziat in Morcone voll besetzt sei. Francesco solle sich noch einige Monate gedulden.

Als Onkel Pellegrino von dieser Antwort des Provinzials erfuhr, verwies er Francesco auf die Zisterzienser von Montevergine in ihren schönen weißen Gewändern. Francesco kannte das Heiligtum. In Begleitung seines Onkels und seiner Vettern war er schon auf den heiligen Berg der Madonna hinaufgestiegen. Doch konnte er sich nicht dafür entschließen. Die Kapuziner mit dem Bart hatten es ihm angetan. Nacheinander verwies Onkel Pellegrino auf die Redemptoristen von Sant'Angelo a Cupolo und auf die Franziskaner in Benevent. Aber immer war es der gleiche Refrain, den Francesco als Gegenfrage vorbrachte: »Haben sie einen Bart?« Von dieser Entscheidung konnte ihn nichts abbringen, weder Worte noch Überzeugungsversuche noch Ausbrüche einer gewissen Ungeduld vonseiten des Onkels. Der schwarze wallende Bart des Bruders Camillus hatte es ihm angetan.

Nach ein paar Monaten kam dann wirklich die Antwort des Kapuzinerprovinzials, die den Tag des Eintritts bestimmte. Jetzt hieß es, zum Erzpriester zu gehen und die Zeugnisse für die Aufnahme ins Noviziat zu erbitten.

Eine schwere Prüfung ging dem Eintritt ins Noviziat voraus. Francesco, der sich aufmachen will, um sich im Kloster ganz der Liebe Gottes zu verschreiben, wird wieder einmal der sinnlichen Liebe verdächtigt.

Der Erzpriester Don Salvatore Pannullo war zwar nicht so fein besaitet wie der junge Forgione. Doch war er ein eifriger und gelehrter Priester. Überdies war er mit Francescos Mutter irgendwie weitläufig verwandt. Als ihn Donna Giuseppa bat, Francesco unter seine väterliche Obhut zu nehmen, konnte er schon aus diesem Grund nicht Nein sagen.

Francesco wurde unter die Ministranten aufgenommen. Er war eifrig im Empfang der Sakramente und nahm an allen religiösen Übungen teil. Er mied oberflächliche Kameradschaften und lebte eigentlich schon vor seinem Eintritt ins Noviziat ganz für Gott.

Da fällt auf einmal ein schiefes Licht auf ihn. Der Erzpriester erhält einen anonymen Brief. Darin stand zu lesen, dass Francesco eine Liebschaft mit der Tochter des Bahnhofsvorstehers von Pietrelcina hätte.

Don Pannullo fällt aus allen Wolken, hatte er doch Francesco als Vorbild für die Ministranten hingestellt. Zwar traute er dieser Anschwärzung nicht ganz, aber peinlich war ihm die Angelegenheit schon, da der Bub der Familie Forgione doch bald bei den Kapuzinern in Morcone eintreten sollte.

In Eile ruft er seine priesterlichen Mitbrüder zusammen. Man ruft auch Francesco und teilt ihm mit, was man beschlossen hat. Vom anonymen Brief, der ins Pfarrhaus geflattert ist, sagt man ihm freilich nichts. Er sollte jetzt nicht mehr ministrieren, auch gar nicht mehr in die Sakristei kommen, sondern seinen Platz bei den Gläubigen einnehmen. Man will ihn beobachten, um seinen Liebeleien auf die Spur zu kommen. Aber abgesehen davon, dass Francesco das Mädchen gar nicht kannte, kam dieses sowieso äußerst selten zur Werktagsmesse.

Francesco merkte wohl, dass ein anderer Wind wehte. Doch konnte er sich die Behandlung vonseiten der Priester nicht erklären. Er machte Gewissenserforschung, brauchte sich aber weiter nichts vorzuwerfen. Schließlich dachte er in seiner Einfalt, so mache man es mit allen, die ins Kloster gehen wollten.

So verging ein ganzer Monat. Dann aber kam Licht in die Sache. Man erkannte den Schreiber des anonymen Briefes an seiner Schrift. Der Schuldige bekannte alles. Es tat dem eifersüchtigen Ministranten leid, seinen Kameraden so gedemütigt zu sehen. Aus lauter Eifersucht hatte er den Brief geschrieben. Er konnte es nicht ertragen, dass der Erzpriester Francesco so viel Vertrauen und Wohlwollen erwies.

Nun versammelte sich der priesterliche »Gerichtshof« ein zweites Mal. Wiederum rief man Francesco herbei. Francesco zitterte und dachte, was denn schon wieder los sei. Doch der Erzpriester redete ihn freundlich an: »Mein lieber Franci, wir hatten dich bestraft deswegen … Aber nachdem sich deine Unschuld erwiesen hat, übernimmst du sofort wieder deinen Dienst in der Kirche. Zum Lohn für deine Folgsamkeit und Unschuld stellen wir dir die Zeugnisse umsonst aus. So kannst du zufrieden sein und frei zu den Kapuzinern nach Morcone gehen.«

Francesco tat einen tiefen Seufzer der Erleichterung und küsste dann allen Priestern die Hand. Lange blieb er noch in der Kirche, um der »Madonna della Libera« zu danken. Die schwere Prüfung, die ihm der Teufel vor seinem Eintritt ins Kloster bereitete, war bestanden. Es war dies die zweite Verleumdung, die er über sich ergehen lassen musste, aber bei Weitem nicht die letzte.

Aber weder für den anonymen Briefschreiber noch für die Schreiberin des Liebesbriefchens in der Schule des Lehrers Angelo Càccavo hegte er Rachegedanken. Er betete vielmehr für sie. Manchmal sagte er freilich dabei auch zu Gott: »Herr, wenn sie zu ihrer Bekehrung einen Peitschenhieb notwendig haben, gib ihn ihnen, damit sie sich retten!«[2]

Eine Art Berufungsvision

Pater Pio erzählt selbst davon in der dritten Person: Francesco sieht an seiner Seite einen majestätischen Menschen von seltener Schönheit. Dieser nahm ihn bei der Hand und ermutigte ihn mit folgender Einladung: »Komm mit mir, denn du musst als wackerer Krieger kämpfen.«

Er wurde auf ein weites Feld hinausgeführt. Auf diesem befand sich eine große Menschenmenge, die in zwei Lager geteilt war. Er stand zwischen beiden Flügeln: auf der einen Seite Menschen mit einem äußerst schönen Gesicht, angetan mit weißen Gewändern, weiß wie der Schnee, auf der anderen Seite Menschen mit einem schrecklichen Aussehen in schwarzen Gewändern nach der Art dunkler Schatten.

Der Jüngling, der zwischen diese beiden Flügel von Zuschauern gestellt war, sah nun eine Gestalt von unermesslicher Größe, sodass sie mit der Stirne die Wolken berührte, mit einem Gesicht wie das eines Äthiopiers, so schrecklich war es. Die leuchtende Gestalt an seiner Seite forderte ihn nun auf, mit diesem unförmigen Monstrum zu kämpfen. Francesco bat, ihn vor der Wut dieses sonderbaren Ungeheuers zu schützen. Aber die leuchtende Person nahm das nicht an: »Umsonst ist all dein Widerstand, du musst mit ihm handgreiflich werden. Mach dir Mut! Tritt vertrauensvoll in den Kampf ein, geh mutig voran, ich werde dir zur Seite stehen, ich werde dir helfen und nicht zulassen, dass er dich niederwirft.«

Der Kampf wurde angenommen. Es gab einen furchtbaren Zusammenstoß. Mithilfe der leuchtenden Gestalt, die immer in seiner Nähe war, besiegte er dieses Ungeheuer. Es musste fliehen. Auf seiner Flucht zog es hinter sich diese große Menschenmenge mit dem schrecklichen Anblick her und das unter einem betäubenden Geheul, unter Verwünschungen und Schreien. Die andere Seite der Menschen mit dem überaus lieblichen Anblick erhob sich in Stimmen des Beifalls und Lobes für denjenigen, der dem armen Francesco in solch harter Schlacht geholfen hatte.

Die leuchtende Person, die lichtvoller war als die Sonne, setzte nun dem siegreichen Francesco eine Krone von seltenster, unbeschreiblicher Schönheit aufs Haupt. Diese Krone wurde aber von der guten Person sofort wieder zurückgezogen mit der Beteuerung: »Eine andere, noch schönere halte ich für dich bereit, wenn du mit dieser Person, mit der du jetzt gekämpft hast, zu kämpfen weißt. Sie wird immer wieder zum Angriff ausholen ... Kämpfe als tapferer Krieger und zweifle nicht an meiner Hilfe! Die Belästigung durch sie soll dich nicht erschrecken, ihre fürchterliche Gegenwart sollst du nicht fürchten ... Ich werde dir immer nahe sein. Ich werde dir immer helfen, damit du sie immer niederwerfen kannst.«

Die lichtvolle Person ist wohl Jesus. Ein großer Teil seiner Sendung bestand darin, »die Werke des Teufels zu zerstören« (1 Joh 3,8). Seit frühester Jugend nimmt Francesco Forgione an dieser Sendung seines Meisters teil und kämpft an der Seite Jesu gegen den Erzfeind des Menschengeschlechtes. Das fürchterliche Ungeheuer, die schreckliche Gestalt, ist kein anderer als der Teufel, gegen den Francesco zeitlebens zu kämpfen haben wird.

Am Neujahrstag des Jahres 1903 vermittelt ihm eine weitere rein geistige Vision noch mehr inneres Licht über diese gewaltige Schau. In wenigen Worten bringt er zum Ausdruck, was er da innerlich erkennen durfte: »Sein Eintritt in den Orden, mit dem er sich in den Dienst des himmlischen Königs stellen wollte, bedeutet nichts anderes, als sich dem Kampf mit dem geheimnisvollen Mann aus der Hölle, mit dem er in der vorangegangenen Vision gekämpft hatte, auszusetzen. Wenn er sich Gott im Stand der Ganzhingabe weihen würde, dürfte er den Kampf mit dem Bösen nicht scheuen. Die Engel im Himmel würden bei diesem Duell zuschauen und helfen und die Niederlagen Satans bejubeln.«

Noch in der Nacht vor seinem Eintritt ins Kloster hat Francesco eine weitere Vision. Darin sieht und hört er Jesus und seine heiligste Mutter, die ihm Mut zusprechen und ihn ihrer Liebe versichern. So ist er übernatürlich gestärkt, um großmütig das Opfer des Abschieds von daheim zu bringen.

II.
HEILIGE DICH UND HEILIGE!

Doch bevor wir ihn auf seinem Weg ins Noviziat nach Morcone begleiten, ein Wort über die »überaus große Sendung« und Aufgabe, die Francesco schon als Jüngling zuteilwurde.

In einem authentischen Brief vom November 1922, der weder ein genaues Datum noch den Ort des Absenders aufweist, schreibt er an die Lehrerin Nina Campanile, die sozusagen zur Stammgruppe seiner geistlichen Kinder in San Giovanni Rotondo gehört, dass der göttliche Liebhaber der Seelen ihm seit seiner Geburt Zeichen seiner besonderen Liebe geschenkt hat. »Er ließ mich erkennen, dass er nicht bloß mein Erlöser … sondern auch mein ergebener, aufrichtiger und treuer Freund: mein Herzensfreund, meine unendliche Liebe, mein ganzer Schatz ist.«

»Wo dein Schatz ist, da ist auch dein Herz« (Mt 6,21). Gott will unser einziger Schatz sein; darum verlangt er auch unser ganzes Herz. Schon im Alten Testament mahnt er: »Kind, schenk mir dein Herz!« (Spr 23,26). Dazu drängt er auch den kleinen Francesco von innen heraus. Er will sein Herz ganz für sich, losgelöst von aller kindlichen Zuneigung und Anhänglichkeit bewusster oder unbewusster Art. Francesco hatte ein sensibles Herz, ein liebebedürftiges und liebefähiges Herz. Doch schon in zartester Jugend fordert Gott seine ganze Liebeskraft und Liebesfähigkeit für sich. Möchte Francesco seinen unschuldigen Herzensneigungen zu den Geschöpfen freien Lauf lassen, wird er innerlich zurechtgewiesen. »Eine traurige, aber überaus süße Stimme ließ sich dann in meinem Herzen vernehmen, es war die Stimme des liebenden Vaters … der das Herz seines Sohnes losgelöst haben wollte von jenen kindlichen, unschuldigen Liebesneigungen. Es war die

Stimme des liebevollen Vaters, der ins Ohr und ins Herz seines Sohnes flüsterte, sich ganz vom Erdenschmutz zu lösen und sich eifersüchtig ihm gänzlich zu weihen.«

Francesco zeigt sich gegenüber solch göttlichem Werben nicht schwerhörig. Dem unmissverständlichen göttlichen Drängen begegnet er mit derselben entschlossenen Bereitschaft: »O Herr, wo könnte ich dir besser dienen als im Kloster, unter dem Banner des Poverello von Assisi? Als er meine Verlegenheit bemerkte, lächelte er, lächelte er lange … und ich spürte dann zwei Kräfte in mir aneinandergeraten und mir das Herz zerreißen: die Welt, die mich für sich wollte, und Gott, der mich zu einem neuen Leben berief.«

Auch der Francesco Forgione, der die Liebe Gottes seit den Tagen der Kindheit erfahren durfte, musste um seine Berufung ringen. Ja, man kann sagen: Je größer Gottes erwählende Liebe ist, desto mehr bemüht sich auch der Gegenspieler Gottes, den Erwählten von seiner hohen Berufung abspenstig zu machen. Francesco redet von einem wahren Martyrium, das er in dieser Hinsicht durchmachen musste: »Wer vermag das innere Martyrium wiederzugeben, das sich in mir abspielte. Schon die Erinnerung an diesen Kampf, der sich damals in mir vollzog, lässt mir das Blut in den Andern gefrieren. Ich hörte die Stimme, die mich zum Gehorsam gegen dich, den wahren und guten Gott, verpflichtete. Aber dein Feind tyrannisierte mich, verrenkte mir die Knochen, verhöhnte mich und brachte mich ganz durcheinander … Du weißt, o Herr, um die heißen Tränen, die ich in jenen überaus traurigen Zeiten vor dir vergoss. Du, Gott meiner Seele, kennst das Seufzen meines Herzens und die Tränen, die sich aus diesen Augen ergossen. Du hattest ein unbestreitbares Zeichen dafür in den Kopfkissen, die ganz durchnässt davon waren. Lieber wollte ich sterben als deinem Ruf nicht nachkommen. Aber du, Herr, der du deinen Sohn alle Wirkungen einer wahren Verlassenheit verkosten ließest, standest schließlich auf, strecktest mir deine mächtige Hand entgegen und führtest mich dorthin, wohin du mich zuerst gerufen hattest …«

Wahrlich ein hartes Ringen mit den Mächten des Bösen, die ihm nicht nur seelisch, sondern auch körperlich zusetzten, um die Anbahnung seiner großen Aufgabe im Reich Gottes zu vereiteln, ein Kampf, der viele Leiden und Tränen mit sich brachte, aber schließlich mit Gottes Hilfe siegreich bestanden wurde.

Wo die Not am größten, da ist Gottes Hilfe am nächsten. Francesco redet von der abgrundtiefen Not einer wahren Verlassenheit. Solch schwere Prüfungen gehen auch oft großen übernatürlichen Gnadenerweisen voran. So singt er nicht nur seinen Dank für die empfangene Errettung, sondern weist auch auf die außerordentliche Gnade hin, die ihm zuteilgeworden ist. Seine überaus große Sendung und Aufgabe wurde ihm innerlich offenbart. »Dir sei unendlicher Preis und Dank gesagt, o mein Gott, dass du mich vor den Augen aller verborgen hast. Aber du hast deinem Sohn schon seit damals eine überaus große Sendung anvertraut, die nur dir und mir allein bekannt war ...«

Diese Sendung betraf nicht nur ihn selbst, sondern auch die vielen, die er aus der Sünde zu Gott zurückführen, und alle, denen er einmal Vater und Führer sein sollte, all jene, die Gott seinem priesterlichen Wirken, Beten, Opfern und Sühnen anvertraut hat. Auch für diese betet er in dieser Stunde und bittet Gott, dass keiner aus dieser ihm anvertrauten Herde verloren gehe.

Schließlich spricht er aus, was Gott ihm aufgetragen und unauslöschlich in die tiefste Seele gegraben habe: »Ich höre im Innersten eine Stimme, die mir sagt: ›Heilige dich und heilige!‹«

Aus dem Wissen um seine große, weltweite Sendung sollten ihm starke übernatürliche Antriebskräfte zufließen. Er sollte auch erahnen, woher der unaufhörliche Kampf mit den Mächten der Finsternis käme. Es ging nicht bloß um ihn selbst, es ging um das Heil und die Rettung vieler. Darum wurde auch die Hölle so mobil und angriffslustig.

Abschied von daheim

Sofort nach Weihnachten sollte Francesco nach dem Schreiben des Kapuzinerprovinzials an den Erzpriester ins Noviziat nach Morcone kommen. Doch bis er die nötigen Zeugnisse alle zusammenhatte, vergingen noch einige Tage. Am Dreikönigstag 1903 war es so weit. Der Abschied fiel ihm sehr schwer, war doch die Bindung an die Seinen tief und innig. Der Abschiedsschmerz, der sein übernatürlich starkes und doch menschlich so empfindsames Herz aufwühlte, ließ ihn fast ohnmächtig werden, schreibt er später einmal an seinen Seelenführer Pater Benedetto.

Nach der hl. Messe, die er am frühen Morgen in der Pfarrkirche von Pietrelcina besucht, verabschiedet er sich von seinem Bruder Michele, von seinen Schwestern, von Onkel Pellegrino, von den Verwandten und Nachbarn. Kniend erbittet und empfängt er den Segen der Mutter. Nicht nur der Mutter gibt es einen Stich ins Herz, auch Francesco empfindet ein »schmerzliches Martyrium, das ihn seelisch und körperlich hernimmt«. Doch er nimmt sich zusammen und weint nicht, sieht er sich doch in seiner Mutter einer wahrhaft starken Frau gegenüber, die ihn ermuntert: »Mein Sohn, in diesem Augenblick sollst du nicht an den Schmerz deiner Mutter denken. Du musst abreisen und du gehst.« Oft wird sich Pater Pio in der Folgezeit mit Tränen in den Augen dieses Abschiedsschmerzes und dieses entschiedenen Abschiedswortes seiner lieben Mutter erinnern: »Ich weiß, wie sehr meine Mutter litt. Ich erinnere mich, wie sie an jenem Morgen, an dem ich abreisen musste, sagte: ›Mein Sohn, ich spüre, wie es mir das Herz zerreißt, aber der hl. Franziskus ruft dich und du musst gehen.‹«

Da die Mutter, was das Reisen betrifft, wenig Erfahrung besaß, der Vater aber um diese Zeit in Amerika weilte, hatte sie seinen Lehrer Angelo Càccavo und dazu noch den Priester Nicola Caruso gebeten, Francesco ins Noviziat nach Morcone zu begleiten. Eine freudige Überraschung war es für Francesco, als er an der Pforte des aus den Anfängen des 17. Jahrhunderts stammenden Klosters den guten Bruder Camillo traf, den er von dessen Bettelgängen kannte. Dessen frommes, freundliches und anziehendes Wesen hatte ihn ja zu den Kapuzinern gezogen. Als dieser Francesco sieht, umarmt er ihn herzlich und küsst ihn. »Bravo, bravo, Franci«, lobt er ihn. »Du bist deinem Versprechen treu geblieben und dem Ruf des hl. Franziskus.« Er ist es, der dann

Francesco und seine Begleiter den Oberen vorstellt: dem Novizenmeister Pater Tommaso von Monte San Angelo, »einem Mann von etwas strengem Aussehen, aber mit einem goldenen Herzen«. Pater Raffaele von Sant'Elia a Pianisi charakterisiert ihn als einen »guten Menschen, verständnisvoll und voll Liebe gegen die Novizen«. Als Francesco eintrat, war er noch ein junger Pater, der noch nicht lange aus der Bologneser Provinz zurückgekehrt war und dann fünfzehn Jahre hindurch das Amt des Novizenmeisters bekleidete. Dann ging es zum Pater Guardian Francesco Maria, dem Vater der Klostergemeinschaft. Francescos Begleiter wollten sich aber nicht allzu lange aufhalten, so fuhren sie mit dem nächsten Zug wieder heim nach Pietrelcina. Den zukünftigen Novizen aber führte man in seine enge Zelle, die nun für ein Jahr seine Heimat werden sollte. Ein einfaches Bett mit Strohsack, ein kleiner Tisch mit einem Bücherbrett und einigen frommen Büchern darauf, ein Holzkreuz, ein Stuhl davor, das war die ganze Einrichtung. Heizung gab es keine. Nur in der »gemeinsamen Zelle« gab es ein Feuer, an dem man sich wärmen konnte.

Es folgten einige Tage des Sicheingewöhnens, dann acht Tage geistlicher Übungen. Am 22. Januar 1903 empfängt er aus der Hand des Oberen das Kleid des Armen von Assisi und auch einen neuen Namen. Er heißt jetzt Fra Pio. Mit ihm werden noch drei andere eingekleidet, darunter sein Landsmann Vicenzo Masone als Fra Sebastiano, Salvatore Pranzitella aus Campobasso und Giovanni Di Carlo aus Roio. Die beiden Ersten werden nicht aushalten. Nur Fra Pio und Fra Anastasio, so heißt nun Giovanni Di Carlo, werden Priester.

Das Leben im Noviziat

Fra Pio wird einem älteren Novizen, Fra Giangiuseppe, anvertraut, der ihn mit dem Lebensstil des Noviziats vertraut machen soll. Ist auch der junge Forgione über die meisten Themen der Abtötung, der wahren Frömmigkeit und des Heiligkeitsstrebens von innen heraus belehrt, so strengt er sich doch an, das kapuzinische Ideal von ganzem Herzen zu umfassen. Was die Abtötung und Beherrschung der Sinne betrifft, ist er ängstlich genau. Wir würden es vielleicht etwas übertrieben finden. Doch Fra Pio senkt seine Augen mit einem heiligen Ernst und solcher Ausdauer, dass er am Ende des Jahres sagen kann, er habe weder das Gesims noch die Decke in der Kirche gesehen und sich auch in Morcone keinerlei Ortskenntnis erworben. So groß war seine Zurückgezogenheit. Zum Stillschweigen brauchte man ihn nicht eigens zu ermuntern. Er liebte die Einsamkeit, die seinem Zwiegespräch mit Gott so dienlich war. Das »ständige Schweigen«, das in diesem Haus geübt wurde, tat ihm wohl.

Beim Eintritt ins Kloster konnte er mit großer Schrift auf weißer Wand lesen: »Entweder Buße oder Hölle!« Auch diese Mahnung hätte es für ihn nicht gebraucht. Denn er war bereit, nicht nur das strenge Büßerleben der Kapuziner zu erlernen, er wollte noch dazu aus freien Stücken Buße tun, körperliche Buße, Fasten und Kasteiung, innere Buße und Abtötung vor allem durch Ringen um Gebet und Sammlung, Entleerung von Geist und Herz, durch Annahme aller Demütigungen, um dem gedemütigten, leidenden und gekreuzigten Herrn immer inniger verbunden zu werden.

Dass im Kloster nicht gescherzt wird, ahnte er, als er in den Tagen vor der Einkleidung mit seinem Kollegen Giovanni Di Carlo den Chor des Klosters besichtigte. Beide waren allein, die Kirche war geschlossen, so machten sie sich auf Erkundung des Klosters. Jeder der Patres und Laienbrüder hatte im Chor sein Fach, in das er seine Bücher und Utensilien hineinlegen konnte. In dieser Kassette entdeckten sie aber nicht bloß Frömmigkeitsbücher, sondern auch Geißeln, sogar solche mit kleinen Eisenstücken. Neugierig betrachtete Di Carlo das Bußwerkzeug und meinte dann zu Forgione: »Franci, damit schlagen sie sich, wenn sie uns abends aus dem Chor hinausgehen heißen und laut beten. Sollen wir es probieren? Francesco war damit sofort einverstanden und schon ziehen beide die Joppe aus und schlagen sich über die Schulter, aber schon mit einem solchen Eifer, insbesondere Francesco. Als es ihnen dann wirklich wehtat, meinte Di Carlo:

»Franci, es genügt!« So hörten sie auf, legten die Geißeln auf ihren Platz und gingen ihrer Wege.

Di Carlo machte sich im Hinblick auf diese freiwillige Disziplin wirklich Gedanken, ob er das Büßerleben der Kapuziner auch aushalten würde. Es gehörte da ja noch allerhand dazu, z. B., dass man im strengsten Winter barfuß gehen und dass man um Mitternacht aufstehen musste, um Gott zusammen mit den Mitbrüdern das Morgenlob darzubringen, dass man den ganzen Tag schweigen und zu allem nur Ja sagen sollte. Der willige und gelehrige Gehorsam wurde im Noviziat besonders geprüft. Fast wollte Giovanni mutlos werden. In seiner Traurigkeit sagte er zu seinem Kameraden: »Francesco, das Leben hier ist zu hart, es ist nichts für uns, nur immer Buße bei Tag und Nacht. Wollen wir nicht gehen? Ich habe mich schon entschlossen zu gehen, wenn es sein muss, schon morgen. Und du?«

Francesco merkt, dass der Teufel am Werk ist, und strengt sich an, seinen Kameraden zurückzuhalten: »Aber was sagst du da, Giovanni? Haben wir nicht so viel unternommen, um hierherzukommen und jetzt sollen wir wieder fortgehen? Was werden unsere Eltern dazu sagen und all jene, die uns hierher geleitet haben? Niemals soll das geschehen. Langsam werden wir uns mit der Hilfe der Muttergottes und des hl. Franziskus an dieses Leben gewöhnen, wie es auch andere getan haben. Meinst du vielleicht, dass nicht alle, die hier im Kloster sind, und andere genauso waren wie wir? Niemand wurde als vollkommener Mönch geboren.« Gegen solche Weisheit wusste Giovanni nichts zu erwidern. Von seinem Mitbruder ermuntert und ermutigt, dachte er nicht mehr an die Welt, die er vor Kurzem verlassen hatte.

Ein braver und musterhafter Novize

Pater Guglielmo von San Giovanni Rotondo, der am ersten Mai desselben Jahres eingekleidet wurde, nennt seinen Mitnovizen einen *Fratino,* der es »mit allem so genau nahm«. Gegenüber den Vorgesetzten war er ganz gelehrig und gehorsam. »Ja, Vater! Ja,

Herr Pater!«, war seine gewöhnliche Antwort und schon bemühte er sich, das auszuführen, was man von ihm verlangte.

Zur Buße brauchte man ihn nicht zu ermuntern, man musste im Gegenteil seinen ungestümen Bußgeist zügeln. So verlangten seine Oberen, dass er alles, was ihm vorgesetzt würde, esse. Wenn er etwas auf dem Teller liegen lassen wolle, müsse er eigens um Erlaubnis dazu bitten. Er müsse auch den Grund dafür angeben, denn sie machten sich Gedanken über sein schlechtes Aussehen.

Darüber erschrak auch sein Vater, als er aus Amerika heimkehrte und seinen Francesco in Morcone besuchte. Als er seinen Sohn so hager, ausgezehrt und bleich sah, beklagte er sich beim Pater Guardian: »Was habt ihr denn mit meinem Sohn gemacht, man erkennt ihn ja gar nicht mehr.« Tatsächlich wollte ihn der Vater mit nach Hause nehmen.

Am Kloster und seinen Oberen lag das nicht. Das Essen war reichlich, freilich auf drei Mahlzeiten beschränkt, wie man es in Italien gewohnt ist. Burschen in seinem Alter haben gewöhnlich einen großen Appetit. Aber Fra Pio aß sehr wenig. Das war der Grund für sein hageres Aussehen. Ohne dass die Oberen und die Kommunität darauf aufmerksam wurden, wusste er sich bei Tisch abzutöten. Wenn es Risotto, dicke Suppe oder Fleischbrühe mit Einlage gab, machte er sich geschickt mit dem Löffel zu schaffen, betrachtete verstohlen seinen Tischnachbarn und schon war das Spiel gemacht. Die kleine leere irdene Schüssel des Nachbarn war vor ihm gelandet und seine volle stand vor seinem Tischgenossen. In die *Ciottola* – so hieß dieses irdene Schüsselchen – konnte das Auge des Oberen nicht hineinsehen, wohl aber auf den offenen Teller. Wollte er von seinem Gericht auf dem offenen Teller etwas zurücklassen, so musste er eigens fragen und vor der ganzen Kommunität darüber Rechenschaft geben. Das war also für ihn nicht bloß eine Abtötung, noch größer war die Demütigung, die damit verbunden war, wenn er die Makkaroni, das Fleisch oder Obst auf dem Teller liegen lassen wollte.

Niemals musste man ihn im Geringsten tadeln und erst recht nicht strafen. Sah er, wie man andere strafen musste, dann schnürte es ihm das Herz zusammen. Sein Magister bestätigte später Pater Raffaele, seinem Beichtvater, gegenüber: »Damals war Fra Pio immer ein mustergültiger Novize, getreu in der klösterlichen Observanz und genau in allem, sodass es nicht den geringsten Grund gab, ihn zu tadeln.« Derselbe Novizenmeister stellte ihn allen als Vorbild hin. Noch mehr als sein verstehendes und ermunterndes Wort, das ihn für seine Mitnovizen zu einem gesuchten und geschätzten Ratgeber machte, spornte sein gutes Beispiel an.

Sein zartes Gewissen

Die Innigkeit seiner Gottverbundenheit schenkte ihm eine innere Erleuchtung, die auch den anderen zugutekam. Doch wollte er sich nicht auf sich selbst verlassen, da er Angst hatte, seinem eigenen Geist zu folgen. Er schätzte nicht bloß den Weg des Gehorsams, sondern suchte selbst Rat und Seelenführung bei seinem Magister. Das Amt des Oberen und des Beichtvaters waren um diese Zeit noch nicht getrennt. Fra Pio ging oft zur Beichte, nicht weil er es nötig gehabt hätte. Aber er besaß ein äußerst zartes Gewissen.

Auch Pater Pios Magister war leidend, körperlich leidend. Zeitweise verursachten diese Leiden eine gewisse geistige Abwesenheit, ja manchmal verlor er sogar das Bewusstsein für eine halbe Stunde. War der »Anfall« vorbei, konnte er seine Tätigkeit wieder aufnehmen, genau dort, wo er aufgehört hatte.

Von diesen Dingen weiß Fra Pio selbst zu berichten. Einmal war er beim Magister zum Beichten und im Anschluss an die Beichte wollte er über verschiedene Dinge Rat einholen. Da bekam der Novizenmeister wieder die besagte Störung. Eine halbe Stunde kniete nun Fra Pio zu Füßen des Magisters in der Hoffnung, dass dieser bald wieder zu sich kommen würde. Tatsächlich ging der »Anfall« auch vorbei und sofort fragte der Novizenmeister den vor sich knienden Novizen, was er wolle. In kurzen Worten legte dieser seine Dinge dar und erreichte das, was er wünschte.

Noch schlimmer erging es ihm an einem Winterabend. Es war schon die Zeit des abendlichen Stillschweigens. Damals war es üblich, die Zelle des Magisters barfuß und ohne Mantel zu betreten. Fra Pio hatte sich schon der Sandalen und des Mantels entledigt und kniete am Zelleneingang seines Magisters. Er hatte angeklopft und wartete auf das »Herein« des Oberen. Dieser aber gab die ersehnte Aufforderung nicht. Vielleicht litt er wieder an seinem gewöhnlichen Übel. Was sollte der Novize tun? Fra Pio wagte in seiner Schüchternheit weder noch einmal zu klopfen noch in die Zelle des Meisters einzutreten und zu schauen, was denn los sei. So blieb er beinahe zwei Stunden auf den kalten Fliesen knien und wartete auf eine Antwort. War es nur Schüchternheit? Noch mehr war es seine kindliche Einfalt, aber auch seine Herzensfeinheit. Er wollte niemandem lästig fallen.

Fra Camillo, sein Mitnovize, hatte seine Zelle neben der des Magisters. Gott sei Dank musste dieser gegen elf Uhr nachts aufstehen. Er traute seinen Augen nicht, als er dort immer noch Fra Pio sah, in derselben demütig knienden Haltung wie vor zwei Stunden, zitternd vor Kälte. Als er ihn fragte, was er denn um Gottes willen da mache, flüsterte dieser nur: »Der Pater Magister antwortet nicht!« Da begriff er und führte den ausgefrorenen Mitbruder an das Feuer der *cella communis,* fachte das Feuer neu an, damit sich Fra Pio erwärmen konnte, und begleitete ihn dann zu Bett. O selige Einfalt, die nichts tun will ohne Erlaubnis! Sie ist keine Gabe der Natur, sondern ein Geschenk von oben für denjenigen, der in allem Gott in reiner Liebe und lauterer Absicht suchen und dienen will.

Im Jahr 1915 versucht Pater Agostino, sein Seelenführer, Pater Pios Gebetsleben etwas zu erforschen und stellt in einem Brief einige Fragen. Die erste davon lautet: »Wann hat Jesus angefangen, dich mit himmlischen Visionen auszuzeichnen?« Pater Pio antwortet darauf: »Wenn ich mich recht erinnere, müssen diese nicht lange nach dem Noviziat angefangen haben.«

Das Außerordentliche der Schauungen und Ansprachen begleitete ihn ja schon seit Kindestagen. Mit fünf Jahren hört er auf dem Feld die Engel singen. Er sieht das Heiligste Herz Jesu, das sich ihm zuneigt. Von seiner Berufungsvision und zwei weiteren Visionen haben wir in diesem Kapitel berichtet.

Sein Gebet – begleitet von Tränen

Im Noviziat pflegte man vor allem die Leidensbetrachtung nach dem klassischen Werk des Kapuziners Pater Gaetano von Bergamo. War die Betrachtung verlesen, blieb Fra Pio knien, stützte den Kopf mit den Händen und vergoss dabei reichlich Tränen. Man sah ihn aber auch weinen, wenn er durch die Gänge des Klosters schritt und Stoßgebete wiederholte oder in den Gartenalleen auf und ab ging.

Als ihn seine Mitbrüder aufziehen wollten, warum nur sein Platz nach der Meditation ganz nass sei, der ihre aber nicht, breitete er vor sich sein Taschentuch aus, sodass die kostbaren Tränen von diesem aufgefangen wurden. Gab nun der Obere das Zeichen, die Zeit der Betrachtung zu beenden, sah man nichts mehr von der Tränenflut des passionierten Beters.

Schon zu Hause, als er noch bei seiner Mutter war, weinte er viel. Aber die Mutter dachte nicht gleich an etwas Übernatürliches, sie meinte, ihr Francesco leide eben, wusste sich aber nicht weiter zu erklären, warum.

Auch nach Empfang der hl. Kommunion kamen ihm immer viele Tränen. Als er nach dem Grund gefragt wurde, wollte er keine Antwort geben. Als ihn aber sein Seelenführer dazu verpflichtete, sagte er: »Ich beweine meine Sünden und die Sünden aller Menschen.«

Als Mama Peppa am Tag der einfachen Profess – es ist der 22. Januar 1904 – ihren Sohn umarmt und beglückwünscht, dass er nun ganz ein Sohn des hl. Franziskus sei, da meinte sie in ihrer mütterlichen Freude vor allem, dass ihr Francesco nicht nur das Kleid des Armen von Assisi trage, sondern jetzt auch ganz dessen geistlicher Miliz im Kapuzinerorden angehöre. Noch mehr hätte sie sich freuen können, wenn sie geahnt hätte, wie sehr ihr Sohn auch den Geist des Ordensvaters von Gott geschenkt bekommen hatte. Was seine Liebe zum gedemütigten, leidenden und gekreuzigten Heiland betrifft, folgte er ganz den Spuren seines seraphischen Vaters.

Bei Fra Pio ist diese Gabe der Tränen sicher ein Hinweis auf seine große, mystisch-beschauliche Liebe, eine Zugabe zu dieser Liebe, die ihn befähigt, die Leiden des Geliebten immer tiefer und lebendiger mitzuleiden.

Kapuzinischer Lebensstil und Studium

Willig und bereit hatte sich Fra Pio dem kapuzinischen Lebensstil angepasst. Doch verlor er dabei nicht die Freiheit des Geistes. Er sah in den äußeren Observanzen Mittel, die den Weg zum Ziel beschleunigen und beflügeln können, die aber nicht schon das Ziel selbst sind.

Bei einer Rekreation, die im engen Freundeskreis in seiner eigenen Zelle in San Giovanni Rotondo in späten Jahren stattfand, beklagte sich Pater Pio vor allem darüber, dass ihm die Unterbrechung seiner schulischen Ausbildung durch das Noviziat nicht gut bekommen sei:

»Nach dem Noviziat musste ich von vorne anfangen. Ich hatte alles vergessen, aber auch alles. Es konnte auch nicht anders sein, wenn man an das Erziehungssystem dieser Zeiten denkt. Es gab kein Buch, weder ein heiliges noch ein profanes. Den Novizen war es erlaubt, ja sie waren sogar dazu verpflichtet, ungefähr fünfzehn Seiten zu lesen. Wenn sie diese durchgelesen hatten, konnten sie von vorne anfangen. Stellt euch vor, was das bedeutet, wenn man das ein ganzes Jahr lang macht.«

Manche klösterlichen Observanzen fand er etwas unnatürlich oder sogar abstoßend. Er erzählte von dem Besuch seines Vaters und seines Bruders. Zusammen mit dem Pater Magister ging er hinunter an die Pforte, um die Seinen zu begrüßen. Doch bevor der Magister seine Erlaubnis nicht dazu gegeben hatte, durfte er weder die gesenkten Augen erheben noch mit den Seinen sprechen.

»Der Eindruck und die Besorgnis der Meinen wuchs, als sie feststellten, dass ich weder mit ihnen redete noch sie anschaute … Ich hatte ja noch nicht die Erlaubnis dazu bekommen. Sie dachten wohl, was ich für ein Dummkopf sei. Ich dagegen wollte mich ihnen um den Hals werfen und sie küssen.«

Auch von der Verteilung der Wäsche aus der allgemeinen Vorratskammer war er nicht begeistert, weil da zu viel Wäsche ruiniert wurde und man doch nicht das Passende bekam. Die Treue zur klösterlichen Observanz ließ ihn nicht die Augen schließen vor mancher Schwäche und Unnatürlichkeit der klösterlichen Ordnung. Dabei lag ihm jede Kritiksucht fern.

Dem frischgebackenen Kapuzinerordensmann Fra Pio fehlten nach Vollendung seines Noviziats noch sechs Jahre Studium bis zur Priesterweihe. Drei Tage nach der einfachen Profess ging es schon nach Sant'Elia a Pianisi. Dort musste er die 4. und 5. Gymnasialklasse vollenden und Rhetorik studieren. Als Mitte Oktober dort die längst fällige Kirchenrenovierung begann, ließ man Lektoren und Studenten nach San Marco la Catola umsiedeln. Dort lernte Fra Pio Pater Benedetto kennen, der bis 1922 sein Seelenführer sein sollte. Ende April ging es wieder nach Sant'Elia a Pianisi zurück. Hier vollendete er sein philosophisches Studium und legte am 27. Januar 1907 die feierliche Profess ab. Er war neunzehn Jahre und acht Monate alt.

Das Studium der Theologie begann er Ende Oktober 1907 in Serracapriola (Foggia) unter Leitung von Pater Agostino von San Marco in Lamis. Ihn wählte er zum Beichtvater und später auch zum Seelenführer. Im November 1908 wechselte sein Studienkurs nach Montefusco (Avellino). Am 19. Dezember desselben Jahres empfing er im Dom von Benevent die vier niederen Weihen, zwei Tage darauf die Subdiakonenweihe.

Der Studienbetrieb der Kapuzinerprovinz von Foggia war in der damaligen Zeit noch nicht so großartig organisiert. Ein Lektor löste nach 5 bis 6 Monaten den anderen ab. Er war sowohl für die religiöse Erziehung als auch für die geistige Ausbildung der Kleriker verantwortlich. Da die Lektoren meist zur Führungsschicht einer Ordensprovinz gehörten, lernte Fra Pio in den Jahren des Studiums fast alle kennen, die einmal Verantwortung für sein Leben und Wirken in der Gemeinschaft tragen sollten.

Über seinen Fortschritt in den einzelnen Fächern ist heute nichts mehr auszumachen, da keine Notenlisten vorhanden sind. Man ist auf das Zeugnis von Mitstudenten angewiesen. Einer von ihnen, der eine Zeit lang mit ihm im Noviziat und dann für ein paar Wochen sein Instruktor war, Pater Leo von San Giovanni Rotondo, urteilte über ihn folgendermaßen: »Er war von durchschnittlicher Begabung, wusste aber immer das, was zu lernen aufgegeben war, obwohl wir überzeugt waren, dass er wenig studierte. Als Schuldiener betrat ich einmal mit dieser Entschuldigung, einmal mit jener seine Zelle und fand ihn fast immer kniend beten und mit Augen, die vom Weinen gerötet waren. Ich möchte sagen: Er war ein Student des ständigen Gebets, ganz in Tränen aufgelöst. Denn es genügte, ihm in die Augen zu schauen, um zu begreifen, dass die Tränen etwas Gewöhnliches waren.«

Sein Lektor Pater Bernardino von San Giovanni Rotondo bestätigt dieses Urteil Pater Leos und ergänzt es aus seiner Sicht: »Ich hatte Fra Pio als Student der Theologie in Montefusco. Was die Begabung betrifft, unterschied er sich nicht von den anderen. Er war von durchschnittlicher Begabung. Wohl aber zeichnete er sich in seinem Betragen aus. Unter den lustigen und lärmenden Mitschülern war er ruhig und still und das auch während der Rekreation: immer demütig, mild und gehorsam.«

Pater Agostino, sein zweiter Seelenführer, urteilte so: »Ich kannte ihn als Ordensmann seit 1907. Ich hatte ihn als Student der Theologie. Er war gut, gehorsam, wenn auch kränklich. Doch nahm ich noch nichts Außerordentliches oder Übernatürliches wahr.«[1]

Der Ruf der Heiligkeit ging ihm damals nicht voraus. Man schätzte und liebte ihn. »Man sagte«, schreibt Giovanni da Baggio in seinen Notizen über Pater Pio, »er hätte nur die Gabe der Tränen. Der Guardian dispensierte ihn daher von der Meditation, weil er fürchtete, sie würde ihm Schaden zufügen, weil sie ihn erschöpfe, auch in Anbetracht dessen, dass er oft krank war und man ihn nach Hause schicken musste, um Luft zu schöpfen.«

Dies ist die Zeit, in der er eine Skrupelkrise durchleidet, von der er im Brief vom 17. Oktober 1915 an Pater Agostino berichtet: »Dieses Martyrium war für die Arme (erg. Seele) sehr schmerzlich, sowohl durch seine Intensität als auch durch seine Ausdehnung. Wenn ich mich recht erinnere, begann es mit achtzehn Jahren und zog sich bis zum Ende des 21. Lebensjahres hin. Aber in den ersten zwei Jahren war es fast unerträglich. Als diese Seele das durchmachte, befand sie sich in Sant'Elia und in der Folgezeit auch in San Marco und anderswo.«[2]

Auch dieses innere Martyrium wird Anlass vieler Tränen gewesen sein. Überall sah er bloß Sünde und Verfehlung, die er bitter beweinte. Er weinte so viel und so oft, dass er an den Augen erkrankte. Aber er beweinte nicht bloß die eigenen Sünden, die vermeintlichen Sünden seines vergangenen Lebens, sondern auch die Sünden der ganzen Menschheit, wie er Pater Antonio, seinem Lektor und geistlichen Leiter, zu verstehen gab, als dieser ihn eindringlich befragte. Es ist also kein weltschmerzhaftes Kreisen um das eigene Ich, sein Leiden umfasst die ganze Welt, alle Menschen. Er will sühnen und retten, er will sich zum Diener aller machen und mit Jesus vereint den Lösepreis für die menschliche Schuld entrichten.

Beginnt da nicht schon irgendwie der zweite Teil seiner übergroßen Sendung: das »Heilige«? Wenn auch im Stillen und Verborgenen? Wahrhaftig, er ist durch sein Leidensgebet, bei dem so viele Tränen fließen, und durch sein Sühnen vielleicht mehr Missionar, als wenn der Ordensgeneral Pater Bernhard von Andermatt, der damals im Mai 1904 in Sant'Elia a Pianisi vorüberkam, seine Bitte, in die auswärtigen Missionen gehen zu dürfen, angenommen hätte. Einen kranken Ordensmann konnte man nicht in die Mission schicken. Fra Pio deutete die Ablehnung seiner Bitte so: »Gott hat mich für schwerere Dinge zurückbehalten.« Wahrlich, die weltweite Sendung und Mission, für die ihn Gott bestimmt hatte, wird ihn viele Leiden und Schmerzen kosten. »Wer Leben schenken will, muss den Tod kosten«, dieses

Sprichwort gilt nicht nur für die natürliche Mutterschaft, es gilt noch mehr für die übernatürliche Vater- und Mutterschaft gegenüber den unsterblichen Seelen.

Aufleuchten des Außergewöhnlichen

Trotz des tiefen übernatürlichen Ernstes, der ihn erfüllte, trotz seines inneren Martyriums, das ihn innerlich kreuzigte, war Fra Pio alles andere als ein Spielverderber. War er auch in der Rekreation nicht lärmend und ausgelassen wie die meisten seiner jungen Mitbrüder, so zeigte er sich doch stets heiter und gelöst. Das gilt auch für die wöchentlichen Spaziergänge.

Die Geschichte mit den Kirschbäumen gab er in seinen alten Tagen immer wieder zum Besten und erlebte sie erzählend innerlich wieder. Es war im Mai 1906. Da machten sie einen Ausflug nach Macchia Valfortore, nicht weit von Sant'Elia a Pianisi. In einem Weinberg standen Kirschbäume, die in diesem Jahr besonders reichlich trugen. Als der Weinbauer die zehn jungen Brüder sah, wie sie ganz entzückt auf die rote Pracht seiner Bäume sahen, lud er sie ein, auf die Bäume zu klettern und so viel zu essen, wie sie wollten. Kaum hatte er das erlaubt, als die Brüder das auch schon in die Tat umsetzten. Nur Fra Pio und Pater Justin von San Giovanni Rotondo blieben unten und kosteten einige Kirschen.

Bald aber verwandelte sich die Freude des Bauern in Besorgnis, als er nämlich sah, dass die jungen Kapuziner so viele Zweige abbrachen. Er gab seiner Besorgnis auch Ausdruck: »Esst, so viel ihr wollt, aber lasst mir wenigstens die Bäume …!«

Fra Pio, der neben dem Bauern stand, machte sich dessen Sorge zu eigen. Es tat ihm leid, dass dieser seiner Mitbrüder wegen vielleicht im kommenden Jahr weniger ernten würde.

Im nächsten Jahr trugen die Bäume aber das Doppelte.[3]

In einer heißen Sommernacht findet Fra Pio nach der Matutin keinen Schlaf. Neben ihm hatte Fra Attanasio seine Zelle. Doch dieser war inzwischen anderswo hingezogen, ohne dass es Fra

Pio bemerkt hätte. Als Fra Pio von nebenan ein ständiges gequältes Auf-und-ab-Gehen vernimmt, denkt er: »Der arme Attanasio kann auch nicht schlafen. Ich will ihn rufen …« Er geht ans Fenster, um seinen Gefährten zu rufen. »Fra Attanasio!«, ruft er. Aber da bleibt ihm die Stimme im Hals stecken. Auf dem Sims des nahen Fensters erscheint ein Ungeheuer in der Gestalt eines schwarzen Hundes mit wilden Augen. Bevor der Verängstigte einen Schrei ausstoßen kann, macht der Schreckliche einen Satz und verschwindet. Der Teufel mit seinen Helfershelfern ist von nun an immer hinter ihm her.

Fra Pio selbst erzählte das Folgende: »Vor Tagen ist mir etwas Ungewöhnliches passiert. Während ich mich mit Fra Attanasio im Chor befand, es war ungefähr gegen 23 Uhr am 18. Januar 1905, da geschah es, dass ich mich weit weg in einem herrschaftlichen Haus befand, wo der Vater starb, während ein Mädchen zur Welt kam.

Mir erschien dann die Muttergottes und sagte mir: ›Dir vertraue ich dieses Geschöpf an. Es ist der Rohstoff eines wertvollen Steins, bearbeite ihn, glätte ihn, mach ihn so leuchtend wie möglich, denn eines Tages will ich mich damit schmücken.‹

›Aber wie soll das möglich sein, wenn ich noch ein armer Ordensmann bin und nicht weiß, ob ich eines Tages das Glück und die Freude haben werde, Priester zu sein? Und wenn ich auch Priester sein werde, wie kann ich dann an dieses Mädchen denken, wenn ich so weit von hier weg bin?‹

Die Muttergottes fügte hinzu: ›Zweifle nicht, sie wird zu dir kommen, aber zuvor wirst du sie in Sankt Peter treffen …‹«

Handelte es sich hier um seine erste Bilokation, verbunden mit einer deutenden Vision der Muttergottes?

Das Erzählte stammt von Fra Pio selbst, der es im Februar 1905 niedergeschrieben und seinem geistlichen Führer Pater Agostino überreicht hat. Das Aufgeschriebene wurde von diesem eifersüchtig verwahrt und nach langen Jahren der betreffenden Frau überreicht, die ihren Namen nicht genannt wissen wollte. Sie ist wirklich am 18. Januar 1905 in Udine auf die Welt gekommen, während ihr Vater starb.

III.

DER UNGEWOLLTE HEIMATURLAUB

Von guter oder gar strotzender Gesundheit war Fra Pio nie. Mit zehn Jahren war er einen Monat lang schwer krank, sodass er das Bett hüten und strenge Diät halten musste. Mancher dachte da an Typhus.

Dass ihn das Büßerleben des Noviziats und die Anstrengungen des Studiums auch körperlich strapazierten, ist sicher. Auf einem der verregneten Ferienausflüge holte er sich einen Husten, den er zeitlebens nicht mehr loswurde. Vor Cascalenda kamen sie in einen Platzregen, dass sie sich wie begossene Pudel in das nahe gelegene Kloster der Franziskaner Sant'Onofrio flüchten mussten. So gut es ging, versuchten sie, trockene Kleidungsstücke zu bekommen. Fra Pio tauschte seine nasse Kutte mit der eines Franziskaners. Doch hatte er sich schon tüchtig erkältet. Von da an, so erzählte er selbst, fingen seine Übel und Leiden an.

Man schickt ihn zum Arzt von Sant'Elia a Pianisi, Dr. Francesco Nardacchione. Dieser diagnostizierte »Infizierung der Bronchien am linken Flügel«, eine Diagnose, die auch von anderen Ärzten bestätigt wurde. Auch die Militärärzte von Neapel stellten ein allmähliches Eindringen der Tuberkulose in die Lungenflügel fest. Die Ärzte empfahlen frische Landluft. Als die gut gemeinten Kuren im Kloster fehlschlugen, gingen die Vorgesetzten wirklich auf den Rat der Ärzte ein und schickten ihn im Mai 1909 nach Pietrelcina. Pater Agostino, sein Lektor und Seelenführer, begleitete ihn. An einen längeren oder gar Daueraufenthalt in der Heimat dachte anfänglich niemand. Als sich sein Zustand etwas besserte, rief man ihn auch wieder ins Kloster zurück.

Doch dort war wieder dasselbe, ja es wurde immer schlimmer, sodass man ihn ohne Umschweife wieder nach Hause schickte, um ihn der Sorge seiner Mutter anzuvertrauen. So ging es bis 1916. Hatte er sich daheim wieder ein wenig erholt, rief man ihn in eines der nahen Häuser der Provinz. Auf diese Weise kam Fra Pio nach Morcone, Gesualdo, Venafro, zum Heiligtum der Muttergottes vom Berg bei Campobasso.

Die ärztliche Betreuung in Pietrelcina lag bei Dr. Andrea Cardone. Dieser schloss Lungentuberkulose aus und schickte ihn auch zu einer Kapazität nach Neapel, zu Professor Castellino, der seine Diagnose bestätigte.

Wie das schöne Foto von 1908 beweist, sah man Fra Pio das Kranksein überhaupt nicht an. Die roten Wangen, das ausdrucksvolle Gesicht, die ganze Gestalt des jungen Kapuziners in ihrer Schönheit und Gesetztheit ließen nicht gerade eine schwere Krankheit vermuten. Jahre danach sagte Pater Pio auch wirklich: »Das Hauptübel meiner Krankheit war die Tatsache, dass man mir das Übel nicht ansah, weswegen manche wirklich zweifelten, ob ich wirklich leiden würde.«

Die Ursache der Krankheit war also für alle, für die Ärzte, für die Vorgesetzten und für den Betroffenen selbst, die große Unbekannte. Zwischen den festgestellten Ursachen und den sich zeigenden Symptomen herrschte ein krasses Missverhältnis. Die Ärzte fanden nicht viel, doch der Kranke litt an heftigem Fieber und starken Schweißausbrüchen, an quälendem Husten, begleitet von Brust- und Kreuzschmerzen, an Erbrechen und einem Magen, der kaum gewöhnliches Wasser aufnehmen wollte, an starker Migräne, die ihm jedes geistige Arbeiten unmöglich machten.

Sicher hatte die geheimnisvolle Krankheit einen Grund, einen wahren und wirklichen Hintergrund. Fra Pio wusste ihn auch, wollte ihn aber nicht einmal seinem Seelenführer mitteilen. Als dieser ihn nach dem eigentlichen Grund der vielen körperlichen Leiden fragte, gab Fra Pio nur eine ausweichende, freilich auch vielsagende Antwort: »Mein Vater, ich kann den Grund nicht angeben, warum mich der Herr hier in Pietrelcina gewollt hat; ich würde gegen die Liebe fehlen.«

War die Krankheit auch geheimnisvoll, für die anderen vielleicht noch mehr als für ihn selbst, so war sie nicht minder drückend. Er litt schwer daran. Doch willig beugte er sich unter die Hand Gottes und schweigend betete er die Hand dessen an, die ihn schlug.[1] Er nannte die Leiden »Unwetter, die der Allerhöchste von oben schickt«[2], eine »besondere Zulassung Gottes«, bei der die Ärzte nichts ausrichten können.[3] Die Vorstellung von einer Heilung bezeichnet er als »Traum, als Wort ohne Sinngehalt«.[4]

Auch Pater Benedetto, sein Seelenführer, der von 1909 bis 1919 die Kapuzinerprovinz von Foggia als Provinzial leitete, bekannte sich zu derselben Ansicht und betrachtete die Krankheit seines geistlichen Sohns »als besondere Zulassung Gottes, die keine Ärzte notwendig hat. Nach seiner Ansicht »können ihn die Ärzte weder heilen noch die richtige Diagnose finden«. Trotzdem war ihm Fra Pios Aufenthalt außerhalb der Klostermauern von Anfang an ein Dorn im Auge. Er willigte nur ein in der Hoffnung, dass sich die gesundheitliche Krise seines geistlichen Sohns bald beheben würde.

Als er in dieser Hoffnung enttäuscht wurde und erkennen musste, dass die Luft von Pietrelcina auch keine Wunder wirken konnte, schlug er in seinen Briefen einen anderen Ton an, der den Kranken, der schon an der Last der körperlichen und seelischen Leiden genug zu tragen hatte, noch mehr drücken oder gar verletzen musste.

In einem Brief vom 5. September 1911 forderte er streng und entschieden die Rückkehr ins Kloster: »Wenn Dein Verbleiben daheim Dich nicht heilt, werde ich Dich in den Schatten des hl. Franziskus zurückrufen. Selbst wenn Dich der Herr zur Herrlichkeit rufen will, ist es besser, Du stirbst im Kloster, wohin er Dich gerufen hat.«[5]

In einem späteren Brief drückt er seine Besorgnis aus, Fra Pio könnte ein »Opfer teuflischer Täuschung sein« und sein Aufenthalt außerhalb des Klosters »ein Betrug des Feindes«.[6]

Eine unerquickliche Situation, die das Sichöffnen gegenüber dem Seelenführer gewiss nicht erleichterte. Fra Pio, der den

Gehorsam über alles schätzte, zeigte, wie er den klösterlichen Gehorsam verstand. Mit allem Freimut seiner 24 Jahre antwortete er dem Provinzial, der ihm vom Sterben geschrieben hatte: »Stellen Sie sich vor, dass es mein Verlangen ist, ins Kloster zurückzukehren. Das größte Opfer, das ich dem Herrn gebracht habe, ist gerade dieses, dass ich nicht im Kloster leben konnte. Aber ich glaube niemals, dass er es absolut will, dass ich sterben soll ... Auch ich habe ganz die Pflicht und das Recht, mich mit 24 Jahren nicht direkt des Lebens zu berauben ... Betrachten Sie doch, dass ich mehr tot bin, als dass ich lebe, und entscheiden Sie, wie Sie es für richtig halten. Ich bin bereit, jedes Opfer zu bringen, wenn es sich um den Gehorsam handelt.«[7]

Unter allen Umständen möchte er gehorchen. Doch wagt er seinen Oberen auch mit allem Freimut zu sagen, wie weit ihre Befehlsgewalt geht; sie reicht auf jeden Fall nicht so weit, dass sie über Leben und Tod eines Untergebenen entscheiden könnte.

Versuchungen und Skrupel

Gewissensängste und Skrupel, Satanskrieg und intensive Versuchungen sind Fra Pios tägliches Brot in diesen Jahren. Er steht ständig Gewissensängste aus über sein vergangenes Leben.[8] Er empfindet Ungewissheit darüber, ob er auch alles gebeichtet und gut gebeichtet habe. »Es ist dies ein Gedanke, der mich umbringt. Manchmal fühle ich mich deswegen versucht, die tägliche Kommunion zu unterlassen ... Es bleibt mir kein anderer Trost in diesem Schmerz, den ich fast unbegrenzt nennen möchte, als zu weinen.«[9]

»Einen neuen Krieg entfesselt der Fürst der Finsternis gegen mich ... Bei den zahllosen Versuchungen, denen ich von Tag zu Tag unterworfen bin, bleibt mir hinterher ein Zweifel, der mir auch den Geist durcheinanderbringt, ob ich sie auch wirklich verjagt habe ... Ich weine und seufze deswegen viel zu Jesu Füßen im Sakrament. Aber es scheint mir auch, dass sich Jesus mir verbirgt ... Es sind Augenblicke ... einer übergroßen Schlacht.«[10]

Ein andermal sind es wieder dauernde Versuchungen gegen die Reinheit, die ihn niederdrücken wollen: »Der Teufel kann keine Ruhe geben, um mir den Seelenfrieden zu stören und in mir das Gottvertrauen zu schmälern, das ich auf Gottes Barmherzigkeit habe. Um das zu erreichen, strengt er sich vor allem durch dauernde Versuchungen gegen die Reinheit an. Es tut mir weh in gewissen Augenblicken, dass ich nicht sicher bin, ob ich beim ersten Angriff des Feindes zum Widerstand bereit war.«[11]

Im Brief vom 1. Oktober 1910 schreibt er »von dauernden Versuchungen … die sich von Tag zu Tag noch mehren. Diese Versuchungen lassen mich vom Kopf bis zu den Füßen zittern aus Angst, Gott zu beleidigen.«[12]

Im Brief vom 20. Dezember 1910 erreicht die Schilderung seiner Herzensqualen einen gewissen Höhepunkt: »Ich befinde mich in den Händen des Teufels, der sich anstrengt, mich den Armen Jesu zu entreißen. Was für ein Krieg!

… In bestimmten Augenblicken fehlt wenig, dass ich den Kopf verliere wegen der dauernden Gewalt, die ich mir antun muss. Wie viele Tränen, wie viele Seufzer! …«[13]

Ein weiteres Schlüsselwort bildet das Wort »Opfer«, sowohl für seine Selbstheiligung als auch für die Heiligung anderer, wie sie ihm aufgetragen ist. Wahrlich, Fra Pio musste über das Thema »Opfer« nicht erst viel studieren und betrachten. Er wird darüber immer mehr innerlich erleuchtet und von innen heraus dazu gedrängt:

»… Seit einiger Zeit fühle ich das Bedürfnis, mich als Opfer anzubieten für die armen Sünder und für die Seelen, die der Reinigung bedürfen. Dieses Verlangen hat sich in meinem Herzen immer mehr gesteigert, sodass es jetzt zu einer starken Leidenschaft geworden ist … Ich habe die Opferweihe an den Herrn schon mehrmals gemacht und ihn beschworen, die Züchtigungen, die er für die Sünder und die zu reinigenden Seelen bereithält, über mich zu ergießen und diese noch zu verhundertfachen, wenn er nur die Sünder bekehrt und rettet und die Seelen des Fegefeuers bald ins Paradies aufnimmt. Aber jetzt möchte ich diese Opferhingabe mit Ihrem Gehorsamsauftrag machen. Es scheint mir, als ob Jesus das eigentlich wolle.«[14]

Nachdem Jesus in einer inneren Schau bei ihm klagt, dass es gerade auch die Priester sind, die seine Liebe nicht erwidern, sondern sie mit Undankbarkeit vergelten, und dass die, die ihn trösten und beim Werk der Seelenrettung mithelfen sollten, versagen, wendet er sich an Pater Pio, der um diese Zeit schon über zwei Jahre Priester ist:

»Mein Sohn, ich brauche Opferseelen, um den gerechten und göttlichen Zorn meines Vaters zu besänftigen. Erneuere mir das Ganzopfer deiner selbst und mache es ohne jeden Vorbehalt!«

»Das Ganzopfer meines Lebens habe ich erneut dargebracht, mein Vater … Wenn es Ihnen gelingt, versuchen Sie Seelen zu finden, die sich dem Herrn als Opfer für die Sünder darbringen. Jesus wird Ihnen helfen …«[15]

Pater Benedetto, sein Seelenführer, hatte ihm die Erlaubnis, sich Gott als Opfer für die Sünder und für die Armen Seelen darzubringen, nicht verweigert. Er schrieb ihm zurück: »Breite also deine Arme auf dem Kreuze aus und bringe dem Vater das Opfer Deiner selbst dar in Vereinigung mit dem zärtlichsten Erlöser. Leide, seufze, bete für die Gottlosen dieser Welt und für die Armen des anderen Lebens.«[16]

Diakonen- und Priesterweihe

Am Sonntag, den 18. Juli 1909, hatte er in der Kapuzinerkirche von Morcone durch Msgr. Benedetto Maria della Camera, Titularnischof von Thermopylae, die Diakonenweihe empfangen. Er stand nun am Ende des dritten theologischen Jahres. In Pietrelcina hatte er seine Studien, so gut es ging, fortgesetzt. Sein Beichtvater Don Giuseppe Orlando lernte mit ihm Moral, der Erzpriester *zi'Tore* unterrichtete ihn in Dogmatik und Liturgik.

Im Januar 1910 fürchtete er wirklich, dass er sterben müsse, so setzte ihm die Krankheit zu. Er hatte zwar keine Angst vor dem Tod, den er im Gegenteil ersehnte. Und doch erschütterte es ihn tief und leidenschaftlich, dass sein Leben vor den Toren des Priestertums enden sollte. Er wusste davon, dass in Krankheitsfällen Dispens vom Weihealter gewährt werden kann. Ihm fehlten noch neun Monate zu den vom kanonischen Recht vorgeschriebenen 24 Jahren. So gab er in einem regen Briefverkehr mit seinem Provinzial seinem heißen Verlangen nach dem Priestertum Ausdruck und bat ihn, bald die Dispens zu besorgen. Pater Benedetto wandte sich an den Generalprokurator der Kapuziner, Pater Venance von L'Isle-en-Rigault, der sie dann von der Religiosenkongregation (heute bekannt als »Kongregation für die Institute des geweihten Lebens«, Anm. d. Verl.) einholte.

Nun ist es so weit. Am 30. Juli legt er vor der erzbischöflichen Kurie von Benevent mit Erfolg sein Examen in der Theologie ab. Am Mittwoch, den 10. August, empfängt er in der Kapelle der Kanoniker im Dom zu Benevent durch Msgr. Paolo Schinosi die Priesterweihe. Seine gute Mutter darf es miterleben, wie der Erzbischof ihrem Sohn die Hände auflegt. Der Vater weilt zum zweiten Mal in Amerika, in Buenos Aires.

Freude und Rührung erfüllt das Herz des Neugeweihten. Als ein Priester ihn fragte, wie er die Nacht vor seinem Weihetag geschlafen habe, antwortet er: »Wie hätte ich schlafen können, da mein Herz vor Freude zu bersten drohte?«

Am Sonntag darauf – es ist der 14. August 1910 – singt er in der Pfarrkirche von Pietrelcina, die der »Madonna della Libera« ist, sein Primizamt. Die Primizpredigt hält Pater Agostino von San Marco in Lamis. Alles läuft ab, wie es dort im Süden Sitte und Gewohnheit ist. Nur zum Primizbildchen hat das Geld nicht mehr gereicht.

Dafür hat sich Pater Pio selbst ein Erinnerungsbildchen gemacht. Auf ein Andachtsbildchen schreibt er das Motto, unter dem sein Priestertum stehen soll: »… Mit dir sei ich für die Welt Weg, Wahrheit, Leben und für dich ein heiliger Priester, ein vollkommenes Opfer.«

Eine große Freude und Begeisterung fühlte er an seinem Primiztag. Er schreibt von der übergroßen Rührung, der sein Geist unterworfen ist, und bekennt: »Mein Herz fließt über vor Freude und fühlt sich immer stärker, jedem Leid entgegenzugehen.«[17]

Nicht weit von seinem Elternhaus im Vico Storto steht das Kirchlein der hl. Anna. Es ist seine Taufkirche, hier wurde er auch gefirmt und nun liest er dort seine Messe. Manchmal zelebriert er auch in der Pfarrkirche. Doch das kleine Kirchlein eignet sich besser für seine langen Messen. Er braucht meist länger als eine Stunde. Sein Beichtvater und Altersgenosse Don Giuseppe Orlando bestätigt: »... Er war so im Gebet versunken, dass er oft über eine Stunde verbrachte, ohne weiterzufahren. Seine Messe war so lang, dass das Volk sie mied, da die Leute doch aufs Feld zum Arbeiten gehen mussten ...«[18]

Wohl aber dürfte seine Mutter oftmals seiner hl. Messe beigewohnt haben. Täglich aber assistierte ihm noch eine andere Mutter, die Muttergottes selbst. Von ihr berichtet er im Brief vom 1. Mai 1912, dass sie ihn mit mütterlicher Sorgfalt an den Altar geleite. »Mir schien es, als hätte sie an nichts anderes zu denken, als einzig mein Herz mit heiligen Anmutungen zu erfüllen.«[19]

Wenn Pater Pio nicht in der Kirche oder zu Hause war oder im kleinen Söller (*La Torretta* – »Türmchen«) über der Straße drüben mit dem Studium beschäftigt war, war er sicher in seiner Hütte in der Piana Romana anzutreffen. Auf dem Grund, den sein Vater aus den Ersparnissen seiner zweiten Auswanderung in der Piana Romana noch dazugekauft hatte, standen diese Hütte, die in der Zeit der Weinlese als Wachposten diente, und eine Meierei mit einem einzigen Raum von 13,25 Quadratmetern. Durch einen gewölbten Eingang kam man in den Innenraum mit seinen Wänden ohne Verputz, mit einem Boden aus Kies und einer Decke, deren Balken man sah. Einen Steinwurf vom Haus entfernt stand eine Ulme, in deren Schatten Pater Pio sein Brevier betete und seine Gebetsübungen machte. Seine Vettern und Onkel bauten ihm eine Hütte, die sich an die Ulme anlehnte. »Und da war es, wo ich mich Tag und Nacht aufhielt, um die reine und gesunde Luft einzuatmen. In dieser Hütte, die für mich ein wahres Kirchlein geworden ist, machte ich meine Frömmigkeitsübungen und meine Gebete Tag und Nacht.« So erzählte er es selbst seinem Beichtvater, Pater Raffaele von Sant'Elia a Pianisi.

»Niemand weiß, was sich dort des Nachts zutrug«, vertraute er Pater Raffaele an. Er ergänzte diese Andeutung nur durch eine vielsagende Geste, die nach Stockschlägen ausschaute. In dieser Hütte empfing er später auch die unsichtbaren Stigmata. Das war im Jahr 1915. Zu seinen Lebzeiten errichtete man an dieser Stelle eine Kapelle, die die petrifizierte Ulme einschloss. Er selbst aber war nicht damit einverstanden. Doch Gott wird nichts dagegen gehabt haben, wenn man diesen Ort, an dem sein Erwählter so viel gebetet, gelitten und gekämpft hat, heilighalten wollte.

Teuflische Quälereien und ekstatische Zustände

Gegen Ende Oktober 1911 befindet sich Pater Pio im Kloster zu Venafro. Sein Provinzial hatte ihn zum berühmten Spezialisten Antonio Cardarelli nach Neapel gebracht und dieser hatte geraten, den Kranken in eines der nächsten Häuser zu bringen, denn seine Tage seien gezählt. So bringt Pater Benedetto seinen geistlichen Sohn nach Venafro, wo sich um diese Zeit auch Pater Agostino aufhält, um für die jungen Patres der Provinz einen Predigerkurs zu geben.

Auch Pater Pio hätte dem Alter nach an dieser Ausbildung im Predigtamt teilnehmen müssen. Doch die Krankheit ist wieder einmal so erdrückend, dass sie ihm jedes geistige Arbeiten unmöglich macht. Als sich sein Zustand verschlimmert, begleitet ihn der Guardian des Hauses, Pater Evangelista von San Marco in Lamis, nochmals zu einem Arzt in Neapel, aber auch diesmal ohne Erfolg. Die Ärzte begreifen nicht viel von dieser geheimnisvollen Krankheit.

Nun liegt er zu Bett und muss selbst auf die Zelebration der hl. Messe verzichten. 21 Tage lang nährt er sich nur von der hl. Eucharistie, die ihm Pater Agostino, gefolgt von der kleinen Prozession seiner Kursgenossen, bringt.

Pater Agostino meint, dass es die »einzigartige« Hingabe an den Willen Gottes in dieser ernsten Krankheitssituation war, die ihm auch besondere Gnaden verdiente.

Hier in Venafro ist es, dass die Mitbrüder, vor allem der Hausobere und Pater Agostino, zum ersten Mal mystische Begleitphänomene erleben, die sie erschrecken und erfreuen. Schrecken erfahren sie durch die häufigen Teufelsanfechtungen und -quälereien, deren Zeugen sie sein mussten, Freude durch die darauffolgenden Ekstasen und Zwiegespräche des Todkranken mit unsichtbaren Partnern, vor allem mit Jesus. Pater Agostino hat nichts anderes zu tun, als den Bleistift zu nehmen und diese mehr oder minder geflüsterten Gespräche, Gebete, Klagen und Seufzer festzuhalten, so gut er nur kann.

Von den Teufelserscheinungen weiß er in seinem Tagebuch zu berichten, dass dieser ihm in allen möglichen Formen erschien: »Als schwarze hässliche Katze, als halb nackte Mädchen, die unzüchtig tanzten, als Henkersknecht, der ihn geißelte, als Gekreuzigter in der Gestalt eines Jünglings, der sich als Freund der Brüder ausgab, in der Gestalt des Spirituals und Provinzials … Ein andermal wieder in der Gestalt des Schutzengels, des hl. Franziskus und der Muttergottes. Manchmal verzichteten sie auch darauf, ihre Anwesenheit durch eine besondere Gestalt kundzutun. Sie spuckten ihm dann ins Gesicht … oder quälten ihn mit einem betäubenden Lärm … Schließlich nahmen sie ihre wirklichen abscheulichen Gesichtszüge an, ein ganzes Heer von höllischen Geistern.«[20]

Gott sei Dank dauerten diese teuflischen Dinge in Venafro nicht lange. »Höchstens eine Viertelstunde«, berichtet Pater Agostino.[21] Danach kamen sofort tröstende Erscheinungen von Jesus, der Muttergottes, des hl. Schutzengels, des hl. Franziskus und anderer Heiliger. Diese ekstatischen Zustände dauerten schon länger, nämlich eine bis zweieinhalb Stunden und wiederholten sich täglich zwei- bis dreimal. Wenige Minuten, nachdem er die hl. Kommunion empfangen hatte, öffnete er die Augen und richtete sie weit geöffnet auf einen Punkt. Auf einmal wurden dann seine Gesichtszüge sehr lebendig: Zuweilen lächelte er, dann schaute er wieder ganz traurig, manchmal erhob er sogar seine Stimme, wenn er Jesus um die Bekehrung der Sünder bat.

Der Arzt, der ihn behandelte, wollte nachprüfen, ob es sich um eine natürliche Ohnmacht handle. Er zündete deshalb ein Streichholz an und hielt es vor dessen Pupille. Doch keine Reaktion. Ein andermal rief er den Kranken an, als er das Zimmer betrat, doch keine Antwort. Sofort aber reagierte Pater Pio, als ihn Pater Agostino als Vorgesetzter im Namen des Gehorsams anrief.

Und nun einige der Zwiegespräche, die Pater Pio in diesem Zustand flüsterte und die von Pater Agostino festgehalten wurden:

30. November 1911: »O schenk ihm die Gnade oder ich muss dich ermüden … Du musst Ja sagen … Wenn es sich darum handelt, die Menschen zu züchtigen, züchtige mich … Die Priester, denen musst du helfen … Wenn es um mich geht, tu es nur, aber nicht den anderen … Auch der Provinzial, der gegen mich hart ist … hilf ihm … und dem Erzpriester von Pietrelcina … hilf ihm in jeder Weise!«

1. Dezember 1911: »… Willst du ihn züchtigen … Nein, Jesus, züchtige mich … Du darfst ihn nicht züchtigen … Hab ich dir nicht gesagt, dass ich mich für alle zum Opfer darbringen will?«

3. Dezember 1911: »Diese Profanierung in deinem Heiligtum, mein Jesus … Vergib! … Senke jenes Schwert! Und wenn es fallen muss, dann nur auf mein Haupt …

Ja, ich will das Opfer sein. Strafe also mich, aber nicht die anderen … Schicke mich also in die Hölle, wenn er dich nur liebt und sich alle retten, alle … Strafe mich, mein Jesus, rette alle … Mein Jesus, ich biete mich für alle zum Opfer an.«[22] Man kann nur staunen, wie mächtig und umfassend schon der Sühnegedanke sein Inneres erfüllte.

29. November 1911: »Jesus, eine letzte Sache … Lass dich küssen! … Welche Süßigkeit in diesen Wunden … sie bluten … aber dieses Blut ist süß, ist süß. Jesus, Süßigkeit.«

Am 7. Dezember kehrt er in Begleitung von Pater Agostino nach Pietrelcina zurück. Am nächsten Tag, dem Hochfest der Muttergottes, singt der gestern noch Sterbenskranke bereits das Hochamt in der Pfarrkirche, als ob nichts gewesen wäre.

Am 21. März 1912 erhält er von der Religiosenkongregation in Rom die Erlaubnis, täglich die Votivmesse zur Muttergottes oder für die Verstorbenen zu lesen und statt des Breviers drei Rosenkränze zu beten, so sehr hatte sich sein Augenlicht verschlechtert.

Noch eine Eingabe beschäftigte um diese Zeit die Religiosenkongregation. Der Ordensgeneral war absolut dafür, dass sein Provinzial die Erlaubnis der Säkularisierung einreiche. In einer nächsten ekstatischen Vision beklagt sich Pater Pio darüber bei seinem Ordensvater Franziskus: »Mein Vater, nun jagst du mich noch aus deinem Orden hinaus. Lass mich doch eher sterben.«[23] Doch mit der Verfügung vom 25. Februar 1915 wird es ihm erlaubt, außerhalb des Klosters den Kapuzinerhabit zu tragen. Sein Gebet ist nicht ohne Wirkung geblieben.

IV.
RÜCKKEHR INS KLOSTER

Einen direkten und ausdrücklichen Befehl haben Pater Pios Vorgesetzte wohl nie ausgesprochen. Aber ihr Drängen war schon so intensiv, dass es dem körperlich Kranken und von Gott durch die Nacht des Geistes äußerst Geprüften schwer zusetzen musste. Seine Behauptung, eine Rückkehr ins Kloster würde fast einem Selbstmord gleichen, ließen sie nicht gelten. Sie appellierten tüchtig an den klösterlichen Gehorsam, auch wenn dieser ein Opfer abverlange.[1] Pater Pio fühlt sich in der Rolle des Dulders Ijob, der von seinen Freunden statt Trost nur Bitterkeit empfängt.[2] Doch Pater Agostino lässt sich nicht erweichen: »Der Gehorsam muss vor allen Argumenten der Welt den Vorrang haben.« Seine Vorgesetzten waren fest entschlossen, den Kranken und Zögernden ins Kloster zurückzurufen. Wenn er sterbe, dann solle er im Kloster sterben.

Um den klösterlichen Gehorsam nicht allzu hart und fordernd zu machen, benutzten sie dazu einen frommen Vorwand. Die adelige Terziarin Raffaelina Cerase aus Foggia erbat sich durch Pater Agostino den Besuch und eine Aussprache mit Pater Pio. In einem Brief vom 21. Dezember 1913 hatte er sie zusammen mit ihrer Schwester Giovina dem in Pietrelcina Verweilenden empfohlen, damit er ihre Seelenführung übernehme. So entfaltete sich in den Jahren 1914 bis 1915 ein reger Briefverkehr zwischen Pater Pio und den beiden Schwestern.

1916 musste sich Raffaelina Cerase in Bologna an Brustkrebs operieren lassen. Da sich aber ihr Zustand nicht besserte, sehnte sie sich danach, vor ihrem Tod Pater Pio zu sehen und mit ihm ihren Seelenzustand zu besprechen. Pater Provinzial war mit dieser Aussprache nicht bloß einverstanden, sondern wünschte sie sogar. Doch Pater Pios Krankheit, die sich durch eine starke Grippe noch verschlimmert hatte, und das schlechte winterliche Wetter waren schuld daran, dass die Aussprache hinausgeschoben wurde. Als dann aber Pater Agostino drängte und dem Kranken schrieb, die Reise sei von Pater Provinzial gewollt und außerdem sei es der »Wille Jesu, der auch mit einigem Opfer durchgeführt werden müsse«, erklärte sich Pater Pio bereit und überließ es Pater Agostino, den Tag und die Stunde der Abreise zu bestimmen.

Dieser hatte den Zweck der Reise so angegeben: Er solle der Kranken einige Tage beistehen, einige hl. Messen in ihrer Hauskapelle lesen und geistliche Gespräche mit ihr führen.

So schlug also nach fast sieben Jahren die Abschiedsstunde. Wiederum galt es, Abschied zu nehmen von daheim, von der Mutter, von den Verwandten, von den Leuten des Heimatorts, die ihren *Santarello* (»kleinen Heiligen«) mit wahrer Eifersucht behüteten. Während wir bei anderen Gottesfreunden eine völlige Losgelöstheit von Fleisch und Blut und von Elternhaus und Heimat finden, trug Pater Pio die Seinen, seinen Heimatort mit seinen Straßen und Gassen, mit seinen Fluren und Feldern sein ganzes Leben lang im Herzen. Er hing an dem einfachen Volk, von dem er später sagte: »Dieses liebe und einfache Volk von damals wird es wohl niemals mehr geben.«

Einmal wird er noch nach Pietrelcina kommen, nämlich nach seiner Entlassung aus dem Militär im Jahr 1918.

Pietrelcina im Herzen tragend, reiste also Pater Pio am Donnerstag, den 17. Februar 1916, nach Foggia. Er dachte an nichts anderes als an das, was ihm Pater Agostino über das Ziel und den Inhalt seines Aufenthalts in Foggia geschrieben hatte: an einen Seelsorgebesuch bei einer lieben Kranken, der er schon einige Jahre lang in väterlicher Liebe verbunden war.

Doch nach seiner Ankunft bekommt er allmählich klaren Wein eingeschenkt, dass es nun kein Zurück mehr gebe. Pater Benedetto, der ihn lebendig oder tot wieder im Kloster haben wollte, befindet sich gerade im Haus, um die kanonische Visitation vorzunehmen. Von diesem erbittet er sich eine Karte, um seiner Mutter zu schreiben, sie möge ihm doch seine Wäsche nachschicken. Die Schwestern Cerase hatten ihm die Bahnfahrt bezahlt und auch das Geld für die Heimfahrt gegeben. Dieses gibt er nun zurück. Dass es ihm ein großes Opfer bedeutete, schrieb er in einem Brief vom 23. Februar an den Erzpriester Pannullo: »Ihr allein könnt es begreifen, welche Anstrengung notwendig ist, um diesen letzten Akt der Aufopferung zu vollziehen an den, der mir alles gegeben. Beten Sie deshalb für mich, damit das Opfer Gottes würdig werde und angenehm in den Augen des himmlischen Vaters.«

Am Nachmittag des Tages der Ankunft in Foggia begleitet ihn Pater Agostino zu Raffaelina und ihrer Schwester Giovina, deren Haus in der Via Manzoni nicht weit vom Kapuzinerkloster St. Anna entfernt war. Pater Pios Begegnung mit Frau Raffaelina war die zweier Seelen, die sich lange im Herrn kannten. Man tauschte nur wenige Worte der Begrüßung aus. Giovina und Rosinella, eine Bedienstete, die wie eine Schwester behandelt wurde, waren zugegen. Doch ihre engelsgleichen Blicke waren sprechender als alle Worte.[3] Pater Pio begab sich nun jeden Tag zu der Kranken. Oft las er auch die hl. Messe in deren Privatkapelle. Dann unterhielt er sich zwei bis drei Stunden mit ihr bis zum Mittag.

Vom nebenliegenden Zimmer bekam Frau Giovina folgendes laute Zwiegespräch mit. Es war ein edler, heiliger Wettstreit darüber, wer von beiden zuerst sterben dürfe. Pater Pio sagte: »Tochter, sagen wir Jesus, dass er zuerst mich nehme.« – »Nein, mein Vater«, antwortete die Kranke, »ich will zuerst zu Jesus gehen und dann werde ich ihm sagen, dass er mich schicke, euch zu holen.« Die Auseinandersetzung über dieses Thema ging weiter, bis Pater Pio sich damit abfand, dass sie zuerst zu Jesus gehe.[4]

Als er acht Tage danach Pater Agostino den Tod Raffaelinas mitteilt – sie starb am 25. März – tat er es nicht ohne einen Anflug von Neid: »Raffaelina hat die Hochzeit mit dem göttlichen Bräutigam gefeiert. Sie ist im Herrn entschlafen mit einem Lächeln der Entsagung dieser Welt. Glücklich sie! … Ich empfinde Neid über diese Wahl. Möge es Gott durch die Fürsprache dieser erwählten Seele gefallen, auch mir die Ruhe der Gerechten zu geben. Ich bin des Lebens müde … ich verabscheue diese Welt.«[5]

Wenn auch die geistliche Freundin ihr Versprechen nicht hielt, Pater Pio in den Himmel nachzuziehen, so war ihr Tod doch nicht ohne Bedeutung für ihn und sein priesterliches Wirken. Hatte sie nicht die Rückkehr Pater Pios ins Kloster gewünscht und erbetet, weil sie wusste, wie viel Gutes er den Seelen durch Beichte und Seelenführung schenken könnte? Zudem scheint sie Gott ihr Leben eigens dazu angeboten zu haben, damit dieser seinen Erwählten aus der Enge seines Heimatortes herausführe in die Weite eines umfassenden priesterlichen Wirkens. Raffaelina war sicher eine der heroischen Opferseelen, die Gott dem Leidensmystiker zugeführt hat. Sie durfte durch ihr Gebet und Opfer die *grandissima missione,* die überaus große Sendung Pater Pios, mit vorbereiten helfen.

Bei seiner Ankunft in Foggia war der Gottesfreund 29 Jahre alt.

Die Prüfung geht weiter

Wenn auch der Guardian von Foggia berichtet, dass Pater Pio seinen Platz ganz zufrieden unter seinen Mitbrüdern eingenommen habe, gern an der brüderlichen Rekreation teilnahm und sich da von einer heiteren und witzigen Seite zeigte, seine gesundheitliche Situation wollte sich einfach nicht bessern. Das Klima von Foggia sagte ihm wenig zu. Die Stadt liegt nur 76 Meter über dem Meeresspiegel in einer fruchtbaren Ebene.

Der Kranke litt vor allem an überhohem Fieber, gefolgt von Schweißausbrüchen. Dazu kamen noch Erbrechen und Appetitlosigkeit. Als man den Arzt rief, vermutete dieser wieder einmal

Tuberkulose und verlangte seine totale Absonderung von der Gemeinschaft. Er verschrieb zwar einige Arzneien, seine ganze Behandlung beschränkte sich aber mehr oder minder auf die Messung des Fiebers, das allabendlich auf über 41 Grad Celsius hinaufkletterte. Als man daraufhin einen zweiten Arzt von Rang und Namen rief, gab dieser offen zu, dass die medizinische Wissenschaft noch nicht so weit sei, solche Phänomene zu erklären, lehnte aber die Diagnose auf Tuberkulose ab.

War das Joch der Krankheit dann wieder weniger drückend, so widmete sich Pater Pio die meiste Zeit während des Tages dem Gebet und versuchte, auch ein klein wenig dem Studium nachzukommen. Das Volk, das in die Klosterkirche kam, wurde auf seine langen Messen aufmerksam. Doch wenn er zu lange Gebetspausen einlegte, zupfte ihn sein Guardian Pater Nazareno an der Albe. Willig und gehorsam versuchte er dann voranzukommen, sodass sein Oberer sich über seinen Gehorsam freute.

Der Teufelslärm

Mit Pater Pio kam auch der Teufel ins Kloster. Jeden Abend, wenn die Kapuziner zum Abendessen gingen, entfesselte dieser in der Zelle des Kranken, die über dem kleinen Speisesaal des Klosters lag, einen Heidenlärm. Auf einmal hörte man einen fürchterlichen dumpfen Schlag, wie wenn ein Benzinkanister mit voller Wucht auf den Zimmerboden geschleudert würde. Die Reaktion der Brüder kann man sich vorstellen. Eilends schauten sie nach, was denn geschehen sei. Sie fanden dann Pater Pio im Bett, ganz bleich im Gesicht und erschöpft, unfähig, ein Wort herauszubringen, dazu noch ganz in Schweiß gebadet. Man musste ihm helfen, das Hemd auszuziehen. Dieses hinterließ den Eindruck, als ob man es in die Waschwanne geworfen und eben herausgezogen hätte. So berichtet Pater Paolino von Cascalenda. Um nachzuprüfen, ob alles wirklich so war und man nichts übertreibe, begab er sich eines Abends selbst in das Zimmer des Kranken. Solange er dort war, geschah auch weiter nichts. Es hatte den

Anschein, als wolle der Teufel keine Zeugen seines Kampfes mit Pater Pio. Aber kaum hatte er das Zimmer verlassen und die Treppe zum Refektorium erreicht, da hörte er auf einmal wieder diesen dumpfen Schlag. Auf schnellstem Weg eilte er ins Zimmer zurück und fand den Kranken wirklich übel zugerichtet, ganz bleich im Gesicht, in Schweiß gebadet. Er half ihm, die Wäsche zu wechseln, und hielt nichts mehr für übertrieben.

Von diesem Teufelslärm, der die ganze klösterliche Gemeinschaft erschreckte und die Gäste des Klosters verjagte, erfuhr natürlich auch der Provinzial. Dieser ließ sich nach einem Monat sehen und sprach auch mit Pater Pio.

Pater Paolino, der Erzähler dieser Dinge, wollte eben zum kranken Mitbruder gehen. Schon war er dabei, ohne lange zu klopfen, die nur angelehnte Tür öffnen, als er den Pater Provinzial am Krankenbett sitzen sah. Er wollte sich entschuldigen und davonmachen. Doch der Provinzial rief ihn zurück: »Pater Paolino, du kannst dableiben und auch du kannst hören, was ich dem lieben Pater Pio zu sagen habe: Also, mein lieber Sohn«, fuhr der Pater Provinzial fort, indem er Pater Pio zulächelte und wiederholte, was er ihm schon zu verstehen gegeben hatte, »es ist notwendig, dass dieser Lärm einmal aufhört. Da ist eine religiöse Kommunität, in der sich nicht bloß Alte befinden, die keine so große Angst haben vor dem, was da vorkommt, sondern da ist auch ein junger Frater, der darüber erschrickt und in einem Zustand schwerer nervöser Überreizung lebt … Dann sind die Mitbrüder, die hier vorbeikommen, besonders jetzt, wo der Krieg tobt. Du wirst gut verstehen, dass sie sich nicht gern hier aufhalten, auch wenn sie von der harten Notwendigkeit dazu gezwungen sind …«

»Aber, sehr verehrter Pater«, antwortete demütig Pater Pio, »Sie wissen sehr gut, dass ich keine Schuld daran habe und nicht im Mindesten etwas damit zu tun habe mit dem, was da vorfällt … Es ist der Wille Gottes, der dieses zulässt! …«

»Ich verstehe gut«, entgegnete der Provinzial, »dass du nichts damit zu tun hast, aber du kannst, ja du sollst sogar den Herrn bitten, dass er seinen Willen an dir erfülle. Doch musst du dem Herrn sagen, dass ich als Oberer zum höheren Wohl dieser

Kommunität wünsche, wenigstens insofern zufriedengestellt zu werden, dass diese Lärmszenen nicht mehr sein müssen.«

»Ich werde im Gehorsam handeln«, schloss Pater Pio, »hoffen wir, dass der Herr mein armes Gebet erhört.«

Daraufhin wurde es im Konvent auch ruhig. Der Teufelslärm verstummte, aber die Teufelsanfechtungen und -quälereien hörten nicht auf. Auch die Zeit der Angriffe blieb die gleiche, es war die Zeit des Abendessens. Wenn dann die Patres und Brüder nach vollendeter Mahlzeit zu Pater Pio kamen, fanden sie ihn jedes Mal in einem Erschöpfungszustand, bleich, kraftlos, schweißgebadet.

Als Pater Paolino als Prediger zur Novene für das St.-Anna-Fest nach Foggia kam und Pater Pio wiedersah, war es immer noch das Gleiche. Ja selbst als er den Kranken dann einlud, mit ihm nach San Giovanni Rotondo zu kommen, wollten die Teufelsbelästigungen einfach nicht aufhören.

Die Brüder, die manchen Schrecken durch den Teufelslärm erlebt hatten, sagten auch ihre Meinung frei heraus, trafen aber meist nicht gerade das Richtige. Die einzig richtige Erklärung gab Pater Pio, als er im Gehorsam nach der Ursache dieser Teufelsumtriebe gefragt wurde. »Er erzählte mir«, so berichtet Pater Nazareno, der Hausobere von Foggia, »dass der Teufel ihn mit allen Kräften versuche und dass es zwischen ihnen zu einem tüchtigen Handgemenge komme. Durch Gottes Gnade siege er immer.« Nach der Ursache des Lärms gefragt, erklärte Pater Pio, dass der Teufel das aus Wut mache.

Vielleicht möchte man solche Dinge in einer Zeit, wo man den Teufel mehr oder minder leugnet, nicht glauben. Doch sie spielten sich ja vor vielen Zeugen ab. Nicht nur die Kapuziner von Foggia erlebten dieses Teufelstheater, sondern auch viele ihrer Freunde und Gäste. Auch Pater Paolino, der Obere von San Giovanni Rotondo, versuchte, in das »Geheimnis der Bosheit«, das da am Werk war, einzudringen. Diesem gab Pater Pio zu verstehen: »Diese Versuchungen sind wahrhaft schrecklich, weil der Teufel den Geist jener, die sich zur Liebe Gottes erheben, so vollständig umgibt und ihn in einer so heftigen Weise schüttelt, dass man fallen könnte, wenn nicht eine besondere Hilfe vonseiten des Herrn da wäre, besonders, wenn sich der Teufel, um leicht den Sieg davonzutragen, unter der Gestalt einer widerlichen, nackten Frau zeigt und die Seele heftig zum Nachgeben und Zustimmen drängt.«

In San Giovanni Rotondo

Dieses am Südhang der Hochebene des Gargano gelegene Städtchen war um 1916, als Pater Pio zum ersten Mal hinkam, noch ein Ort mit ein paar Tausend Einwohnern. Isoliert und ohne Zufahrtsstraßen lag es in dieser rückständigen Gegend Apuliens. Um diese Zeit sah es noch trostlos aus: kein elektrisches Licht, keine Wasserleitung, kein Krankenhaus, Hygiene wurde überall kleingeschrieben.

Ebenso bescheiden und armselig nahm sich das Klösterchen aus, das zwei Kilometer vom Städtchen entfernt am Berghang lag. Nur ein einsamer Saumpfad, auf dem die Hirten ihre Schafe und Ziegen auf die Bergweiden trieben, den die Armen der Stadt benutzten, wenn sie Holz sammelten, führte zum Kloster der Kapuziner, das in seiner Unansehnlichkeit gut in die karstige und felsige Landschaft passte.

Schon seit dem Jahr 1540 lebten dort die bärtigen Brüder. 1629 hatten sie ihr Kirchlein, das bei einem Erdbeben schwer gelitten hatte, wieder aufgebaut. Nicht ungestört konnten sie ihr Leben der Buße dort oben führen. Zweimal mussten sie ihr armes Kloster verlassen, als in kirchenfeindlichen Zeiten die religiösen Orden unterdrückt wurden.

Das Kirchlein mit dem kleinen Turm, der eine einzige Glocke hatte, barg in seinem Innern ein schönes Muttergottesbild, »Santa Maria delle Grazie«, mit einer Krone auf dem Haupt, die von zwei Engeln im Flug gehalten wird, das Kind in den Armen, das unbefangen die Brüste der Mutter sucht. Dieser »S. Maria delle Grazie« war 1676 die Klosterkirche geweiht worden. Dieses kleine Kloster unter dem Schutz Mariens, gelegen zwischen Felsen und Karst, hatte die Vorsehung für Pater Pio bestimmt, damit er die Wüste zum Blühen bringe und von Gott lebendiges Wasser aus dem Felsen des Gargano für die Seelen erbitte.

Am 28. Juli 1916 betrat Pater Pio zum ersten Mal seine neue Heimat. Der Obere des Hauses, Pater Paolino von Cascalenda, hatte ihn ja in Foggia erlebt. Als er anlässlich der Predigtnovene, die er dort zum St.-Anna-Fest hielt, bemerkte, wie die drückende Hitze im Juli dem armen Kranken zusetzte, fragte er ihn, ob er nicht einige Tage mit ihm nach San Giovanni Rotondo kommen wolle. Gern sagte Pater Pio zu, freilich ein wenig besorgt, was der Pater Provinzial wohl dazu meine. Doch wegen einer Woche musste man ja den Provinzial nicht fragen, es genügte der Segen des Hausoberen.

Mit viel Liebe wurde er von den wenigen Mitbrüdern, die in dieser Kriegszeit das Haus betreuten, aufgenommen, auch die Zöglinge des Seminars begrüßten ihn freudig. Er fühlte sich wohl, die würzige Bergluft tat ihm gut, er war nicht mehr so schläfrig und gedrückt wie in Foggia und konnte auch einigermaßen schlafen. Doch nach einer Woche musste er schon wieder zurück, ein Brief, den der Hausobere an den Provinzial geschrieben hatte, war bis jetzt ohne Antwort geblieben.

Am 13. August schrieb er deshalb nochmals selbst an den Pater Provinzial und bat ihn darum, ihn ein zweites Mal nach San Giovanni Rotondo zu schicken, um dort einige Zeit zu verbringen. Als Grund gab er an, dass Jesus ihn dazu dränge. Der Herr versprach ihm, dass es ihm dort besser gehe. Sein Krankheitszustand solle etwas erleichtert werden, weil er sich für andere Prüfungen bereithalten solle, derer der Herr ihn unterziehen wolle … Er weiß noch mehr, deutete es auch an, doch wollte er darüber schweigen.[6]

Am 17. August schickte ihm Pater Benedetto auch wirklich die Obedienz für San Giovanni Rotondo. Als Motto gab er ihm mit: »Leiden, aber nicht sterben!« Damit wollte er die ungestüme Todessehnsucht seines geistlichen Sohns eindämmen. Als am 4. September mit Pater Isaia von Sarno ein Ersatz für ihn in Foggia eintrifft, konnte auch er den Wechsel vollziehen. Aus dem für

»einige Zeit« – »zur Erholung«, aus dem Ferienausflug, um die Bergluft zu genießen, wurde ein lebenslanger Aufenthalt. 52 volle Jahre sollte er in diesem einsamen Klösterchen zubringen, das durch ihn weltbekannt wurde.

Pater Provinzial, der Mitte Oktober in San Giovanni Rotondo eintraf, beriet sich mit den Mitbrüdern, ob man Pater Pio wegen seines Lungenleidens in einem Seminarkloster haben könnte. Doch dieser selbst beruhigte ihn, dass dieses Übel »nur für ihn sei und nicht für andere«. Daraufhin entschloss sich der Provinzial, ihn dort zu belassen und ihm die geistliche Betreuung des kleinen Seminars anzuvertrauen. Um den geistlichen Fortschritt dieser franziskanischen Jugend von Gott zu erbitten, bat Pater Pio seinen Ordensoberen, sich für die Seminaristen Gott zum Opfer darbringen zu dürfen. Jesus werde ihm die Kraft geben, auch dieses Opfer tragen zu können. Vom Opfer, vom Ganzopfer seiner selbst, erwartete Pater Pio allen Gottessegen, nicht von seiner menschlichen Anstrengung und Begabung.

Pater Pio als Erzieher

Während Pater Paolino die äußere Leitung des Kollegs innehatte und die Buben in den einzelnen Fächern unterrichtete, fiel Pater Pio mehr die Rolle eines Präfekten und vor allem eines Spirituals zu. Die Patres, die ihn von 1916 bis 1918 als Erzieher erlebten, wissen natürlich noch viel von seiner fein menschlichen und doch ganz aufs Übernatürliche ausgerichteten Erziehung zu erzählen. Anfangs standen ihm die Jungen etwas spröde und misstrauisch gegenüber, doch bald konnte er ihre Herzen für sich gewinnen und gute Früchte zeitigen, wenn es freilich auch an Enttäuschungen nicht ganz fehlte.

Seine ehemaligen Schüler erinnern sich noch gut an seine äußere Gestalt: an seine frische, rosige Gesichtsfarbe, die manchmal von Blässe umgeben war, an seine roten Lippen, kontrastiert von seinem kurzen schwarzen Bart, an seine großen, tiefen, leuchtenden Augen, an seine hohe und weite Stirn. Das Gesicht und der Blick offenbarten eine Mischung von Einfachheit und kindlicher Güte. Man hatte den Eindruck einer großen Aufrichtigkeit. Trotz seiner angeschlagenen Gesundheit und seiner demütig-bescheidenen Haltung erschien seine physische Statur doch robust.

Auf seinem Gang an den Altar und von dort wieder zurück ging er jedoch ermattet und manchmal sogar ganz aufgelöst voran, schleppenden Schrittes und voller Schmerzen. So berichtet Pater Emanuele.

Seine Erziehung geschah ohne viele Worte und ohne sichtliche Anstrengung. Er arbeitete nicht nach Schablone und hatte auch keine bestimmte Methode, aber er war dauernd geistig und meist auch physisch gegenwärtig. Er überwachte die Arbeit seiner *Fratini,* wenn sie eine halbe Stunde vor dem Mittagessen Konvent und Kirche sauber machten, er behielt sie im Blick, wenn sie sich erholten, er begleitete sie auf ihren Spaziergängen, die meist Richtung Sandgruben hinter dem Kloster gingen. Er aß mit den Jungen und war bei ihren Gebetszeiten dabei. Ein- oder zweimal in der Woche hielt er seinen Vortrag, den er vorbereitet und auch aufgesetzt hatte. Anfangs sprach er über allgemeine Themen wie die hl. Messe, die Verehrung der Muttergottes, die Art und Weise der Betrachtung, über die Berufung. Als er sie dann näher kennengelernt hatte, wurden seine Themen individueller. Alle acht Tage beichteten sie bei ihm und die häufige Beichte empfanden sie als eine mächtige Hilfe für ihr sittliches Streben. Was die Erziehung zur eucharistischen Frömmigkeit betraf, war er ihnen selbst ein einzigartiges Vorbild. Wie für ihn selbst das hl. Opfer der Mittelpunkt seines Tages war, so ermunterte er auch die Jungen, das Geheimnis der Liebe durch eine ehrfurchtsvolle Vorbereitung und gebührende Danksagung in ihrem Leben fruchtbar zu machen.

Mit einer großen Leichtigkeit und Tiefe wusste er die Jungen für Jesus und sein Wort zu begeistern. Sie merkten: Das ist nichts Studiertes und Gemachtes, nichts Gekünsteltes und Lebensfremdes, sondern es kam aus dem tiefsten Inneren heraus. Aber nicht nur übernatürliche Salbung des Geistes strahlte Pater Pio aus, es fehlte ihm auch nicht an menschlicher Wärme. Wie teilnahmsvoll konnte er sich zeigen, wenn einer krank wurde, wie mitleidsfähig war er dann und harrte lange am Bett eines Kranken aus. Pater Emanuele fasst diesbezüglich seine Erinnerungen zusammen: »Die Wahrheit ist, dass wir uns alle in diese süße und doch entschiedene, geheimnisvolle und väterliche Gestalt verliebten und lernten, ihn zu lieben.« Erregungen oder Verwirrungen aufgrund irgendeiner Unbeherrschtheit kannte er nicht.

Eine väterlich-mystische Gestalt

Die Jungen erlebten Pater Pio vor allem in seinem »ununterbrochenen Gebet«. Sein ununterbrochenes Beten und ständiges Fasten machten auf die Zwölfjährigen den stärksten Eindruck. Er aß sehr wenig, selbst an den Festtagen gönnte er sich nur ein karges Mahl. In Eile und wider Willen nahm er einige Brocken, um dann sein Beten fortzusetzen. Er betete immer, bei Tag und bei Nacht. Sein Katheder stand weniger im Studiersaal, sein vornehmster Lehrstuhl war für die Seminaristen der Chor, wo er lange Stunden auf den Knien verbrachte. Er war wirklich ein treuer Anbeter des im Sakrament gegenwärtigen Herrn. Auch inmitten seiner Buben betete er. Wenn er antworten musste, hielt er den Rosenkranz in der Rechten verborgen unter dem Brusttuch. Oft sagte er zu ihnen: »Ich wollte, dass der Tag 48 Stunden hätte!« In der Tat verließ er den Chor meist nicht vor Mitternacht. Kam er dann in sein durch Leinwand abgeteiltes Schlafgemach, hörten die Buben, dass er wach blieb. Sein Tag war ein ständiges Zwiegespräch mit Gott.

Die Zwölfjährigen erspähten in ihrer jugendlichen Neugier mehr das Außerordentliche der mystischen Begleitphänomene an ihrem Erzieher. Auch dieses sollte ihnen nicht verborgen bleiben. Emilo von Matrice erzählt darüber einige Beispiele:

»Pater Pio hatte nicht einmal ein eigenes Schlafzimmer für sich. In seiner großen Schlafkammer war noch ein Bett, das auch belegt wurde. Dieser Zögling, der bei ihm schlief, wurde eines Nachts plötzlich von einem starken Lärm geweckt. Mit offenen Augen, aber gut unter den Decken versteckt, hörte er Pater Pio beten und seufzen: ›Madonna mia!‹ … Da hörte er Hohngelächter und Lärm von Eisen, die sich krümmten und zu Boden fielen, und von Ketten, die auf dem Fußboden Lärm machten.

Als er am nächsten Tag aufstand, sah er wirklich im schwachen Schein der Lampe die verkrümmten Vorhangstangen und Pater Pio, der mit einem geschwollenen und schmerzenden Auge auf dem Stuhl saß …«

Dieser bat den Jungen, strengstes Stillschweigen zu wahren und schwieg auch selbst eine Zeit lang über den Vorfall. Eines Abends ermunterte er die Buben, immer betend einzuschlafen. Dann rückte er heraus: »Ihr wollt wissen, warum mir der Teufel eine feierliche Tracht Prügel verabreicht hat. Deswegen, weil ich als geistlicher Vater einen von euch verteidigen musste. Der N. N. (er nannte auch den Namen) war von einer Versuchung gegen die Reinheit befallen. Während er die Muttergottes anrief, rief er auch geistig mich um Hilfe an. Sofort eilte ich ihm zu Hilfe und, gestützt auf den Rosenkranz der Muttergottes, haben wir gesiegt. Der Knabe, der von der Versuchung frei war, schlief wieder ein und schlief bis zum Morgen; während ich den Kampf aushielt, wurde ich verprügelt, aber ich trug den Sieg in der Schlacht davon.«[7]

Der gleiche Emilio erzählt, dass Pater Pio, der sie auf ihren Spaziergängen durch muntere, heitere, aber auch aszetische Reden erfreute, einmal ganz traurig und niedergedrückt war. Neugierig wollten sie den Grund dafür wissen. Auf einmal brach Pater Pio in Tränen aus und sagte: »Einer von euch hat mir das Herz durchstoßen.« Er zögerte, es in die Öffentlichkeit zu bringen. Als aber die Buben noch mehr nachfragten, sagte er: »Gerade heute Morgen hat einer von euch eine sakrilegische Kommunion empfangen. Um es zu sagen, ich selbst bin es gewesen, der sie ihm während der Konventmesse gereicht hat.« Bei diesen Worten fiel einer von den Buben ihm zu Füßen und bekannte weinend: »Ich bin es gewesen.«

Der Pater ließ den, der vor ihm kniete nach einiger Zeit aufstehen, bat die übrigen, sich zu entfernen und blieb eine Weile mit dem Jungen allein. Sie gingen etwas auf und ab. Pater Pio lehnte sich dann an ein Brückengeländer und nahm dem Knaben, der reumütig um die Gnade der Absolution bat, die Beichte ab. Danach formte sich die Gruppe wieder und setzte unbeschwert den Spaziergang fort.

So ein geistlicher Vater und Spiritual, der seine Buben vor den Angriffen des Teufels verteidigt und dafür die Rache des Bösen erleidet, der zugleich mit außerordentlichen Gaben ausgestattet ist, um das verborgene Unrecht in seiner Umgebung aufzudecken, ist ein seltenes Geschenk des Himmels.

Erzieher zur Heiligkeit

Schon in Foggia wird Pater Pio als Seelenführer gesucht. Er schreibt von einer Schar nach Jesus hungernder Seelen, die über ihn herfallen und ihm keinen freien Augenblick mehr lassen (vgl. Brief vom 23. August 1916). Er freut sich im Herrn über die reiche Ernte. Von ganzem Herzen sehnt er sich danach, dem Herrn ein heiliges Volk zu bereiten, dafür zu arbeiten, dass Gott mehr erkannt und geliebt wird. Freilich bedeutet dieses seelsorgerliche Engagement für den Kranken eine neue Belastung.

Aber nicht nur fromme Seelen sind es, die um Seelenführung bitten, auch das leidende Volk kommt mit seinen kleinen und großen Anliegen und Schmerzen zu ihm: ein junger Blinder, der wieder sehend werden möchte, eine Mutter, die sich um das Schicksal ihres Sohnes im Krieg sorgt, ein Fräulein aus Neapel, das mit seinem blinden Bruder, der sehr heftig und gewalttätig ist, nicht mehr fertigwird. Sie bittet Pater Pio um sein Gebet, damit ihr Bruder entweder wieder sein Augenlicht erlangen oder sterben könne.

Aber die meisten, die in diesen Monaten sich um ihn drängen, sind angezogen vom »Wohlgeruch Christi«, den er ausstrahlt, und bitten um seine väterliche Leitung und Führung. Darum bittet ihn 1916 die Lehrerin Maria Gargani, die in San Marco la Catola an der Volksschule arbeitet. 1936 wird sie die Schwestern vom

Heiligsten Herzen gründen. Ebenso steht Rachelina Russo mit ihm im Briefverkehr. Als er im September nach San Giovanni Rotondo übersiedelt, animiert diese ihre Nichte Michelina Ginolfi. Beide bitten dann Pater Pio, dass er einige gute und fromme Seelen am Ort kennenlerne. Nach einer glatten Absage gibt er schließlich den drängenden Bitten Rachelinas nach. So stoßen die Schwestern Ventrella, Lucietta Fiorentino, Esterina Merlo und Sr. Euphemia vom Institut des Heiligsten Herzens, die Oberin im Kloster der hl. Klara, am Ort dazu. Auch Maria Formica Campanile mit ihrer Tochter Lucia schließt sich an.

Pater Guardian Paolino ist anfangs gar nicht so begeistert von dieser Gruppe, die sich um Pater Pio schart, und dass sich von Zeit zu Zeit die eine oder andere geistliche Tochter vermehrt im Kloster sehen lässt. Er möchte, dass Pater Pio ganz verborgen im Kloster lebt. Aber dann gibt er doch seine Zustimmung und Pater Pio nimmt nun alle an, die um seine religiöse Unterweisung und väterliche Leitung bitten. Er schaut nicht aufs Äußere. Es geht ihm um die Seelen, die er zu Christus und zur christlichen Vollkommenheit führen will. Und das nicht ohne große Opfer seinerseits.

Mit dieser Handvoll frommer, meist jungfräulicher Seelen fing das Apostolat Pater Pios nach außen an. Es war, wenn man so sagen will, die erste Gebetsgruppe. Wenn auch die Form der Betreuung im Laufe der Zeit den Umständen gemäß wechselte, die Grundprinzipien seiner Seelenführung und Erziehung zur christlichen Vollkommenheit blieben doch die gleichen. Wenn er auch Anfänger im geistlichen Leben vor sich hatte und sie erst die allgemeingültigen Mittel jedes echten Frömmigkeits- und Vollkommenheitsstrebens lehren musste, sein Ideal war jene existenzielle Christusnachfolge, die sich nur im mystisch-beschaulichen Leben vollendet. So gelingt es ihm, sogar einige dieser Gruppe zu den Höhen mystischer Gottvereinigung zu führen. Ich denke da vor allem an die früh vollendete Lucia Fiorentino, die im Ruf der Heiligkeit starb.

Anfangs hielt er ihnen zweimal die Woche einen Vortrag, jeweils am Sonntag und Donnerstag. Darin erklärte er ihnen die hauptsächlichsten Mittel des christlichen Vollkommenheitsstrebens: die Wahl eines heiligen und gelehrten Seelenführers, den fruchtbaren Empfang der hl. Sakramente, die Art und Weise der Betrachtung, die geistliche Lektüre. Seine Darlegungen begründete er durch Beispiele aus der Heiligen Schrift und aus dem Leben der Heiligen. Auch erklärte er viele Gleichnisse der Bibel. Besondere Vorträge hielt er über die Abtötung. Zum Schluss meinte er: »Das Material liegt bereit, nun beginnt zu bauen! Und damit löste er die Zusammenkünfte auf.«[8]

Er bestand auf der zweimal täglichen Betrachtung am Morgen und am Abend, insbesondere ermahnte er zur Betrachtung des Leidens Christi. Dabei empfahl er, die Leidensbetrachtung auch mit dem Gesicht zur Erde zu machen, wie es Jesus im Garten der Todesangst getan hat. Die Art und Weise zu betrachten erklärte er ihnen anhand der Ölbergszene. Als er die Meditation vorgemacht hatte, erklärte ihm eine der Teilnehmerinnen frei heraus, dass sie dabei nicht die geringste Rührung empfunden habe. Darauf er: »Aber die Rührung ist nicht notwendig; interessant ist nur, dass man meditiert …«[9]

Gehorsam wurde bei ihm großgeschrieben

Wie er selbst ein Sohn des Gehorsams sein wollte und es auch in den schwersten Belastungen vonseiten des Ordens und der Kirche blieb, so wollte er auch seine Schüler und geistlichen Kinder durch eine umfassende Gehorsamsgebundenheit zur wahren Freiheit der Kinder Gottes emporführen.

Davon erzählt eine seiner ersten geistlichen Töchter, Rachelina Russo: Seit den ersten Tagen, da Pater Pio mich führte, flößte er mir die Tugend des Gehorsams ein, sowohl für die geistlichen Angelegenheiten als auch für die materiellen. Schon hatte ich mich und alle meine Dinge ganz in die Hand des geistlichen Vaters begeben, und er wusste mich wahrnehmbar zu führen und zu beschützen. Wenn ich mich in die verschiedenen Ortschaften begab, um Ware für mein kleines Geschäft zu kaufen, bat ich, bevor ich ging, um den Gehorsamssegen des verehrten Paters. »Man muss in jedem einzelnen Fall um den Segen des Gehorsams bitten«, sagte er.

Da fragte sie einmal: »Ja, Herr Pater, muss man, wenn es sich um gute Werke handelt, immer den Segen des Gehorsams erbitten?« Darauf antwortete er mir: »Ja, weil sich dann mit dem Verdienst des guten Werks das Verdienst des Gehorsams verbindet.«

Pater Pio war sehr für die achttägige Beichte. Als das ein Vater einer seiner geistlichen Töchter für zu häufig hielt, sagte er ihr: »Sag deinem Vater, dass ein gut gereinigtes Zimmer, das nicht weiter benutzt wird, nach acht Tagen voller Staub ist und abgestaubt werden muss.«[10]

Achttägige Beichte

Ein andermal sagte er: »Die Beichte ist ein Bad der Seele. Man muss es spätestens alle acht Tage machen. Ich kann es nicht zulassen, dass ich die Seelen länger als acht Tage von der Beichte fernhalten würde.«[11] Die achttägige Beichte kann natürlich auch zum Leerlauf werden, aber sie wurde es bestimmt nicht bei einem solchen Beichtvater und Seelenführer, wie Pater Pio es war.

Buße und Abtötung

Buße und Abtötung wollte er diskret und individuell verordnen. Darüber hielt er auch besondere Vorträge. Wer körperlich gesund war, den ermunterte er auch zu Werken der Buße. Ventrella V., eine seiner geistlichen Töchter, erzählt: »Der Pater sprach zu mir von der Notwendigkeit der Buße, um Genugtuung zu leisten für die eigenen und fremden Sünden, um Jesus bei der Rettung der Seelen zu unterstützen. Er fragte mich auch: ›Machst du die Disziplin?‹ – ›Nein, mein Vater, ich halte vier Fastenzeiten ein, wie sie unsere Väter machten.‹ Darauf er: ›Du musst auch die Disziplin machen (dich geißeln), um die Unbilden gutzumachen, die unser Herr empfängt!‹ Und so besorgte ich mir zwei Arten von Disziplinen, die mir Fra Nicola gab. Er ließ mich ein bündiges Fasten halten während der ersten Woche der Fastenzeit und an allen Freitagen der Fastenzeit. Das waren die Mahlzeiten eines strengen Fasttages. Zum Karfreitag ließ er mich im Andenken an das Leiden Christi 48 Stunden fasten.«[12] Anderen, die gesundheitlich nicht so gut beieinander waren, riet er davon ab. Zu einer sagte er: »Meine Tochter, du kannst dich nicht aufrecht halten, was für ein Fasten kannst du schon machen.«[13]

Aussprachen zur Seelenführung

Als er mit den Konferenzen aufhörte, rief er jeden Tag der Woche zwei oder drei seiner geistlichen Töchter zu einer Aussprache, um mit ihnen ihre seelischen Angelegenheiten zu besprechen. Doch wie viel Geduld musste er mit manchen von ihnen aufbringen, die noch eine echte Anfängermentalität zeigten. Wenn er der einen mehr Zeit widmete, murrten die anderen. Sie begriffen noch nicht, dass nicht jede Seele die gleichen Bedürfnisse hat. Wie ein Gärtner den verschiedenen Pflanzen und Blumen eine je verschiedene Sorgfalt angedeihen lassen muss, so muss sich der weise Seelenführer auch der Eigenart einer jeden Seele anpassen.

Pater Pio aber verteidigte seine Art und erklärte: »Hier gibt es kein Ansehen der Person. Sie werden angenommen, wie sie der Herr schickt und wie er es will und weil er es will.«[14]

Um solchen Eifersüchteleien zu begegnen, sagte er ein andermal: »Ihr müsst davon überzeugt sein, dass ich nicht zufällig so handle, sondern aufgrund des Willens Gottes.« Und so blieben sie ruhig, weil sie erkannten, dass das, was Pater Pio tat, immer das Beste und Vollkommenste war, wenn es auch manchmal sehr hart schien. »Niemals dachte ich, dass er nur menschlich handle, sondern dass alles von Gott ausgehe …«[15]

In dem Maß, wie die Seelen im Tugendleben voranschritten, sorgte er dafür, dass sie durch Prüfungen noch mehr gereinigt wurden. Darüber erzählt die Lehrerin Nina Campanile: »Es war eine einzigartige Abtötung, die nur er allein zu verabreichen wusste. Mittels Widersprüchen, die er selbst hervorrief, schlug er das Innere der Seele und machte, dass alle inneren Bewegungen, alle Leidenschaften, gut und böse, an die Oberfläche kamen: die guten, um sie in der praktischen Tugend zu üben, die bösen, um sie zu entwurzeln. Man muss zugeben, dass das daraus entspringende Leid sehr groß war. Aber der weise Arzt unserer Seele wusste, während er das Messer zum Schneiden und Entfernen der Fäulnis ansetzte, auch das geeignete Heilmittel zu gebrauchen.

Einmal gestand er mir: ›Bestimmten Seelen muss man immer Milch geben und keine anderen kraftvollen Speisen; aber diese sind natürlich krank. Mit der Milch erhalten sie sich, geistig gesprochen, am Leben. Aber wenn man ihnen kraftvollere Speisen gibt wie Brot, Fleisch usw., erkranken sie und sterben geradezu.‹

Wenn man Pater Pio folgte, gestand treuherzig eine andere, litt man sehr. Seine Prüfungen, sein Schelten, seine unterschiedliche Behandlung der Seelen, das Herz barst vor Schmerz und man brauchte einen großen Glauben, um zu sagen, dass seine Handlungsweise so gerecht war.

Eines Tages, als ich so viel gelitten hatte, sagte ich ihm: ›Herr Pater, aber so leidvoll ist das geistliche Leben?‹ Darauf er zu mir: ›Geistliches Leben bedeutet: im Sterben liegen.‹ Und ich ein wenig impulsiv: ›Aber ich will nicht im Sterben liegen.‹ So behandelte mich der gute Pater nicht mehr mit Härte und wechselte in seiner Behandlung. Es ist schön, neben einem Heiligen zu stehen, aber wie viel leidet man!«[16]

Manchmal ängstigten sich manche von uns, dass sie nicht mit derselben Leichtigkeit wie andere voranschreiten könnten. Dazu sagte er: »Einige gehen per Zug ins Paradies, andere mit der Droschke und andere zu Fuß« (Ventrella V.).

Seine väterliche Führung und Leitung befasste sich aber nicht nur mit den seelischen Angelegenheiten, sie umfasste vielmehr das ganze Leben mit all seinen Äußerungen. Er interessierte sich für die Angehörigen, für den Beruf, für das kleine Geschäft, das sie führte, wie sich ein Familienvater mit allem abgibt, damit alles aufs Beste gehe.[17]

Das bestätigt auch die Lehrerin Campanile: »In der geistlichen Führung hörte er sich nicht nur an, was wir für Frömmigkeitsübungen machten, sondern mischte sich in alle Handlungen unseres Alltags, ja in das ganze Leben unserer Familie ein, um alles gemäß dem christlichen Sittengesetz und den zivilen Gesetzen zu regeln. Jede von uns sollte einem Leuchtturm in der Familie gleichen. In dieser Weise wandte sich schließlich die ganze Familie dem Pater zu, um von ihm die Weisungen zu erhalten.

Eines Tages sagte ich zum Pater: ›Mein Vater möchte sich abends mit mir am Kamin unterhalten, ich dagegen möchte in die Dachstube, wo ich ungestört beten und geistliche Lektüre lesen kann …‹, wozu ich mich sehr hingezogen fühlte. Darauf der Pater: ›Nein, nein, du musst in der Nähe deines Vaters sein und dich mit ihm unterhalten.‹«[18]

Aufmerksam wie Pater Pio war, informierte er sich auch über die tägliche Verpflegung, darüber, wie viele Stunden wir nachts schliefen und ob alle Angehörigen in die Sonntagsmesse gingen. Als er erfuhr, dass ich bis nach Mitternacht wach blieb, um geistliche Bücher zu lesen, verbot er es mir und setzte mir einen Stundenplan fest: »Du darfst nicht später als um elf Uhr zu Bett gehen und sollst nicht weniger als sechs Stunden schlafen und nicht mehr als acht.«[19]

Pater Pio war dafür, dass der Priester Beichtvater und Seelenführer in einem sei, »sonst kann es vorkommen, dass der eine aufbaut und der andere zur gleichen Zeit niederreißt«.

Mit den Klosterfrauen verfuhr er in derselben Weise wie mit seinen geistlichen Töchtern. Ja, den Anfängern wollte er sich mehr widmen als ihnen, um ihnen das Rüstzeug mitzugeben. Als sich einmal eine Klosterfrau darüber beklagte, sagte er: »Sie haben die Regel, um sich zu heiligen. Sie mögen diese halten, dann werden Sie heilig, aber die Anfänger haben alles notwendig und müssen Schritt für Schritt geführt werden.«

Er erinnerte seine geistlichen Töchter daran, dass sie der Herr nicht bloß zur Heiligung ihrer selbst berufen habe, sondern auch für die Heiligung des Nächsten. Lieber wollte er eine gut formierte Elite um sich scharen als eine Masse durchschnittlicher und gewöhnlicher Seelen.

Je weltweiter sein Apostolat wurde, desto weniger konnte er sich um seine Erstlinge der Seelenführung kümmern. Nina Campanile zählte an die 52, die mit ihm in engerem Kontakt standen. Als sie sich einmal über eine solche Beraubung schmerzlich beklagte, antwortete er: »Ich habe zu euch viele Jahre lang gesprochen, praktiziert das, was ich euch gesagt habe!«[20]

Trotzdem war seine Arbeit bei dieser Stammgruppe nicht vergeblich. Die schriftlichen Aufzeichnungen und Erinnerungen an die schlichte und doch so wirksame Art seiner traditionsgebundenen Seelenführung sind auch heute noch interessant und anregend. Seine mit vielen Opfern verbundenen Briefe an seine geistlichen Töchter und Söhne werden auch in Zukunft reiche Früchte im geistlichen Leben und Streben hervorbringen können.

A. Serritelli weiß noch etwas über Andachten und Frömmigkeitsübungen zu berichten, die er besonders empfahl. Da er seinen eigenen Schutzengel ständig an seiner Seite erlebte, empfahl er eine dankbare Verehrung unseres himmlischen Schutzgeistes. Als weitere Andachten empfahl er die Verehrung des hl. Josef, die Muttergottesverehrung im Mai durch eine Novene und inständige Bitte zur Madonna von Pompeji, im Juni den kleinen Rosenkranz zum Heiligsten Herzen, im Juli die Verehrung der hl. Anna und der Muttergottes vom Berge Karmel, im August die der in den Himmel Aufgenommenen, das Fasten zu Ehren des hl. Erzengels Michael, das am Vortag von Mariä Himmelfahrt beginnt und am 28. September endet, den Rosenkranzmonat Oktober wollte er zugleich dem hl. Schutzengel geweiht wissen, der November galt dem Gedächtnis der Toten und Armen Seelen, der Dezember war ausgezeichnet durch die 40 *Ave Maria* vom Fest der Unbefleckten Empfängnis Mariens bis zum Tag der hl. Katharina.

Vorliebe für die Tugend der Reinheit

C. Marocchino erzählt: »Ich war zwanzig Jahre alt, als ich Pater Pio kennenlernte. Meine Angehörigen dachten daran, mich heiraten zu lassen, aber der Pater brachte sie davon ab und sehr bald ließ er mich das Gelübde der Keuschheit ablegen. Ich fragte den Pater, ob ich das Gelübde der Keuschheit ablegen könne. Er antwortete mir: ›Bereite dich vor!‹ Bei der nächsten Beichte im Januar 1938 ließ er mich die Gelübdeformel sprechen. Das Gelübde war zunächst für die Dauer von sechs Monaten. Dann erneuerte ich es jedes Jahr am Tag der Himmelfahrt Mariens oder einige Tage später.«[21]

Was die Kleidung betraf, so wollte er kein Effekthaschen durch modische Kleidung und erst recht kein Auffallen durch unbescheidene Kleidung, doch war er auch gegen alle Schlampigkeit. Sehr streng konnte er mit solchen werden, die mit weit ausgeschnittenen Kleidern oder mit nackten Ärmeln daherkamen. Mädchen mit geschminkten Lippen wies er auch manchmal von der Kommunionbank zurück.

Das Tor zu einem tiefen und innerlichen Leben in Gottinnigkeit ist die Ganzhingabe an Gott. Wie er selbst zu einer »Hingabe ohne Vorbehalt« innerlich aufgefordert wurde, so freute er sich, wenn seine geistlichen Töchter ihm auf dem Weg der bedingungslosen Hingabe an Gott folgten. Darüber noch eine Erinnerung von Rachelina Russo: »In dem Maß, wie die Bildung voranschritt, bahnte sich der Herr in unseren Seelen den Weg. Als ich zum ersten Mal das Verlangen fühlte, mich ganz dem Herrn zu weihen, sprach ich darüber mit Pater Pio. Er war sehr zufrieden und bestimmte den Tag der Unbefleckten Empfängnis 1917 dazu. An diesem Tag erneuerten einige meiner Mitschwestern das Gelübde der Keuschheit, andere machten es zum ersten Mal. Im Allgemeinen ließ Pater Pio dies im Beichtstuhl tun. Aber ich wollte es vor dem Altar machen. Er sprach die Worte der Formel vor, ich sprach sie eines nach dem anderen nach.«[22]

Der Erste Weltkrieg beginnt

Nicht nur der ständige Teufelskampf verleidet ihm den Frieden in seinem abgelegenen Klösterchen, auch das brandende Kriegsgewitter von außen rief ihn aus der stillen Beschaulichkeit, um das Kleid des hl. Franziskus mit dem Grüngrau des italienischen Militärs zu vertauschen.

Noch ist es nicht so weit, aber sein prophetischer Blick erkennt, dass sich auch Italien aus dem Kriegsgeschehen nicht heraushalten wird. Am 4. Mai 1914, also noch vor Ausbruch des Ersten Weltkriegs, mahnt er in einem Antwortbrief seinen Provinzial zum Gebet, weil »die Dinge sich eher verwickeln und wenn er (der Herr) keine Abhilfe schafft, die Sache sehr schlecht gehen wird«, da man »den liebenswertesten Jesus freiwillig aus dem Herzen gejagt hat …«.[23]

Auch Italien, das sich der Stimme der Liebe gegenüber taub zeigt und nichts aus dem Unglück anderer gelernt hat, wird mit in den Krieg hineingezogen. Das erste und unschuldigste Opfer dieses menschenmörderischen Kriegs ist in seinen Augen der große und heilige Papst Pius X., »eine wirklich adelige und heilige Seele, dass Rom niemals eine ähnliche hatte. Beten wir, mein Vater, um das Aufhören der Feindseligkeiten. Entwaffnen wir den Arm des göttlichen Richters, der gerechterweise gegen die Völker erzürnt ist, weil sie nichts vom Gesetz der Liebe wissen wollen. Vor allem seien all unsere Gebete darauf gerichtet, den göttlichen Zorn gegen unser Vaterland zu entwaffnen.«

Körperlich und seelisch leidet er, um die Strafe des göttlichen Arms des Richters zurückzuhalten, und wenn er schon niederfallen müsse, dass er gleich einem reinigenden Gewitter die durch die Sünde und Glaubenslosigkeit verpestete Atmosphäre des christlichen Europa und besonders Italiens erfrische. In einem Brief vom 27. Mai 1915 berichtet er von starken Kopfschmerzen, die sich von Tag zu Tag noch verstärken und nicht die geringste geistige Beschäftigung erlauben. Er klagt, dass ihn die Schrecken des Krieges fast ganz durcheinanderbringen. »Meine Seele befindet sich in äußerster Trostlosigkeit.« Und doch sieht er in all dem

Schweren die Hand Gottes. Im Hinblick auf seine läuternden Wirkungen nennt er den Krieg für Italien und die Kirche »einen gebenedeiten, der im Herzen der Italiener den Glauben neu erwecken wird … und der aus dem ausgetrockneten Erdreich der Kirche die schönsten Blumen hervorsprossen lassen wird«.[24]

So betet, opfert und sühnt er in seiner stillen Klosterzelle. Wie kein anderer sieht er die wahren Hintergründe des Völkermordens und lebt, wie er selbst sagt, in »einer tödlichen Agonie«.

Der Krieg verlangte auch von den religiösen Gemeinschaften große Opfer. Schon über 60 Brüder der Kapuzinerprovinz von Foggia waren beim Militär: 35 Priester, 10 Kleriker und 7 Laienbrüder. Auch den kranken Pater Pio erreichte der Gestellungsbefehl. Er hatte sich schon darauf eingestellt, er war alles andere als ein Kriegsdienstverweigerer aus Gewissensgründen. »… Wir alle sind gerufen, diese mühselige Pflicht zu erfüllen … nach dem Maß unserer Kräfte. Wir werden heiteren Sinnes und mutig den Befehl annehmen, der an uns von oben kommen wird. Wenn das Vaterland rufen wird, müssen wir seiner Stimme gehorchen, wenn uns auch dieser Ruf schmerzliche Prüfungen auferlegt, nehmen wir sie mit Ergebung und Mut an. Geben wir zum Schmerz auch unsere Tränen, aber es sollen Tränen der Ergebung sein.

Die Prüfung wird für alle hart, aber mehr denn je ist sie es für uns. Doch heben wir das Herz empor zu Gott, von ihm kommen Kraft, Ruhe und Trost. Alle müssen wir zum gemeinsamen Wohl beitragen und uns in dieser schweren Stunde die Barmherzigkeit Gottes gnädig stimmen durch demütiges und glühendes Gebet und durch Besserung des Lebens.«[25]

Im November 1916 muss er sich in Benevent beim Wehrbezirkskommando stellen. Ein »grimmiger«, aber gerechter Stabsarzt untersucht ihn ganz peinlich genau und diagnostiziert wieder einmal Tuberkulose. Daraufhin wird er der 10. Sanitätskompanie im Hauptlazarett der Dreifaltigkeit in Neapel zugeteilt. Aber schon einen Monat später erhält er den ersten Sonderurlaub von einem Jahr. Am 18. Dezember 1916 kehrt er zurück und am 30. Dezember erhält er den zweiten Sonderurlaub von einem halben Jahr bis zum 30. Juni 1917, dann einen weiteren Genesungsurlaub von vier Monaten bis 5. November 1917. Im August desselben Jahres fehlte wenig, dass man ihn wie einen Deserteur behandelt hätte. Der Gestellungsbefehl, der ihn zurückrufen sollte, kam nicht oder war durch einen Fehler der Post fehlgeleitet worden.

Als er am 15. März 1918 endgültig entlassen wurde, hatte er ganze hundert Tage Militärzeit zusammengebracht. Und doch bezeichnet er die Tage in der Kaserne als eine »harte Prüfung«, »eine sehr harte Rekrutenzeit«, »einen finsteren Kerker«. Trotz seiner vollkommenen Hingabe an den Willen Gottes, trotz seiner edlen Gesinnung, seinem Vaterland nach Kräften zu dienen, betete er und ließ er durch seine geistlichen Töchter beten, dass ihm der himmlische Vater die Arme seiner »väterlichen Zärtlichkeit öffne und die schreckliche und sehr harte Prüfung beende …«

Ist Pater Pio zu empfindsam und sensibel für das Kasernenleben? Sicher macht die Gnade und Liebe Gottes, wenn sie einen Menschen durchformt, nicht unempfindsam. Auch der Gleichmut, mit dem Gott die großen Liebenden beschenkt, macht aus ihnen keinen Holzstock, sondern einen Amboss, der die Schläge des göttlichen Künstlers sehr schmerzlich spürt, auch wenn sie von Menschen ausgeführt werden. Krank am ganzen Körper, wird er von einem Arzt in Neapel doch innendienstfähig geschrieben, und so muss der gute Pater Pio Wachdienst schieben, die Kasernengänge scheuern und kehren, Zubringerarbeiten für die Küche erledigen. Dazu kam noch der freie, oft zotenhafte Jargon der Sanitäter, das tägliche Leben Seite an Seite mit Sünde und Zügellosigkeit, das Beraubtsein jeglicher geistlicher Tröstung. Er muss auf die tägliche Zelebration verzichten. Er fürchtet, in der Kaserne elend sterben zu müssen und sehnt sich danach, »die verfluchten Lumpen« der Uniform auszuziehen. So sehr steigert sich das äußere und innere Leid und doch nennt er später diese hundert Tage härtester Rekrutenzeit wertvoller als einen Kurs geistlicher Übungen.

Hier musste er ein Stück Welt- und Menschenerfahrung machen, ein Stück Erfahrung des sündigen Menschen, das ihm später in seinem weltweiten Apostolat zugutekam.

V.
MYSTIK UND LIEBE

In der dunklen Nacht des Geistes empfindet die Seele eine fürchterliche und gewaltige Sehnsucht nach Gott und hat dabei doch das Gefühl, von Gott verlassen, ja zuweilen sogar von Gott verstoßen zu sein. Diese Nacht mit ihren Liebesängsten und Liebessehnsüchten erfährt auch ein Pater Pio, und zwar sehr intensiv und lange. Lassen wir ihn deshalb selbst zu Wort kommen.

Im Brief vom 2. April 1917 berichtet Pater Pio von seinem qualvollen inneren Seelenzustand, der von unerträglichen, auch körperlichen Leiden begleitet ist. Manchmal steigt ihm ganz spontan das Gebet des Herrn am Ölberg im Herzen auf: »Vater, wenn es möglich ist, so lass diesen Kelch an mir vorübergehen!« Das alles verwirrt ihn und erfüllt ihn mit Furcht. Daneben schildert er aber auch dieses Liebessehnen der dunklen Nacht, das das Innerste seines Geistes ganz entflammt.

»Das Liebessehnen, mit welchem sich mein Herz in Gott hineinwarf, fühle ich seit einigen Tagen innerlicher und lebendiger. Es erzeugt im Innersten des Geistes eine gewisse Entflammung. Und da diese Entflammung in der Seele zuweilen über die Maßen wächst, spüre ich die Liebessehnsucht der Seele zu Gott so sehr, dass ich von Angst heimgesucht werde und einen unvorstellbaren Durst empfinde. Dieser Zustand wirkt sich natürlich auch auf mein körperliches Befinden aus. Infolge dieses unbeschreiblichen Durstes drohen mir die Kräfte zu schwinden …«[1]

Im Brief vom 16. Juli 1917 berichtet er an seinen Seelenführer: »Ich lebe in einer dauernden Nacht: Die Finsternis ist überaus dicht. Ich verlange nach dem Licht und niemals kommt es. Und wenn ich zuweilen manchen dünnen Strahl sehe, was zu selten vorkommt, dann ist es dieser, der in der Seele die verzweifelten Sehnsüchte, die Sonne wieder leuchten zu sehen, entzündet. Und diese Sehnsucht ist so stark und heftig, dass sie mich sehr oft dahinsiechen und vor Liebe zu Gott schmachten lässt. Ich sehe mich dann im Begriff, ohnmächtig zu werden.

All das fühle ich, ohne es zu wollen und ohne dass ich eine Anstrengung mache, um es zu erhalten. Meistens geschieht dies mir außerhalb des Gebetes und auch wenn ich mit indifferenten Handlungen beschäftigt bin …«[2]

»… Es gibt ein Entbrennen des sinnlichen Teils: Und doch wie die Seele vom Leib, so ist das geistige Liebesfeuer verschieden vom sinnlichen. Es ist dieses ein Entbrennen der Liebe im Geiste, von dem sich die Seele inmitten dieser finsteren Bedrängnisse durch die Macht der göttlichen Liebe … mit einer gewissen Empfindung und Ahnung Gottes verwundet sieht, ohne jedoch etwas im Einzelnen zu erkennen …«[3]

Durch dieses Entbrennen der Liebe werden alle Neigungen und Kräfte der Seele gehemmt, verwundet und getroffen und von Liebe entflammt … Sie sind davon verwundet und entflammt von dieser mächtigen Liebe, ohne sie zu besitzen und daran befriedigt zu sein.

»Die Berührung dieser Liebe und dieses Feuers trocknet den Geist derart aus und entzündet die Begierden nach Stillung seines Durstes so sehr … dass er auf tausendfache Weise mit dem ganzen Sehnsuchtsdrang seiner Begierden nach Gott verlangt …«[4]

Diese passive Liebe mit ihrem Sehnsuchtsdrang verursacht zugleich Finsternis, eine dunkle, Liebe atmende Pein, und doch zugleich Kraft, die die Seele leitet und stärkt. Schwindet daher das Dunkel und die bedrängende Finsternis, so fühlt sich die Seele einsam, leer und schwach. Wird die Last der bedrängenden

Finsternis weggenommen, so ist auch die Liebesglut dahin, die sie hervorgerufen hat. Nimmt die Liebesglut ein Ende, so verschwinden auch die Finsternisse, die Kraft und die Wärme der Liebe in der Seele.[5]

Seit Beginn dieser Nacht ist die Seele von diesem Liebesdrang erfasst, zuerst von der Liebe der Wertschätzung, dann auch von der Liebesglut.[6]

In ihrem Sehnsuchtsdrang wird die Seele kühn und mutig. Ihr Wille ist schon von der Liebe entflammt, während der Verstand, der noch in der Finsternis und ohne Licht ist, sich unwürdig und elend fühlt.[7]

Das Zeugnis der Briefe

Am 29. Juli 1910 schreibt er an Pater Benedetto: »Aber wann, mein Vater, wird mein Exil zu Ende gehen? Es tut mir leid, aber ich habe mich mit dem Willen Gottes abgefunden. Es sollen sich ruhig die göttlichen Pläne an mir erfüllen, wenn nur unser lieber Jesus dabei verherrlicht wird. In bestimmten Augenblicken leidet meine Seele sehr und wenn diese Qual nicht von Zeit zu Zeit von mancher Verschnaufpause unterbrochen wäre, wer weiß, was aus mir würde. Ja, mein Vater, dieser unser mitleidsvoller Herr eilt, wenn die Prüfung auf dem Höhepunkt angelangt ist, gleich einem liebevollen Vater herbei, um mich zu trösten und zu ermutigen, immer mehr auf dem Weg des Kreuzes voranzueilen. Ich leide, das ist wahr, aber indessen bin ich nicht darüber betrübt, weil Jesus es so will.«[8]

Am 24. Februar 1911 schreibt er an Pater Benedetto: »… Was die Betrübnisse und geistlichen Kämpfe betrifft, versichere ich Ihnen, dass sie gleichen Schritt halten mit den körperlichen Leiden. Vervielfachen sich die einen, steigern sich auch die anderen. Ich weiß nicht, wo das enden soll, wenn das immer so weitergehen wird. Doch danke ich dem Herrn dafür, dass ich mir immer einen heiteren Sinn bewahre, wenn ich mir auch dabei große Gewalt antun muss und trotz der Angstzustände, die ich bei bestimmten Kämpfen sehr stark erleide. Es scheint mir dann, dass mir ein neuer Mut lieblich in die Seele dringt. Indessen werfe ich mich mit Vertrauen in die Arme Jesu. Dann möge das ruhig eintreten, was er beschlossen hat. Er selbst muss dann bestimmt daran denken, mir zu helfen …«[9]

Im Brief vom 19. März 1911 an Pater Benedetto legt er zuerst dar, wie der Teufel ihn auf alle Weise der soliden Seelenführung durch seinen Provinzial berauben will. »… In der Tat, welche Kraft muss ich aufwenden, wenn ich Ihnen meinen Seelenzustand mitteilen will: stärkste Kopfschmerzen, sodass ich fast nicht mehr sehen kann, wohin ich die Feder setze.

All die hässlichen Fantasiebilder, die mir der Teufel im Geist vorstellt, verschwinden, wenn ich mich vertrauensvoll in die Arme Jesu werfe. Wenn ich folglich bei Jesus, dem Gekreuzigten, bin, d. h. wenn ich seine Leiden betrachte, dann leide ich selbst unermesslich, aber es ist ein Schmerz, der mir sehr guttut. Ich genieße einen Frieden und eine Ruhe dabei, die man nicht erklären kann …«[10]

Die Leidenden sind Bevorzugte des göttlichen Herzens

»Liebste Tochter! … Gewisse Leiden, meine Tochter, finden im natürlichen Bereich keinen Trost, und Dein gegenwärtiger Schmerz ist von dieser Art. Deshalb gibt es nur eins: zur Wurzel und zum Ursprung Deiner Leiden vorzudringen. Wurzel und Ursprung Deiner jetzigen Leiden aber ist Jesus, das Heil der Seelen, den Du erwählt hast und für den Du Dich Gott dargebracht hast. Du musst Dich innerlich davon überzeugen, dass nur Gott diese menschlich unerklärlichen Leiden schicken kann. Doch er ist es auch gleichzeitig, der uns die Kraft gibt, mit seinem Sohn am Kreuz auszuhalten.

Da bleibt, gute Tochter, nichts anderes übrig, als Dich dem göttlichen Willen anheimzugeben, der alles so gefügt hat. Segne die Hand, die Deinen Geist und Leib so quält, und wisse, dass die

Hand dessen, der seine Gerechtigkeit über uns walten lässt, gleichzeitig die Hand unseres Vaters ist.

Die leidenden Seelen sind die Bevorzugten des göttlichen Herzens. Sei versichert, dass Jesus Dich erwählt, um die Tochter seines anbetungswürdigen Herzens zu sein.

In diesem göttlichen Herzen musst Du Deine Zuflucht suchen, in ihm Dein glühendes Verlangen stillen. In diesem Herzen musst Du die Dir noch verbleibenden Tage leben. Ich habe Dich diesem Herzen anvertraut. In diesem Herzen also lebst Du, bewegst Du Dich und handelst Du. Das ist kurz zusammengefasst das Leiden Deiner Seele. Deshalb, gute Tochter, wirst Du verstehen, weshalb die Seele, die einmal die göttliche Liebe gewählt hat, nicht egoistisch im Herzen Jesu abgekapselt bleiben darf, sondern gleichzeitig von Liebe zu den Brüdern und Schwestern entbrennt.

Wie kann das alles geschehen?

Den Grund hierfür zu erkennen, ist nicht schwer. Denn da die Seele nicht mehr ihr eigenes Leben lebt, vielmehr dasjenige Jesu, der in ihr lebt, muss sie die gleichen Empfindungen, Wünsche, dasselbe Leben dessen haben, an dem sie teilhat. Und Du, meine geliebte Tochter, weißt – wenn Du es auch erst spät erfasst hast –, welche Gefühle und welcher Wille das Herz dieses göttlichen Meisters bewegten. Brenne nur für Gott und die Brüder, die nichts von ihm wissen wollen, denn das ist Gott wohlgefällig.

Gute Tochter, ich flehe Dich an, empfehle mich der göttlichen Barmherzigkeit, denn ich drohe unter der Last meiner Prüfungen zusammenzubrechen. O weh! Wer wird mich aus diesem Leib des Todes befreien? Bete, ich bitte Dich, dass ich weniger unwürdig sei. Gute Tochter, wer wird je meinen Seelenzustand verstehen können, wer mein inneres Martyrium? Der Herr hat mich zu den Ursprüngen des Widerspruchs geführt. Hilf mir durch Deine Gebete beim Herrn! Ob der Herr wohl meiner überdrüssig ist und sich deshalb von mir abgewendet hat? Und Du, wie vermagst Du es, einen Vater so leiden zu sehen, ohne von Mitleid gerührt zu werden?

Ich bitte Dich, opfere zusammen mit Jerolama die hl. Kommunion für mich auf und haltet auch eine Novene zur Muttergottes von Pompeji, denn ich benötige dringend einige Gnadenerweise. Ich segne Dich und Jerolama im Namen des seraphischen Vaters und versichere Dir erneut, dass Du Gott wohlgefällig bist. Pater Pio«[11]

Pater Pio tröstet seine geistliche Tochter, dass ihre Leiden göttliche Bevorzugung bedeuten und ein Teil jener göttlichen Liebeserziehung sind, die der Heiland seinen Lieblingen schenkt.

Die verborgene und trostlose Liebe

In einem Brief vom 17. Oktober 1918, also ungefähr einen Monat nach seiner Stigmatisation, klingt diese Thematik von der verborgenen Liebe mächtig auf. Da schreibt er an Pater Benedetto unter anderem: »… Ich habe mit Spanischer Grippe zu Bett gelegen. Diese hat auch hier Dutzende von Toten gefordert. Wie sehr wünschte ich, der Herr hätte auch mich zu sich gerufen, doch er hat mich in mein armseliges Leben zurückgeschleudert, um den Kampf fortzusetzen.

Ich mache furchtbare Stunden durch. Sowohl mein Leib wie mein seelisches Empfinden lassen mich bereits als tot erscheinen. Gott ist meinem Geiste fremd geworden. Du, Gut meiner Seele, wo bist du? Wo hast du dich versteckt? Wo dich suchen, wo dich finden? Siehst du denn nicht, mein Jesus, dass mein Herz um jeden Preis bei dir sein will?

Ich suche dich überall, doch du lässt dich nicht finden, es sei denn in meiner äußersten Trübsal, Verwirrung und Bitterkeit. Wer vermag meinen Zustand zu erfassen und nachzuempfinden? Was ich sagen möchte, vermag ich mit menschlichen Worten nicht auszusprechen, und sobald ich es versuche, stelle ich fest, dass es nicht das ist, was ich empfinde und ausdrücken wollte.

Mein Gott, wo bist du? Hast du mich für immer verlassen? Ich möchte meine Not hinausschreien und laut wehklagen, doch ich fühle mich so schwach und meine Kräfte drohen mich zu verlassen. Und doch kann ich nicht anders als dir zurufen: Mein Gott, mein Gott, warum hast du mich verlassen? …

Meine Seele sieht ganz klar meine Erbärmlichkeit und Armseligkeit. Mein Gott! Wie vermag ich diesen schauerlichen Anblick zu ertragen. Nimm dein Licht von mir, denn ich kann diesen Kontrast nicht ertragen. Guter Herr Pater, ich sehe meine ganze Bosheit und meinen großen Undank wie in einem offenen Buch vor mir. Ich sehe den alten Menschen in mir, wie er gleichsam Gott die ihm zustehenden Rechte verweigern will. Welcher Kraftanstrengung bedarf es, um weiterzumachen! ...«[12]

Pater Pio ist diese Thematik von der reinen als der trostlosen Liebe nicht fremd, weiß er sich doch vom Herrn dazu erwählt, dem Herrn und Erlöser beim Werk der Erlösung zu helfen.

»Er wählt sich Seelen aus und unter diesen hat er ohne mein geringstes Verdienst auch mich erwählt, ihm zu helfen beim großen Auftrag der Rettung der Menschen. Und je mehr diese Seelen ohne jeglichen Trost leiden, umso mehr erleichtern sich die Schmerzen des guten Jesus. Das ist der Grund, warum ich immer mehr leiden will, und zwar leiden ohne Trost. Und daraus mache ich mir meine ganze Freude.«[13]

»Ja, ich liebe das Kreuz, das reine Kreuz. Ich liebe es, weil ich es immer auf Jesu Schultern sehe. Nunmehr sieht Jesus bestens, dass mein ganzes Leben, mein ganzes Herz seinen Leiden geweiht ist.

Jesus allein kann begreifen, welch ein Leid es für mich ist, wenn sich vor mir die schmerzvolle Szene des Kalvarienberges abspielt. In gleicher Weise ist es unbegreiflich, welchen Trost man Jesus schenkt, wenn man ihn nicht nur in seinen Schmerzen bemitleidet, sondern wenn er eine Seele findet, die aus Liebe zu ihm nicht nur Tröstungen erbittet, sondern eher darum, dass sie selbst an seinen Schmerzen Anteil bekommt.

Wenn Jesus mir zu verstehen geben will, dass er mich liebt, lässt er mich seine Passion verkosten, die Wunden, die Dornen, die Ängste. Wenn er will, dass ich mich freue, füllt er mir das Herz mit jenem Geist, der ganz Feuer ist, und spricht mir von seinen Freuden. Aber wenn er selbst erfreut sein will, dann spricht er mir von seinen Leiden und lädt mich dazu ein mit einer

Stimme, die zugleich Bitte und Befehl ist, meinen Körper stellvertretend darzubieten, um ihm die Leiden zu erleichtern. Wer wird ihm widerstehen?«[14]

Auszüge aus seinen Briefen

Am 4. August 1915 schreibt er an Pater Agostino: »... Die Wucht der Trübsal, die über mich hereingebrochen ist, droht mich zu zermalmen. Galle und Bitterkeit sind die ständige Nahrung meines Herzens und niemand ist da, der mich tröstet. Meine Not ist so groß, dass ich nicht weiß, wie ich ihr entrinnen könnte. Ich fühle, wie meine Kräfte zusehends schwinden. Ich weiß nicht, ob ich in der Lage bin, diese für mich entscheidende Stunde nach dem Willen Gottes zu durchleben.

Allein der Gedanke an die Barmherzigkeit des Herrn hält mich auf den Beinen ... Andererseits hat sich die Güte Gottes sogar gegen mich verschworen und anstatt mir Trost zu gewähren, vergrößert sie noch meine Pein, lässt mich Todesängste ausstehen und jene Schmerzen empfinden, die sonst den Verdammten in der Hölle vorbehalten sind. Warum dies alles? Was habe ich nur angestellt, dass ich den Zorn des Himmels auf mich gezogen habe?«[15]

Unter der Wucht der Hand Gottes fühlt er sich förmlich zermalmt und zerschmettert. Er fühlt sich gänzlich von Gott verlassen. Der göttliche Liebesblick, der sein inneres Leben besonnt und belebt, hat sich in einen Zornesblick verwandelt und dieser Zornesblick macht alles düster, taucht alles in Trübsal und Bitterkeit, alles schmeckt nach Galle. Er findet kein bisschen Trost mehr. Die reine Liebe, zu der er geläutert werden soll, ist ja die trostlose Liebe, die den Herrn um seiner selbst willen liebt, auch in Verlassenheit und Trostlosigkeit.

»... Kaum hatten Sie mich verlassen«, so schreibt er am 8. November 1916 an Pater Benedetto, »befand sich meine Seele wieder in schwerstem Sturm. Mein Gott, was war mein Leben vor dir in diesen Tagen, da dicke Nebelschwaden meine ganze Seele einhüllen?! Wie wird meine Zukunft aussehen. Ich weiß nichts, überhaupt nichts. Inzwischen höre ich nicht auf, meine Hände während der Nacht zum Gebet zu erheben und dich zu preisen, solange ein Hauch Leben in mir ist! …

Du hast mich an das Kreuz deines Sohnes erhoben und ich versuche, so gut ich kann, mich damit abzufinden. Ich bin sicher, dass ich nie wieder heruntersteigen werde und meine innere Ausgeglichenheit nie mehr finden werde. Ich glaube, man muss dich im brennenden Dornbusch sehen, aber um dahin zu gelangen, muss man vollkommen auf seinen eigenen Willen verzichten und auf jegliche Zuneigung. Ich bin zu allem bereit, aber wirst du dich dafür eines Tages auf deinem heiligen Berg, dem Tabor, zeigen? Werde ich die Kraft haben, ohne je zu ermüden, zur himmlischen Schau meines Heilandes aufzusteigen?

Ich spüre, wie mir der Boden unter den Füßen schwindet. Wer wird meinen Füßen Halt geben? Wer, wenn nicht du, der du der Stab meiner Schwäche bist. Dein Glaube erleuchte noch einmal dieses von Schmerz zerschlagene Herz … Mein Gott, mein Gott, lass mich nicht vor Qual nach dir vergehen! Ich kann nicht mehr. Ich vermag meine Gedanken nicht mehr zu ordnen.

Ich fühle mich absolut unfähig, das Gute zu tun, ich fühle mich vollkommen verlassen, mein Geist ist verwirrt, mein Inneres voll Bitterkeit, die mir den süßesten Wein dieser Welt vergällt. Ich denke an Flüche, an Einbildungen, an Untreue und Unglauben.

Ich fühle, wie meine Seele durchbohrt wird, ich sterbe in jedem Augenblick meines Lebens. Mein Herz kennt keine Ruhe mehr, denn Gott kann nicht all das zulassen, ohne dass er meiner vollkommen überdrüssig geworden ist.

Gott kann nicht mehr in dieser Seele sein. Er ist zu rein, er würde es in einer solchen Seele, wo Derartiges vorkommt, nicht aushalten.

Der Teufel umlagert unaufhörlich meinen schwachen Willen, der in diesem Zustand nichts anderes zu tun vermag, als beständig, wenn auch ohne innere Anteilnahme, auszurufen: ›Es lebe Jesus, ich glaube!‹ …

Sagen Sie mir, mein Vater, lässt sich dieser Zustand mit der Gegenwart Gottes in meiner Seele vereinbaren?«[16]

Ein Blinder ist ständig in einer äußeren Umnachtung. Tastend muss er die Gegenstände erfassen. In der Nacht des Geistes fehlt nun das innere Licht. Der Geist ist umnachtet. »Ich weiß nichts, überhaupt nichts … Mein Geist ist verwirrt, mein Inneres voll Bitterkeit«, schreibt Pater Pio. Er erkennt nichts mehr, er weiß nicht, ob er richtig handelt, er kann sich nicht mehr selbst bestimmen. Er sieht seine Seele in dichte Nebelschwaden gehüllt.

Pater Pio hat zeitlebens auch körperlich schwer gelitten. Doch körperliche Krankheiten sind noch nicht das, was die Seele tief läutert. Es gibt noch viel schwerere Leiden: Das sind die Seelenleiden und vor allem die Leiden der Nacht des Geistes. »Ich fühle mich vollkommen von Gott verlassen«, seufzt Pater Pio auf.

Schmerzvoll für das Gefühl, aber wertvoll für den Geist

Aus dem Brief vom 8. März 1916 an Pater Benedetto: »… Ich habe den Frieden des Herzens vollkommen verloren. Ich bin vollständig blind geworden. Ich fühle mich von tiefer Finsternis umgeben und wie sehr ich mich auch bemühe, ich finde den Weg zum Licht nicht. Wie kann ich da wohlgefällig vor dem Herrn wandeln? Oh, er wird gewiss nicht zufrieden mit mir sein und zu Recht hat er mich unter die ewig Toten hinabgestoßen, deren er sich nicht mehr erinnert …

Nur einmal habe ich im Innersten meines Herzens eine Empfindung wahrgenommen, die ich nicht zu beschreiben wüsste. Mein Herz spürte, zunächst ohne ihn zu sehen, seine Gegenwart und danach näherte er sich so sehr meiner Seele, dass ich ihn zu berühren glaubte. Doch das ist eine völlig unzulängliche Beschreibung, aber ich wüsste nicht, wie ich mich ausdrücken sollte. Doch bekenne ich, dass ich einerseits von so großer Furcht, gleichzeitig aber von einer Art himmlischer Trunkenheit befallen wurde. Ich glaubte nicht mehr, auf dem Pilgerweg zu sein, und ich kann wirklich nicht sagen, ob ich, als dies sich ereignete, mir bewusst war, dass ich in diesem Körper lebte. Gott allein weiß es und ich vermag dem nichts hinzuzufügen.

Gott, wer hätte sich je ausdenken können, was mir kurz danach zustoßen sollte. Die Hölle brach über mir zusammen. Das besagt alles. Ich wurde in einen Kerker geschleudert, der noch finsterer war als das erste Gefängnis. Dort befinde ich mich auch jetzt noch und es herrscht nichts als unabsehbarer Schrecken. Alle meine Sünden liegen offen zutage und mein Herz erkennt nichts als meine Bosheit ...«[17]

Pater Pio behauptet, er habe den Frieden des Herzens vollkommen verloren, er fühlt sich blind und vollkommen verlassen.

Im Brief vom 17. März, also neun Tage später, schreibt er an Pater Benedetto: »... Meine Nacht wird immer dunkler und ich weiß nicht, was der Herr noch mit mir vorhat.

Ach, guter Herr Pater, ich möchte Ihnen so viel sagen, aber ich kann nicht. Ich gebe zu: Ich bin mir selbst ein Geheimnis.

Wann werden die Nebel von meiner Seele fallen? Wann werde ich wieder die Sonne sehen? Werde ich es noch in diesem Leben erleben? Fast glaube ich nicht mehr daran.

Doch genug. Meine Sprechweise könnte Ihnen wie Unglaube erscheinen. Die Furcht, Ihnen wehzutun, lässt mich deshalb das Schweigen vorziehen. Bitte empfehlen Sie mich weiterhin dem Herrn und flehen Sie ihn für mich an, dass mir der Glaube an ihn nicht so schwerfalle.«

Sich selbst ein Rätsel und ohne jeglichen Trost vermag er aber doch anderen, Jesus liebenden Seelen, die gleich ihm, wenn auch nicht in derselben Tiefe die Nächte durchleiden, Trost und Klarheit über ihren Seelenzustand zu schenken. Es handelt sich um die beiden Schwestern Cerase, besonders um Raffaelina Cerase, bei der Jesus sich anschickt, im Dunkel schmerzlicher passiver Läuterung den alten Menschen abzulegen und den neuen, der nach Gott geschaffen ist, in Gerechtigkeit und wahrer Heiligkeit anzulegen.

Er ermuntert Pater Benedetto, er möge doch »jener auserwählten Seele versichern, dass Jesus sie besonders liebt. Möge sie in

Frieden leben und auf neue Kämpfe gewappnet sein, die der Herr ihr aus seiner Vorliebe zu ihr schicken wird.

Sagen Sie Ihrer Schwester, dass der Herr Großes mit ihr vorhat. Sie soll sich auf eine Änderung ihres Lebensstandes vorbereiten … Raffaelina hängt seit Tagen am Kreuz ihres Geliebten. Sie leidet in großer Geduld. Es zerreißt mir das Herz, sie in diesem Zustand zu sehen …«[18]

Wie wir sehen, nimmt sich der Herr seiner Auserwählten in Liebe an. Er weiß, dass sie für einen solchen schmerzlichen Leidenszustand einen geistlichen Führer benötigen, sonst könnte es sein, dass sie sich, wenn ihnen der Herr nicht ganz besondere Hilfe sendet, schwer zurechtfinden.

VI.
LIEBEN UND LEIDEN

Lieben und Leiden gehören zusammen. Die Liebe schenkt nicht nur Glück und Freude, Wohlgefallen und Wonne, seelische Gehobenheit und Geborgenheit im Du des Geliebten, sie erzeugt auch Schmerz. Davon weiß jedes menschliche Liebespaar zu erzählen. Je größer und intensiver die Liebe, desto bitterer auch der Schmerz über ihren Verlust und desto inniger auch das Verlangen nach dem seligen Einssein in der Liebe.

Aus Pater Pios Briefen

»... Ich fühle mein Herz und mein Inneres ganz eingenommen von den Flammen eines äußerst großen Feuers, die immer noch stärker werden. Solche Flammen lassen die arme Seele in klägliche Seufzer ausbrechen. Und trotzdem, wer würde es glauben? Zur selben Zeit fühlt die Seele, zusammen mit dem entsetzlichen Martyrium, das ihr von den oben genannten Flammen verursacht wird, eine im äußersten Grad übermäßige Süßigkeit, die mich ganz von großer Liebe zu Gott entbrennen lässt. Ich fühle mich vernichtigt, mein Vater, und finde keinen Platz, um mich vor einem solchen Geschenk des göttlichen Meisters verbergen zu können. Ich kann wirklich nicht mehr. Der Faden scheint von einem Moment zum anderen zu zerreißen, aber diesen glücklichen Augenblick sieht man nicht kommen.«

»Wie traurig, mein Vater, ist der Zustand einer Seele, die Gott krank gemacht hat in seiner Liebe. Aus Liebe bittet den Herrn, dass er meine Tage beendige, denn ich finde keine Kraft mehr, in einem ähnlichen Zustand weiterzuleben. Ich sehe kein anderes Heilmittel für mein ganzes Kranksein als dieses, dass ich eines Tages aufgezehrt werde von diesen Flammen, die brennen und doch nicht verzehren. Glauben Sie dann nicht, dass es einzig die Seele ist, die an einem solchen Martyrium Anteil hat. Auch der Körper nimmt daran teil, und zwar im höchsten Grade, wenn auch indirekt. Solange dieses göttliche Wirken dauert, ist der Körper zu allem unfähig.«[1]

»... Meine Seele löst sich auf vor Schmerz und Liebe, vor Bitterkeit und Süßigkeit zur selben Zeit. Wie werde ich es machen, um einem so unermesslichen Wirken des Höchsten standzuhalten? Ich besitze ihn in mir und das ist der Grund zu jubeln. Das führt mich unwiderstehlich dazu, mit der heiligsten Jungfrau zu sagen: ›Mein Geist frohlockt in Gott, meinem Heiland.‹

Ich besitze ihn in mir und spüre ganz die Kraft, um mit der Braut im Hohelied zu sagen: ›Ich habe ihn gefunden, den meine Seele liebt‹ (Hld 3,4). Aber manchmal sehe ich mich unfähig, die Last dieser unendlichen Liebe auszuhalten, sie ganz in der Winzigkeit meiner Existenz zu beschränken. Ich fühle mich mit Schrecken erfüllt, dass ich sie verlassen müsste aufgrund der Unfähigkeit, sie im engen Häuschen meines Herzens zu behalten. Dieser Gedanke, der übrigens nicht unbegründet ist ... quält mich, betrübt mich und ich fühle, dass mir das Herz aus der Brust gerissen wird ...

Mein Vater, ich kann diesen Schmerz nicht überleben. Wenn er sich verstärkt, fühle ich mich vernichtet, fühle mich ohnmächtig werden und ich wüsste in diesen Augenblicken nicht zu sagen, ob ich lebe oder nicht. Ich bin außer mir. Eine Mischung von Schmerz und Süßigkeit stehen sich gleichzeitig entgegen und bringen die Seele in eine süße und bittere Ohnmacht.

Die Umarmungen des Geliebten, die dann in großer Fülle, ich möchte sagen, ohne Unterbrechung, Maß und Schonung geschehen, können in ihr das heftige Martyrium, das darin besteht, dass sie sich unfähig fühlt, die Last einer unendlichen Liebe zu tragen, nicht auslöschen. Und es ist eigentlich in diesen Perioden, die übrigens fast andauernd sind, dass die Seele Worte gegen diesen göttlichen Geliebten hervorbringt, vor denen ich erschrecken würde, wenn ich sie im normalen Zustand aussprechen würde.«[2]

Die Herzdurchbohrung

Pater Pio berichtet von einer »geheimnisvollen, himmlischen Persönlichkeit«, die die Wurflanze in sein Innerstes bohrte. Dieser Angriff geschah im Halbdunkel des Beichtstuhls in der Klosterkirche. Er war eben dabei, seinen Brüdern die Beichte abzunehmen, als ihn die göttliche Heimsuchung traf:

»Nur der Gehorsam treibt mich an«, so leitet er den Brief an seinen Seelenführer ein, bevor er sich ihm eröffnet. Erst am 9. September 1918 schreibt er über das, was ihm in der ersten Augustwoche widerfahren ist nach einem langen, wochenlang anhaltenden Leiden in tiefster geistiger Nacht. »Kraft des Gehorsams will ich Ihnen das, was in mir vom 5. abends und den ganzen 6. des laufenden Monats vorgefallen ist, berichten. Ich kann Ihnen nicht sagen, was in mir in dieser Zeit höchsten Martyriums vorgegangen ist.

Ich hörte am 5. abends die Beichte unserer Jungen. Da wurde ich auf einmal beim Anblick einer himmlischen Persönlichkeit, die sich mir im Tiefsten des Geistes darstellte, mit äußerstem Schrecken erfüllt. Diese hielt in der Hand eine Art Werkzeug, ähnlich einer sehr langen Eisenlanze mit einer gut geschliffenen Spitze, und es schien, dass aus dieser Spitze Feuer herauskomme. All das zu sehen und zu beobachten, wie besagte Persönlichkeit mit aller Heftigkeit in meine Seele stieß, war eins! ... Mit Mühe brachte ich einen Klagelaut hervor, ich fühlte mich sterben! ... Ich sagte dem Buben, er solle sich zurückziehen, da ich mich nicht wohlfühlte und keine Kraft mehr hatte fortzufahren.

Dieses Martyrium dauerte bis zum Morgen des siebten. Was ich in diesem so trauervollen Zeitabschnitt litt, ich weiß es nicht zu sagen! Sogar das Innerste sah ich herausgerissen und hinter diesem Werkzeug hergezogen … Von diesem Tag an bin ich zu Tode verwundet und ich spüre im Innersten meiner Seele eine Wunde, die immer offen ist und mich andauernd schmerzt.«[3]

Was ist das für eine geheimnisvolle, himmlische Persönlichkeit? Diese rätselvolle Persönlichkeit wird wiederkommen, um Pater Pio die Leidensmale des Erlösers einzudrücken und diese Herzdurchbohrung zu wiederholen.

Pater Pios Herzwunde blieb immer offen und blutend. Davon berichtet er in einem Brief vom 5. September 1918:

»Ich fühle mich untergetaucht in einen Ozean von Feuer. Die Wunde, die mir wieder geöffnet wurde, blutet und blutet immer. O mein Gott, warum sterbe ich nicht? Oder siehst du nicht, dass das gleiche Leben für die Seele, die du verwundet hast, zur Qual wird? Du bist auch grausam, der du stumm bleibst gegenüber dem Klagegeschrei dessen, der leidet und den du nicht trösten willst. Aber was sage ich? …

Verzeihen Sie mir, mein Vater, ich weiß nicht, was ich sage. Das Übermaß an Schmerz, das mir die Wunde verursacht, die immer geöffnet ist, macht mich wider meinen Willen rasend. Sie lässt mich aus mir heraustreten und trägt mich ins Delirium. Ich sehe mich unfähig, Widerstand zu leisten.«[4]

Im Leben der großen Mystiker wiederholen sich die Herzdurchbohrungen. Es ist gar nicht gesagt, dass neben den im *Epistolario* (»Briefverkehr mit seinen Seelenführern«) genannten zwei Herzdurchbohrungen nicht auch noch andere ihm geschenkt wurden. Im Brief vom 20. Dezember 1918 schreibt er an Pater Benedetto:

»Seit einigen Tagen bemerke ich in mir ein Ding wie eine dünne Eisenplatte, die sich vom unteren Teil des Herzens quer durch bis unter die Schulter zieht. Sie verursacht mir einen äußerst bitteren Schmerz und lässt mich kein bisschen Ruhe finden. Auf dieses neue Phänomen begann ich aufmerksam zu werden nach einer weiteren Erscheinung dieser gewohnten geheimnisvollen Person vom 5. August und 20. Oktober …«[5]

Es ist sicher nicht leicht, meint Pater Alessandro da Ripabottoni, auf dessen ausgezeichnetes Quellenwerk über das Leben von Pater Pio ich oft zurückgreife, genaue Beschreibungen über die physiologischen Folgen, d. h. über die Ausprägung im Körperlichen, solcher Herzdurchbohrungen zu finden. Welcher Gottesfreund, der damit beschenkt ist, möchte schon anderen diese intimsten Herzensgeheimnisse enthüllen? Bei Pater Pio haben wir das Zeugnis seines eigenen Oberen Pater Paolino da Cascalenda, der dessen Herzwunde im Mai 1919 des Öfteren beobachten konnte.

»In der Eigenschaft des Chronisten muss ich hier sagen: Das, was mich am meisten bei der Besichtigung der Wunde berührt hat, ist die Form der Seitenwunde gewesen, die sich gerade in der Herzgegend abhebt und nicht von jenem anderen Teil der Seite, wie ich von vielen sagen hörte. Sie hat fast die Form eines X, sodass man schließt, dass es zwei Wunden sind …

Schließlich beeindruckte mich noch eine andere Sache, und zwar, dass die Wunde den Eindruck einer starken Verbrennung hat, die nicht oberflächlich ist, sondern sich tief in die Seite hinein vertieft.«[6]

Die Wundmale

Die Leidensbetrachtung, bei der er reichlich Tränen voll Mitleid vergoss, hat den Schmerz an den Wunden des Erlösers immer tiefer in Pater Pios Seele gezogen. 1911 erscheinen zum ersten Mal die Leidensmale auch an Händen und Füßen. Er schreibt davon an seinen Seelenführer, Pater Benedetto:

»… Gestern Abend ist mir etwas passiert, das ich weder erklären noch begreifen kann. Inmitten der Hände ist ein wenig Rot erschienen, fast von der Größe und Form eines Centesimo, begleitet von einem starken und heftigen Schmerz inmitten dieses bisschen Rot. Dieser Schmerz war mehr spürbar an der linken Hand, wo er noch andauert. Auch unter den Füßen bemerke ich etwas Schmerz.

Dieses Phänomen wiederholt sich fast seit einem Jahr. Aber jetzt war es längere Zeit ausgeblieben. Beunruhigen Sie sich nicht, wenn ich Ihnen zum ersten Mal Mitteilung davon mache. Wenn Sie wüssten, wie sehr ich mir auch jetzt Gewalt antun musste, um Ihnen das zu sagen! ...«[7]

Intensiver und dauerhafter empfindet er den Schmerz an Händen und Füßen nach einer weiteren Verwundung am 20. September 1915 in der Hütte der Piana Romana unweit von Pietrelcina. Doch seine eigentliche Kreuzigung, die das Liebeswirken Gottes in seinem tiefsten Innern auch am Leib sichtbar werden lässt, erlebt er drei Jahre später, am 20. September 1918.

Noch ist das schreckliche Völkermorden des Ersten Weltkriegs nicht zu Ende. Das Jahr 1918 brachte noch ein entsetzliches Ausbluten der Völker, bis im Vertrag von Versailles ein Frieden ohne Gerechtigkeit und Dauer geschlossen wurde. Alle Nationen litten an den traurigen Folgen des Krieges. Jedes Dorf hatte seine Gefallenen und Vermissten, seine Gefangenen und Verwundeten zu beklagen.

Dazu kam in San Giovanni Rotondo noch die Spanische Grippe, die in kurzer Zeit 200 Todesopfer forderte. Auch Pater Pio wurde davon befallen und musste vom 15. bis 17. September das Bett hüten. Gern wäre er heimgegangen. Doch der Herr hatte andere Pläne mit ihm.

Pater Pio hatte eben seine Messe vollendet und zog sich zur Danksagung in den Chor zurück. Die Kirche war völlig leer. Die Seminaristen erholten sich im Hof. So kniete er auf dem Platz des Vikars vor dem großen Kruzifix aus Zypressenholz. Von dem, was ihm an diesem Tag von 9 bis 10 Uhr widerfahren ist, berichtet er in einem Brief vom 22. Oktober 1918 an seinen Seelenführer, Pater Provinzial Benedetto:

»Was soll ich Ihnen darüber sagen, wenn Ihr mich fragt, wie meine Kreuzigung geschehen ist? Mein Gott, welche Verwirrung und Demütigung empfinde ich, wenn ich mich über all das eröffnen soll, was Du in dieser armseligen Kreatur gewirkt hast.

Vergangenen Monat, es war am Morgen des 20. September, befand ich mich nach der Zelebration der hl. Messe im Chor, als ich von der Ruhe ähnlich wie von einem süßen Schlaf überrascht wurde. Alle inneren und äußeren Sinne und auch die Seelenfähigkeiten befanden sich in einer unbeschreiblichen Ruhe. In alldem herrschte vollkommenes Stillschweigen um mich her. Dazu kam plötzlich ein großer Friede und eine Hingabebereitschaft zur vollkommenen Entäußerung … Und all das geschah in Blitzesschnelle.

Und während sich all das verwirklichte, sah ich vor mir eine geheimnisvolle Person, ähnlich jener, die ich am Abend des 5. August gesehen hatte. Sie unterschied sich einzig darin: Von den Händen, den Füßen und der Seite tropfte Blut. Ihr Anblick erschreckte, und das, was ich in diesem Augenblick fühlte, wüsste ich Ihnen nicht zu sagen. Ich fühlte mich zum Sterben und wäre gestorben, hätte nicht der Herr eingegriffen und das Herz, das ich aus der Brust springen fühlte, gehalten.

Die Schau der Persönlichkeit verschwand, und ich merkte, dass Hände, Füße und Seite durchbohrt waren und Blut herabtropfte. Stellen Sie sich den Schmerz vor, den ich da erfuhr und den ich fast alle Tage andauernd empfinde. Die Herzwunde strömt dauernd Blut aus, besonders von Donnerstagabend bis Samstag.«

Die folgende ekstatische Schauung des verwundeten und an Händen, Füßen und Seite bluttriefenden Christus zeigte ihm an, was Gott seiner Seele einprägen wollte: die Zeichen der Erlösung, die Wunden des Herrn, die die Gleichgestaltung des Knechts mit dem Meister dartun sollen. Dieses ekstatische Erleben spiegelt seine kurze Zusammenfassung gegenüber Don Giuseppe Orlando, seinem Landsmann und Altersgenossen, wider. Dieser kurze Bericht über das Geschehen seiner Kreuzigung bringt neue Varianten:

»Ich war im Chor, um Danksagung nach der hl. Messe zu machen, und fühlte mich langsam zu einer immer mehr wachsenden Süßigkeit erhoben, die mich beim Gebet mit Freude erfüllte.

Ja, je mehr ich betete, desto mehr steigerte sich diese Freude. Auf einmal traf ein großes Licht auf mein Auge und inmitten eines solchen Lichtes erschien mir der verwundete Christus. Er sagte nichts zu mir und verschwand. Als ich zu mir kam, fand ich mich am Boden liegend und verwundet. Die Hände, die Füße, das Herz bluteten und schmerzten, sodass ich alle Kraft verlor, um mich zu erheben. Auf allen vieren schleppte ich mich vom Chor in die Zelle, indem ich den ganzen langen Gang durchquerte. Die Patres waren alle außerhalb des Klosters. Ich legte mich zu Bett und betete, um Jesus wiederzusehen. Aber dann kehrte ich bei mir selbst ein, betrachtete die Wunden und weinte, indem ich Hymnen des Dankes und des Gebetes anstimmte.«

Während er das seinem Altersgenossen erzählte, verklärte sich sein Gesicht, seine Lippen zitterten, die Brust keuchte, seine Augen glänzten von Licht und Tränen.[8]

In einer Unterhaltung vom 29. März 1966 fasste er das Geschehen vom Freitag, dem 20. September, so zusammen: »… In einem Augenblick des Einschlummerns und tiefer Kontemplation über Christus, den Gekreuzigten, bekam ich die Stigmata an Händen und Füßen.« Ein Jahr später, am 6. Februar 1967, formulierte er es so: »… Vom Gekreuzigten im Chor, der sich in eine große, ganz blutende Erscheinung verwandelte, gingen Lichtbündel mit Pfeilen und Flammen aus, die mir Hände und Füße verwundeten, weil die Seite schon vom 5. August dieses Jahres an verwundet war. Ich war allein.«

Die Herzwunde blutete schon seit dem 5. August 1918. Täglich musste er das Tüchlein, das er auf die Wunde legte, um das Blut aufzusaugen, wechseln.[9]

Herzzerreißend ist die Klage, in die ein Pater Pio im zweiten Teil seines Berichts über seine »Kreuzigung« an Pater Benedetto ausbricht:

»Mein Vater, ich sterbe vor Schmerz an dieser Zerrissenheit und der daraus folgenden Verwirrung, die ich im Tiefsten meines Herzens empfinde. Ich fürchte zu verbluten, wenn der Herr nicht die Seufzer meines armen Herzens erhört und von dieser

Operation ablässt. Wird mir Jesus, der so gut ist, diese Gnade schenken? Wird er wenigstens die Verwirrung von mir nehmen, die ich durch die Zeichen erfahre? Laut will ich meine Stimme zu ihm erheben und nicht aufhören, ihn zu beschwören, seine Barmherzigkeit möge mir nicht die Qual und nicht den Schmerz … wohl aber die Verwirrung nehmen.«

Pater Pio ist bereit zum Leiden, er fürchtet nicht den Schmerz, der bei aller Bitterkeit und stechenden Heftigkeit doch auch wieder süß ist, weil er von der ewigen Liebe verursacht ist und Anteil an den Schmerzen des geliebten Herrn gewährt. Das, was ihn verwirrt, ist das Außerordentliche der Zeichen, die ihn als den vom Herrn Erwählten und Gezeichneten ausweisen. Er ahnt den Kreuzweg, der aus diesem Gezeichnetsein in seinem Leben entstehen wird.

»Die Persönlichkeit, von der ich in meinem vorausgehenden Brief zu sprechen vorhatte, ist keine andere als die vom 5. August … Sie setzt ihre Einwirkung pausenlos fort in einem Höchstmaß von Seelenqual. Ich höre in meinem Innersten ein ständiges Getöse, ähnlich einem Wasserfall, der ständig Blut ausströmt.

Mein Gott! Gekommen ist deine Züchtigung und recht ist dein Gericht … Aber lass mich schließlich Barmherzigkeit erfahren! … Mein Vater, jetzt, da Ihnen mein Inneres bekannt ist, verschmäht es nicht, mir das Wort des Trostes inmitten so heftiger und harter Bitterkeit zukommen zu lassen. Ich bete immer für euch, für den armen Pater Agostino, für alle. Segnet mich!«

»Es ist gut, das Geheimnis des Königs zu verbergen«

So mahnt die Heilige Schrift im Buch Tobit. An dieses Bibelwort hält sich Pater Pio. Er hält die göttliche Auszeichnung verborgen, so gut er kann. Selbst sein Oberer, Pater Paolino, sollte erst nach einigen Tagen darauf kommen, als er zusammen mit Pater Pio einen *Fratino* des Seminars, der an Wundrose erkrankt war, kurierte. Nach jeder Betreuung des Seminaristen desinfizierten sich beide mit einer Lösung von Sublimat, die auf die Haut der Hände rot abfärbte. Nachdem der Schüler Donato Grilli geheilt war, verschwanden auch die Spuren dieser Lösung.

Eines Abends bemerkte aber nun Pater Paolino auf Pater Pios Handrücken trotzdem einen kleinen runden roten Fleck. Deshalb fragte er ihn: »Pater Pio, wieso ist bei mir jede Spur dieser Lösung verschwunden und bei dir nicht?« Pater Pio, der neben ihm saß, gab ihm keine weitere Antwort, verbarg die beiden Hände in den weiten Ärmeln seiner Kutte und fuhr mit dem Beten fort.

Einige Tage später kam Pater Paolino auf den Grund dieses beredten Schweigens. Noch bevor Pater Pio aufgestanden war, erschien er eines Morgens bei diesem in der Zelle und verlangte: »Pater Pio, im heiligen Gehorsam, lass mich die Stigmata sehen!« Und weinend gehorchte Pater Pio. Nicht ganz so zurückhaltend scheint Pater Pio einer geistlichen Tochter gegenüber gewesen zu sein. Als er die Lehrerin Nina Campanile unterwegs traf, machte er ihr eine Andeutung, dass er am Freitag eine Maria unter dem Kreuz gebraucht hätte. So erzählte es Friedrich Abresch immer, wenn er die Gruppen der deutschen Pilger in die Welt des Pater Pio einzuführen versuchte.

Pater Paolino informierte dann pflichtgemäß den Pater Provinzial in San Marco in Lamis, der daraufhin von seinem Untergebenen und geistlichen Sohn genauen Aufschluss über das Vorgefallene erbat: »Sag mir klar heraus und nicht nur per Andeutungen: Was ist das für eine Einwirkung der Persönlichkeit? Von wo fließt das Blut heraus und wievielmal am Tag oder in der Woche? Und was ist an den Händen und Füßen und wie?« Inzwischen mahnte er den Guardian zum Schweigen, er solle jede Publicity vermeiden und auf sein Kommen warten. Er seinerseits informierte den Pater General in Rom und ersuchte um Anweisungen.

Von dem, was er dann selbst gesehen hat, schreibt er in einem Brief an Pater Agostino vom 5. März 1919: »Es sind bei ihm nicht Flecken oder Abdrücke, sondern wirkliche Wunden, die die Hände und Füße durchbohren. Ich beobachtete dann bei ihm auch jene der Seite: ein wirklicher Riss, der dauernd Blut oder eine blutige Flüssigkeit ausscheidet. Am Freitag ist es Blut. Ich traf ihn, als er sich kaum aufrecht halten konnte. Wenn er die Messe liest, dann ist die Gabe dem Blick der Leute ausgesetzt, da er die Hände erhoben und unbekleidet halten muss.«

Einige Monate blieb das Wissen um die Stigmata Pater Pios auf einen kleinen Personenkreis beschränkt. Doch auf die Dauer konnte die Tatsache nicht verborgen bleiben. Zuerst waren es die Nachbarorte, die davon erfuhren. Als dann die liberale Presse ihre Schlagzeilen daraus machte, begann der Zustrom derer, die den Stigmatisierten vom Gargano mit eigenen Augen sehen wollten. Renato Trevisani von *Il Mattino* in Neapel war der Erste, der davon berichtete. Sein Leitartikel »Das Phänomen« gefiel weder den Kapuzinern noch der kirchlichen Obrigkeit. Er bezeichnete Pater Pio als den Heiligen von San Giovanni Rotondo und wollte von einem Wunder wissen, das dieser am Kanzler des Städtchens gewirkt habe.

Im August dieses Jahres wurde ein Foto geschossen, das den Wert eines offiziellen Dokuments über die Stigmatisation Pater Pios hat. Es zeigt diesen mit über der Brust gekreuzten Armen, auf den beiden Handrücken sind die Wunden klar ausgeprägt, rundlich und tief. Dieses außergewöhnliche Foto ist nur der Einfalt des Trägers der Wunden und seines Kurs- und Altersgenossen, Pater Placidus von San Marco in Lamis, zu verdanken. Es stammt vom 19. August 1919.

Die Wunden sind ihm nicht zur Zierde gegeben

Die Wunden sind sehr schmerzhaft und erfordern ein Mitleiden mit dem Gekreuzigten. Nimmt ihm Gott auf sein Gebet hin auch die unbeschreibliche Verwirrung und Demütigung, die er wegen dieser äußeren Zeichen empfindet, und kräftigt sich auch seine Gesundheit wieder, so ist mit den Wunden doch noch ein Übermaß von körperlich-seelischem Schmerz verbunden. Der Stigmatisierte muss wirklich an seinem eigenen Fleisch das ergänzen, was den Leiden Christi noch mangelt für den Leib Christi, die Kirche (vgl. Kol 1,24).

Das bezeugen seine Briefe an Maria Gargani, eine Lehrerin, die später eine Schwesternkongregation gründen sollte: »Bete viel für meine arme Seele, die sich von der härtesten Prüfung, der sie unterworfen ist, vergewaltigt sieht. Ich fürchte und zittere, am Ende noch unterliegen zu müssen.«[10]

Am 13. Dezember 1918: »Sage Jesus, dass er mich von mir selbst befreie und mich nicht zermalme unter dieser äußerst harten Prüfung, der er mich unterwirft, ich weiß nicht, ob aus Liebe oder zur Züchtigung.«[11]

Pater Pio hatte keine Angst vor dem körperlichen Schmerz. Die Glut der göttlichen Liebe, die er in seinen ekstatischen Liebesgnaden erfuhr, rief in ihm vielmehr eine unbeschreibliche Sehnsucht hervor, Gott im Leiden seine Liebe zu erwidern. Lieben und Leiden sind die beiden Gleise, auf denen sich sein mystisches Leben bewegt. Beide verschmelzen miteinander, sodass sich auch die Süßigkeit des Liebens mit der Bitterkeit des Schmerzes vermählt.

So schreibt er am 24. November 1918: »Welch spitzen Dorn fühle ich in der Mitte meines Geistes. Er lässt mich Tag und Nacht vor Liebe Qualen ausstehen. Welch bitteren Schmerz fühle ich an Händen und Füßen und in der Herzgegend! Schmerzen, die mich in dauernder Ohnmacht halten. Mag diese noch so süß sein, so ist sie doch ebenso schmerzlich und heftig ... Inmitten solcher Qual fühle ich die Kraft, das schmerzvolle *fiat* zu sprechen.«

Dieses *fiat* ist für ihn süß und bitter zugleich, es verwundet und heilt, schenkt Tod und Leben in einem. Ist das nicht ein Widerspruch, dass er die süßen und deshalb so lieben Schmerzen zu gleicher Zeit als unerträglich bezeichnet? Doch die »schneidende Liebe«, wie sie Thomas von Aquin benennt, wirkt so, dass sie körperliche Schmerzen hervorruft, die den Geist erquicken. So besteht auch ein Pater Pio darauf, dass seine Wunden schmerzen; er nennt sie »schmerzvoll und den Geist einbalsamierend«.[12]

Die Ärzte kommen

Während die Frommen in den Stigmata des jungen Kapuziners einen Anruf des Gekreuzigten sehen, bedeuten sie für viele Weltmenschen nur Torheit und Ärgernis. Litaneien von Verkennungen, Anschuldigungen und Verleumdungen klingen auf. Man redet von Hysterie, religiösem Fanatismus, Autosuggestion, Selbstverletzung, von Geltungsdrang. Die Litanei steigert sich. Man spricht von schnöder Gewinnsucht, von Teufelsbetrug, von syphilitischen Wunden, von Verletzungen durch Salpetersäure.

Rom und ebenso die Ordensleitung hatten eine eingehende medizinische Untersuchung der Leidensmale verlangt. Nun kommen die Ärzte und behandeln Pater Pio, als ob er ein Wundertier und Versuchskaninchen wäre.

Für sie ist er zunächst ein pathologischer Fall. Man untersucht und betastet seine Wunden, man versucht eine klinische Beschreibung und macht sogar Heilungsversuche. Der erste Arzt, den der Provinzial mit der Untersuchung beauftragt, ist Dr. Luigi Romanelli. Nach 15 Monaten eingehender Untersuchung verfasst er folgenden Bericht:

»Die Läsionen (Wunden), die Pater Pio an den Händen hat, sind von einem leichten Häutchen rötlicher Farbe bedeckt. Es sind weder blutige Punkte noch eine Schwellung oder Entzündungsreaktion des Gewebes vorhanden.

Ich bin überzeugt, ja gewiss, dass diese Wunden nicht oberflächlich sind. Als ich sie mit meinen Fingern drückte, spürte ich eine Leere, die die ganze Stärke der Hand durchquert.

Ich habe nicht feststellen können, ob meine Finger bei stärkerem Druck zusammengekommen wären, denn dieser Versuch ruft wie jeder Druck beim Patienten heftige Schmerzen hervor. Dennoch habe ich ihn wiederholt morgens und abends dieser harten Prüfung unterworfen, und ich muss einräumen, dass ich jedes Mal die gleiche Feststellung gemacht habe.

Die Läsionen an den Füßen zeigen die gleichen Merkmale auf wie die an den Händen. Wegen der Stärke des Fußes konnte ich jedoch nicht den gleichen Versuch anstellen wie an den Händen.

Die Seitenwunde ist eine glatte Schnittwunde, parallel zu den Rippen, von sieben bis acht Zentimetern Länge, weiches Gewebe durchschneidend, von schwierig festzustellender Tiefe, reichlich blutend.

Dieses Blut hat alle Merkmale arteriellen Blutes und die Wundränder zeigen, dass sie nicht oberflächlich ist.

Das Gewebe, das die Läsion umgibt, zeigt keinerlei entzündliche Reaktion und schmerzt beim leisesten Druck. Ich habe Pater Pio in 15 Monaten fünfmal untersucht. Obwohl ich einige Modifikationen feststelle, konnte ich keine klinische Formel finden, die mir gestattet, diese Wunden zu klassifizieren.«

Zur Unterstützung Romanellis wurde bald noch ein anderer Arzt zugezogen, Dr. Amico Bignami aus Rom. Bignami war ungläubig und hielt die Kommunität zu allem fähig. Deshalb verlangte er, dass man den an den Wunden angebrachten Verband versiegelte. Pater Pio ließ es geschehen. Man wartete ab, aber umsonst. Die Wunden hörten nicht auf zu bluten, auch konnte man nicht die geringste Spur von einer Infizierung oder Eiterung feststellen. Im Gegenteil, sie strömten oft einen feinen Wohlgeruch aus.

Erst Dr. Giorgio Festa, den man als dritten Arzt hinzuzog, war bescheiden genug zuzugeben, dass die Tatsachen über alle Theorien gingen. Nach gründlicher Untersuchung hatte er den Mut anzuerkennen, dass diese Art von Läsionen sich dem Zugriff der Wissenschaft entzieht. Sein objektiver Bericht trug viel dazu bei, die Voreingenommenheit mancher Herren im Vatikan und auch im eigenen Orden zu zerstreuen.

Warum Pater Agostino Gemelli abgewiesen wurde

Bei Josef Hanauer kann man lesen: »Auf die Untersuchung durch Pater Gemelli hin wurde von Rom aus sechsmal vor jeglichem Verkehr mit dem Pater, sei es persönlich oder schriftlich, gewarnt …

Pater Gemelli hat in seiner Eigenschaft als Arzt Pater Pio untersucht und versichert, dass Pater Pio die Wunden mit Chemikalien erzeugt hat.«[13]

Wie es sich in Wahrheit verhält, erzählt der frühere Provinzial, Pater Benedetto, der Pater Gemelli nach San Giovanni Rotondo begleitet hatte:

»Im April 1920 kam auch Pater Agostino Gemelli, begleitet von Armida Barelli, nach San Giovanni Rotondo. Sein Bericht über Pater Pio hatte im Heiligen Offizium schreckliche Folgen. Was er berichtet hat, ist heute noch unbekannt. Doch konnte er nicht viel berichten, weil es zu keiner ärztlichen Visitation gekommen ist.

Pater Gemelli war damals noch nicht Rector Magnificus der Mailänder Herz-Jesu-Universität. Er hatte an den Provinzial, Pater Pietro, geschrieben, dass er zu einem Besuch nach San Giovanni Rotondo kommen wolle. Dieser antwortete ihm, wenn er vorhabe, als Wissenschaftler zu kommen, um Pater Pio zu beobachten, möge er sich in Rom die Erlaubnis vonseiten der Oberen einholen, da er Pater Pios Widerstreben gegen solche Konsultationen und Beobachtungen kenne.

Da ich gerade an diesem Tag nach Foggia kam, um mich nach San Giovanni Rotondo zu begeben, ließ der Provinzial mich die Antwort lesen (eine Postkarte) und sagte mir, ich möge bis morgen warten, um Pater Gemelli nach San Giovanni Rotondo zu begleiten. Gemelli kam abends an und äußerte nicht einmal mündlich das Verlangen, Pater Pio zu beobachten.

Am nächsten Tag waren wir dort, mit dem Generalvikar und dem Sekretär von Foggia, dem Fastenprediger Pater Gerardo, dem Guardian der Franziskaner und der Armida Barelli.

Die Barelli – für sie ist übrigens schon der Seligsprechungsprozess eröffnet – bat um ein Gespräch mit Pater Pio und in meiner Gegenwart fragte sie unter anderem, ob der Herr das geplante Werk (der katholischen Universität) gesegnet hätte. Pater Pio antwortete einsilbig: ›Ja.‹

Abends und am folgenden Tag bat mich besagtes Fräulein, dass ich Gemelli beauftragen solle, Pater Pio zu beobachten. Ich antwortete, dass ich das nicht könne, weil mir der Provinzial ausdrücklich gesagt habe, dass man Pater Pio nicht zu dieser Demütigung zwingen solle, da sich Pater Gemelli gemäß der Benachrichtigung auch nicht die Erlaubnis eingeholt und erklärt habe, er sei nicht mit solcher Absicht gekommen. Dem starken und wiederholten Drängen der Barelli konnte ich nur mein Unvermögen, sie zufriedenzustellen, entgegensetzen. Um sie zufriedenzustellen, hätte ich ungehorsam sein müssen. Ich fügte dann hinzu, ich könne die Notwendigkeit einer Konstatierung *de visu* – ›mit eigenen Augen‹ nicht begreifen, da genaue Berichte anderer Ärzte dazu vorlägen.

Nachdem er die Idee einer ärztlichen Untersuchung beiseitegelassen hatte, bat er um eine Unterredung mit Pater Pio, die in der Sakristei stattfand. Sie dauerte wenige Minuten. Ich befand mich fern in einem Winkel und hatte den Eindruck, dass der Pater ihn trocken entlasse.« So weit der Bericht von Pater Benedetto.

Vier Jahre später, zum 700. Jahrestag der Stigmatisation des hl. Franz von Assisi, erschien im Jahr 1924 eine Arbeit von Pater Gemelli über die Stigmata des Heiligen. In seiner Darlegung bekräftigte er den übernatürlichen Charakter der Stigmata des Poverello von Assisi. Ja, er betrachtete seinen Ordensvater als den einzigen wirklich Stigmatisierten. Mit einiger Reserve erkannte er auch jene der zweiten Patronin Italiens, der hl. Katharina von Siena, als übernatürlich an. Die meisten der anderen Stigmatisierten klassifizierte er so ab: »Die Diagnose der Hysterie hat ein begründetes Fundament.« Von der Annahme der Hysterie bis zur Unterstellung der Selbstverletzung ist es nicht allzu weit. Nach Pater Agostino Gemelli sind die Stigmata bei den Hysterischen »künstlich, wenn auch unbewusst hervorgerufen«.

La Civiltà Cattolica, die Zeitschrift der Jesuiten, wies diese Behauptung des Psychologen Gemelli in einem rechtzeitigen, wenn auch kurzen Kommentar als »ungenau und unklug« zurück. Schärfer war die Zurückweisung durch Dr. Giorgio Festa, der ja Pater Pios Stigmata oft untersucht hatte.

Gemelli hatte bei Pater Pio vor allem jene fleischliche Neubildung in Form der Nägel an Händen und Füßen vermisst, die die

Stigmata eines hl. Franz von Assisi auszeichnete. Darum wollte er Pater Pios auffällige Durchbohrung von Händen und Füßen nicht unter die echten übernatürlichen Stigmata rechnen. Die Wunden des Stigmatisierten vom Gargano würden im Gegenteil das Gewebe zerstören und das könnte dazu verleiten, ihre Entstehung von einem krankhaften Zustand herzuleiten, von einer psychopathischen Konstitution oder von wirklicher Simulation.[14]

Auf den Leuchter gestellt

Trotz der großen Zurückhaltung Pater Pios und der Kapuziner setzten die Wunden des demütigen Mönchs die Massen der Frommen und Neugierigen in Bewegung. Vom Mai 1919 an begann der Massenandrang. Auch hohe Würdenträger scheuten sich nicht, ihn zu besuchen oder sich seinem Gebet zu empfehlen. In einem Brief vom 19. November 1919 empfahl Kardinalstaatssekretär Pietro Gasparri Pater Pio einige Personen und gab seiner Freude Ausdruck, dass dieser für den Heiligen Vater und für ihn bete. Sie hätten das sehr notwendig. Auch Papst Benedikt XV. war fest überzeugt von Pater Pios großer Sendung und Aufgabe. Nach seiner Meinung war Pater Pio einer jener außergewöhnlichen Menschen, die Gott von Zeit zu Zeit schickt, um die Menschen zu bekehren.

Was Pater Pio betrifft, so hatte das göttliche Gnadenwirken in seinem tiefsten Innern, das so wunderbar auf seinen Leib ausstrahlte, seine Gesundheit nicht beeinträchtigt, sondern eher gekräftigt. Der Heiland scheint die Bitte seines leidenden Knechtes erfüllt zu haben. Pater Pio litt zwar viel, leiblich und seelisch, doch die innere Verwirrung war von ihm gewichen. Die Natur hatte sich allmählich an den stechenden Schmerz der Wunden gewöhnt.

So betete er, blutete und zelebrierte seine langen Messen, schrieb mit blutenden Händen Seelsorgebriefe, bis man es ihm 1924 verbot, weil seine steifen Finger kaum mehr die Feder halten konnten. Er hörte weiter Beichte in der Kirche. Der Zustrom war oft so stark, dass *Carabinieri* die Ordnung aufrechterhalten mussten. Die Menschen kamen von weit her. Alle drängten sich an seinem Beichtstuhl, alle wollten ihn sehen und an seiner hl. Messe teilnehmen. Für Pater Pio begann ein neues Martyrium. Bis zu seinem Lebensende musste er im Rampenlicht der Öffentlichkeit stehen. Wie ein seltenes Tier musste er sich der menschlichen Neugierde darbieten. Vorbei war es mit der stillen Zurückgezogenheit des Beschaulichen. Von nun an gehörte er der Kirche, der Welt, allen Menschen, für die er sich zum Opfer der Liebe gemacht hat.

VII.

CHARISMEN UND MYSTISCHE BEGLEITPHÄNOMENE

Gott hat in Pater Pio einen demütigen Menschen ausgewählt, der seinem Gnadenwirken keinen Widerstand entgegensetzte. Da Gott Pater Pio eine weltweite Sendung und Heiligungsaufgabe an den Brüdern und Schwestern zugedacht hatte, war auch die Fülle der mystischen Begleitphänomene, die das gottgeschenkte Wirken dieses Priesters erleichtern und erweitern sollte, sehr groß.

Von den Charismen sind bei ihm nach der Rangordnung, wie sie Paulus aufzählt, festzustellen: das Apostelamt, die Prophetengabe, die Wunderkräfte und Heilungsgaben, eine besondere Gabe der Hilfeleistung war der Beistand in der Todesstunde.

Noch reicher ist die Fülle der mystischen Begleitphänomene. Pater Pio ist ein visionärer Mystiker. Darum finden sich bei ihm Visionen, Ansprachen, Offenbarungen, besonders das visionäre Miterleben und Miterleiden des Opfers Christi am Altar.

In der affektiven Ordnung sind es vor allem Ekstase und Liebesbrand. Pater Pio war sicher ein großer Ekstatiker. Auch seine Herzdurchbohrung und seine Stigmatisation geschahen im ekstatischen Zustand. Die hohen Fiebertemperaturen, die das Thermometer bis 47 Grad Celsius ansteigen ließen, deuten auf den mystischen Liebesbrand hin, der sein Inneres verzehrte. Wenn Pater Pio im Brief vom 18. April 1912 von einer Herzensverschmelzung mit dem Herzen Jesu berichtet, wird ihm sicher auch die Gnade des sogenannten Herzenstausches geschenkt worden sein. Dieser geheimnisvolle Herzenstausch besteht nicht in einem wirklichen physischen Tausch der leiblichen Herzen, sondern darin, dass Jesus seinem Erwählten seine eigenen Gefühle, Affekte und Gesinnungen eindrückt, freilich auch dessen körperliches Herz bereitet, ganz diesen seelischen Antrieben zu entsprechen. So deutet der weise und in der Theologie der Mystik erfahrene Papst Benedikt XIV. diese Gnade.

Was die mystischen Begleitphänomene der körperlichen Ordnung betrifft, so zählt auch das leibhafte In-Erscheinung-Treten der Stigmata dazu. Außerdem kann man seine teilweise Nahrungslosigkeit und das Sichbegnügen mit einigen Stunden Schlaf dazurechnen. Oft erstrahlte auch sein Antlitz in einem überirdischen Lichtglanz.

Drei Phänomene wollen wir besonders hervorheben, weil sie sein Wirken sehr intensiv unterstützten: die Herzensschau, die Bilokation und den übernatürlichen Wohlgeruch.

Die Herzensschau

Bräuchte schon jeder Christ diese Gabe der Unterscheidung der Geister, dann erst recht der Priester, Beichtvater und Seelenführer. Sicher kann man diese Gabe erbeten und sie auch erlernen. Wer zu sehr auf das Äußere der Person schaut und am äußeren Eindruck haften bleibt, dem wird Gott oft seine Hilfe und Unterstützung versagen. Das Charisma der Unterscheidung der Geister, das Gott seinen auserwählten Freunden schenkt, ist unfehlbar. Obwohl eingegossen und gottgeschenkt, ruft es doch keinen Zustand der heiligmachenden Gnade hervor. Jede Betätigung dieser Gnadenzugabe verlangt eine neue Erleuchtung. Schenkt er aber Licht in Fülle, dann liegt das Herz des Bruders oder der Schwester offen vor dem Geistesauge des Gottesmannes.

Diese Herzensschau dürfte eine sehr leidvolle Gabe sein. Pater Pio litt sicher unendlich darunter, wenn er hinter die äußere Maske schauen musste und ständig das Versteckspiel der menschlichen Eigenliebe erlebte. Doch war dieses Charisma für ihn eine gewaltige Hilfe zur Erfüllung seiner gottgewollten Sendung und Aufgabe. Große Bekehrungen nahmen oft ihren Anfang bei einem solchen Hineinleuchten in die innersten Herzensangelegenheiten der gottfernen Menschen.

Schon seine Tätigkeit als Erzieher und Spiritual im kleinen Seminar des Klosters von San Giovanni Rotondo wurde mächtig durch diese Gabe unterstützt. Dazu einige Beispiele:

Gegen Ende der nachmittäglichen Erholungszeit befand sich ein Schüler des Kollegs – es war Pater Viktor von Canossa, der es auch selbst erzählt – allein vor dem Refektorium der Patres, als ein Stieglitz von einem kleinen Maulbeerfeigenbaum wegflatterte. Als er sah, dass der Stieglitz nicht flog, sondern nur flatterte, wollte er ihn einfangen. Doch das Vögelchen entkam ihm immer wieder. Mit einer Anstrengung gelang es ihm, die zwischen der Tür und der Küche gelegene Mauer zu überwinden und die Schneegrube zu erreichen. Marochino – so rief man damals Pater Viktor – aber war immer hinter ihm her, um es doch noch zu erwischen. Aber auch diesmal gelang es ihm nicht. Der Stieglitz konnte sich in einem Dornstrauch zwischen der Mauer der Schneegrube und der Klausur in Sicherheit bringen.

Schon wollte der Junge in die Dornen eindringen, als die Glocke zum Gebet läutete. Enttäuscht von seiner Vogeljagd begab er sich in den Chor, wo Pater Pio den Vorsitz führte. Man betete den Rosenkranz und las die Meditation, aber der *Fratino* hatte noch seinen Stieglitz im Kopf und brachte nichts zusammen. Die ganze Gebetszeit machte er sich Gedanken und Pläne, wie er den flatternden Stieglitz doch noch fangen und dann pflegen würde. Auch bei Tisch hatte er noch keine anderen Gedanken. Gleich nach dem Abendessen ging er deshalb in den Garten, um seinen Plan auszuführen. Aber kaum hatte er einige Schritte gemacht, als ihn Pater Pio zu sich rief: »… Komm her! Wo willst du hin? Dieser Stieglitz hat dich doch den Kopf verlieren lassen. Im Chor hast du kein *Ave Maria* gebetet! Nicht einmal eines! Und immer der Gedanke: Nach dem Abendessen stelle ich mich, als ob ich mit dem Pater Spiritual gehen würde, dann werde ich haltmachen, durch das kleine Tor gehen und den Stieglitz fangen. Ich werde ihm einen Käfig machen und ihn an die Zimmerdecke hängen. Und auch während des Abendessens hast du nur daran gedacht.« Als Pater Pio ihm seine Gedanken der Reihe nach genau und vollständig enthüllte, senkte er beschämt seinen Kopf … An den Stieglitz dachte er nicht mehr.[1]

Bruder Fidelis von Villamarina war Sohn eines Schusters und wusste sich im Handwerk seines Vaters etwas zu helfen. Eines Tages wollte er sich ein Paar Sandalen machen. Wie Marochino bei der abendlichen Betrachtung die Sache mit dem Stieglitz nicht aus dem Kopf ging, so dem Bruder Fidelis die Sache mit den Sandalen. Während des Abendessens enthüllte Pater Pio aber auch ihm alles Punkt für Punkt. – Die Sandalen sind bis heute noch nicht gemacht.[2]

Noch ein anderes Beispiel, wie gerade diese Gabe es ihm ermöglichte, die Herzen der Sünder heilsam zu erschüttern und für die Bekehrung zu öffnen:

Friedrich Abresch, der Vater von Msgr. Pio Abresch, erzählt: »Eines Tages kam zu mir eine kleine Gruppe der katholischen Aktion. Sie war von einem Priester geführt. Sie hatten aber auch einen Kommunisten dabei. Diesem hatten sie sogar die Reise bezahlt, damit er mit ihnen zu Pater Pio fahre. Sie nahmen ihn also mit in die Sakristei, wo Pater Pio die Männer begrüßte, und warteten gespannt, was mit ihm geschehen würde. Der Kommunist stellte sich mit allen anderen in die Reihe. Da ging Pater Pio vorbei. Der Priester und viele andere durften die durchbohrte Hand des Paters küssen. Als Pater Pio aber an dem Kommunisten vorbeikam, zog er die Hand so auffällig zurück, dass dieser verlegen fragte: ›Warum ich nicht?‹ Darauf Pater Pio: ›Wenn du mir die Hand küssen willst, dann musst du zuerst die abscheulichen Fotos verbrennen, die du in der Brieftasche hast.‹ Da erschrak der Kommunist zu Tode, denn er hatte wirklich in der Brieftasche pornografische Fotos. Nichts hätte ihn mehr treffen können als diese unverhoffte Enthüllung. Da ging er hinaus und zerriss unter dem Baum vor der Kirche die Fotos. Dann ging er wieder in die Sakristei, wo sich Pater Pio noch mit den Männern unterhielt.

Dieser sieht ihn kommen und sagt ihm: ›Nun kannst du mir schon die Hände küssen, aber wenn du heimkommst, im Nachtkästchen hast du auch noch solche Dinge. Verbrenne sie doch auch noch!‹

Das war zu viel. Der Weg zum Herzen dieses Kommunisten war gebahnt, die Bekehrung in die Wege geleitet. Innerhalb einer Dreiviertelstunde war aus dem Saulus ein Paulus geworden. Ein solcher wird dann zum Apostel unter seinesgleichen. ›Das werde ich meinen Kumpanen erzählen‹, sagte er beim Abschied.

Als ich noch in Bologna ansässig war, kam einmal ein bekannter Geschäftsmann zu mir. ›Ich weiß‹, sagte er, ›dass Sie Pater Pio kennen. Ich habe einen kranken Sohn. Dieser Junge mit seinen zehn Jahren ist unheilbar krank. Wehe, wenn er mir stirbt! Es ist mein einziger.‹ Da mahnte ich: ›Das Richtige ist, Sie gehen zu Pater Pio.‹ Als er von San Giovanni Rotondo zurückkam, erzählte er mir: ›Ich habe mich in die Reihe gestellt und Pater Pio die Fotografie meines Sohnes entgegengehalten: Pater Pio, mein Sohn ist krank, beten Sie für ihn!‹ Da schaute er mich streng an und sagte: ›Warum zeigst du mir nur den?‹ Ich erwiderte: ›Ja, Pater Pio, es ist der einzige Sohn.‹ Darauf Pater Pio: ›Warum zeigst du mir nicht den, den du außer der Ehe hast?‹«

Die Bilokation

Was uns gewöhnlichen Sterblichen verwehrt ist, schenkt Gott manchmal seinen Lieblingen. Bei Pater Pio war die Bilokation keine seltene Sache. Sie ist etwas vom Schwierigsten, was kaum erklärt werden kann, wenn man nicht zum Wunderbaren seine Zuflucht nimmt oder sie als gewisse Vorausnahme der körperlichen Behändigkeit im Vollendungszustand ansieht. Doch über den neuen Himmel und die neue Erde haben wir noch keine Erfahrungen.

Pater Pio machte aus dieser Gabe auch kein Geheimnis. Als einmal einer der Mitbrüder den Zweifel äußerte, ob die von Gott damit Beschenkten es überhaupt bemerkten, antwortete er mit

Sachkenntnis: »Sicher bemerken sie es. Es kann sein, dass sie nicht wissen, ob sich der Körper oder die Seele bewegt, aber sie sind sich dessen voll bewusst, was in ihnen vorgeht und wohin sie gehen.«

Pater Pio spielte auf die doppelte Möglichkeit der Bilokation an: dass sich entweder der Körper fortbewegen kann und am Ausgangsort irgendein sinnenhaftes Repräsentationsbild zurückbleibt oder, was wohl häufiger der Fall sein wird, dass die damit beschenkte Person an ihrem gegenwärtigen Standpunkt bleibt und am Ort des Wirkens nur ein solches Repräsentationsbild gegenwärtig ist.

Würde der Apostel der Nächstenliebe, Don Orione, noch leben, er würde von interessanten Begegnungen mit Pater Pio erzählen können. Er will einmal Pater Pio betend am Grab von Pius X. gesehen haben. Ein anderer heiligmäßiger Bischof will Pater Pio bei der Heiligsprechungsfeier der kleinen hl. Therese im Petersdom erblickt haben. Dass er die Ewige Stadt schon kannte, bevor er sie zum ersten Mal sah, bestätigte er seinem Beichtvater und Seelenführer.

1917 begleitete er seine Schwester nach Rom, die dort in den Birgittinnenorden eintrat. Wieder daheim unterhielt er sich mit Pater Agostino über die Kirchen, die er in Rom besucht hatte, besonders über Sankt Peter. Er konnte alles, was ihm besonders aufgefallen war, schön wiedergeben. Doch tat er es nicht wie einer, der von diesen Werken der Kunst, die der Glaube inspiriert hatte, besonders beeindruckt gewesen wäre, und das, obwohl es sein erster und letzter Besuch in der Ewigen Stadt war. Der Grund war wohl der, dass er die Ewige Stadt schon oft durch Bilokation erlebt hatte. In der Einfalt, mit der er mit seinem Beichtvater und Seelenführer verkehrte, sagte er zu diesem: »... Aber all diese Dinge hatte ich schon gesehen.«

Pater Teofilo dal Pozzo aus der Provinz Arezzo wurde vom General zum Provinzial der Provinz Foggia ernannt. Kurz vorher hatte er gerade die Mission der toskanischen Provinz in Indien visitiert. Bei Tisch erzählte er von seiner Asienreise, wie ihn das Schiff in sieben Tagen von Genua nach Bombay brachte. Noch schneller ging es auf der Rückreise, die er mit dem Flugzeug machte. Er erzählte, wie viele Stunden er von Bombay nach Südafrika, von Südafrika nach Addis Abeba, der Hauptstadt Äthiopiens, und von da aus nach Rom gebraucht habe – alles mit einer Stundengeschwindigkeit von 350 bis 400 km. Mit Enthusiasmus wusste Pater Teofilo von seiner Reise zu erzählen. Alles hielt den Atem an. Nur Pater Pio machte eine unerwartete Zwischenbemerkung: »Nun ja … ich mache alles in einer Minute.«

Pater Pio merkte, dass er ungewollt etwas gesagt hatte, und versuchte, die Aufmerksamkeit der Zuhörer zu zerstreuen.[3]

Eines Tages fragte er eine Ingenieursfrau von San Giovanni Rotondo, wo sie wohne. Darauf sie: »Herr Pater, Sie sagten, dass Sie mich besuchten (natürlich per Bilokation) und nun fragen Sie mich, wo ich wohne?« Darauf Pater Pio: »Wenn ich komme, besuche ich nur die Seele.«[4]

Frau Basilia erzählt: »Als ich von Turin wegfuhr, sagte mir meine Verwandte: ›Vergiss nicht den 15. August! Da findet die Verhandlung statt, bei der es um die Verteilung der Erbschaft geht. Du musst dazu Deine Zusage geben. Schreibe deswegen rechtzeitig. Deine Zusage muss am 15. August vorliegen!‹ Aber o weh, erst am 14. August fand ich diese Erinnerung in meinem Kalender. Was sollte ich nun machen? Der Brief konnte unmöglich am nächsten Tag in Turin vorliegen. Da wandte ich mich in meiner Not an Pater Pio. Ich schrieb den Brief und ließ ihn von Pater Pio segnen. Und siehe da, von Turin kam die Antwort: ›Dein Brief ist gerade noch rechtzeitig am 15. Aug. angekommen!‹ Doch mit der gewöhnlichen Post ist der Brief nicht befördert worden, denn er ist erst am 15. August in San Giovanni Rotondo gestempelt worden und am gleichen Tag ist er auch schon in Turin angekommen.« Als sich dann die Frau bei Pater Pio bedankte, machte dieser nur die scherzhafte Bemerkung: »Briefträger muss ich also auch noch sein.« Jedenfalls musste Pater Pio den Brief selbst befördert haben. Das konnte er auch durch die Gabe der Bilokation.

Zu Pater Pio kam einmal eine junge Lehrerin. Nach der Beichte bat sie auch um den besonderen väterlichen Schutz des Priesters. Als sie nach Neapel zurückkam, fand sie den Auftrag vor, eine Aushilfsstelle zu übernehmen. Sie musste zu diesem Zweck täglich mit der Kleinbahn zwei Stunden längs des Golfes hin- und herfahren. Der Zug war jedes Mal angefüllt mit jungen Burschen, die zur Arbeit fuhren. Man kann sich vorstellen, was die junge, hübsche Lehrerin unter diesen *Scugnizzi* (»Gassenjungen«) aus Napoli zu leiden hatte. Eines Tages wollte einer von ihnen zudringlich werden. Da rief die Lehrerin in ihrer Not Pater Pio an: »Hilf mir doch!« Und er hat auch wirklich geholfen. Zum großen Glück kam in diesem Augenblick der Schaffner herein. Sonderbarerweise aber ging er nicht durch, sondern setzte sich hin. Bei den einzelnen Stationen stieg er zwar kurz aus, kam aber dann wieder herein. »Das ist doch schon eine große Hilfe«, dachte sich die junge Lehrerin, machte sich aber weiter keine Gedanken. Als sie ein Vierteljahr später zu Pater Pio kam, fragte sie dieser: »Nun, was gibt es Neues in der Welt?« Eine Frage, die er sonst kaum zu stellen pflegte. Da erzählt die Lehrerin: »Wenn Sie wüssten, Pater Pio, wie die Jugend von heute …!« – »Brauchst mir nichts zu erzählen«, erwiderte dieser, »zwei Stunden habe ich als Schaffner Dienst machen müssen.«

Die Frauen von Pietrelcina

Während des letzten Krieges war es den Frauen von Pietrelcina, dem Geburtsort Pater Pios, unmöglich, nach San Giovanni Rotondo zu kommen. Aber gleich nach dem Krieg versuchten sie es mit einem amerikanischen Lastwagen. Als sie nach Foggia kamen, war die Eisenbahnbrücke gesprengt. Da mussten sie sehen, wie sie die Trümmer umfahren konnten. Sie wagten es. Doch es kam ihnen plötzlich ein Güterwagen in die Quere. Dieser stieß mit dem Lastwagen zusammen, sodass alle Insassen auf die Straße stürzten. Es gab zwar keine Toten, aber Knochenbrüche und andere Verletzungen. Unter den Frauen befanden sich zwei Schwestern, die mit Pater Pios Familie befreundet waren. Die eine war mit blauen Flecken davongekommen. Als sie zu Pater Pio kam, sagte sie: »Pater Pio, wenn Sie wüssten, was geschehen ist!« Dieser erwiderte nur: »Und wenn du wüsstest, wie ich mich abmühen musste, um noch Schlimmeres zu verhüten!«

Es war ein weiteres Beispiel seines väterlichen Schutzes und Beistandes. Aber nicht nur durch Bilokation brachte Pater Pio den Bedrängten Hilfe. Sein Wirken verfügte über viele Mittel. Oft waren es Wachträume, durch die er seine Aufträge und Warnungen ergehen ließ, oft war es ein Wohlgeruch, der auf sein Wirken und Drängen aufmerksam machte. Manchmal wurde er Menschen so gegenwärtig, dass sie ihn mit den äußeren Sinnen wahrzunehmen glaubten.

Ein nüchterner Ingenieur war es, der eines Tages einen solchen Wachtraum hatte. Er sah in diesem Traum Pater Pio deutlich und klar. Der Kapuziner hatte ein weißes Blatt in der Hand. Darauf stand die Adresse einer Familie, die nicht weit entfernt wohnte. Da sagte Pater Pio: »Geh zu der Familie und sage ihr, dass ihr Sohn nur noch wenige Tage zu leben hat. Er soll seine Seele in Ordnung bringen!« Es war eine Familie, wie es deren heute viele gibt, mehr Taufscheinkatholiken als praktizierende Christen. Der Ingenieur erwachte. Über seinen Auftraggeber gab es keinen Zweifel. Er war überzeugt: Es war Pater Pio gewesen. Aber er war zu feige. Die Menschenfurcht versperrte ihm den Weg, den Auftrag auch auszuführen. Er kannte die Familie und fürchtete, ausgelacht zu werden, wenn er mit solchen Dingen käme.

Das war am Mittwoch. Am Sonntag darauf geriet der einzige Sohn dieser Familie mit dem Kopf unter die Räder eines Lastautos, sodass er ganz zerquetscht wurde. Man konnte der Mutter ihren 27-jährigen Sohn nicht mehr zeigen. Nun machte sich der Ingenieur mit Recht Vorwürfe, den Auftrag Pater Pios nicht ausgeführt zu haben.

Der Wohlgeruch

Die Kirche spricht niemanden zu Lebzeiten heilig, mag sein Leben und Wirken noch so sehr in die Vorstellung passen, die man sich von einem Heiligen macht. Aber sie sieht es gern, wenn ihre Söhne und Töchter den »Geruch der Heiligkeit« verbreiten, und lässt es auch zu, dass andere, Priester und Laien, Gelehrte und einfache Leute, dies feststellen.

Wir alle sollen diesen »Wohlgeruch Christi« der christlichen Heiligkeit verbreiten. Hören wir den Völkerapostel: »Er verleiht uns allezeit den Sieg und lässt durch uns den Duft seiner Erkenntnis überall verbreiten. Denn Christi Wohlgeruch sind wir zur Ehre Gottes unter denen, die gerettet werden, wie unter denen, die verloren gehen; für die einen Todesgeruch, der den Tod bewirkt, für die anderen ein Geruch des Lebens, der Leben bringt« (2 Kor 2,14 ff.). Christus auszustrahlen, ganz von Jesus erfüllt zu sein und die Menschen an den göttlichen Erlöser zu erinnern, sein Leben aus einer reinen und selbstlosen Liebe zu Gott und den Menschen zu leben, wie Jesus es getan hat, ist keine Sache, die erst nach dem Tod beginnt. Der Ruf der Heiligkeit wird durch ein wahrhaft heiligmäßiges Leben begründet.

Worauf die Kirche in ihrem Kanonisationsverfahren ihren Blick vor allem richtet, ist weniger das Außerordentliche in einem vorbildlichen Christenleben, sondern sie schaut vor allem auf die heroische Tugendübung. In sachgemäßer Nüchternheit forscht sie, ob die göttlichen Tugenden Glaube, Hoffnung und Liebe zur größtmöglichen Entfaltung gekommen sind, ob die sittlichen Tugenden, die aus den vier Kardinaltugenden Klugheit, Gerechtigkeit, Stärke und Mäßigkeit hervorgehen, genügend entwickelt waren, ob das Leben und Wirken unter dem Antrieb des Heiligen Geistes stand und die sieben Gaben des Heiligen Geistes, vor allem die Weisheitsgabe, eine gewisse Vorherrschaft in der Seele erlangten. Erst wenn das bejaht werden kann, hält sie Ausschau nach besonderen Gnadengaben und registriert auch mystische Begleitphänomene.

Auf ein solches, das im Leben und Wirken des Liebesmystikers von San Giovanni Rotondo eine große Rolle spielte, wollen wir jetzt ein wenig eingehen: Ich meine den Wohlgeruch, den Pater Pio häufig ausströmte. Manche wollten ihn mit irdischen Wohlgerüchen vergleichen: mit köstlichem Veilchenduft. Nicht selten mischte sich dieser Veilchenduft mit dem Duft von Lilien und Rosen, manchmal auch mit dem Weihrauchduft. Jeder Duftart wollten sie eine andere Bedeutung zuschreiben. Oft zeigte ein solcher Duft seine geistige Anwesenheit an, manchmal besagte er eine Mahnung oder Warnung oder einfach ein Aufmerksammachen. Noch häufiger bedeutete ein solcher Wohlgeruch eine bejahende Antwort auf eine erbetene Gnade, ein »Ja, sie ist gewährt«.

Nicht nur die Kleider und die Wunden des stigmatisierten Kapuziners verströmten diesen Wohlgeruch. Als er an unserer Pilgergruppe vorbeiging, durften ihn die meisten von uns wahrnehmen, die einen stärker, die anderen schwächer. Auch bei der hl. Messe Pater Pios durften einige diesen Wohlgeruch wahrnehmen. Doch wurde er nicht nur den Menschen in seiner Nähe geschenkt, sondern auch über weite Entfernungen hinweg unterstützte ein anhaltender Wohlgeruch das Wirken Pater Pios bei seinen geistlichen Kindern und bei denen, die ihn um Hilfe baten.

Eine rein natürliche Erklärung lässt sich für so etwas kaum finden. Es ist eine gottgeschenkte besondere Gnadengabe, die übernatürliche Wirkungen hervorzubringen pflegt: Ermunterung zum Gebet, Anregungen zur Selbstheiligung, inneren Frieden und Trost.

Beistand in der Todesstunde

Da wir schon dabei sind, die Fülle der mystischen Begleitphänomene zu beleuchten, die Pater Pio bei der Erfüllung seiner Sendung und Aufgabe halfen, wollen wir noch einige Gaben herausstellen, die sein priesterliches Wirken erweiterten und erleichterten. Er besaß unter anderem eine besondere Gabe des Beistandes in der Todesstunde. Daran zu erinnern, ist vielleicht nicht unwichtig. Denn was Gott ihm im Leben geschenkt hat, wird er ihm nach seinem seligen Heimgang kaum wieder nehmen.

Auch hier will ich wieder Friedrich Abresch zu Wort kommen lassen. Er ist ein nüchterner und im geistlichen Leben gewachsener Mann. Seit Jahrzehnten war er mit Pater Pio befreundet. Was das gnadenhafte Wirken des großen Kapuziners betrifft, kann er aus eigenem Erleben erzählen. Hören wir ihn berichten:

»Vor nicht allzu langer Zeit ist ein Angestellter von mir gestorben. Mit 14 Jahren ist er schon mein Mitarbeiter geworden. An die 40 Jahre hat er in meinem Geschäft gearbeitet. Als er im Hospital an Krebs starb, hinterließ er diese zwei Kinder, die Sie im Geschäft gesehen haben. In der Nacht vom 25. auf den 26. April um 11 Uhr machte er die Augen auf und sagte: ›Jetzt ist Pater Pio da.‹ Dann ist er friedlich gestorben.

In derselben Stunde träumte in Oberitalien eine Frau von Pater Pio. Sie wusste, dass sie träumte, wusste aber auch, dass ihr Traum Leben und Wahrheit ist. ›Mach schnell!‹, sagte Pater Pio zu der Frau im Traum, ›ich muss jetzt ins Hospital gehen und dort einer guten Seele beistehen, die stirbt. Sie heißt Bene.‹ Die Frau schrieb dann nach San Giovanni Rotondo und fragte: ›Wer ist denn in der Nacht vom 25. auf den 26. April um 11 Uhr gestorben, der Bene (das ist die Abkürzungsform von Benedetto) heißt?‹ Wir mussten ihr antworten: ›Das war mein Angestellter.‹

Aber nicht nur in der Todesstunde stand Pater Pio den Seelen bei, auch in Todesgefahr und lebensgefährlicher Krankheit durfte er den Menschen Hilfe bringen, wenn sie ihn um seine Fürbitte baten. Während des Krieges und noch mehr in der Nachkriegszeit kamen viele Heimkehrer nach San Giovanni Rotondo, um Pater Pio für den erwiesenen Beistand zu danken. Unter ihnen war ein Soldat der Luftwaffe, der daran war, aus einer Höhe von dreitausend Metern in die Tiefe zu stürzen, weil sich der Fallschirm nicht öffnete. Plötzlich sah er vor sich einen Kapuziner, der ihm zu Hilfe eilte. Die Mutter jenes Piloten hatte ihren Sohn zu Kriegsbeginn Pater Pio innig empfohlen. Nach dem Krieg schickte sie ihn zu seinem Retter aus Lebensgefahr, um zu danken.

Einmal war die ganze Sakristei voll von italienischen Russlandheimkehrern. Pater Pio ging auf den einen zu und nannte ihn beim Namen. ›Josef!‹, sagte er. Dieser war erstaunt: ›Pater Pio, kennen Sie mich?‹ – ›Ja, wer kennt dich nicht? Vergiss nie den 14., 15. und 16. August!‹ Dieser Mann kam dann zu mir und erzählte mir: ›Denken Sie sich, er hat die drei Tage genannt, in denen ich in der größten Gefahr war. Ich musste beim Rückzug durch Minenfelder und da explodierte es links und rechts. Ich fühlte, dass mich jemand packte und durchführte. Ich konnte mir das aber gar nicht erklären. Jetzt erinnere ich mich: Gerade diese drei Tage hat er mir genannt.‹ Und wer hat diesem Russlandheimkehrer diese Gnade verdient? Er selbst hatte ja Pater Pio gar nicht angerufen. Aber seine Schwester, eine St.-Anna-Schwester im Nachbarort, kam hierher und bat Pater Pio: ›Pater Pio, beten Sie für meinen Bruder!‹ – ›Ja, da hast du recht‹, antwortete er, ›er braucht es wirklich.‹«

Weitere Gnadengaben

Eine besondere Gnadengabe Gottes an seinen Diener ist die, dass er viele Dinge gleichzeitig verrichten kann. Er betet z. B. seinen Rosenkranz – und er betet deren viele am Tag –, zur gleichen Zeit aber darf er den Seelen irgendwo in der Welt beistehen. Oder er sitzt im Beichtstuhl und zur gleichen Zeit darf er andere leibliche und geistliche Werke der Barmherzigkeit an den Seelen wirken, die vielleicht durch Ozeane von ihm getrennt sind. Pater Pio bestätigte diese besondere Gnadengabe gegenüber einem Freund von Friedrich Abresch: »Bei euch ist das so: Ihr macht immer alles nacheinander. Bei mir ist das nicht so, ich mache vier Sachen auf einmal.«

Wie sollen wir uns das erklären? Je näher die Seelen zu Gott kommen, desto mehr dürfen sie an der unendlich einfachen Tätigkeitsweise Gottes teilnehmen. Gott ist die unveränderliche Ruhe und doch zugleich der immer Tätige, der tausend- und millionenfach Tätige. Einen schwachen Abglanz seiner reinen und einfachen Tätigkeitsweise scheint Gott manchem seiner Lieblinge durch ein besonderes Gnadengeschenk zu verleihen. Man kann nur staunen und danken. Wir ahnen etwas davon, wie Gott seinen Erwählten für seine große Aufgabe mit vielen außerordentlichen Gnadengaben gerüstet hat.

Noch eine andere besondere Gnadengabe hat Jesus seinem Diener geschenkt, die es Pater Pio ermöglichte, mit jedem seiner geistlichen Kinder verbunden zu sein und auch jeden Notruf Hilfesuchender aufnehmen zu können. Ich stütze mich auch hier auf die Berichte seiner Vertrauten. Friedrich Abresch erzählt:

»Eines Abends war ich mit einem Freund in seiner Zelle. Dieser Freund richtete an Pater Pio die Frage: ›Pater Pio, beten Sie auch für mich?‹ Darauf dieser: ›Da fragst du auch noch! Ich bete immer für dich.‹ Darauf mein Freund: ›Das glaube ich schon, aber ich meine, dass Sie mich so ins allgemeine Gebet für Ihre geistlichen Kinder einschließen.‹ Darauf Pater Pio: ›Nein, ich bete für jeden Einzelnen, wie wenn er nur allein da wäre, und das, obwohl ich ebenso für alle bete.‹ Darauf mein Freund: ›Pater Pio, wie ist das möglich? Sie sagen, Sie hätten über drei Millionen geistliche Kinder, wie können Sie da sagen, dass Sie für jedes einzelne beten?‹ Darauf Pater Pio: ›Das ist eine Gnade, die mir der Heiland verliehen hat.‹«

War es nicht ein gewaltiger Trost, mit solch einem gottvereinten Beter verbunden sein zu dürfen? Welch ein Trost und welche Freude für die Vielzahl seiner geistlichen Kinder, sich persönlich gekannt und väterlich geliebt zu wissen! Pater Pio wusste durch diese besondere Gnadengabe um ihr Inneres, um ihre Schwierigkeiten, ihre Versuchungen und Kämpfe. Diese Gabe ermöglichte es aber auch seinen geistlichen Kindern und allen Hilfesuchenden, sich geistig an Pater Pio zu wenden und ihn um seine Fürbitte zu bitten.

Sicher erbat Pater Pio für alle, die sich die Mühe machten, mit ihm die hl. Messe zu feiern, besondere Gnaden. Doch konnte man ihn auch von zu Hause aus anrufen und ihn um Rat und Beistand bitten. Denn auch von den vielen Pilgern kamen nur wenige mit ihm in persönlichen Kontakt, jene, die das Glück hatten, bei ihm zu beichten. Man konnte ihm jedoch seine Anliegen geistig darlegen.

Pater Pio beklagte sich oft, dass man ihm alles zwei- und dreifach sagen wollte. Auch tat es ihm sehr weh, sehen zu müssen, dass die meisten ihm nur irdisch-zeitliche Anliegen vortrugen und die Mahnung des Evangeliums außer Acht ließen: »Suchet zuerst das Reich Gottes und seine Gerechtigkeit und alles andere wird euch dazugegeben werden« (Mt 6,33). Als man ihn eines Abends fragte, wie viel Prozent der Pilger, die nach San Giovanni Rotondo kommen, um rein natürlich-menschliche Güter bitten, um Gesundheit, Kindersegen, Eheglück, Hilfe in Berufssorgen usw., da meinte er, es seien wohl 99,5 %. Das stimmte den Gottesmann traurig. Er wollte den Menschen auch in ihren irdischen Angelegenheiten Helfer sein, doch sehnte er sich danach, für sie mehr zu erbitten als Dinge, die zwar nützlich sind, aber vergehen, bestand doch seine Sendung vor allem darin, die Menschen Gott näherzubringen, die verlorenen Schafe in die Geborgenheit der göttlichen Liebe zu führen, die wahrhaft Frommen zu den Höhen der christlichen Vollkommenheit in der Liebe zu drängen. Als lebendiges Abbild des Gekreuzigten wollte er die Menschen das Kreuz lieben lehren. Es tat seinem Herzen weh, wenn die meisten nur kamen, um ihr Kreuz loszuwerden. Sein durchbohrtes Herz und seine durchbohrten Hände waren Werkzeuge, um die Kreuzesgnade zum Strömen zu bringen, und dann musste er erleben, dass dieser göttliche Reichtum so wenig erkannt und begehrt wurde. Allen wollte er helfen. Am liebsten hätte er alles Leid und alle Schmerzen auf sich genommen, um die Hilfesuchenden davon zu befreien. Doch bei vielen sah er, dass das nicht im Willen Gottes lag. Das Leid der Krankheit und die Kreuze des Lebens sind für viele eine von Gott verordnete Medizin, an der sie wachsen und reifen sollen.

Doch wie Jesus den Kranken und Leidenden seine Liebe schenkte, so hat er auch seinen treuen Diener ermächtigt, den armen Kranken Trost und Hilfe zu bringen. Pater Pio besaß in hervorragendem Maß die Gabe der Krankenheilung.

Vom Lichtglanz umstrahlt

Pater Costantino befand sich gerade zu einem Genesungsurlaub in San Giovanni Rotondo. Eines Morgens kam zu ihm Raffaele Pipoli, ein Enkelsohn von Seraphina und Marietta Pipoli, die dem Kloster sehr viel Gutes getan hatten. Er sagte, dass es seiner Frau nicht gut gehe, und bat darum, dass ihm Pater Costantino ein Gespräch mit Pater Pio vermittle. Das gelang schließlich auch. Doch bevor Raffaele nach Hause ging, bat er noch um ein von Pater Pio gesegnetes kleines Stückchen Brot. Pater Pio war aber nun auf seinem Zimmer und wenn er sich einschloss, um zu beten, öffnete er niemandem mehr.

Pater Costantino begab sich also in Begleitung von Raffaele Pipoli zur Zelle Pater Pios und klopfte. »Sie brauchen nicht zu öffnen«, ließ er sich vernehmen, »ich habe in der Hand ein Stück Brot, segnen Sie es bitte, dann kann Raffaele es seiner Frau bringen.« Da Pater Costantino schlecht hörte, fragte er Raffaele Pipoli: »Was hat der Pater gesagt?« Aber dieser hatte in seinem Schmerz noch weniger hingehört als Pater Costantino. Dieser wiederholte deshalb nochmals seine Bitte. Gegen seine Gewohnheit öffnete nun Pater Pio und sagte: »Den Segen habe ich erteilt und es auch gesagt«, aber er segnete das Brot nochmals. Als Pater Pio die Tür öffnete, war sein Gesicht ganz leuchtend, von einem flammenden Rot, wie er es noch nie gesehen hatte. Nie mehr entschwand ihm der Anblick aus dem Gedächtnis. Er musste an das denken, was die Bibel von Mose, dem Liebling Gottes, erzählt: dass sein Antlitz strahlend war, als er nach seinem Zwiegespräch mit Gott vom Berge Sinai herabstieg.[5]

Die Prophetengabe

Schon zu einer Zeit, wo es noch nicht den geringsten Anhaltspunkt dafür gab, prophezeite Pater Pio, dass in seinem Heimatort Pietrelcina ein Kapuzinerkloster entstehen würde. Tatsächlich setzte sich die Amerikanerin Mary Pyle so tatkräftig für diesen Plan ein, dass das Kloster 1947 und die öffentliche Klosterkirche 1951 eingeweiht werden konnten.

Eines Tages suchte der Polizeichef des Ortes Pater Pio auf. Seine Frau, die ihn begleitete, erwartete ein Kind. Die beiden fragten nun Pater Pio, welchen Namen sie dem Kinde geben sollten. »Nennt ihn Pio!«, entgegnete Pater Pio lächelnd. »Wenn es aber ein Mädchen sein wird?« – »Ich sage euch, nennt ihn Pio!«, antwortete der Kapuziner mit Nachdruck. Die glücklichen Eltern gaben ihrem Kind den Namen Pio, denn es war ein Knabe, wie Pater Pio vorausgesagt hatte.

Zwei Jahre später kam derselbe Polizeichef mit der gleichen Frage zu Pater Pio. »Nennt ihn Francesco!« – »Aber Herr Pater ...« – »Kleingläubiger«, sagte Pater Pio. Es war wieder ein Knabe und er bekam den Namen Francesco.

Und nun ein Bericht von Michele Capuano, der die Prophetengabe des Gottesmannes beleuchtet:

»Es ist Nachmittag in Monte Sant'Angelo. Die ganze Familie ist um das Krankenlager eines Mädchens versammelt. Das Mädchen heißt Graziella und liegt seit einigen Stunden im Todeskampf. Außer den Familienangehörigen lässt man niemanden mehr ins Zimmer. Im Angesicht des Todes hat man aufgehört zu sprechen, wohl aber hört man sie beten. Der Krieg war ausgebrochen. Die Arzneimittel waren knapp, ja selbst die Lebens- und Stärkungsmittel waren von den Märkten verschwunden. Das Mädchen leidet an Typhus. Ein Onkel der Kranken, der selbst Arzt ist, verlässt die Familie, ohne ihr große Hoffnungen machen zu können. Seit den Morgenstunden liegt der fast ausgemergelte Körper bewegungslos in den Kissen. Die Lider sind geschlossen, die Lippen bleich und schmal, der Atem stockend und schwer. ›Und wenn wir zu Pater Pio gingen‹, murmelt da plötzlich die Mutter. Zunächst Schweigen und überraschte Gesichter, doch dann blitzen die Augen aller Anwesenden auf und eine neue, unerwartete Hoffnung macht sich in den Herzen breit. ›Ich gehe zu ihm‹, sagt die Tante, »aber erwartet mich nicht vor morgen Abend zurück.‹ – ›Willst du ein Kleid von ihr mitnehmen‹, fragt die Mutter, ›um es wenigstens segnen zu lassen …?‹

Pater Pio in San Giovanni Rotondo nimmt die Tante mit guten Worten auf. Diese weint still vor sich hin und erwartet, dass ihr der Gottesmann das Unvermeidliche bestätigt und ihr ein Wort des Trostes mit auf den Weg gibt. Pater Pio jedoch sieht die Frau an und sagt dann mit großer Liebe und Anteilnahme: ›Diese wird nicht sterben.‹ Die Tante ist darüber voller Jubel und Freude. Voll Dank für die erhaltene Gnade kehrt sie eiligst nach Monte Sant'Angelo zurück, um auch den Angehörigen die gute Nachricht zu bringen. Vor lauter Freude und Dankbarkeit aber hatte die gute Tante überhört, dass Pater Pio zu ihr sagte: ›*Diese* wird nicht sterben.‹ Das ›diese‹ war besonders betont worden. Sie sieht, wie das Mädchen die Augen aufschlägt, wie es sich im Bett aufrichtet und allmählich wieder Farbe bekommt und zu Kräften kommt. War es ein Glaubensakt? War es unerschütterliches Vertrauen auf die Worte und die Kraft Pater Pios? Für mich als Arzt und gläubigen Christen genügt es, dass der Tod ein weiteres Mal besiegt worden ist und ein junger Mensch dem Leben wiedergeschenkt wurde. Zu Hause, wie nicht anders zu erwarten, ist das Erste eine übergroße Freude. Die Angehörigen beruhigen sich allmählich, und eine große Dankbarkeit macht dem Schmerz und den Tränen Platz. Das Zimmer erhellt sich, die Fenster scheinen sich zu weiten, um die Sonne hereinzulassen. Niemand scheut sich mehr, offen und ungezwungen Gott zu danken für das Wunder, das er gewirkt hat. Der Zustand der Sterbenskranken bessert sich zusehends, und bereits nach wenigen Tagen kann ihre Genesung und Erholung beginnen.

›Diese wird nicht sterben‹, hatte Pater Pio gesagt. Aber das Erschrecken kommt schon nach wenigen Stunden, als Maria, die Schwester Graziellas, von heftigem Fieber befallen wird. Wie soll man nicht von diesen Worten Pater Pios bewegt, ja erschüttert werden, wenn er so klar die Zukunft weissagt! Nach wenigen Tagen kann die sterbenskranke Graziella ihr Bett bereits verlassen, während ihre Schwester Maria in wenigen Tagen dahinsiecht und stirbt. Auch ihr Tod war also vorhergesehen. Nur hatte kaum jemand daran gedacht, weil sich alles um die ›Wiedergenesene‹ drehte.«

Für die Chronik sei hinzugefügt, dass Maria Gatta, Tochter Luigi Gattas, am 7. November 1940 in Monte Sant'Angelo starb, während Graziella, die bereits im Todeskampf lag, heute noch lebt und zwar in Manfredonia, Corso Manfredi 213 (diese Aussage stammt aus dem Jahr 1976, Anm. d. Verl.).

Friedrich Abresch erzählte:

»Die Apostolin von Bologna, die mich beinahe gezwungen hat, mit nach San Giovanni Rotondo zu fahren, bat mich, ich solle eine Fotografie von Pius X. mitnehmen. Pater Pio werde sich sicher freuen, denn er habe eine große, kindliche Verehrung für diesen so demütigen Papst. Da nahm ich also ein Foto im Format 13 x 18 und schrieb auf die Rückseite: ›Ganz besonders erbitte ich mir die Gnade einer großen Gottesliebe.‹ Ich schrieb noch mehr, aber alles in dem Sinne, mir eine große, treue Liebe zu Gott zu erbitten. Das habe ich dann auf Karton aufgeklebt und Pater Pio so überreicht, dass man nichts lesen konnte. Ich dachte mir, wenn das wahr ist, dass Pater Pio alles weiß, dann muss er auch wissen, was darauf geschrieben steht. Als er mich nun nach der Bekehrungsbeichte genügend heruntergeputzt hatte, sagte er: ›Jetzt mögen die Engel vom Himmel herniedersteigen und in diesem Herzen die Liebe Gottes anzünden.‹ Schöner und poetischer, als ich es mir vorgestellt, hat Pater Pio also meine Bitte erfüllt.«

Unbefangen erzählt Friedrich Abresch weiter: »Dann hat er eine Zeit lang weitergeredet, ohne dass ich es verstanden habe. Aber dazu meint Mary Pyle, die ähnliche Erfahrungen machen durfte: ›Wenn die Sprache auch nicht mehr verstanden wird, die freudige Bewegung des Sprechenden geht doch auf den Angesprochenen über und wirkt viel Gutes in seiner Seele. Die Seele versteht diese Sprache des Herzens.‹«

Lassen wir diese Deutung offen. Das eine ist sicher: Gott hatte seinem treuen Diener eine überreiche Fülle von besonderen Gnadengaben geschenkt, darunter aber nicht nur Charismen von besonderer Leuchtkraft wie die Unterscheidung der Geister und ihre Vollentfaltung in der Erforschung der Herzen, die Gabe der Prophetie und der Krankenheilung, er hatte seinem Erwählten auch praktische Dienstgaben gegeben, die es ihm ermöglichten, ein großartiges äußeres Liebeswerk zu errichten. Ich meine das große Krankenhaus mit dem Namen *Casa Sollievo della Sofferenza* (»Haus zur Linderung des Leidens«). Auch die praktische Veranlagung, der Wagemut zu sozialer Initiative, das Organisationstalent, das sich bei Pater Pio vor allem auch in der Auswahl der richtigen Mitarbeiter bewährte, das alles sind Gnadengaben von oben.

VIII. EIN LEBEN LANG BEICHTPRIESTER

Den Werken Gottes gehen oft viele Leiden voran. Leiden und Schwierigkeiten sind geradezu ein göttliches Siegel für die Echtheit einer Berufung. Sie sollten daher bei Pater Pios Berufung zum Spender der barmherzigen Liebe im Amt des Beichtvaters nicht fehlen. Besonders demütigend waren diese Zulassungen Gottes dadurch, da es sein geliebter Seelenführer, Pater Benedetto, selbst war, der seine Berufung immer wieder hinauszögerte.

Wir schreiben Weihnachten 1910. Es sind gerade fünf Monate nach seiner Priesterweihe in der Hauskapelle des Erzbischofs von Benevent vergangen. Pater Pio erbittet sich von seinem Provinzial und Seelenführer zum ersten Mal die Beichterlaubnis. Die Frommen von Pietrelcina möchten unbedingt auch bei ihm beichten. Der Erzpriester wäre froh gewesen, wenn sein Verwandter ihm im Beichtstuhl etwas ausgeholfen hätte. Es sollte zunächst nur für die Zeit der Osterbeichte sein. Da sollte ihm Pater Pio bei dem Beichthören der Männer helfen. Da der Pfarrer von Pietrelcina nicht daran zweifelte, dass die Erlaubnis erteilt würde, hatte er es schon von der Kanzel verkündigt. Doch die Erlaubnis kam nicht. Pater Benedetto schützte vor, dass das Abnehmen der Beichte seiner angegriffenen Gesundheit schwer zusetzen und ihm vielleicht auch den Seelenfrieden rauben würde.[1]

Erfolglos blieb auch der Versuch Pater Agostinos, den Provinzial umzustimmen. Am 2. März 1912 versuchte es Pater Pio nochmals. Dieses Mal erbat er sich die Beichterlaubnis für die Männer auf unbegrenzte Zeit. Aber auch da kam innerhalb von zwei Tagen eine verneinende Antwort:

»Ich kann Ihnen die Beichterlaubnis nicht geben und das nicht nur im Hinblick auf Ihre schlechte Gesundheit, sondern auch, weil ich über die notwendige theologische Fähigkeit sicher sein muss, bevor ich jemanden zum heiligen Dienst bevollmächtige. Die Moraltheologie ist eine so ausführliche Materie, dass es nicht genügt, sie fleißig gelernt zu haben … Man muss sie ständig in Händen haben. Kann ich aber annehmen, dass Sie diese genügend kennen, wenn Sie, abgesehen davon, dass Sie sie nicht ordnungsgemäß mithilfe eines Lektors durchgearbeitet haben, seit langer Zeit nicht imstande sind, sie nochmals durchzugehen?«[2]

Pater Pio hatte die Moraltheologie bei seinem Beichtvater, Don Giuseppe Orlando, studiert. Dieser war wirklich ein hervorragend begabter Priester und so war auch Pater Pio gut vorbereitet. Die Prüfer der erzbischöflichen Kurie waren mit seinen Kenntnissen durchaus zufrieden.

Nochmals bittet Pater Pio seinen zweiten Seelenführer, Pater Agostino, der den Provinzial in San Marco la Catola trifft, um Vermittlung. Aber auch dieses Mal ohne Erfolg.

Am 15. März bittet er um die Beichterlaubnis wenigstens für die Kranken. Der Provinzial schreibt zurück, er möge doch bei der erzbischöflichen Kurie in Benevent ein Examen ablegen, das seine Tauglichkeit für das Amt des Beichtvaters bei den Kranken beweise. Doch Pater Pio verzichtet vorläufig darauf. Nicht weil er etwa Examensängste gehabt hätte. Das nicht. Er hielt sich zurück, um dem Pfarrklerus keinen Grund zu irgendwelcher Eifersucht zu liefern. Die ganze Pfarrei nahm inzwischen an der von Pater Pio gefeierten Messe teil. Hätte er auch die Beichterlaubnis gehabt, dann wären sicher alle vorzugsweise zu ihm in den Beichtstuhl gekommen.

Am 18. März 1913 schreibt er an Pater Agostino: »Bemüht Euch bitte nicht mehr in der Beichtangelegenheit, dispensiert Euch davon, Euch wegen dieser Sache Ungelegenheiten zu schaffen.«

Aber trotzdem lässt Pater Agostino es nicht auf sich beruhen und spricht mit dem Provinzial nochmals darüber. Über dieses

Gespräch mit dem Pater Provinzial schreibt er an Pater Pio am 9. April 1913: »Was die Beichterlaubnis angeht, wäre der Provinzial geneigt, sie zu geben. Doch möchte er zuvor eine Probe Deiner Kenntnis der Moraltheologie. Ich habe ihm vorgeschlagen, dass er irgendwann mit einem anderen Mitbruder dorthin komme, um Dich zu examinieren. Wäre das gut? Oder wenn Jesus dem Provinzial ein sicheres Zeichen Deiner eingegossenen Wissenschaft geben wollte ... wäre die Angelegenheit beendet ... Auch über diesen Punkt bitte ich mir etwas mitzuteilen.«[3]

Achtzehn Briefe hat Pater Pio in den Jahren 1911–1913 geschrieben, um die Beichterlaubnis zu erbitten. Gott wird andere Mittel und Wege finden, um seine Berufung zum Beichtvater ins Werk zu setzen. Er übereilt nichts. Noch will er sein auserwähltes Werkzeug bilden und formen. Gerade in diesen Jahren beschenkt er Pater Pio immer mehr mit dem zerknirschten und gedemütigten Herzen und mit einem großen Abscheu vor der geringsten Sünde. Das alles soll er einmal im Beichtstuhl den Christen guten Willens vermitteln.

Das Zeugnis der Briefe

Am 4. August 1915 schreibt Pater Pio an Pater Agostino: »... Der Herr hat den Schleier von meiner Seele genommen ... Ach, wie erbärmlich ist doch mein Leben, meine Seele voller Schuld und nicht würdig, dass der Herr seinen Blick auf ihr ruhen lässt ...

Glauben Sie nicht, guter Vater, dass ich übertreibe. Es ist meine eigene Bosheit, die ich so deutlich vor mir sehe, die mich so sprechen lässt. Ach, würde mich doch einer verstehen, würde er mir meine zahlreichen Fehler zeigen und mich führen. Ja, fände ich eine Hilfe, meine schwerste Last wäre von mir genommen, o mein Gott! Kann es wahr sein, dass ich sterben soll und das große Geheimnis, das mich umgibt, mit mir ins Grab nehmen soll, jenes Geheimnis, das mich bedrückt?

Wenn es mir zum Heil dient, so mag es geschehen. Ist es aber zu meinem Verderben, so wüsste ich nicht, wem ich die Schuld zuschreiben sollte als mir allein. Dann rette mich deine allgütige Barmherzigkeit, die ja keine Grenzen kennt …«[4]

»All meine Sünden liegen offen zutage … und mein Herz sieht nichts als meine Bosheit und erkennt gleichzeitig deutlich, dass alles vollkommen verschieden ist von jener Einheit mit Gott, nach der meine Seele so dürstet. Nicht als ob mein Herz an der göttlichen Barmherzigkeit zweifelte, die eines Tages diese Vereinigung zwischen Gott und meiner Seele bewirken kann, ich finde vielmehr, dass ich selbst diese Vereinigung verhindere. Glauben Sie, dass es für diese Seele ein wenig Trost gibt, die sich vom Antlitz des Herrn zurückgeworfen sieht und das als gerecht betrachtet …

Hinzu kommt, dass alle meine Leidenschaften, mit Ausnahme einer einzigen, erneut erwacht sind. Furcht und Schrecken befallen mich jeden Augenblick, Versuchungen reizen mich, alle Glaubenswahrheiten zu leugnen. Mein Vater, wie schwer fällt einem das Glauben …«

Eine größere Demütigung gibt es nicht als die Nacht des Geistes. Da macht Gott die Seelen klein und wahrhaft arm im Geiste, um sie dann groß vor sich hinzustellen und sie mit seinem göttlichen Liebesreichtum zu beschenken. Lange und schmerzhaft erlebt Pater Pio diese Läuterungen, weil Gott Großes mit ihm vorhat, soll er doch ein einzigartiges Werkzeug in der Hand Gottes werden, das die Gnade des Gekreuzigten, die barmherzige Liebe des göttlichen Erlösers in die Menschenherzen hineinleitet.

Flehentlich wendet er sich an seinen Seelenführer: »Mein Vater, bitte sprechen Sie offen mit mir. Raten Sie mir, wie ich mich verhalten muss, um den Herrn nicht mehr zu beleidigen, und ob es für mich noch eine Hoffnung gibt, dass der Herrgott in mein Herz zurückkehrt. Dichter Nebel liegt noch über allem, was ich tue. Dauernde Zweifel nagen an meiner Seele. Ein Gefühl raunt mir zu, dass ich alles mit zweifelndem Gewissen tue.

Ich versuche mich an das zu erinnern, was die Obrigkeit mir diesbezüglich geboten hat, doch was kann ich tun? Der Herr verwirrt meine Sinne, ich kann mich an nichts mehr genau erinnern. Welches Martyrium bedeutet auch dies für mich, nicht zu wissen, ob ich zur Ehre Gottes wirke oder ob ich ihn beleidige. Das ist mir schmerzlicher als selbst der Tod. Ich bin zu allem bereit, wenn ich nur Gott nicht beleidige …«[5]

Nur langsam findet sich der Mystiker in der mystischen Passivität zurecht. Er kann seine natürlichen Seelenkräfte nicht mehr so gebrauchen. Gott suspendiert sie gleichsam. Der Verstand soll nicht mehr dem armseligen Licht der Vernunft und auch nicht dem des gewöhnlichen Glaubens folgen, das einfache göttliche Licht wird ihm intuitiv zuteil. Dieses sagt ihm, was er zu tun und zu lassen hat. Nicht mehr seinem Willen darf er folgen. Die Liebe Christi drängt ihn durch den Geist Christi, das zu tun und zu leiden, was Gott hier und jetzt von ihm getan und gelitten haben will. Diese Anpassung ans Göttliche ist schmerzlich und demütigend, doch gnadenreich und göttlichen Erfolg versprechend. Das ist die Situation, in der sich ein Pater Pio in diesen Jahren befindet.

Noch bevor die göttliche Formung gänzlich zu Ende geführt ist, naht auch das Ende der Prüfung, was die Erlaubnis zum Beichthören angeht. Eine adelige Terziarin, Raffaelina Cerase, sollte dabei Werkzeug und Vermittlerin sein.

Diese adelige Terziarin, die durch ihren Tugendadel noch mehr glänzte als durch ihren Geburtsadel, war ein Beichtkind von Pater Agostino von San Marco in Lamis. Durch diesen hörte sie auch von Pater Pio, denn Pater Agostino war Beichtvater von beiden. Er nannte ihn ihr gegenüber nur »unseren kleinen Heiligen« und sagte ihr, dass er sich aus gesundheitlichen Gründen in seinem Heimatdorf Pietrelcina aufhalte.

In ähnlicher Weise schrieb er auch Pater Pio von dieser frommen adeligen Dame, er halte sie für eine bevorzugte, wahrhaft heilige Seele. Dadurch begann zwischen beiden ein geistlicher Briefverkehr, der ca. zwei Jahre (1914–1915) dauerte. Frau Raffaelina war sofort eingenommen von Pater Pios Geistigkeit und Heiligkeit, sodass sie sich gänzlich seiner Führung unterstellte. Sie öffnete sich ihm gegenüber wie ein Kind gegenüber dem Vater und offenbarte ihm alle ihre Bedürfnisse, sowohl die geistlichen wie die materiellen.

Nun, da sie sein geistliches Kind war, tat es ihr leid, dass er seine Tage so in Pietrelcina verbringen musste. Sie war überzeugt, dass er als Beichtvater und Seelenführer viel Gutes wirken könnte. Ihrer Überzeugung gab sie auch gegenüber Pater Agostino Ausdruck: »Mach doch, dass er ins Kloster zurückkehrt und lasst ihn die Beichte hören, da wird er viel Gutes wirken!«[6]

Als Frau, die auf den Wegen des Herrn vorangeschritten war, begriff Raffaelina, dass Gott dafür auch ein Opfer forderte. Deshalb bot sie sich Gott als Opfer für Pater Pio an, damit er definitiv ins Kloster zurückkehren und durch sein Beichthören viel Gutes unter den Seelen tun könnte.[7] Der Herr nahm das Opfer ihres Lebens an und schenkte auch die erbetene Gnade. Sie erkrankte an Brustkrebs und ließ sich im Oktober 1915 in Bologna operieren. Alles ging gut und sie kehrte eigentlich in guter gesundheitlicher Verfassung nach Foggia zurück. Aber nach wenigen Monaten brach das Krebsübel wieder aus und führte alsbald zum Tod.

Während ihrer Krankheit schrieb Pater Agostino an Pater Pio und teilte ihm mit, dass Raffelina Cerase ihn kennenlernen und bei ihm beichten wolle. Pater Pio ließ es sich nicht zweimal sagen. Am 17. Februar verließ er Pietrelcina und blieb von da an, abgesehen von wenigen Ausnahmen, im Kloster. Als er dann auf eigenen Wunsch von Foggia nach San Giovanni Rotondo versetzt wurde, begann sein äußerst erfolgreiches und fruchtbares Wirken im Beichtstuhl, das erst mit dem Tod sein Ende finden sollte.

Als er dann gar mit den Wunden des Erlösers ausgezeichnet war, strömten die Menschen in Massen zu ihm, um bei ihm zu beichten. Der Andrang der ungestümen Beichtwilligen war manchmal so groß, dass die *Carabinieri* für Ordnung sorgen mussten. In einem Brief an seinen Lehrer Angelo Càccavo schreibt er: »Es geht mir gesundheitlich gut, aber ich bin Tag und Nacht beschäftigt. Ich habe keinen Augenblick freie Zeit, aber es lebe Christus, der mir in meinem Amt kräftig beisteht.«

In einem Brief vom 16. November 1919 lässt er Pater Benedetto wissen: »Es ist nun bereits ein Uhr mitternachts, dass ich diese

Zeilen schreibe. Es sind nun 19 Stunden Arbeit, die ich ohne ein bisschen Unterbrechung durchstehe. Geduld!«[8]

Neben der Betreuung der *Fratini* nimmt ihn vor allem der Beichtstuhl ganz in Anspruch. Eine solche Arbeitsleistung kann nur ein Kontemplativer in der Kraft Gottes vollbringen. Pater Pio weiß, dass seine schwachen Kräfte nicht dazu ausreichen würden. Darum bittet er unaufhörlich um das Gebet und Opfer derer, die ihm nahestehen. In den letzten Lebensjahren war das Beichten gut geordnet: Männer und Frauen hatten ihre bestimmten Zeiten. Jeder, der bei Pater Pio beichten wollte, musste sich an der Klosterpforte eine Nummer holen. Vor der Beichtzeit wurden die Nummern aufgerufen und die Leute eingeordnet. Auch die Priester, die beichten wollten, mussten sich einordnen lassen. Nach jeweils fünf Laien kam ein Priester an die Reihe. Die Männer beichteten bei Pater Pio auf einem Stuhl sitzend in der alten Sakristei, die Frauen in einem mit einem Eisengitter bewehrten Beichtstuhl in der alten Kirche. Trotz zunehmender Schwerhörigkeit wollte der Stigmatisierte vom Gargano dieses Amt der barmherzigen Liebe bis zu seinem Lebensende ausüben.

Im Beichtstuhl

Pater Pio hatte ein viel tieferes Bewusstsein von dem, was die Sünde in Gottes Augen ist. Das beschauliche Licht hatte ihn in den passiven Läuterungen vor das Antlitz des allheiligen Gottes gestellt und seine Seele ganz mit dem Streben der Heiligen erfüllt: Nur keine Sünde mehr! Lieber sterben, als den Gott der Liebe auch nur im Geringsten zu beleidigen. Darum war er ganz anders befugt, die Sünder aus ihrer Gleichgültigkeit und geistlichen Trägheit aufzurütteln und sie zur Dankbarkeit gegen den barmherzigen Gott zu ermahnen. Wie der umbrische Franziskus eines Tags weinte und sich nicht trösten ließ, weil die Liebe nicht geliebt wird, so kam auch Pater Pio im Beichtstuhl ins Weinen. Als ihn daraufhin eine fromme Seele in liebenswürdiger Weise fragte: »Padre, warum weint Ihr denn, welches Leid brennt Euch auf dem Herzen?«, gab er zur Antwort: »Die Undankbarkeit der Menschen gegenüber ihrem höchsten Wohltäter. Was konnte schon der arme Jesus noch tun und hätte es nicht getan?«

Selbst erfahren auf den Wegen des Geistes wusste er, welch schwere Prüfungen und Läuterungen notwendig sind, um die Menschen zu jenem »zerknirschten und gedemütigten Herzen« zu führen, zu dem alle Bußgesinnung hinführen soll. Wie Gottes Liebe keine weichliche und sentimentale ist, so war auch seine Liebe zu den Sündern stark und mannhaft. Er konnte zur rechten Zeit auch demütigen und einen Sünder fortjagen, damit er zerknirschter zurückkehre und eine bessere Beichte ablege.

»Das erste Mal hat er mich fortgejagt«

So erzählt Rechtsanwalt Francesco Fonti von seiner ersten Begegnung im Beichtstuhl. Es ist wiederholt gesagt worden, Pater Pio sei oft sehr grob gewesen. Und doch wissen wir alle, dass auch seine oft rauen Worte und Gesten einzig seiner Liebe entsprangen und einzig das Ziel hatten, uns Gott wieder nahezubringen:

»Das erste Mal, als ich bei Pater Pio beichtete, wurde auch mir die große Ehre zuteil, fortgejagt zu werden. ›Mach, dass du fortkommst, oder soll ich dich mit Gewalt fortjagen!‹, schrie er mich an. ›Herr Pater‹, stammelte ich, ›aber ich habe doch immer meinen Glauben bewahrt.‹ – Doch Pater Pio wusste, dass meine Haltung kein echter Glaube war, sondern ein Selbstbetrug. Er schaute mir tief in die Augen und sagte mit ernstem Blick: ›Pass bloß auf, wenn du so weitermachst, wirst du auch noch den Glauben verlieren. Bist du jetzt zufrieden? Und jetzt mach, dass du wegkommst!‹ Ich verließ den Beichtstuhl wie ein geprügelter Hund. Ich war ehrlich verzweifelt. Im darauffolgenden Jahr 1956 kehrte ich nach San Giovanni Rotondo zurück. Meine erste tumultartige Beichte war am 5. Dezember des Vorjahres erfolgt. Das zweite Mal war er liebevoll zu mir oder besser freundlich, denn voll Liebe war er auch das erste Mal. Seit jener Zeit habe ich mich ernsthaft bemüht, immer auf dem rechten Weg zu bleiben. Schließlich nahm er mich als einen seiner geistlichen Söhne an und in seiner Nähe habe ich Stunden des wirklichen Paradieses erlebt. Dafür danke ich ihm zeitlebens.«

Es gibt nur einen Pater Pio

Pater Tarcisio da Cervinara erzählt folgende beleuchtende Anekdote: »Unsere Patres befanden sich in einer leichten Unsicherheit, obwohl sie eigentlich schon richtig handelten. Um aber jeden Zweifel zu beheben, wollten sie Pater Pio fragen. Sie fragten gleich alle zusammen: ›Padre, seien Sie so lieb und beantworten Sie uns eine Frage. Wir fragen nichts, was das Beichtgeheimnis im Geringsten berühren würde. Wenn Sie die Absolution verweigern und diese Seelen kommen dann zu uns, wie sollen wir uns dann verhalten: lossprechen oder nicht?‹ Darauf Pater Pio ganz entschieden: ›Ihr müsst lossprechen.‹«

Pater Pio, der tiefer in die Abgründe des »Geheimnisses der Bosheit« hineinsieht, darf den göttlichen Abscheu vor der Sünde und das Gerichtswort über die Sünde kräftiger und energischer verkünden, weil er weiß, dass dadurch die Ströme göttlicher Barmherzigkeit noch mächtiger fließen. Das Charisma der Herzensschau erleichterte ihm natürlich den Dienst im Sakrament der Wiederversöhnung und der damit oft verbundenen Seelenführung, alles Vorzüge, über die der gewöhnliche Priester nicht verfügt.

Pater Pio gehörte absolut nicht zu jener permissiven (»alles erlaubenden«) Gesellschaft, die sich heute auch im kirchlichen Raum breitmacht. Er duldete keine Halbheiten. Er kannte nur ein entschiedenes Entweder-oder. Zwar war er durch die innigste Gottvereinigung selbst in der Gnade gesichert und trotzdem bekannte er seinem Seelenführer, Pater Benedetto: »Einzig die Furcht, Gott wieder von Neuem zu beleidigen, lässt mich schaudern, lässt mich Qualen ausstehen und im Sterben liegen … Ich leide Todespein, wenn ich zweifle, ob ich das Gebot des Gehorsams übertreten und Gott, sei es auch nur im Geringsten, missfallen habe.«[9]

Er, der die Abgründe des Bösen ganz anders ergründete als der gewöhnliche Christ und Priester, musste nun auch eine fast übermenschliche Kraft aufbringen, um das *Ego te absolvo …* »Ich spreche dich los von deinen Sünden« im Beichtstuhl zu sprechen. Seine Gesichtszüge entspannten sich erst, wurden leuchtend und verklärt, wenn er den Schluss der Lossprechungsformel aussprach: »Im Namen des Vaters und des Sohnes und des Heiligen Geistes.«

Ganzopfer für die Sünder

Pater Pio war auch deshalb ein Beichtvater, wie man ihn selten oder gar nicht findet, weil seine *configuratio cum Christo sacerdote,* »Gleichgestaltung mit Christus als Priester«, viel tiefer reichte als bei den gewöhnlichen Priestern. Tiefer als alle anderen war er eingegangen in die »größere Liebe« seines Herrn und Meisters, die ihr Leben für die Freunde und für die Sünder, die wieder zu Freunden Gottes werden sollen, hingab (vgl. Joh 15,13). Gerade diese innigste Verbindung und Vereinigung mit dem göttlichen Opferlamm, das die Sünden der Welt hinwegnimmt, war der Hintergrund für sein einzigartig fruchtbares Wirken im Beichtstuhl.

Diese Bereitschaft, mit dem leidenden Gottesknecht das Lösegeld für die Sünder zu zahlen, sein Verlangen, im Beichtstuhl den Gläubigen nicht nur die Verdienste des Leidens und Sterbens zuzuwenden, sondern am eigenen Leib zu ergänzen, was den Leiden Christi noch mangelt (vgl. Kol 1,24), erfleht und verdient jene siegreichen Gnaden, die nun einmal zu den großen und anhaltenden Bekehrungen notwendig sind.

In diese Haltung des Ganzopfers für die Brüder, für die Sünder und die Armen Seelen hat er sich schon seit den ersten Anfängen seines Priestertums eingeübt. In eine solche »Berufung zur Miterlösung«, wie sie sein Seelenführer bezeichnet, kann man sich freilich nicht eindrängen. Der Herr selbst erwählt seine

Werkzeuge, er weiß, wen er dazu brauchen kann und wen nicht. Er kennt den Grad des Mitwirkens mit seiner erwählenden Gnade. Er war es, der Pater Pio innerlich dazu gedrängt hat, sich Gott zum Opfer für die Sünder darzubringen.

Das vertraute er seinem Seelenführer, Pater Benedetto, in einem Brief vom 29. November 1910 an: »Seit einiger Zeit fühle ich in mir ein Bedürfnis, nämlich mich dem Herrn als Opfer für die armen Sünder anzubieten ... Dieses Verlangen ist immer mehr in meinem Herzen gewachsen, sodass es jetzt sozusagen zu einer starken Leidenschaft geworden ist. Ich habe die Opferhingabe mehrere Male gemacht, das ist wahr, und ich habe ihn beschworen, über mich die Züchtigungen zu ergießen, die für die Sünder bereitet sind ... ja, er möge sie über mich verhundertfachen. Aber jetzt möchte ich diese Opferhingabe dem Herrn mit Ihrem Gehorsamsauftrag machen.«[10]

Schon zwei Tage darauf bestätigt Pater Benedetto dieses heilige und großmütige Unterfangen seines geistlichen Sohnes: »Mach ruhig die Opferhingabe, von der Du mir sprichst. Sie wird dem Herrn sehr wohlgefällig sein. Strecke Deine Arme auf dem Kreuz aus und bringe dem Vater das Opfer Deiner selbst dar in Vereinigung mit dem zärtlichsten Erlöser. Leide, seufze, bete für die Bösen auf Erden!«[11]

Die Liebe wird ihn nicht nur reinigen und läutern und dadurch zu größtmöglicher Christusverähnlichung und Gottvereinigung führen, sie will sein Leben auch apostolisch fruchtbar machen, indem sie ihn ganz dem Werk der Seelenrettung verpflichtet. Alles ist Folge einer besonderen Erwählung des Herrn: »Der Herr wählt sich Seelen aus und unter diesen hat er ohne mein geringstes Verdienst auch mich dazu erwählt, damit ich helfe beim großen Werk der Rettung der Menschen.«[12]

Diese Opferhingabe wiederholt Pater Pio einige Male am Tag. Dem Nächsten in seinen leiblichen und seelischen Nöten zu Hilfe zu kommen, ist ihm zu einer wahren Leidenschaft geworden. Tausendmal wolle er sein Leben hingeben, sagte er einmal, wenn er damit bezwecken könne, dass auch nur eine einzige Seele dem Herrn mehr Lob gäbe.

In der Schule des Gekreuzigten lernt Pater Pio, was es heißt, Opfer für die Sünder zu sein. Es bedeutet leiden, wie Christus am Kreuz gelitten hat, ohne Trost und Erleichterung.

»Padre, wie viel leidet ihr doch!«

»Wie viel kann derjenige leiden, der sich die ganze Menschheit auf seine Schultern bürdet!«

»Betet für den, der die Last aller trägt! … das Kreuz für alle …«

»Padre, wer ist Euer Simon von Cyrene?«

»Niemand! Alle sagen: Der arme Pater … der arme Pater und alle decken mich mit Lasten ein.«

»Padre, aber war eigentlich für unseren Herrn eine solch demütigende, schmerzliche und bittere Passion notwendig zur Erlösung des Menschengeschlechts?«

»Man wird nie begreifen, was die Rebellion gegen Gott ist.«

So weit ein Gespräch Pater Pios mit einer seiner geistlichen Töchter.

Darum hat Gott »den, der von keiner Sünde wusste, für uns zum Träger der Sünde gemacht, damit wir durch ihn vor Gott gerechtfertigt würden« (2 Kor 5,21).

Was das heißt, sehen wir einigermaßen an den großen Opfer- und Sühneseelen der Kirchengeschichte. Pater Pio war eine davon, vielleicht die größte.

»Die Sünde«, so erklärt Giacomo Kardinal Lercaro, lastete auf ihm. Die Sünde, die er anhörte, feststellte und tadelte, um auf den Sünder die Barmherzigkeit Gottes herabzurufen, die Sünde, die er vergab, war eine Wunde für seine Seele, ein innerliches Leiden, das manchmal so tief wurde, dass er es nicht mehr ertragen konnte und sich auch in äußeres Leiden übersetzte. Und er vereinigte sein Leiden mit dem des Herrn, damit die Schulden der Brüder vergeben würden.«[13]

Der Priester Alessandro Lingua, der selbst ein Beichtkind Pater Pios war, bezeugt es so: »Während der Anklage der Fehler scheint es, dass Pater Pio eine neue Passion erdulde, sichtbar gepeinigt von jeder Sünde: der geöffnete Mund in diesem langen

Gesicht des Nazareners verzerrt sich lebhaft. Dann wird er ruhig, heiter.«

Zu manchem seiner Pönitenten sagte Pater Pio: »Ich habe dich gezeugt in der Liebe und im Schmerz.« Zu anderen: »Wenn man wüsste, wie viel eine Seele kostet … Die Seelen werden nicht als Geschenk gegeben, sie werden erkauft … Ihr wisst nicht, was sie Jesus gekostet haben. Jetzt ist es immer die gleiche Münze, die man für sie bezahlen muss.« Wieder einen anderen ließ er wissen: »Wie viel hast du mich leiden lassen! Wie hast du mich laufen lassen! Wie viel, wie viel hat mir jene Seele gekostet … Ich habe dich erkauft um den Preis meines Blutes.« Das sind fast noch kräftigere Ausdrücke für die Schmerzen geistlicher Vaterschaft, die auch der Völkerapostel Paulus bezeugt, wenn er an die Galater schreibt: »Meine Kinder, von Neuem leide ich Geburtsschmerzen um euch, bis Christus in euch Gestalt gewinnt.« Zuerst musste Pater Pio bei vielen die Verbindung mit Christus wiederherstellen und sie aus dem Tod der Sünde zum Leben der Gnade und Christusverbundenheit zurückführen und das nicht, ohne dass er den Tod, der der Sünde Sold ist, geistig mitgekostet hätte.

Ich behandle die Seelen so, wie sie es vor Gott verdienen

Durch seine Gabe der Unterscheidung der Geister und der Durchforschung der Gewissen übernatürlich ausgerüstet, konnte Pater Pio freilich anders vorangehen als ein gewöhnlicher Beichtvater, der allein auf das Bekenntnis des Pönitenten angewiesen ist. Unnachgiebig und hart war Pater Pio, wenn er es mit neugierigen oder gar heuchlerischen Beichtkindern zu tun hatte. Da konnten die Nerven ihm durchgehen und er konnte sie davonjagen, so war er innerlich davon angeekelt und von Angstzuständen erfasst. Er ließ nicht zu, dass der Beichtende Ausreden vorbrachte. Vor allem schrie er jene an, die sich nicht anstrengen und in Zukunft nicht entschieden kämpfen wollten. Wenn sie sagten: »Das ist mir unmöglich«, bedeutete das für ihn so viel, wie wenn man im selben Akt, in dem man Gott um Hilfe und Verzeihung bittet, gegen die göttliche Vorsehung flucht. Darum verlangte er feste Versprechen.

So rau Pater Pio die oberflächlichen, unaufrichtigen, ihm etwas vorheuchelnden Beichtkinder anfassen konnte, umso gütiger und liebenswürdiger war er denen gegenüber, die aufrichtig waren und feste Vorsätze fassten. Da wurde er zum barmherzigen Samariter, der Öl auf die Seelenwunden goss und sie verband …[14]

Da verwirklichte er jenen Typ des guten Beichtvaters und Seelenführers, dessen Bild er einmal selbst in einem Brief an Pater Agostino entwirft, wenn er diesen zu herzlicher, väterlicher Hirtenliebe gegenüber den Brüdern ermahnt: »… Zeigt ihnen Trost und Fröhlichkeit. Ich sage nicht, mein lieber Vater, dass Ihr ein Schmeichler sein sollt, aber gütig, mild, liebenswürdig. Kurz, liebt mit herzlicher Liebe eines Vaters und Hirten diese Unglücklichen der Welt und Ihr habt alles getan. So werdet Ihr allen alles sein und hilfsbereit für alle. Diese einzige Bedingung genügt.«[15]

Eine sehr wichtige Sache verlangte er: Man musste begriffen haben, dass man unrecht getan hatte. Mit Nachdrücklichkeit bestand er darauf. Welche Schuld es auch immer war, Pater Pio wollte, dass der Beichtende Rechenschaft über die Schwere der begangenen Sünde ablegen sollte, damit er gedemütigt, aber auch voll Gottvertrauen die nötige Energie für einen festen guten Vorsatz aufbringe.

Er hatte eine verblüffende Fähigkeit, ins Innerste der Seele einzudringen und schlagartig Tugenden und Schwächen seiner Beichtkinder zu erfassen. Er war ein Beichtvater, der nicht viele Worte machte. Manchmal hörte er den Beichtenden gar nicht erst an, weil er im Lichte Gottes das Seelenbuch schon gelesen hatte.[16]

Wenn man ihn fragte, wie er es mache, um so viele Seelen wieder zu einem gläubigen Leben zu erwecken, antwortete er: »Nicht ich bin es, sondern er, der in mir und über mir ist.«

Sein Zuspruch war also alles andere als matt und schmachtend. In aller Kürze wusste er zu erschüttern, auszureißen, wegzuräumen und den neuen Menschen in Christus zu formen. Wenn er herb war wie ein ätzendes Schmutzmittel, dann war er bitter, um die Seelen von der breiten Straße des Verderbens wegzuführen und sie auf den engen, steilen Weg, durch die enge Pforte der Gebote Gottes, des Tugendstrebens, der Selbstverleugnung, ja des Heroismus, den die christliche Heiligkeit und Vollkommenheit nun einmal verlangt, zu drängen.

Bekannt sind seine heftigen Ausfälle: »... Du Unglückseliger, du hast deine Seele an den Teufel verkauft!« – »Unglücklicher, du gehst in die Hölle!« – »Unglückselige, geh und zieh dich an!« – »Unglückseliger, geh und bereite dich für die göttliche Verzeihung! Siehst du nicht, wie schwarz du bist? Geh und bring die Dinge in Ordnung! Ändere dein Leben!«[17]

Wie Jesus im Evangelium die Seelen auch nicht mit Glacéhandschuhen anfasste, sondern sie oftmals demütigte, bevor er ihnen seine Gnaden zuteilte, so wollte auch Pater Pio die Seelen so lieben, wie Gott sie liebt, und sie so behandeln, wie sie es vor Gott verdienen.[18] Er war nicht von der Art, dass er alles glätten und versüßen wollte, er fühlte sich zur rechten Zeit verpflichtet, auch die Absolution zu verweigern, wenn noch keine Disposition zu einer demütigen und aufrichtigen Beichte und keine Bereitschaft zu echter Lebensbesserung vorhanden war.

Wenn Pater Pio die Lossprechung verweigerte

Pater Pio, der seine Pastoral im Beichtstuhl mit dem Satz charakterisierte: »Ich gebe kein Bonbon dem, der ein Abführmittel braucht«, war ein verantwortlicher Beichtvater. Wie kein anderer wusste er um die furchtbare Verantwortung des Priesters, der den Reumütigen die Wirkkraft des Blutes Christi zuwenden darf. Das brachte er auch einem Priester gegenüber zum Ausdruck: »Wenn Sie wüssten«, sagt er zu ihm, »wie schrecklich es ist, im Tribunal des Beichtstuhls zu sitzen. Wir verwalten das Blut Christi. Es gilt, auf der Hut zu sein, dass wir es nicht mit Leichtigkeit und Leichtfertigkeit verschütten ...«[19]

In diesem Geist der Verantwortung für das Blut Christi verweigerte er auch die Absolution, und das selbst manchem Priester.

Einem solchen, der ihm darüber Vorhaltungen machen wollte, erklärte er: »Wenn du wüsstest, wie ich leide, wenn ich die Absolution verweigern muss … Wisse, es ist besser, von einem Menschen dieser Erde getadelt zu werden als von Gott im anderen Leben.«[20]

Einem anderen Priester, der ihn gefragt hatte, wie er sich Beichtkindern gegenüber verhalten solle, die er nicht losgesprochen habe, antwortete er: »Ich muss mich notgedrungen so verhalten. Du handle nach deinem Gewissen!«[21] Wieder einem anderen Priester, der ihn im Beichtstuhl nachgeahmt und einen Pönitenten zurückgewiesen hatte, der nicht mehr zurückkehrte, ließ er wissen: »Das ist ein Luxus, den du dir nicht mehr erlauben kannst.«

Emma Dell'Orto machte sich 1958 auf, um bei Pater Pio ihre Osterbeichte abzulegen. Hart und entschieden jagte dieser sie aus dem Beichtstuhl. Als dann ein junger Mann beim mürrischen Beichtvater Fürsprache für sie einlegen wollte, antwortete er ihm: »Was glauben Sie? Habe ich wohl ein Herz aus Stein? Ich habe es zu ihrem Besten getan. Sie möge abreisen und mein Segen wird sie immer begleiten.«[22]

Wenn er die Menschen so hart und rau anpacken musste, litt er selbst bei Weitem mehr darunter als diese selbst. Doch fühlte er sich innerlich dazu gedrängt, die Seelen so zu behandeln, wie sie es vor Gott verdienten. Er wollte und konnte seine Sendung und Aufgabe, die Seelen zu heiligen, nicht verraten. Wenn er die Absolution verweigerte, dann deswegen, weil er das Verbleiben in der Sünde nicht verantworten wollte. Er wollte, dass das Beichten nicht nur ein Abzupfen des Unkrauts sei, wie es bei den meisten gewöhnlichen Christen der Fall ist, sondern er versuchte, so gut es ging, auch den unguten Wurzelstock in die Hand zu bekommen. Erkannte er, dass jemand dazu nicht bereit war, dann wollte er am Schaden, den sich der Beichtende selbst zufügte, nicht mitarbeiten. Er wollte den Ernst und die Heiligkeit des Sakraments gewahrt wissen.

Ein verheirateter Freund des Priesters Alessandro Lingua ging einst zu Pater Pio, um zu beichten. Anstatt sein Verhältnis zu einer anderen Frau offen und aufrichtig zu bekennen, erzählte er etwas von einer »geistlichen Krise«. Da sprang Pater Pio auf: »Aber welche geistliche Krise? Du bist ein Schweinehund und Gott ist gegen dich erzürnt. Mach dich fort!«[23] Bemäntelungen und Verschönerungen konnte Pater Pio nicht leiden. Er wollte ein aufrichtiges und demütiges Stehen zur eigenen Sünde.

Um manche innerlich zu erschüttern, nahm er sie gar nicht zur Beichte an. So machte er es z. B. mit Mariella Lotti aus Cosenza. Mariella war damals zwölf Jahre alt. Als sie sich dem Beichtgitter näherte, hörte sie, wie Pater Pio ihr gebot: »Mach dich fort, ich kann dir nicht die Beichte abnehmen.« Nicht nur Mariella war verzweifelt, sondern auch die Eltern, die dabei waren. Sie waren betroffen und bestürzt und verlangten eine Erklärung. Als dann das Mädchen Pater Pio fragte, warum er ihr nicht die Beichte abnehmen wollte, erklärte ihr dieser: »Ich hätte es tun können, aber ich habe es nicht getan zu deinem Besten. Du gehst fast nie zur Festtagsmesse und vernachlässigst deinen Katechismus, weil deine Eltern dich anderswohin führen. Wenn ich dir die Beichte abnehme, um deine gewöhnlichen Kleinigkeiten anzuhören, während du fortfährst, die wesentlichen Dinge unerschrocken zu vernachlässigen, werden wir nichts zustande bringen.«

Nun begriff Mariella und auch ihre Eltern sahen es ein, warum Pater Pio sie nicht gleich angenommen hatte. Klarer und entschlossener kehrten sie in ihre Heimat zurück.

Auch einem anderen Pönitenten, den Pater Pio dreimal zurückgewiesen und dem er schließlich dann doch die Absolution gegeben hatte, ging ein Licht auf. Er bekannte: »Jetzt habe ich die Schwere meiner Fehler erkannt. Bis jetzt hat mich noch niemand erschüttert, weswegen ich mich mit meinen Fehlern leicht rechtfertigte. Jetzt begreife ich und danke dem guten Gott dafür, dass er sich des starken und zugleich väterlichen Arms Pater Pios bedient hat.«[24]

Man darf nicht vergessen, dass Pater Pio aufgrund seiner Herzensschau wohl wusste, ob ein Beichtkind die genügende Disposition mitbrachte oder nicht.

Eines Tages hatte er schon seine Beichtzeit beendet und schickte sich an, die Klostertreppe hinaufzugehen, als noch ein Mann daherkam, der auch noch beichten wollte. Pater Pio sah ihn streng an und wies ihn entschieden ab. Pater Tarcisio sah und hörte das mit an und wollte Pater Pio beruhigen. Doch dieser erklärte ihm mit dem heitersten Gesicht der Welt: »Mein Sohn, es ist nur das Äußere, das eine andere Form angenommen hat. Das Innere hat sich nicht im Geringsten bewegt. Und dann, bevor ich einem Bruder ein Leid bereite, wenn du wüsstest, von welchen Pfeilstichen mein Herz durchbohrt wird. Aber wenn ich es nicht tue, dann bekehren sich viele nicht zu Gott.«

»Ich kann meine Kinder auch schlagen, aber wehe dem, der sie anrührt. Durch diese Schläge will ich sie mit Gewalt sofort hinauftragen.«[25]

Damals waren weder eine Autoritätskrise noch eine antiautoritäre Erziehung hemmend im Weg. Er hielt sich, wie er einmal zum Ausdruck brachte, an das Sprichwort: *Mazzate e panelli fanno i figli belli.* – »Schläge und Brötchen machen die Söhne schön.« Bei alldem konnte er sich auf den Heiland berufen, dessen grenzenlose Liebe ihn nicht davon abhielt, auch Sünde und Heuchelei zu tadeln, der Petrus einen Satan nannte, weil dieser ihn von seiner Sendung abzubringen versuchte. All seine Härte und Grobheit hatten ihren tiefsten und vornehmsten Grund in einer erleuchteten Liebe. Diese ließ ihn die Sünde, die schwere Sünde erkennen als das, was sie ist, ein Nein zu Gott und seiner Liebe in einer wichtigen Sache und das mit vollem Wissen und Willen.

Deshalb verurteilte er auch im Beichtstuhl besonders die Sünden gegen die Liebe, aber auch gegen die Wahrheit (Lüge und Verleumdung) und die standesgemäße Keuschheit. Wie kein anderer geißelte er die unbescheidene Mode der Frauenwelt, deren Auswirkung auf die Männer er im Beichtstuhl kennenlernte. Unerbittlich war er gegen die Sünden der Mutterschaft, gegen die mut- und böswillige Beschränkung des Kindersegens. Hier sah er die Quelle des Lebens überhaupt bedroht. Wenige widersetzten sich so energisch der um sich greifenden »Vernichtung der Unschuldigen«. Er liebte das Leben, besonders das ungeschützt beginnende Leben im Mutterschoß, das er nicht egoistischen und unverantwortlichen Launen des Einzelnen ausgesetzt wissen wollte. Noch zwei Monate vor seinem seligen Heimgang dankte er herzlich und aufrichtig Papst Paul VI., der in seiner Enzyklika *Humanae vitae* die traditionelle Auffassung der Kirche über Ehe, Liebe und Fruchtbarkeit in Erinnerung gerufen hatte. Der nun Achtzigjährige las und küsste das Lehrschreiben des Papstes. Es war für sein Herz und sein Ohr ein Hymnus an die wahre Liebe, eine Verteidigung des Lebens.

Auch Katholiken, die ihre Sonntagspflicht leichtsinnig vernachlässigten, konnte er aus dem Beichtstuhl hinauskomplimentieren. Sehr streng war er, musste er den unwürdigen Sakramentenempfang brandmarken. Das sehen wir im Fall einer Engländerin, die bei ihm beichten wollte.

»Für Euch habe ich keine Zeit!«, ließ er sie wissen und um seine rauen Worte noch zu unterstreichen, knallte er ostentativ die beiden Türchen innen am Beichtgitter heftig zu. Trotz der übermäßigen Demütigung ließ sich die Frau nicht vertreiben und erschien zwanzig Tage hintereinander mit der Bitte, doch zur Beichte zugelassen zu werden. Auch andere Leute setzten sich für sie ein und schließlich nahm Pater Pio sie auch an: »Arme Blinde!«, rief er ihr zu und machte ihr klar, dass sie eigentlich, anstatt sich in Lamentationen zu ergehen, um Erbarmen hätte bitten müssen nach so vielen Jahren sakrilegischer Kommunionen. Dann sagte er ihr frei heraus, dass sie Jahre über Jahre die Kommunion an der Seite ihrer Mutter und ihres Mannes unwürdig empfangen habe, um bei diesen in Ehre und Achtung zu stehen.

Aus solcher Demütigung und erbarmungsloser Strafrede wurde die Bekehrung geboren und der Wille zur Wiedergutmachung und Sühne angestoßen. Zu solchen Bekehrungen verhalf das »schreckliche Geschenk« der Herzensschau. Aber nicht nur unwürdigen Sakramentenempfang sah sein erleuchteter Blick. Auch die Gefahr des fruchtlosen Sakramentenempfangs sah und tadelte er, wie wir im Fall der Mariella erlebt haben.

Als ihn jemand fragte, warum er so gut über seinen Seelenzustand Bescheid wisse, sagte er einfach: »Ich kenne Sie innen und außen, wie Sie sich im Spiegel sehen.«

Ja, nach Friedrich Abresch, dem deutschen Protestanten, den er zum katholischen Gläubigen geformt und dessen Priestersohn er eine große Aufgabe in der Kirche vorausgesagt hat, gebrauchte er manchmal noch stärkere und umfassendere Ausdrücke für seine mystische innere Schau.

Das mystisch-beschauliche Gegengewicht

Wahre Herzensdemut ist die Bedingung und Voraussetzung für alle echte Mystik, aber auch die gottgeschenkte Wirkung aller echten Beschaulichkeit.

Berichte über die beschaulich-mystische Herzenszerknirschung finden wir bei Pater Pio auf Schritt und Tritt. So vertraut er seiner geistlichen Tochter Antonietta Vona, die ihm 1918 einen frohen Ostergruß entbietet – es ist die Zeit, wo sich immer mehr Leute um seinen Beichtstuhl drängen –, an, dass zwei Dornen ihm ins Herz stechen: Der erste innerste Dorn ist die Erinnerung an die eigene Untreue und Schlechtigkeit, die aus seinem Leben ein »ständiges Gott-Beleidigen« machen. Der zweite Dorn erwächst ihm aus der Unfähigkeit, ein tüchtiger Beichtvater zu sein ... »Ein anderer Dorn ist mitten in meinem Herzen eingeprägt, der mich zerreißt. Ich weiß nicht, ob ich die Seelen, die mir Gott schickt, gut betreue. Die Seelen nehmen immer mehr zu. Bei manchen brauche ich wirklich übernatürliches Licht und ich weiß nicht, ob ich genügend davon erfüllt bin und schreite tastend voran mit ein bisschen bleicher und kalter aus den Büchern gelernter Gelehrsamkeit und mit dem bisschen Licht, das von oben kommt. Wer weiß, ob diese armen Seelen nicht meinetwegen zu leiden haben. Mich tröstet nur der Gedanke, dass nicht ich es bin, der diese Seelen sucht und dass ich für alle, insbesondere für bestimmte außerordentliche Geister die gute Absicht habe und meine Zuflucht zum göttlichen Licht nehme.«[26]

Was er da fühlt und empfindet, sind nicht Minderwertigkeitskomplexe gewöhnlicher Art, die keine wahre Herzensdemut offenbaren, sondern der menschlichen Eigenliebe entspringen; es ist vielmehr das beschauliche Licht der Liebe, das den zu Gott

Erhobenen und mit Gott Vereinten in den Abgrund seiner eigenen Nichtigkeit versenkt.

In einem Brief vom 7. März 1921 schreibt er an seinen Seelenführer: »Schwer habe ich das Gewicht des Dienstes gefühlt und groß ist die Verantwortung und die Furcht, dem Willen des Herrn nicht zu entsprechen, was das Versehen des Dienstes betrifft, der mir von der göttlichen Barmherzigkeit anvertraut ist … Ich hoffe, dass Jesus mich nicht nur erleuchten will, was die Führung der Seelen, die er mir anvertraut, betrifft, um sie in den Widerwärtigkeiten aufrechtzuerhalten und zu trösten, sondern dass er selbst meine Mangelhaftigkeit ersetzen wird.«[27] »Ein wenig Trost empfange ich bloß, wenn ich die überreiche Ernte im Haus des Herrn bewundere. Dafür will ich alle Opfer bringen. Übrigens fühle ich die Kraft, auf alles zu verzichten, wenn nur die Seelen zu Jesus zurückkehren und Jesus lieben.«[28]

Beim stigmatisierten Priester auf dem Gargano finden wir also weder Leichtfertigkeit und Oberflächlichkeit und erst recht nicht eine menschliche Selbstsicherheit oder abstoßende Selbstherrlichkeit. Demütig und sich der großen Verantwortung bewusst, will er dem Herrn ein heiliges Volk bereiten. Von innen heraus fühlt er sich gedrängt, in die Fußstapfen des Täufers zu treten, der bekannte: »Er muss wachsen, ich aber abnehmen.«

IX.
DER SEELENFISCHER

Empfing nicht auch schon der elfjährige Francesco Forgione diese übergroße Sendung, die ihn ganz für das Heil seiner Brüder bestimmte? Jesus war es, der durch Pater Pio die Seelen an sich ziehen wollte. Der Herr selbst warf für Pater Pio und durch Pater Pio seine Netze aus. Er hatte seinen Erwählten zu einem der größten Seelenfischer gemacht und ihn ganz dem Werk der Erlösung und Heiligung der Seelen verpflichtet.

Im Kirchlein »Santa Maria delle Grazie« geschahen viele und große Bekehrungen. Maria, die Zuflucht der Sünder, unterstützte mit mütterlicher Liebe das Wirken Pater Pios. Viele und große Fische bissen an der ausgeworfenen Angel an. Aus aller Welt kamen sie. Es gab keinen Stand und Beruf, aus dem Pater Pio keine Eroberungen für den Herrn gemacht hätte. Zu seinen Beichtkindern gehörten Atheisten, Freimaurer, Kommunisten, Andersgläubige und noch mehr laue und oberflächliche Taufscheinkatholiken. Allen durfte Pater Pio helfen. Das Gleichnis vom barmherzigen Vater und verlorenen Sohn erlebte er in immer neuen Variationen.

Er gebrauchte auch dieselben Mittel, wie Jesus sie zur Rettung der Seelen eingesetzt hat. Ein tagelanges Sühneleiden ging oft einem großen Fang voraus. Die großen Bekehrungen kosteten Pater Pio viel. Doch er war bereit, den Kaufpreis für die Kreuzesgnade zu tragen. Er schonte sich nicht. Er betete und litt ununterbrochen, um von Gott diese wirksamen Gnaden zu erbitten.

Wer mitarbeiten will am Werk der Erlösung, der muss bereit sein, die Wege der Erlöserliebe mitzugehen. Der Herr ermuntert seine Getreuen, ihrer Liebe keine Schranken zu setzen. Das ist das innerste Geheimnis des weltweiten Erfolgs Pater Pios. Als ein mit Christus Mitgekreuzigter und Mitgeopferter wuchs er mit jedem Augenblick tiefer hinein in jene »größere Liebe«, die die Quelle und Wurzel aller apostolischen Fruchtbarkeit ist.

Berichte von Bekehrten

Geben wir zuerst Alberto del Fante das Wort. Aus lauter Dankbarkeit hat er in seinem Buch »Per la Storia« eine ganze Reihe von Briefen und Bekenntnissen solch »großer Fische« gesammelt. Doch hören wir ihn selbst: »Ich war Freimaurer, ich war Atheist, ich glaubte an nichts. Pater Pio hat mir in jeder Hinsicht das wahre Leben geschenkt. Ich kann jetzt beten. Ich gehe jeden Sonntag zur hl. Messe, ich freue mich, wenn meine Kinder vor dem Essen das Kreuzzeichen machen, um für das tägliche Brot zu danken. Ich gehe zur hl. Kommunion und ich bin glücklich, den Leib des Herrn empfangen zu können. Wer meinen Mut hat, wird auch mein Glück erhalten.«

Nun lassen wir einen deutschen Landsmann über seine Bekehrung berichten. In Köln geboren, in Sachsen aufgewachsen, hatte er sich als ungläubiger Protestant mit einer katholischen Bologneserin verheiratet und war ihretwegen formell katholisch geworden. Erst durch Pater Pio wurde er aber »wahrhaft katholisch«. Bei jedem seiner Einführungsvorträge in die Welt Pater Pios, die er den deutschen Pilgergruppen in San Giovanni Rotondo hielt, floss auch etwas von diesem dankbaren Bekenntnis mit ein:

»Als ich im November 1928 zum ersten Mal zu Pater Pio kam, war ich erst ganz kurz zuvor vom Protestantismus zum Katholizismus übergetreten. Dies hatte ich aus rein gesellschaftlichen Gründen getan. Ich hatte damals keinen Glauben; heute wenigstens ist mir klar, dass ich damals keinen Glauben gehabt habe. Ich kam aus einer fanatisch antikatholischen Familie. Die eilige Vorbereitung für meinen Religionsübertritt hatte es nicht vermocht, die Vorurteile, die mir von Haus aus gegen die katholischen Dogmen eingeprägt worden waren, auszumerzen. Ich hatte aber stets ein Verlangen nach den verborgenen und geheimnisvollen Dingen gehabt.

So fand ich einen Freund, der mich in die Geheimnisse des Spiritismus einführte. Bald war ich aber dieser nichtssagenden Botschaften aus dem Jenseits überdrüssig und mit Eifer wandte ich mich dem okkultistischen Gebiet und allen möglichen Zaubereien zu. Ich lernte dann einen Herrn kennen, der recht geheimnisvoll tat und erklärte, im Besitz der einzigen Wahrheit zu sein: der Theosophie. Sehr bald wurde ich sein Jünger und auf meinem Nachttischchen häuften sich Bücher mit vielversprechenden Titeln. Mit Sicherheit und Wichtigkeit gebrauchte ich die Worte ›Wiedergeburt‹ – ›Logos‹ – ›Brahma‹ – ›Maya‹ und wartete mit Ungeduld auf das Große, auf das Neue, das sich doch einmal hätte ereignen müssen.

Ich setzte jedoch ein Scheinleben im katholischen Glauben fort und ging damals auch von Zeit zu Zeit zu den Sakramenten, vor allem meiner Frau zuliebe. Mitten in dieser zwiespältigen seelischen Verfassung hörte ich zum ersten Mal von jenem Kapuziner, der mir als ein unter uns lebender Gekreuzigter und Wunderwirker beschrieben wurde.

Neugierig, zugleich aber auch misstrauisch, weil es sich um etwas handelte, das sich in der katholischen Kirche abspielte, entschloss ich mich eines Tages, der Sache an Ort und Stelle mit eigenen Augen nachzugehen. Ich unternahm die Reise mit sehr skeptischen Gefühlen.

Meine erste Begegnung mit Pater Pio ließ mich kalt, denn er hatte nur einige wenige trockene Worte für mich, während ich, schon wegen des Opfers der langen Reise, eine freundlichere Aufnahme erwartet hätte.

Dann kam meine Beichte. Ich schätzte damals die Beichte wohl als eine gute soziale und erzieherische Einrichtung, doch glaubte ich keineswegs an den göttlichen Ursprung dieses Sakraments. Eine innere Ergriffenheit hatte sich meiner bemächtigt und in dieser Ergriffenheit sagte ich: ›Aber jetzt, Pater Pio, glaube ich daran …‹ – ›Irrglaube!‹, erwiderte Pater Pio. ›Sie müssen eine

Generalbeichte ablegen. Erforschen Sie Ihr Gewissen und versuchen Sie, sich zu erinnern, wann Sie zum letzten Mal gut gebeichtet haben. Jesus ist mit Ihnen barmherziger gewesen als mit Judas.‹ Dann stand er auf und mit einem strengen Blick über mich hinwegsehend sagte er mit lauter Stimme: ›Gelobt sei Jesus Christus und Maria!‹, und ging in die Kirche zur Frauenbeichte, während ich zutiefst ergriffen und beeindruckt in der Sakristei zurückblieb.

In meinem Kopf tobte es. Ich konnte keinen Gedanken fassen. Immer wieder hörte ich seine Worte: ›Erinnern Sie sich, wann Sie zum letzten Mal gut gebeichtet haben?‹ Endlich, nach langem Zögern, fasste ich den Entschluss, ihm zu sagen, dass ich Protestant gewesen war und dass ich meine Generalbeichte von der Zeit meiner Kindheit an ablegen wolle.

Als Pater Pio zurückkam, wiederholte er die Frage: ›Nun, wann war Ihre letzte gute Beichte?‹ Ich antwortete: ›Padre Pio, da ich nämlich …‹ Aber er unterbrach mich und sagte: ›Ihre letzte gültige Beichte!‹ Ich dachte nun nach, wann diese Beichte stattgefunden hatte. Am Tag nach unserer Rückkehr von der Hochzeitsreise wünschte meine Frau, dass wir beide zur Kommunion gingen. Da ich ihr diesen Wunsch nicht abschlagen wollte, ging ich zu jenem Priester, der mich auf den Eintritt in die katholische Kirche vorbereitet hatte, und legte bei ihm meine Beichte ab. Da er wusste, dass ich mich als neues Schäflein noch nicht ganz ans Beichten gewöhnt hatte, half er mir bei der Beichte mit Fragen, und deshalb hatte ich damals wirklich eine gute Beichte abgelegt. ›Fangen Sie hier an, alles andere lassen wir sein‹, sagte Pater Pio.

Bei der Beichte ließ mich Pater Pio die ganze Schwere meiner Sünden mit erstaunlicher Klarheit erkennen und fügte dann in seiner unvergleichlichen Art hinzu: ›Sie haben einen Hymnus an Satan angestimmt, während Jesus in seiner unendlichen Liebe sich ganz für Sie verzehrte!‹

Er gab mir dann Bußgebete auf und sprach mich los, und diese Lossprechung, die alles Vergangene auslöschte, bewirkte in mir eine solche Glückseligkeit und ein Gefühl des Befreitseins und der Leichtigkeit, dass ich mich vor allen, die mit mir zur Ortschaft zurückgingen, wie ein überglückliches Kind benahm.

Das Ergebnis dieses beglückenden Tages war, dass ich seither täglich zur heiligen Messe und zur heiligen Kommunion gehe und dass meine Frau und ich dem Dritten Orden des hl. Franziskus beitraten. Der Glaube ist mir so tief eingeprägt, dass mich nichts von ihm mehr abbringen könnte. Ja, wollte man mir meinen Glauben nehmen, müsste man mir auch mein Leben nehmen!«

Der Genuese

»Einmal kam ein junger Mann aus Genua. Er war kräftig gebaut und reich. Sein Vater war Besitzer einer chemischen Fabrik. Als er in die Sakristei trat, sprach Pater Pio ihn an: ›Ein schönes Boot ohne Steuermann, weil der Glaube fehlt. Du stehst am Wasser und verstehst nicht zu baden.‹ Das war eine Anspielung auf die Hafenstadt Genua.

Dann kam die Beichte. Pater Pio leitete sie ein mit der Frage: ›Wozu sind wir geboren?‹ Der Genuese gab eine ganz vordergründige Antwort: ›Um zu heiraten und Kinder zu zeugen.‹ Pater Pio aber wehrte ab und begann nun in seiner Seele zu lesen wie in einem aufgeschlagenen Buch. Er sagte ihm alles, was er zu beichten hatte. Der Mann war aufgewühlt. In seinem Innern vollzog sich nicht nur eine große Bekehrung. Er fühlte sich gedrängt, nun auch anderen sein Glück mitzuteilen. Er trat in den Dritten Orden des hl. Franziskus ein und begann, in den Armenvierteln seiner Heimatstadt apostolisch zu wirken.

Eines Tages gebrauchte ihn Gott als Werkzeug, um einen anderen großen Fisch in die Netze des Seelenfischers von San Giovanni Rotondo zu ziehen. Es war der bekannte und berühmte italienische Bildhauer Prof. Francesco Messina. Dieser hatte in Genua eine Privatausstellung ausgerichtet, die eben zu Ende ging. Alles war schon im Abbau begriffen. Da ging dieser bekehrte Genuese die Straße entlang. In seinem Herzen vernahm er ein inneres Drängen: ›Geh hinein!‹ Er ging hinein und erfuhr, in welchem

Hotel Prof. Messina abgestiegen war. Er ging zum Hotel. Auch da wieder das innere Drängen: ›Geh hinein!‹ Er fragte den Portier: ›Kann ich bitte Prof. Messina sprechen?‹ – ›Ja, er ist oben‹, meinte dieser, ›aber es ist noch sehr früh.‹ Nach einiger Zeit kam Prof. Messina und fragte den Eindringling: ›Was wollen Sie von mir?‹ Dieser antwortete: ›Ich möchte Ihnen erzählen, dass ich bei Pater Pio gewesen bin.‹ Der Professor hörte gelangweilt zu. Dann gingen sie beide in die Bar hinunter. Sich umdrehend machte zuerst Messina seiner Unlust Luft: ›Da gehört aber schon großer Mut dazu, einen Menschen so ohne Weiteres aufzuhalten, wie Sie es getan haben.‹ Darauf der Genuese: ›Es ist schön, um des Glaubens willen verdemütigt zu werden.‹ Dieses Wort berührte Prof. Messina tief und rüttelte ihn auf. Innerlich getroffen ließ er seine Frau holen und bat nun den Genuesen, ausführlich von Pater Pio zu erzählen. Nicht lange dauerte es, bis er mit der Frage kam: ›Wann fahren Sie zu Pater Pio?‹ Und so fuhren beide. Pater Pio hatte sie erwartet und begrüßte sie: ›Da sind jetzt die zwei.‹« So wurde die Bekehrung dieses berühmten Bildhauers durch die Mitwirkung eines Bekehrten eingeleitet. Wer dächte da nicht an das Wort, das Paul Claudel seinem Drama »Der seidene Schuh« voranstellt: »Gott schreibt gerade auch auf krummen Zeilen«?

Die Geschichte des Giacomino Caglione

Giacomino war der Sohn eines Rechtsanwalts, der Erstgeborene des Rechtsanwalts Valerio Caglione. Das Leben war für ihn ein Fest der Freude. Er studierte nur so viel, wie unbedingt notwendig war. Dafür machte er umso ausgiebiger Radtouren, verschrieb sich dem Sport und dem Tanz und liebte die schönen Mädchen. Von Gott und Religion wollte er weniger wissen. Doch der göttliche Jäger erjagte auch ihn.

Es war im Sommer 1912. Giacomino war nicht älter als sechzehn Jahre, da hatte er einen Unfall, der ihn zeitlebens ans Krankenbett fesseln sollte. Er wollte gerade nach Caserta reisen, um dort seine Gymnasialexamina abzulegen. Vorn am Haustor wartete schon der Wagen. Die Mutter hatte ihrem Sohn vorher noch gute Empfehlungen mitgegeben. Dann stieg sie auf den Balkon, um die Abreise ihres Giacomino zu beobachten.

Der sportgewandte Junge nimmt im Sprung die Treppe, gelangt auch zum Wagen. Als er einsteigen will, fühlt er sich direkt wie festgenagelt von einem stechenden Schmerz an der rechten Ferse. Die Glieder schwollen bei ihm an. Unter unerträglichen Schmerzen musste er absolut unbeweglich im Bett liegen. Weder die Schlammbäder von Pozzuoli und Casamicciola noch ein chirurgischer Eingriff brachten Hilfe. Auch Elektrotherapie, Massagen, orthopädische Versuche, die Beinmuskeln zu strecken, blieben ohne jeglichen Erfolg. Die Jahre gingen dahin. Die Hoffnung auf Heilung wurde immer geringer. Wolken seelischer Verzweiflung zogen auf. Als er die ersten Verwundeten des großen Krieges sah, meinte er: »Die ohne Beine müssen gehen und ich kann mich mit meinen Beinen nicht bewegen.«

Ein wenig Abwechslung und Erhebung des Herzens bedeutete für ihn das Verliebtsein in eine Cousine, die nebenan im Hause wohnte. Fast jeden Tag ließ er sich in seinem Rollstuhl zu ihr fahren. So verflossen einige Monate, dann kam die Tante zur Mutter und schimpfte: »Was hat denn Giacomo im Kopf? Meine Tochter muss daran denken, unter die Haube zu kommen.« Da war es aus mit der Freundschaft. Es folgte ein eisiges Schweigen. Ja, es kam noch schlimmer. Giacomo sah keinen Lebenssinn mehr. Er wollte seinem Leben ein Ende machen.

Nur ein Besuch bei Pater Pio bewahrte ihn vor diesem Selbstmordversuch. Bei Pater Pio erlebte er seine Bekehrung und Wende. Über diese erste Begegnung mit Pater Pio schrieb er später: »Die Gnade ließ mich auf dem Gargano mein kleines Damaskus finden …« Er fand zwar wie viele andere beim Gottesmann auf dem Berg weder Heilung noch Linderung seines Leidens, aber seine Einstellung zum Leid wurde eine ganz andere. Während die Leute bei seiner Rückkehr mitleidsvoll sagten: »Er ist heimgekehrt, wie er gewesen ist«, ahnten sie nicht, dass Giacomo in San Giovani Rotondo Flügel bekommen hatte.

Der 20. Oktober 1912, der Tag, an dem er zu absoluter Bewegungslosigkeit verurteilt worden war und den er bis jetzt für einen großen Unglückstag gehalten hatte, wurde ihm nun zum alljährlichen Festtag. Von da an macht Giacomino aus seinem körperlichen Kreuz ein Sprungbrett der Freude und einen Lehrstuhl des Glücks. »Lasst euch nicht niederdrücken und haltet euch nicht dabei auf, über eure verzweifelte Jugend nachzudenken«, ermuntert er nun seine Leidensgenossen, die Kranken. »Ihr habt nichts zu beweinen und braucht die Gesunden nicht zu beneiden. Der Herr kann euch heilen und glücklich machen. Aber wenn er euch krank haben will, glaubt mir, er wird euch glücklich machen, so glücklich, wie ihr es nicht hättet wünschen können.«

Später wurde er Leiter des Apostolates der Kranken. Überall, wo Kranke in großer Zahl zusammenkamen und für sich die Heilung durch ein Wunder erbaten, war auch er dabei. Aber um Wunder konnte er nicht bitten. Er bat vielmehr darum, dass Gott nicht sparsam sei mit seiner Freude gegenüber dem vielfachen menschlichen Elend. Er bat darum, dass er auch weiterhin gleichsam Weihrauch zum Verbrennen sein dürfe, um Gottes Barmherzigkeit auf alle herabzuflehen. In seinem Buch »Pilgerschaft einer Seele« schreibt er von der reinen Freude, die er dabei empfindet, wenn er sich Gott als Opfer anbietet, um den anderen die wahre Freude zu erflehen.

Er blieb auch weiterhin mit Pater Pio verbunden. Dieser schickte sogar manche zu ihm, die des Trostes, des Vertrauens und der Zuversicht bedurften. Aus allen Teilen Italiens, ja sogar aus dem Ausland erreichten ihn nun vertrauliche Briefe, Briefe von Enttäuschten, Leidenden, Kranken, hoffnungslos Verzweifelten.

Der eiserne Liegestuhl, der jetzt in einem Winkel des Hauses des Rechtsanwalts von Capodrise steht, erinnert daran. Könnte er sprechen, würde er verraten, wie viel an Ewigkeitshoffnung, an Liebe ohne Maß und Grenzen, an Leidensfreude der Lehr- und Lebensmeister, der darauf lag, seinen Leidensgenossen vermitteln durfte.

An die tausend Briefe hat Giacomo Caglione geschrieben. Seine Schwester Nicolina und Nino Barraco haben erst etwa hundert zusammengetragen. Das Apostolat des Leidens von Palermo hat diese herausgegeben. Sie lassen uns eintreten in das Geheimnis einer Seele, die leidend das Lächeln gelernt hat und andere zu lächeln lehrt. Bei Giacomo Caglione klingt das Lied der christlichen Leidensfreude auf. »Wir sind nur kleine, unnütze Seiten des Buches der unbegrenzten Barmherzigkeit, in denen die Welt das Aufleuchten übernatürlicher Freude lesen kann«, schreibt er einmal.

Von seiner Geistigkeit des Liebens und Leidens, des demütigen Dienens und eines wahrhaft christlichen Heldenmuts geben besonders seine letzten Briefe ein berührendes Zeugnis. »Ich leide schrecklich und auch ich bedarf des Trostes …« (11. April 1962). Und drei Tage vor dem Tod, als der ganze Körper schon eine einzige Wunde war: »Mein Martyrium steigert sich mit jeder Stunde und ich verstehe nichts mehr. Helft mir! … Ich weiß es nicht, ob ich mit einem solchen Elend noch seiner Barmherzigkeit würdig bin.«

In der Nacht zum 28. Mai 1962 starb er, nachdem sein Lied der reinen Freude noch eine letzte Steigerung im Miterleiden der Todesverlassenheit des Herrn am Kreuze erfahren hatte. Sein fünfzigjähriges Krankenlager auf dem eisernen Liegestuhl war abgeschlossen. Die Begegnung mit Pater Pio hatte ihm nicht nur eine Wende für sein Leben gebracht, sie hat ihm auch Anteil an der großen Sendung des Gottesmannes geschenkt. Er durfte immer mehr hineinwachsen in jene größere Liebe des göttlichen Erlösers, die das Leben zum Ganzopfer für die Brüder macht.

Pater Pio hatte also nicht nur die Aufgabe, geistig Tote zu neuem Leben zu erwecken und verlorenen Söhnen und Töchtern neue Geborgenheit in Gott zu schenken. Er ist auch der berufene Seelenführer, der durch sein erleuchtendes Wort und noch mehr durch sein eigenes Beispiel aufrichtig Bekehrte und Christen guten Willens zu den Höhen der christlichen Heiligkeit und Vollkommenheit führen sollte.

X.
PATER PIOS SEELENFÜHRUNG

Im November 1946 besuchte der Kapuziner Giovanni da Baggio aus der toskanischen Provinz Pater Pio und unterhielt sich mit ihm, unter anderem auch über das Thema »Seelenführung«. Er fragte ihn, ob man auch ohne Seelenführer auskommen könne. Darauf gab Pater Pio zur Antwort, dass auch der Beichtvater genügen könne und wenn dieser nicht fähig sei, bestimmte Situationen des geistlichen Lebens zu verstehen, solle man sich der Güte Gottes überlassen. Aber es allein machen zu wollen, ist das Gleiche, wie allein für sich zu studieren; mit einem Lehrer geht es eher und besser.

Er war davon überzeugt, dass die Notwendigkeit eines erfahrenen Seelenführers in dem Maße wächst, wie sich die Seele Gott nähert. Anfänger, die sich nie über eine gewisse Gewöhnlichkeit und Mittelmäßigkeit emporschwingen, brauchen keinen Seelenführer. Sie würden ihm mit dem Schwergewicht ihrer geistlichen Trägheit zur Last fallen. Aber je mehr man auf den Wegen Gottes voranschreitet, desto mehr wird das Thema Seelenführung aktuell. Bei Pater Pio ist es in den letzten Jahren so gewesen, dass er seinen Beichtvater beständig in seiner Nähe hatte, um von ihm Licht und Weisung zu erbitten, wenn Gott ihm das Licht für seine eigene Seele vorenthielt.

Pater Pio verstand die Seelenführung als Frucht wahrhaft apostolischen Geistes, der einen jeden Priester erfüllen sollte, und als einen Dienst, den der Priester den Seelen guten Willens zu leisten hat.

»Es ist die Liebe Christi, die mich dazu drängt«, schreibt er am 25. Oktober 1914 an Raffaelina Cerase. »Es ist das lebhafteste

Verlangen nach Eurer Heiligung. Ein solches Verlangen geht aus einer inneren Flamme hervor, die in meinem Innern brennt und die mich zur Ehre Gottes eifersüchtig auf Euch macht, nachdem ich Euch mehrmals dem Sohn des himmlischen Vaters geweiht und angetraut habe …«

Da ihn einzig die Liebe Christi drängt, darf und will er sich dieser Aufgabe nicht entziehen. Oft und oft bringt er zum Ausdruck: »Wehe mir, wenn ich einem solchen Auftrag nicht nachkomme!!!«[1]

Bei seinem echt priesterlichen Dienst an den Seelen ließ er sich weder von persönlicher Zuneigung noch von eigener Initiative leiten. Er ging nicht auf die Suche nach Seelen guten Willens, die eine intensivere Seelenführung verdienten, sondern diese kamen zu ihm oder wurden ihm von der göttlichen Vorsehung zugeführt. Es ist im Jahr 1914, als Pater Agostino ihn nicht bloß bittet, sondern ihm direkt befiehlt, alle Briefe von Frau Raffaelina zu beantworten.

Hatte er aber dann die Führung einer solchen Seele übernommen, dann fühlte er die ganze Verantwortung dieser Aufgabe.

In einem Brief vom 23. Januar 1915 gab er seiner geistlichen Tochter zu verstehen, dass er dieselben Prüfungen, die sie zu bestehen habe, schon hinter sich habe: »Auch mich wollte der süßeste Jesus der Prüfung würdigen, die Ihr durchleidet, und auch jener anderen, die Ihr noch durchleiden müsst, wann es Gott gefallen wird.« Die Seelenführung, die Gott seinem Erwählten anvertraut, ist also apostolische Fruchtbarkeit eines Mystikers, der den Aufstieg in die reine Liebe Gottes vollzogen hat und nun diese Liebe anderen vermitteln darf.

Da kann man begreifen, dass sich auch ein Pater Pio der Klage des mystischen Kirchenlehrers Johannes vom Kreuz über das Versagen und Ungenügen der Seelenführer anschließt[2], denn eine solche Seelenführung, wie beide sie im Auge haben, setzt nicht nur ein gewisses theoretisches Wissen und eine gewöhnliche Frömmigkeit voraus, sondern basiert auf der innigsten Vertrautheit mit Gott, dessen lichtvolle Weisung sie im vertrauten Umgang mit ihm empfangen hat, um sie dann den Seelen zu vermitteln. Dass solche Seelenführer eine Seltenheit sind, lässt sich verstehen.

Die Seelenführung, die er selbst erfuhr

Hatte Pater Pio um diese Zeit, da ihm der Herr die ersten geistlichen Kinder zuführte, auch noch keine große Praxis in der Führung anderer, so hatte er doch intensivste Erfahrung von den Dingen der Seelenführung aufgrund der Führung und Leitung, die ihm selbst zuteilwurde. Nach dem Zeugnis der Briefe öffnete er sich seit Januar 1910 seinen Seelenführern gegenüber mit einem unbegrenzten und aufrichtigen Vertrauen.

Als Pater Agostino ihn am 13. Oktober 1915 fragte: »Hast du das, was Jesus in dir und außer dir wirkte, seit allem Anfang an nie deinen Beichtvätern anvertraut?«, antwortete er am 17. Oktober 1915: »Seien Sie beruhigt, Herr Pater, was diesen Punkt betrifft. Die Seele, von der wir sprechen, hat das, was Gott in ihr wirkte, nie böswillig verschwiegen, ihren Seelenführern gegenüber noch weniger als gegenüber ihren Beichtvätern. Ich sage: Gegenüber ihren Seelenführern war sie offener als gegenüber ihren Beichtvätern, weil sie auf ihrem Wanderleben nie Beichtväter, die in den übernatürlichen Wegen erleuchtet gewesen wären, traf. Das gilt besonders für die Jahre, die sie in der Welt zubringen musste. Darüber werde ich mich besser erklären bei meiner ersten Aussprache mit Ihnen.«

Pater Pio war mit seinen beiden Seelenführern, Pater Benedetto und Pater Agostino, mit Banden einer herzlichen, übernatürlichen Liebe verbunden. Er nennt sie »Papa«, um seine kindliche Liebe und Dankbarkeit zum Ausdruck zu bringen. Pater Agostino erwidert dafür väterlich mit *Caro Piuccio* – »Mein lieber kleiner Pio«. Sowohl in den Briefen an seine Seelenführer wie auch an die ihm von Gott anvertrauten geistlichen Kinder seiner Seelenführung ist alles eingetaucht in eine Atmosphäre von Gefühlswärme und herzlicher Zuneigung. Auf der einen Seite klingen natürlich bei einem Süditaliener zärtlichere Saiten an als bei uns nüchternen Deutschen, auf der anderen Seite erlebt man, dass es gerade die vollendete Gottesliebe ist, die auch ein Klima echter, vollendeter, gelöster, edler Menschlichkeit schafft.

Ist es auch wahr, dass eine Seele kaum Vertrauen findet zu einem Seelenführer, den sie nicht schätzen und lieben kann, so muss doch noch von vornherein alle rein menschlich-natürliche Zuneigung und Liebe ausgeschlossen sein. Es muss eine Liebe im Herrn, in Jesus, sein. So appelliert Pater Pio, wenn er sich von seinem Seelenführer Trost und Hilfe in seinen Schmerzen erbittet, an die Liebe Jesu, die grenzenlos ist. Manchmal bittet er diese auch in feiner Weise, sich mit bestimmten Geschenken und Aufmerksamkeiten zurückzuhalten, die zu sehr an menschliche Beweggründe denken lassen.

In diesem Anliegen schreibt er am 23. Oktober 1921 an Pater Benedetto: »Hören Sie, Vater, ich bin eingenommen genug von der zärtlichen Liebe, die Sie mir entgegenbringen. Aber ich bitte Sie, mich nicht zu beschämen dadurch, dass Sie mir solche Dinge schicken. Ich erbitte nur das Almosen, dass Sie mir immer mit Ihrem Rat und mit Ihrem Gebet beistehen. Anderes habe ich nicht notwendig und wenn ich es auch notwendig hätte, kann ich es gern entbehren.«[3]

Er will im Seelenführer Jesus sehen und Jesus folgen

Die beiden Lektoren der Philosophie und Theologie – so nennt man in den Orden die Hochschullehrer – waren ihm natürlich, was den natürlichen geistigen Horizont angeht, weit überlegen. Aber er appelliert ja nicht an ihr menschliches Wissen und ihre menschliche Klugheit, sondern er will sich an den wenden, der Gottes Stelle an ihm vertritt.[4] Was sie ihm sagen und versichern, wird ihm von Jesus gesagt.[5]

Diese übernatürliche Sicht des Glaubens schärft er auch seinen Seelenführern ein: »Jesus selbst ist der Führer und Ihr seid nichts anderes als Diener dieses erhabenen Führers.«[6]

Durch die vollkommene Hingabe an Gott hat er ganz darauf verzichtet, sich irgendwie selbst zu bestimmen. Er will sich in allem nur vom Willen Gottes leiten lassen. »Die Kinder Gottes werden vom Heiligen Geist getrieben« (vgl. Röm 8,14). So war es auch bei Pater Pio. Er gehorchte einfach dem inneren Antrieb.

Diese innere Führung durch den Geist Gottes tut freilich dem äußeren Gehorsam keinen Abbruch. Derselbe Gott, der den freien und freudigen Gehorsam gegen seine innerliche Gnadenführung verlangt, fordert auch den bereiten Gehorsam gegenüber der äußeren gottgewollten Autorität.

An diese äußere Seelenführung durch den Seelenführer ist er verwiesen, um den Willen Gottes zu erfahren, wenn Gott ihm in den dunklen Nächten der passiven Läuterung das innere Licht vorenthält. Dieser soll ihm helfen, die Hindernisse, die seinen Aufstieg zu Gott blockieren möchten, rechtzeitig zu erkennen. Er soll weder Opfer einer Selbsttäuschung noch einer List des Satans werden. Es ist die Erfahrung der Kirche, dass gerade die demütige Eröffnung gegenüber dem Seelenführer viel Licht in die Seele bringt und dem im Dunkel des reinen Glaubens ohne fühlbaren Trost Voranschreitenden eine sichere Stütze sein kann.

Dass eine solche Seelenführung nicht alle Schwierigkeiten, nicht alle Zweifel und alles Dunkel aus der Seele des Gottesfreundes bannen kann, liegt wohl in der Zulassung Gottes, der seine Erwählten zu den Höhen der reinen Liebe emporführen will. Die reine, lautere, selbstvergessene Liebe aber ist zugleich die trostlose Liebe. Ohne sich auf einen menschlichen Trost stützen zu können, soll sie in lebendigem Glauben und hingebender Liebe allein Gott anhangen. Die Schwierigkeiten, die sicher auch in Pater Pios Beziehungen zu seinen Seelenführern nicht fehlten, stellt der Herausgeber des *Epistolario I* gut dar und beleuchtet sie durch das Zeugnis ausgewählter Abschnitte aus Pater Pios Briefen.[7]

Vertauschte Rollen

Pater Pio, der sich in allem der Leitung seiner beiden Seelenführer unterwarf, erlangte aufgrund seiner wachsenden Erfahrung auf den innerlichen Wegen Gottes einen solchen Einfluss auf sie, dass sich die Rollen allmählich vertauschten. Unmerklich wurde er zum Führer und Lehrer seiner Seelenführer.

Diese erwählten ihn zwar nicht offiziell zu ihrem Seelenführer. Doch wendeten sie sich schon bald in ihren inneren Nöten an ihren Schüler und Geführten und baten ihn um Wegweisung in ihren seelischen Schwierigkeiten. Sie folgten auch den von ihm vorgeschlagenen Lösungen, denn sie wussten nur zu gut, dass diese nicht aufgrund menschlicher Wissenschaft und Erfahrung gegeben, sondern in höherer Erleuchtung empfangen wurden. Diese gegenseitige Beeinflussung steigerte sich noch im Laufe der Zeit. War sie anfangs nur gelegentlich und spontan, ohne dass die beiden Seelenführer eigentlich formell darum baten, so kam es in der Zeit nach 1913 nicht nur zu wiederholten Einladungen, sondern zu ausdrücklichen Bitten, er möge ihnen doch mit seinem übernatürlichen Rat zur Seite stehen und ihnen Wegweisung geben.

Auch vorher hatte es Pater Pio nicht unterlassen, seinen Seelenführern, sooft er sich dazu veranlasst fühlte, Rat, Ermutigungen und sogar Tadel zu erteilen. Er tat das nicht ohne einen gewissen Widerstand und empfand dabei eine Furcht, die aus der Ehrfurcht vor der Autorität herrührt. Seine Situation war nicht leicht. Pater Benedetto war ein angesehener Provinzial und Pater Agostino ein allseits geschätzter Lehrer der Wissenschaft. Der eine wie der andere stand bei den Mitbrüdern in hohem Ansehen und nicht bloß bei den Mitbrüdern, sondern auch beim Klerus der ganzen Umgegend. Auch waren sie ihm altersmäßig weit voraus. Pater Benedetto war fünfzehn Jahre, Pater Agostino sieben Jahre älter als Pater Pio. Die Vertauschung der Rollen war also nicht so einfach. Es braucht zwar der Arzt auch einen anderen Arzt, wenn er krank wird, doch wendet er sich da nicht an seine Kranken, um sich die heilenden Rezepte verschreiben zu lassen.[8]

Führer seiner Seelenführer

Je mehr Pater Pio auf den Wegen des Geistes voranschritt, desto häufiger nahmen seine Seelenführer seinen Rat in Anspruch. Seine Führerrolle, die immer mehr an Bedeutung und Verantwortlichkeit gewann, begann fast gleichzeitig gegenüber beiden Seelenführern im Jahr 1915. In den ersten vier Jahren wandte sie sich mehr Pater Agostino zu. Ab 1919 bat vor allem Pater Benedetto um Weisung und Orientierung. In beiden Fällen finden wir die gleichen Motive und den gleichen Ton kindlicher Liebe im Durchleuchten und Korrigieren der Schwierigkeiten. Klar gab er diesen hochgebildeten Priestern zu verstehen, dass seine Lehre und Orientierungsnormen nicht menschlicher Klugheit und Erfahrung, sondern göttlicher Eingebung entstammten. Daher gab es keine vage Unsicherheit, sondern nur ganz präzise Anwendung der Allgemeinprinzipien auf den persönlichen Fall, also Klarheit und Aufrichtigkeit, dazu Freimut im Raten und Ermutigen, aber auch im Tadeln.

Dabei zeigte er eine herzliche und lebendige Teilnahme an den Nöten, Kreuzen und Schwierigkeiten des anderen. Diese ging oft so weit, dass er ihnen durch stellvertretendes Leiden viele Schwierigkeiten abnahm. Aber auch an den Freuden und Erfolgen seiner Vorgesetzten nahm er innigen Anteil.[9]

Ein Meister im Aufspüren des teuflischen Einflusses

Um einen Gottsuchenden von innerer Größe und Qualität bemüht sich die Hölle viel intensiver als um laue und gleichgültige Christen. Das musste Pater Pio von Jugend auf erfahren. Auch in die Beziehungen zu seinen beiden Seelenführern versuchte der Teufel, sich immer wieder einzumischen. Als Geist der Lüge und Verwirrung möchte er sich in diese Gott so wohlgefälligen Beziehungen einmischen und Pater Pio das kindliche Vertrauen zu seinen Seelenführern rauben. Sooft dieser sich anschickte, sich seinen geistlichen Vätern zu eröffnen, befielen ihn außerordentlich starke Kopfschmerzen, dass er nicht mehr wusste, wohin er seine Feder setzen sollte.[10] Ein andermal versuchte er, die Briefe des Seelenführers unleserlich zu machen, indem er die Seiten beschmierte, dann verursachte er wieder eine falsche Beförderung durch die Post. Schließlich ging er dazu über, Pater Pio körperlich zu quälen, wenn er einen Brief schreiben wollte oder Post von seinen Seelenführern empfing.

Von diesem Teufelskrieg berichtet dieser in einem Brief vom 18. November 1912: »Das ist der Krieg, den man noch bis heute mit mir führt. (Der Teufel) will absolut das Aufhören jeder Verbindung und Mitteilung mit Euch. Wenn ich mich weigere, ihm nachzugehen, droht er mir, dass er Dinge mit mir machen wird, die ein menschlicher Geist sich niemals ausdenken kann.«

Pater Pio wusste den dreifachen Geist, der einen Menschen bewegen kann, den Heiligen Geist und den eigenen Geist, mit dem sich oft und oft der böse Geist verbündet, gut zu unterscheiden. Er erkannte das hinterlistige Täuschungsmanöver des Teufels an der Unruhe, die es verursachte. Konnte er auch den inneren Seelenfrieden im Tiefsten des Herzens nicht rauben, so machte er die Einbildungskraft und das sinnliche Gedächtnis unruhig. An dieser ständigen Unruhe erkannte Pater Pio, dass die rechte Gottesordnung irgendwie gestört war, dass der Böse da war, der ihm vortäuschen wollte, dass etwas von Gott käme, während es doch von ihm stammte. Dann gab dieser auch wieder Ruhe, denn er versteht sehr abwechslungsreich auf dem Manual seiner verwirrenden Täuschungen zu spielen. Doch auf einmal war diese teuflische Unruhe wieder da, die dem Gottesfreund sagte, dass der Widersacher Gottes am Werk war.

Der Böse gewinnt oft auch großen Einfluss durch böse Menschen, die aus Schwachheit oder gar aus Bosheit zu seinen Handlangern werden. Durch ihre Lügereien, Ehrabschneidungen und Verleumdungen werden sie zu Werkzeugen des ewigen Durcheinanderwerfers und Lügners. Ein Mensch wird dann ganz anders beurteilt. Man macht ihm dann Vorwürfe, die nicht im Geringsten stichhaltig sind. Der Gottesfreund merkt den teuflischen Einfluss am allerbesten daran, dass er selbst nicht mehr so beten kann, nicht mehr aus ganzem Herzen sprechen kann: aus Liebe! Oder auch an den teuflischen Einflüsterungen: Lass ab von dem, mach es wie alle anderen! Das kannst du auch mitnehmen usw.

Die teuflischen Einwirkungen, Belästigungen und Versuchungen sind so vielfältig, dass sich ein gewöhnlicher Mensch gar keine Vorstellung davon machen kann. Pater Pio, der von Jugend auf Erfahrung auf diesem Feld sammeln musste und noch dazu von Gott mit dem Charisma der Unterscheidung der Geister beschenkt war, sollte als Seelenführer gerade auf diesem Gebiet Außerordentliches leisten. So konnte er auch seinen beiden Seelenführern helfen, dass sie sich nicht durch die Fallstricke des Bösen verwirren ließen.[11]

Der Teufel möchte im Trüben fischen. Darum erfüllt er die Seele mit Schwermut, Niedergeschlagenheit und (falscher) Traurigkeit. Sie ist dadurch in Gefahr, sich egoistisch in sich selbst zurückzuziehen und die Freude an Gott zu verlieren, sodass sie überall nur Sünden sieht. Davor warnte Pater Pio sein erstes geistliches Kind, Raffaelina Cerase: »Von all dem ist nichts wahr. Es ist eine Falle des Teufels, die Euch den Mut verlieren lässt und Euch auf den Wegen der Liebe, wenn es möglich wäre, aufhält, indem sie Euch den Weg zur Vollkommenheit als zu steil für Euch vor Augen stellt …«[12]

Jene, die heutzutage Abschied vom Teufel genommen haben, mögen bei Pater Pio in die Schule gehen, um die Macht des Dämonischen und die Täuschungskünste des Bösen zu studieren.

Strenge mit Demut und Liebenswürdigkeit gepaart

Wenn er auch von seinen Seelenführern verlangt, dass sie sich seine Empfehlungen und Ratschläge zu eigen machen, so haben doch seine Anweisungen keinen Befehlston. Er weiß alles in Ausdrücke liebenswürdiger Demut einzupacken, die auch den Willen zu vollkommener Abhängigkeit durchscheinen lassen. Was er verlangen muss, das verlangt er im Auftrag Gottes. Was er sagt, ist nicht seine Meinung, sondern Forderung Gottes. Doch will er ganz hinter der Autorität Gottes verschwinden. Da er sich selbst ganz aus dem Auge verliert und nur Sprachrohr Gottes sein will, kann er auch mit Freimut, Offenherzigkeit, ja mit einer gewissen Kühnheit sprechen. Er verlangt, dass das, was er von Jesus her vermittelt, ohne Widerspruch angenommen und mit Bereitschaft und Treue in die Tat umgesetzt wird, wenn er die Forderungen auch in liebenswürdige Entschuldigungen einzuwickeln weiß.

»Erschrecken Sie nicht, mein Vater, vor diesem neuen Kreuz, das der Herr Euch aufbürden will. Alles wird zur Ehre Gottes und zu Eurer größeren Heiligung gereichen. Seid sicher darüber! Indessen bereitet Euch auf andere größere Prüfungen vor, denen Euch Jesus unterwerfen will. Ich bin ein Grausamer, indem ich Euch all dies kundtue, leider, aber verzeihen Sie mir, die Krone, die der Herr mich sehen lässt und die man da droben für Euch flicht, lässt mich aus meiner Reserve heraustreten …«[13]

Wie konkret Pater Pio in seiner Seelenführung werden konnte

Aus den Empfehlungen und Anweisungen, die Pater Pio seiner ersten Schülerin, der adeligen Tertiarin Raffaelina Cerase, zukommen ließ, ersehen wir, mit welchen Mitteln er versuchte, ihr geistliches Leben zu nähren:

An erster Stelle steht das Gebet. Es ist gleichsam das Universalmittel, durch das sie sich die große und lautere Liebe, die zur Liebesvereinigung mit Gott führen soll, erbitten muss. Denn auch für diese hohen und höchsten Dinge des geistlichen Lebens gilt das Herrenwort »Bittet und ihr werdet empfangen …«. Er wählte für sie die Themen des innerlichen Gebetes aus. An erster Stelle stand die Betrachtung des Leidens und Sterbens des Herrn. Doch sollte sie sich auch betrachtend versenken in die »Erhabenheit unserer christlichen Berufung«. Sie sollte »die ewige Erbschaft erwägen, zu der uns die Güte des himmlischen Vaters bestimmt hat« und sollte nachdenken über »das Geheimnis unserer Rechtfertigung«.[14]

Als geistliche Lektüre schlägt er im Brief vom 10. desselben Monats vor: die Schriften der großen hl. Teresa: »Weg zur Vollkommenheit«, »Die innere Burg« sowie die »Bekenntnisse« des hl. Augustinus und die Darlegung des katholischen Dogmas von Jacques Marie Louis Monsabré in 18 Bändchen. Die Lektüre dieser dogmatischen Schriften nennt der große Mystiker ein wahres Fest des Geistes. In der Folgezeit schickt er ihr den Traktat über die Gottesliebe des hl. Franz von Sales. Vor allem aber empfiehlt er ihr die Lesung und Betrachtung der Heiligen Schrift.

Im Brief vom 20. April 1915 fragt er sie, wie sie die Nacht zubringe. Dann schlägt er ihr zwei Betrachtungszeiten vor: am Morgen, bevor sie in die Kirche gehe, und abends nach dem Rosenkranz. Wenn sie nicht kommunizieren könne, solle sie Jesus wenigstens geistlich ins Herz aufnehmen. Nie solle sie die Gegenwart Gottes aus ihrem Geistesblick verlieren. Vor und nach jeder Arbeit solle sie daher Geist und Herz zu Gott erheben und sich nie so in die Arbeit stürzen, dass sie die Gegenwart Gottes vergesse. Er ermahnt sie, die gute Meinung, noch besser gesagt, die reine Absicht in ihrem Tun und Leiden zu erneuern. Er ermuntert sie, häufig Stoßgebete zu verrichten und Liebesakte zu erwecken und erinnert sie an das Gebet vor und nach dem Essen. Wenn sie sich zu Tisch setzt, soll sie an Jesus denken. Was Speise und Trank betrifft, soll sie sich mit einer gutbürgerlichen Küche begnügen und im Essen und Trinken mäßig sein. Vor dem Zubettgehen soll sie die Gewissenserforschung nicht unterlassen und Gott dann ihre Nachtruhe aufopfern. Mit einem Gedanken an das Leiden des Herrn soll sie einzuschlafen versuchen.

Das sind keine Anweisungen, die den Geist beengen, sondern in die Weite der Liebe führen wollen. Wo geliebt wird, wird die Mühe nicht empfunden. Schönster Ausdruck dieser Liebe zu Gott ist das Leben aus dem Willen und im Willen Gottes. Dieses vollkommene Einssein mit dem Willen Gottes empfiehlt auch Pater Pio seinem geistlichen Kind.

XI.
PATER PIO AM ALTAR

Das neutestamentliche Priestertum ist kein eigenständiges, sondern Teilnahme am Priestertum Christi. Er ist der eine Hohepriester, dessen einmaliges Opfer wir erneuern auf unseren Altären. Bei jeder Eucharistiefeier geschieht auch Verkündigung, nicht nur im Wort der Predigt, sondern auch durch das sakramentale Tun des Priesters. Die Kirche verkündet in der Eucharistie den Opfertod des Herrn, bis er wiederkommt (vgl. 1 Kor 11,26).

Abendmahlssaal und Golgotha bildeten die »hohe Stunde« im Leben des Erlösers. In dieser Aufgipfelung seines Erlöserlebens gab er den Seinen den »höchsten Beweis seiner Liebe« (Joh 13,1). In diesem Sinne ist auch für Pater Pio das Stehen am Opferaltar, die Feier des Geheimnisses der Eucharistie, die hohe Stunde seines Opferpriestertums.

Dreihunderttausendmal wird tagtäglich das Opfer Christi von den Priestern der Kirche erneuert. Opfer ist Opfer, Messe ist Messe. Weil Erneuerung und Gegenwärtigsetzung des einen Opfers Christi, ist jede hl. Messe von unendlichem Wert und unausschöpflich in ihrer gnadenbringenden Fruchtbarkeit. Und dennoch gibt es einen Unterschied: Es bringt nicht jeder Priester im hl. Opfer gleich viel Kreuzesgnade für das Gottesvolk zum Fließen. Und auch das Gnadenmaß der mitfeiernden Gläubigen ist sehr verschieden. Die Bereitung des Herzens, die Disposition, spielt eine große Rolle. »Der Geist ist es, der lebendig macht, das Fleisch [das rein äußerliche Mitvollziehen, d. Verf.] nützt nichts« (Joh 6,63).

Im Opfer eines Priesters, der mit dem göttlichen Opferpriester ganz eins geworden ist, brechen die Kraftströme der Kreuzesgnade viel mächtiger auf. Ist er in lebendigem Glauben und innigster, selbstloser Opferliebe mit Christus verbunden, dann wird er nach den Worten des Herrn selbst wieder zum Quell und Mittler göttlicher Gnade und Liebe: »Wer an mich glaubt, aus dem werden, wie die Schrift sagt, Ströme lebendigen Wassers fließen« (Joh 7,38).

Das einfache Volk hat ein feines Gespür dafür, ob die Wortverkündigung eines Priesters echt ist, ob er das selbst lebt, was er in der Predigt sagt, ob es nur rednerisches Glänzen oder existenzielle Aussage eines Ringenden und Strebenden ist. Genauso spürt es aus dem Tun eines Priesters am Altar, seiner äußeren Sammlung und inneren Ergriffenheit, ob er das lebt und innerlich mitvollzieht, was er in Wort und Zeremonie tut.

Pater Pio feierte die hl. Messe nicht nur würdig. Gott hat es ihm gegeben, das Opfergeschehen der Messe in etwa transparent, d. h. durchsichtig zu machen. Als er noch gut bei Kräften war, dauerten seine Messen sehr lange. Das Drama von Golgotha erstand vor seinem Geist. Er durfte das Leiden des Herrn und den Opfertod des Gotteslamms geheimnisvoll miterleben. Das Gotteshaus wurde für ihn zum Abendmahlssaal, der Opferaltar zum Altar des Kreuzes. Kaum hatte er die Altarstufen erstiegen und sich mit dem Kreuz bezeichnet, nahm sein Antlitz einen verklärten Ausdruck an. Gesammelt war seine ganze Haltung. Lange Zeit verblieb der Körper in absoluter Unbeweglichkeit. Die langen Ekstasen ließen ihn dann alles vergessen, was ihn umgab. Ein Höherer lud ihn ein zu intimem Zwiegespräch. Manchmal gab er seine Zustimmung durch ein beseeltes Neigen des Kopfes, manchmal brachte er abgebrochene Worte hervor: alles Zeichen jenes Unaussprechlichen zwischen Gott und seiner Seele.

Aber nicht nur Verklärung und Entzückung spiegelte sein Antlitz wider. Oft lag auf seinem Gesicht ein unerklärlicher Leidensausdruck. Ein schmerzliches Zucken ging durch den ganzen Körper. Oft strömten die Tränen. Ein unaufhaltsames Weinen gab seinem Mitleiden mit dem göttlichen Herrn Ausdruck. Konnte nicht auch unser heiliger Ordensvater Franz von Assisi herzerweichend weinen, weil, wie er sagte, »die Liebe so wenig geliebt wird«? Auch Pater Pio erlebte diesen »äußeren Erweis der göttlichen Liebe« im Opfer Christi viel tiefer als wir. Sein Herz entbrannte in Gegenliebe und heiliger Sühnebereitschaft. Brennend wurden sein Schmerz und seine Trauer im Wissen um die eigene Unfähigkeit, dem liebenden Erlöserherzen einen umfassenden Ersatz anbieten zu können. Er weinte darüber, weil er glaubte, dem Undank und der Kälte der Menschen, der Schmutzflut menschlicher Sünde und menschlichen Versagens nicht genug Leidens- und Opferbereitschaft entgegensetzen zu können. Er litt aus Liebe und bot sich für alle zum Opfer an. Sein Glaube ging ins Schauen über, nicht in jenes Schauen im Land der Vollendung, sondern in jenen potenzierten, gesteigerten Glauben des Beschaulichen. Das machte seine Gottbegegnung viel tiefer und lebendiger. Mit heiliger Ehrfurcht hielt er das geopferte Osterlamm in Händen. Lange zögerte er, bis er die Opferhostie entzweibrach. Nur mit Mühe hob er den Kelch des kostbaren Blutes an die bebenden Lippen. Wer hätte mehr als Pater Pio die Mahnung des Weihebischofs im Bewusstsein: *Imitamini, quod tractatis!* – »Ahmt nach, was ihr vollzieht!«

Man muss ihm glauben, wenn er sagt: »Die Erde könnte leichter ohne Sonne existieren als ohne hl. Messe!« Als Priester, der das heilige Opfer darbringt, vertritt er die sündige Menschheit vor Gott. Wie Gott die Kinder von Fatima durch eine Höllenvision zur Sühne und zum Opfer gedrängt hat, sieht auch er viele Menschen in Gefahr, ewig verloren zu gehen. So soll er einmal gesagt haben: »Nicht der Krieg flößte mir Angst ein, sondern die Nachkriegszeit … Wie sollte ich nicht weinen, wenn ich sehe, wie sich die Menschheit um jeden Preis in die Hölle stürzen will!«

Ist es da nicht begreiflich, dass Einheimische und Pilger gern das Opfer des Frühaufstehens brachten, um der Feier einer solchen hl. Messe beiwohnen zu können? Punkt fünf Uhr wurden die Kirchentüren geöffnet. In der neuen Kirche ist Gott sei Dank genügend Platz. Alle konnten gut zum Altar schauen.

Pater Pio über sich selbst und die hl. Messe

Als er einmal von einer seiner geistlichen Töchter gefragt wurde, was er für seine geistlichen Kinder sei, fasste er seine Sendung und Aufgabe so zusammen: »Unter euch bin ich Bruder, am Altar Opfer, im Beichtstuhl Richter.«

Ein andermal fragte ihn ein Mitbruder aus der Toskana, Pater Giovanni da Baggio: »Was ist die Messe für dich?« Er antwortete darauf: »Das sagt dir der Altar. Es genügt, an das zu denken, was auf dem Altar dort geschieht.«

Wieder ein andermal fragte ihn Pater Tarcisio da Cervinara:

»Padre, wie haltet Ihr Euch denn am Altar aufrecht?«

Darauf Pater Pio: »Wie sich Jesus am Kreuz aufrecht hielt.«

»Seid Ihr dann die ganze Zeit der Messe aufgehängt, angenagelt am Kreuz?«

»Ja, und wie wollen Sie, dass ich stehe?«

»Und in der hl. Messe, sterben dann auch Sie?«

»Mystisch in der hl. Kommunion.«

»Aus Liebe, Padre, oder aus Schmerz?«

»Mehr aus Liebe!«[1]

Von seiner Messe schrieb Pater Pio einmal:

»Gethsemane, Kalvaria und der Altar! Drei Orte, von denen der letzte die Summe des ersten und zweiten ist. Es sind drei Orte, aber nur einer ist es, den ihr dort findet.«[2]

Beichtstuhl und Opferaltar waren die beiden Stätten, an denen sich Pater Pios weltweite Sendung vollzog. Hier sammelte er nach einem Wort Pauls VI. seine »weltweite Kundschaft« um sich. Am Opferaltar verkündete er nicht nur geheimnisvoll den Tod des Herrn, sondern erlitt ihn mystisch-geheimnisvoll mit und nicht nur den Tod als Abschluss des Opfergeschehens, sondern die ganze Passion Christi. Im Beichtstuhl durfte er die Kreuzesgnade zum Strömen bringen und den Menschen guten Willens die Verdienste des Leidens und Sterbens Christi vermitteln. Wie kein anderer durfte er Werkzeug dessen sein, der versprochen hatte:

»Wenn ich am Kreuze erhöht sein werde, will ich alle an mich ziehen« (Joh 12,32). Als der von Gott Gesandte sprach er Gottes Worte und teilte den Geist Jesu mit, der von Gott nicht kärglich verliehen wird, sondern ohne Maß (vgl. Joh 3,34). Diesen Geist aber nahm er selbst immer mehr und tiefer auf in der geistigen Speise des eucharistischen Opfersakraments, in der hl. Kommunion.

Mystik und Sakrament

Am 29. März 1911 schreibt Pater Pio an seinen Seelenführer, den damaligen Provinzial, Pater Benedetto: »… Aber was mich noch mehr verwundet, mein Vater, ist der Gedanke an Jesus im heiligsten Sakrament. Schon bevor ich mich am Morgen mit ihm im Sakrament vereinige, fühlt sich mein Herz von einer höheren Macht angezogen. Ich habe einen solchen Hunger und Durst, ihn zu empfangen, dass wenig fehlt, dass ich nicht vor Kummer sterbe. Und gerade weil ich nicht umhinkann, ihn zu empfangen, muss ich manchmal mit Fieber am Leib gehen, um mich mit seinem Fleisch zu nähren.

Aber anstatt dass dieser Hunger und Durst gestillt würde, steigert er sich, nachdem ich ihn im Sakrament empfangen habe, immer mehr. Wenn ich dann im Besitz dieses höchsten Gutes bin, ist die Überfülle der Süßigkeit wirklich groß. Es fehlt da nur wenig, dass ich Jesus sagen würde: Es ist genug, weil ich fast nicht mehr kann. Ich vergesse dann fast, dass ich noch auf der Welt bin. Der Geist und das Herz verlangen nach nichts mehr und das zuweilen für lange Zeit.«[3]

Pater Pio fühlt sich wie von einer höheren Macht zu Jesus im Sakrament der Liebe hingezogen. Hat es der Heiland nicht vorhergesagt, dass er alle an sich ziehen wird, wenn er von der Erde erhöht sein wird (vgl. Joh 12,32). Diese seine Verheißung erfüllt er insbesondere vom Thron seiner Liebe im heiligsten Sakrament des Altars.

Wie die Braut im Hohelied bekennt, dass sie direkt krank ist vor Liebe und Liebessehnsucht nach dem göttlichen Geliebten, so empfindet Pater Pio einen solchen Hunger nach Jesus im Sakrament, dass er vor Hunger sterben würde, würde sein Geisteshunger nicht gestillt werden.

Denn wie Pater Pio in seinem Brief zu verstehen gibt, hat dieser Gotteshunger seine Grade. Er kann sich steigern von Kommunion zu Kommunion.

»Kostet und seht, wie süß der Herr ist«

Schon in Pater Pios Brief vom 29. März 1911[4] war die Rede von der Überfülle der Süßigkeit, die sein Herz erfüllt und ihn alles andere vergessen lässt. Wenn ihm auch während des Tages als Gegengewicht gegen die vielen Leiden vonseiten der Hölle ein solches mystisches Sich-in-Gott-Verlieren voller Trost und Süßigkeit geschenkt ist, so geschieht das besonders bei der Danksagung nach der hl. Messe. Nun ist Jesus in sein armes Herz eingekehrt und tröstet ihn mit seinem göttlichen Liebesreichtum.

Davon berichtet Pater Pio in einem Brief vom 21. März 1912 an Pater Agostino: »Gestern war das Fest des hl. Josef. Gott allein weiß, wie viele Süßigkeiten ich verspürte, am meisten nach der Messe, sodass ich sie jetzt noch in mir empfinde. Es brannten mir der Kopf und das Herz, aber es war ein Feuer, das mir guttut. Und der Mund empfand die ganze Süßigkeit dieses reinsten Fleisches des Gottessohns. O wenn es mir in diesem Moment, den ich gleichsam noch ganz empfinde, gelänge, diese Tröstungen in meinem Herzen festzumachen, wäre ich sicher im Paradies.

Wie freudig macht mich doch Jesus! Wie lieblich ist sein Geist! Aber ich verliere die Fassung und kann nichts anderes tun als zu weinen und zu wiederholen: Jesus, meine Speise! … Das, was mich noch mehr betrübt, ist, dass Jesu so große Liebe von mir mit so großer Undankbarkeit vergolten wird … Er liebt mich und drückt mich immer mehr an sich. Er hat meine Sünden vergessen und man könnte sagen, dass er sich nur seiner Barmherzigkeit erinnert. Jeden Morgen kommt er in mich hinein und ergießt in mein armes Herz all seine überströmende Güte …«[5]

In den Briefen 60 und 67 berichtet er schon vorher von einer Übersättigung mit göttlichem Trost: »Ich lebe in einer dauernden Übersättigung mit göttlichen Tröstungen. In gewissen Momenten hat es den Anschein, als ob ich daran sterben müsste wegen der Überfülle der Süßigkeit …«[6]

Ähnlich schreibt er in Brief 57 von der Süßigkeit, die Jesus in seinem Herzen ausbreitet: »Ja, mein Vater, Jesus ist Süßigkeit und diese möchte er ganz in meinem Herzen ausbreiten. Aber wie soll das geschehen? Sieht er denn nicht meine Undankbarkeit? Sieht er denn nicht mein Herz ohne Andacht? Er erträgt mich nicht nur, er liebt mich, und das mit einer ganz besonderen Liebe.

Und wie soll ich es machen, ihn nicht zu lieben? Es spreche für mich dieses mein Herz! … Mein Vater, helfen Sie mir! Ich fühle, wenn Jesus so fortfährt, am Morgen, bevor ich mich mit ihm vereine, das Herz und die Eingeweide zu verbrennen, werde ich nicht mehr widerstehen können. Ich werde hinübergehen. O könnte ich wirklich hinübergehen und das bald … Könnte ich es wenigstens erhoffen! Aber die vielen Sünden! Mein Gott, Barmherzigkeit!«[7]

Je andächtiger und wahrhaft fromm der Mensch wird, desto mehr darf er das innerliche göttliche Wirken des Heiligen Geistes verstehen. Je geistiger er wird, desto mehr darf er die Gottseligkeit im Lande der Vollendung vorausahnen.

Wenn Pater Pio schreibt, dass »sein Mund die ganze Süßigkeit des reinsten Fleisches des Gottessohns empfand« und dass diese Empfindung noch lange in ihm nachgedauert habe, so muss man wohl annehmen, dass die feingeistige Empfindung nicht nur Herz und Geist ausgefüllt hat, sondern auch auf die Sinne, hier auf den Geschmackssinn, übergeströmt sei.

Die Größe unserer Gottesliebe misst sich nicht nach dem Maß der Wonnen und Tröstungen, sondern nach dem Maß unserer Hingabe an Gott, das sich in der Selbstverleugnung, Selbstüberwindung und Leidensbereitschaft kundtut. Wer freudig alles tut und leidet, was die göttliche Liebe ihm auferlegt, hat auch eine große Liebe zu Gott. Wenn diese Liebe aber zuweilen von spürbarer Glut und seliger Wonne begleitet ist, so ist dies ein geistiges Empfinden, das auch auf den Leib und das Sinnenhafte überfließen kann. Gott gibt solche Tröstungen und Freuden. Er will damit die menschliche Schwachheit stützen, wenn er es für gut befindet, seine Auserwählten mit Leiden zu überhäufen.

Große geistliche Freuden

Am 8. September 1911 schreibt Pater Pio an Pater Benedetto, seinen Seelenführer:« … Viele Dinge hätte ich Ihnen zu sagen, doch mir fehlen die Worte dazu. Ich sage Ihnen nur, dass das Schlagen des Herzens, wenn ich mich vor Jesus im Sakrament befinde, sehr stark ist. Manchmal scheint es mir, als wolle es aus der Brust heraustreten. Am Altar empfinde ich oft eine solche Glut in meiner ganzen Person, dass ich sie nicht beschreiben kann. Am meisten scheint es mir, dass das Gesicht ganz in Feuer aufgehe. Was sind das für Zeichen, mein Vater? Ich weiß es nicht.«[8]

In seinem Brief an Pater Agostino vom 18. April 1912 redet er wiederum von großen geistlichen Freuden bei der Danksagung nach der hl. Messe. Sein Herz wird ganz von der Liebe des Herzens Jesu umfangen. Sein Herz und Jesu Herz haben ein und denselben Schlag. Den geistlichen Freuden gehen aber schreckliche Teufelsquälereien voraus, von denen er sagt, dass sie weit über seine Kräfte gingen.

»Aber der gute Jesus, der dem Teufel erlaubte, mich in einer solchen Weise zu behandeln, versäumte es nicht, mich nachher im Geiste zu trösten und zu stärken. Mit Mühe konnte ich mich zum göttlichen Gefangenen begeben, um zu zelebrieren. Nachdem die Messe beendet war, unterhielt ich mich mit Jesus bei der Danksagung. O wie lieblich war das Zwiegespräch mit dem Paradies heute Morgen … Da waren Dinge, die man nicht in menschliche Sprache übersetzen kann, ohne ihren tiefen und himmlischen Sinn zu zerstören.

Das Herz Jesu und das meine verschmolzen, erlauben Sie mir diesen Ausdruck. Es waren nicht mehr zwei Herzen, die da schlugen, sondern ein einziges. Mein Herz war verschwunden wie ein

Wassertropfen, der im Meer verschwindet. Jesus war sein Paradies, sein König. Die Freude in mir war so intensiv und so tief, dass ich mich nicht halten konnte. Die köstlichsten Tränen überschwemmten mein Gesicht. Ja, mein Papa, der Mensch kann das nicht begreifen: Wenn sich das Paradies in sein Herz ergießt, dann kann es dieses betrübte, verbannte, schwache und sterbliche Herz nicht ertragen, ohne zu weinen. Ja, ich wiederhole es, es war allein die Freude, die mein Herz erfüllte, die mich so lange weinen ließ …«[9]

Dem gewöhnlichen Verstand ist es einfach nicht möglich, diese Freuden überhaupt zu erahnen, geschweige denn in ihrer ganzen Tiefe und Größe zu erfassen.

Wer beständig nach Gott verlangt und mit den Gnaden, die der tägliche Empfang des Herrn im Sakrament der Liebe vermittelt, recht mitwirkt, wird sicher schon auf Erden die Freuden heiliger Liebe aus innerer Erfahrung kennenlernen.

Pater Pio beobachtete auch die Dinge des Konzils mit erleuchtetem Blick. Den großen Liebenden schenkt Gott ein gewisses Mitwissen an seinen Liebesplänen mit der Kirche und der Menschheit. Darum sah er auch klarer, wohin eine rein äußere Erneuerung der Liturgie führen würde, wenn ihr der wesenhafte Untergrund fehlte. Einen vollkommenen Gottesdienst kann niemals der Mensch seinem Gott schenken. Gott selbst ist es, der sich im Menschen, der sich ihm ganz hingibt, einen vollkommenen Gottesdienst bereitet. Wie dieser aussieht, das geht sicher in die Richtung und in die Tiefe, in der ein Pater Pio die heilige Eucharistie feiern durfte, zutiefst hineingenommen in das Leben und Leiden des göttlichen Hohepriesters. Auch am Altar und vor allem am Altar lebte und litt nicht mehr er selbst, Christus lebte und litt in ihm (vgl. Gal 2,20).

Aus dieser gottgeschenkten Tiefe kommt dann auch die besondere Wertschätzung Pater Pios gegenüber dem Sakrament der Eucharistie. Er möchte seinen Glauben und seine innerste Erfahrung auch den Gläubigen vermitteln. So fordert er sie zu häufigem Empfang der hl. Kommunion auf und tadelt jene der geistlichen Trägheit, die das nicht tun. Das Gottesbrot, das Christus, den Herrn, enthält, ist für ihn das beste Mittel, um Gott treu zu bleiben.[10]

Lange Stunden verbringt er in der Anbetung des Allerheiligsten und vergisst dann ganz seine Umgebung. Das Verlangen nach Jesus in der Eucharistie bewirkt, dass er sich stundenlang während der Nacht auf die Begegnung mit dem Herrn vorbereitet. Den Stunden der Vorbereitung entspricht auch die Länge der Danksagung. Im Beichtstuhl rückt er jenen, die ihre Sonntagspflicht nicht erfüllen, schwer auf den Leib. Eine kindliche Freude empfindet er, wenn er selbst unschuldigen Kindern zum ersten Mal Jesus im Sakrament reichen darf. So handelt einer, in dessen Leben wirklich die Eucharistie Mitte und Sinnerfüllung ist.

XII.
DAS SCHRECKLICHE JAHRZEHNT
(1923–1933)

Um der Seelen, die zum Herrn zurückkehren wollten und jener gutwilligen strebsamen Christen willen, die sich nach dem »Leben in Fülle«, wie es der Herr verheißen hat, sehnten, wollte Pater Pio gern bluten und schwitzen. Der Krieg mit seinen schrecklichen Folgen hatte die Herzen für das Übernatürliche geöffnet und viele waren bereit, die Predigt vom Gekreuzigten und vom Heil aus dem Kreuz von dem demütigen Kapuziner, der mit den Leidensmalen des Gekreuzigten geprägt war, zu hören.

Im Mai 1919 schrieb Lucia Fiorentino, eine der ersten geistlichen Töchter, die er zu den Höhen der christlichen Heiligkeit geleiten durfte, in ihren von ihm selbst gewünschten und gutgeheißenen autobiografischen Notizen: »Der Pater sagte wie ein Prophet alles voraus: nämlich dass er Durst habe nach den Seelen und dass er viel leiden müsse.«

Nach seiner Stigmatisation fragte ihn sein Freund und Altersgenosse, der Priester Giuseppe Orlando, ob er nach Empfang der Leidensmale auch noch Erscheinungen und Verfolgungen vonseiten des Teufels habe. Da konnte Pater Pio sagen: »Gott sei Dank, nein!« – »Aber jetzt«, so fügte er hinzu, »beginnen die irdischen Verfolgungen.«[1]

Das Wie, den Inhalt und die ganze Schwere dieser Kreuze und Verfolgungen hatte er freilich nur dunkel vorausgeahnt. Als diese Prüfungen von außen 1931 in seiner klösterlichen Gefangenschaft ihren Höhepunkt erreichten, bemerkte er gegenüber Pater

Agostino, seinem Seelenführer, der ihm bestätigte, dass die vorausgesagte Leidenszeit nun da sei: »Aber ich glaubte nicht, dass es sich so erfüllen wird.«[2]

Drohende Versetzung

Als sich im März und noch mehr im Mai 1919 der überreiche geistliche Sommer auf dem Gargano ankündigte, da wurden noch im gleichen Jahr, nämlich im Oktober 1919, Stimmen über eine baldige Versetzung Pater Pios laut.

Wer hätte es auch verhindern können, dass zu den vielen, die in Glauben und Vertrauen von Pater Pio sich Früchte des Heils und der Erlösung erbaten, auch viele Neugierige und hysterische Personen auftauchten, die mit einem gewissen religiösen Fanatismus den mit den Wunden gezeichneten Priester und Gottesmann umlagerten. Der Bevölkerung der Kleinstadt waren solche Stimmen und Gerüchte nicht gleichgültig, gab es doch kaum eine Familie, die von Pater Pio keine Wohltaten empfangen hatte. Sie wollten ihren »Heiligen« nicht einfach entführen lassen.

Jedes Mal wenn solche Stimmen für seine Versetzung laut wurden, inszenierten die Bewohner von San Giovanni Rotondo und der umliegenden Dörfer eine imponierende Massenversammlung unterhalb des Klosters und schickten ihre Vertreter in den Konvent, um zu erfahren, wie die Dinge stünden. So war es im Oktober 1919, im Sommer 1920 und auch in den folgenden Jahren 1921 und 1922.

Was die Unzufriedenheit der Leute hervorrief, waren vor allem die im Sommer 1922 getroffenen Vorkehrungen, die der Kapuzinergeneral in Rom dem Guardian von San Giovanni Rotondo als Anordnungen des Heiligen Offiziums (heute heißt es »Kongregation für die Glaubenslehre«, Anm. d. Verl.) übermittelte.

Die hauptsächlichsten Anordnungen bestanden darin, dass man jedes Aufsehen und jede Besonderheit um Pater Pio vermeiden solle. Er solle in allem an den Übungen des gemeinsamen Lebens teilnehmen. Er möge seine Messe nicht mehr zur festgesetzten Zeit und nicht zu später Stunde lesen, sondern zu jeder Stunde, besonders zu früher Stunde und privat. Er solle dem Volk nicht mehr den Segen erteilen und aus keinem Beweggrund mehr die Wunden zeigen, er solle weder davon sprechen noch sie küssen lassen. Außerdem verbot man ihm jeden mündlichen und schriftlichen Kontakt mit seinem ersten Seelenführer, Pater Benedetto Nardella. Man hielt es für notwendig, dass Pater Pio von San Giovanni Rotondo wegkomme und in ein Kloster Oberitaliens versetzt werde. Da man aber aufgrund der örtlichen Verhältnisse und des Aufbegehrens der temperamentvollen Südländer Schwierigkeiten befürchtete, hieß es, die Versetzung solle so bald wie möglich ausgeführt werden. Auf die vielen Briefe, die Pater Pio schon um diese Zeit bekam, solle weder er noch ein von ihm Beauftragter antworten.

Das war also ein Teil jener Kreuze und Verfolgungen, die Pater Pio vorausgeahnt hatte. Ganz unvorbereitet war er nicht für diesen Kreuzweg. Erstens hatte er für sich Kreuz und Leiden erbeten. Seinen Briefen aus dieser Zeit kann man entnehmen: »Ich sehne mich keineswegs danach, dass mein Kreuz erleichtert werde, denn mit Jesus zu leiden ist mir teuer. Ich will allein leiden … In Sachen Leiden bin ich ein Egoist. Ich würde mir Vorwürfe machen, wenn ich auch nur eine einzige Stunde ohne Kreuz wäre, und noch schlimmer, wenn andere kämen und es mir raubten« (August 1912).

Im Juli 1913: »Ich möchte, dass mein Leben besät wäre mit Kreuzen und Verfolgungen.«

Zweitens waren die inneren Leiden, die als Sühneleiden praktisch sein ganzes Leben lang andauern und den gnadenhaften Hintergrund für sein weltweites Wirken bilden sollten, viel schwerer als diese von außen kommenden Leiden und Prüfungen. Trotzdem lasteten auch diese schwer auf ihm, weil sie zu den inneren Leiden noch dazukamen.

Am 28. Juni 1922 legte Pater Provinzial Pietro da Ischitella dem Ordensgeneral in einem Brief dar, dass diese Anweisungen so gut wie möglich Punkt für Punkt befolgt würden. In einem Punkt wollte er Pater Pio verdientermaßen in Schutz nehmen. Die späte

Messe habe dieser nur übernommen, um seine Mitbrüder in der Schule zu entlasten und um genügend Zeit für den Beichtstuhl vor der hl. Messe zu haben.

Was die Versetzung Pater Pios betraf, war die Situation ernster und schwieriger, als man geglaubt hatte. Man musste mit der glühenden Liebe und Anhänglichkeit der Südländer rechnen. Als sogar die Männer der Verwaltung und der Präfekt von Foggia ihm davon abrieten und ihn für »das, was infolge einer versuchten Versetzung passieren würde«, verantwortlich machten, riet auch er seinem Ordensgeneral davon ab. Von einer Versetzung nach Oberitalien halte er nicht viel, weil Pater Pios Ruf und Ansehen dort noch größer wären. Die gesuchte Stille und Einsamkeit finde er besser in San Giovanni Rotondo. Zudem würde er die lange und unbequeme Reise schlecht überstehen. Das dazu ausersehene abgeschiedene Kloster Cingoli bei Ancona würde sich wegen seines rauen Vorapennin-Klimas nicht gerade eignen.[3]

War Pater Gemelli daran schuld?

Sicher hatte Pater Gemelli einen großen Einfluss in Rom, war er doch in besonderer Weise mit Pius XI. verbunden, ja befreundet. Die trockene Abweisung, die er in San Giovanni Rotondo erfahren, aber auch selbst verschuldet hatte, wird eine Rolle gespielt haben, dass er so bitter reagierte und seinen negativen Standpunkt gegenüber dem Stigmatisierten vom Gargano in seinem Aufsatz »Die Stigmata des hl. Franz von Assisi im Urteil der Wissenschaft« nochmals herausstrich.[4]

Gemelli wird auch nicht ganz unschuldig gewesen sein an der ersten offiziellen Erklärung des Heiligen Offiziums vom 23. Mai 1923. Da veröffentlichte das offizielle Blatt des Heiligen Stuhls die Antwort auf eine Anfrage über die Tatsachen, die man Pater Pio von Pietrelcina zuschreibe, und erklärte: »Die Übernatürlichkeit dieser Tatsachen steht nicht fest«, folglich forderte das Heilige Offizium die Gläubigen auf, »sich in ihrem Handeln nach dieser Erklärung zu richten«.[5]

Dass so etwas die Bevölkerung sehr erregen musste, liegt auf der Hand. In einem Telegramm wandten sich ihre Vertreter an den Provinzial der Kapuziner, in dem sie ihm mitteilten, dass sie nichts unterlassen würden, um der Gerechtigkeit zum Sieg zu verhelfen. Aus Angst, Pater Pio könnte versetzt werden, verlangten sie von der zuständigen Autorität, dass die Umgebung des Klosters bei Tag und Nacht bewacht würde. Außer dieser Furcht, dass man Pater Pio eines Tages versetzen würde, ärgerte sie vor allem das Verbot, dass ihr »Heiliger« seine Messe nicht mehr in der Öffentlichkeit feiern durfte. Sie erreichten es auch, dass die Oberen dem Druck der Bevölkerung Rechnung trugen und Pater Pio wieder in der Kirche zelebrieren ließen. Doch war es mit den Weisungen der obersten Glaubensbehörde noch nicht zu Ende.

Vierzehn Monate später, am 24. Juli 1924, erschien ein weiteres Mahnschreiben des Heiligen Offiziums. Darin wurden die Gläubigen ermahnt, sie sollten absolut darauf verzichten, Pater Pio zu besuchen und aus Frömmigkeitsgründen mit ihm irgendeinen Briefverkehr zu unterhalten.[6]

Weiterhin verbot das Heilige Offizium einige Bücher über Pater Pio, so am 30. April 1926 das von Giorgio Berlutti, wobei es die Aufforderung, Pater Pio nicht zu besuchen und keinen Schriftverkehr mit ihm zu unterhalten, wiederholte.

Zwei Monate später verbot man am 11. Juli 1926 das Buch von Giuseppe Cavaciocchi und wiederholte nochmals diese Aufforderung. Ein drittes Mal geschah das zusammen mit dem Verbot des Buches von Alberto Del Fante am 22. Mai 1931.

Manche einfachen Gläubigen wundern sich, mit welcher Vehemenz und Intensität die Kirche ihre besten Glieder, die Leidensmystiker, prüfen kann, während sie da, wo sie wirklich aufgrund ihrer göttlichen Sendung die Wahrheit und gute Sitte verteidigen sollte, nur Schwachheit und Ohnmacht gegenüber dem sich aufdrängenden Laster zeigt.

Aber all das erbitterte den Sigmatisierten vom Gargano nicht. Er bestand wirklich die Prüfung, die sich allmählich auf ihren Höhepunkt zu entwickelte. Er blieb immer der demütige und gehorsame Sohn dieser Mutter Kirche, die Göttliches und Menschliches in sich vereint. Er suchte ihr Vorgehen zu entschuldigen, sah er doch die Übertreibungen mancher Frommen, den Fanatismus mancher Hysteriker, die Neugier mancher Männer der Presse noch deutlicher als seine Mitbrüder und jene der römischen Visitatoren, die in San Giovanni Rotondo nach dem Rechten sehen sollten.

Tatsächlich kam es zu zwei apostolischen Visitationen um diese Zeit: die erste vom 26. März bis 5. April 1927 durch Msgr. Felice Bevilaqua, die zweite im Juli 1928 durch Msgr. Giuseppe Bruno von der Konzilskongregation.

Doch er, der im Mittelpunkt all dieser Untersuchungen stand, litt ja selbst am meisten darunter, dass er als demütiger Knecht seines Herrn oft Anlass wurde, dass der Herr selbst im Tabernakel und seine liebe Mutter als die Patronin und Hüterin des Heiligtums übersehen wurden. Er, dessen Leben aufging im biblischen »Er muss wachsen, ich muss abnehmen« (Joh 3,30) hätte vor Leid vergehen können, wenn er sehen musste, wie ihn neugierige Blicke verschlangen.

Einst fragte ihn jemand nach dem Warum dieses ununterbrochenen Andrangs. Schlicht gab er zur Antwort – Pater Pio war schlagfertig und niemals wortverlegen: »Sie kommen, um dem Herrn ihre Huldigung darzubringen und um zu bitten, dass sich mit ihren Gebeten auch das des unwürdigsten Dieners des Herrn vereinige.« So war es in Ordnung: der Herr im Mittelpunkt, sein erwählter Diener als Wegbereiter, der dem Herrn als Priester und Prophet ein heiliges Volk bereitete.

Wie verhielt sich Pater Pio zu all dem?

Pater Pio war ja schließlich der Hauptakteur in diesem Drama, das Opfer, das am meisten litt. Ein Aufbegehren und Sichaufbäumen gab es bei ihm nicht. Er sah auch in diesen Fügungen und Zulassungen denjenigen, der sie schickte und zuließ, und sprach sein bewusstes, ergebenes Ja, sein freudiges Ja zum Willen Gottes.

Er selbst war es, der nicht nur die Ruhe bewahrte, sondern auch die anderen beruhigte, besonders die erregte Bevölkerung von San Giovanni Rotondo.

In einem Brief vom 12. August 1923 wandte er sich an den Bürgermeister Francesco Morcaldi und bat ihn, sich dafür einzusetzen, dass der Wille Gottes geschehe. »Die Dinge, die in diesen Tagen geschehen sind, haben mich tief berührt und mich unermesslich besorgt gemacht, weil sie mich fürchten lassen, dass ich unfreiwillig Anlass von traurigen Geschehnissen für mein liebes Städtchen sein könnte. Ich bitte Gott, dass er ein solches Unglück fernhalte und jede Demütigung auf mich ergieße. Wenn jedoch, wie Sie mir mitgeteilt haben, meine Versetzung beschlossen ist, bitte ich Sie, sich mit allen Mitteln dafür einzusetzen, dass sich der Wille der Vorgesetzten erfülle. Denn dies ist der Wille Gottes, dem ich blind gehorchen werde.«

Überzeugt, dass die Versetzung nun vollzogen wird, versichert er, dass er stets der Bevölkerung in seinem Gebet gedenken werde, und bittet darum, dass er wenigstens nach seinem Tod ein Plätzchen in San Giovanni Rotondo bekomme: »Damit meine Überreste in einem ruhigen Winkel dieser Erde beigesetzt werden.«

An einem Nachmittag desselben Monats August 1923 traf der genannte Bürgermeister Morcaldi Pater Pio in der Sakristei. Sie schauten einander an und sagten einander mit den Augen mehr als mit Worten. Der Bürgermeister hatte die Nachricht von der Präfektur bekommen und wollte ihn tadeln, weil er ihm nichts gesagt hatte. Pater Pio schwieg.

Darauf der Bürgermeister:

»Und du, Padre, wirst du gehen?

»Wenn diese Anweisung da ist, kann ich nichts anderes tun, als den Willen meiner Vorgesetzten auszuführen. Ich bin ein Sohn des Gehorsams.«

»Und du wirst dein Volk verlassen?«

Beide waren so gerührt, dass sie einander umarmten. Es sollte die Umarmung des Abschieds sein. Zwar kam ihm dies schwer an, aber wenn es sein musste, war er dazu bereit.

Der Ordensgeneral, Pater Guiseppe Antonio da Persiceto, hatte die Versetzungsobedienz bereits an den Provinzvikar, Pater Luigi d'Avellino, geschickt, der sich in der ersten Augusthälfte nach San Giovanni Rotondo begab.

Dieser sollte Pater Pio die Versetzungsobedienz überbringen. Wie dieser darauf reagierte, schildert Pater Luigi in den Notizen seines Tagebuchs:

»Ich zeigte Pater Pio die Anordnung und las ihm vor, dass er sich zu meiner Verfügung zu halten habe, um dem Pater Provinzial von den Marken zugeordnet zu werden. Pater Pio neigte sein Haupt und mit verschränkten Armen sagte er mir: ›Ich stelle mich Ihnen zur Verfügung, fahren wir sofort ab; wenn ich beim Oberen bin, bin ich in Gottes Nähe.‹ Dann fügte ich hinzu: ›Aber du würdest sofort mit mir kommen? Es ist tiefe Nacht, wo gehen wir hin?‹ – ›Ich weiß es nicht, ich folge Ihnen, wann und wohin Ihr es wünscht, Pater.‹ Es war Mitternacht.«

Ein wenig später schrieb er an den gleichen Provinzvikar: »Ich glaube, es ist nicht notwendig zu sagen, wie sehr ich – Gott sei Dank – bereit bin, jede Anordnung zu befolgen, die mir von meinen Oberen erteilt wird. Ihre Stimme ist für mich die Stimme Gottes, dem ich die Treue bis zum Tod bewahren will. Und mit seiner Hilfe werde ich jedem Befehl gehorchen, wie peinlich er auch meiner Armseligkeit ankommen wird.«[7]

Freilich wurde die Obedienz zur Versetzung Pater Pio niemals überreicht. Pater Luigi hatte sie ihm nur gezeigt und ihm vorgelesen, was darin stand. Das bestätigt auch sein Freund und Altersgenosse, der Priester Don Giuseppe Orlando. Der Provinzial hatte die Sache seinem Stellvertreter anvertraut. Doch dieser hatte nicht den Mut, die Obedienz zur Ausführung zu bringen aus Angst vor einer »Revolution« der Bevölkerung.

Als Don Orlando Pater Pio einst hinterbrachte, dass man ihn des Ungehorsams gegen die Vorgesetzten bezichtigte, gerade wegen dieser Versetzungsangelegenheit, da fiel dieser auf die Knie und beschwor: »Peppino, ich schwöre dir vor diesem gekreuzigten Jesus, der auf meinem Tisch steht, dass ich diesen Befehl nie erhalten habe. Wenn meine Vorgesetzten mir auftragen, mich aus dem Fenster zu stürzen, diskutiere ich nicht darüber, ich führe es aus.«[8]

Das ist die Wahrheit: Derselbe Pater Luigi hatte Pater Pio nur die Obedienz gezeigt und hinzugefügt: »Ich habe nur den Auftrag, dir die Obedienz mitzuteilen. Sie wird aber nur dann ausgeführt, wenn ich von Rom weitere Anweisungen erhalten werde.« Diese kamen dann auch einige Tage später und waren so formuliert: *Ordo suspendatur donec aliter* – »Die Obedienz wird aufgeschoben, bis anders verfügt wird«.[9]

Der schwerste Schlag

Das Kreuz dieser Jahre war noch einigermaßen erträglich. Die immense Arbeit im Beichtstuhl und in der Seelenführung sowie die großen Bekehrungen trösteten ihn doch ein wenig. Er durfte mit eigenen Augen sehen, dass sein Opferleben doch nicht umsonst war, sondern von Gottes reichstem Segen begleitet wurde. Doch am 11. Juni 1931 erhielt er vom Heiligen Offizium den letzten und schwersten Schlag, der ihn seines priesterlichen Dienstes vollkommen berauben und ihn zu einem Gefangenen im Kloster machen sollte.

Sein Guardian, Pater Raffaele von Sant'Elia a Pianisi, musste sich erst selbst Mut machen, um ihm diese neue Anweisung zu überbringen. »Ich machte mir Mut und als sich Pater Pio nach der Vesper wie gewöhnlich im Chor aufhielt, rief ich ihn ins Besuchszimmer, wohin er sofort kam. Dort machte ich ihm das Dekret des Heiligen Offiziums bekannt, das ihm verbot, die hl. Messe in der Öffentlichkeit zu feiern und die Beichte sowohl der Gläubigen wie auch der Ordensleute zu hören. Er hob die Augen zum

Himmel und sagte nur: ›Es geschehe der Wille Gottes!‹ Dann bedeckte er sich die Augen mit den Händen, neigte das Haupt und sagte kein Sterbenswörtchen mehr.

Ich versuchte ihn zu trösten. Aber Trost fand er nur in Jesus, der am Kreuz hing, weil er kurz danach in den Chor ging und dort bis Mitternacht und darüber blieb.«[10]

Nun befand er sich in diesem seinem Kloster wie ein Gefangener. Er durfte nicht in die Kirche hinunterkommen, nicht die Beichte abnehmen, nicht einmal den Segen erteilen. Nur zelebrieren durfte er in der kleinen Hauskapelle im ersten Stock. Doch Pater Pio bäumte sich auch gegen diese neue Anordnung, gegen die wohl ein gewöhnlicher Ordensmann gemurrt und geklagt hätte, nicht auf. Er war auch hier ein Sohn des Gehorsams. Als ein Mitbruder gegen diese Anweisung des Heiligen Offiziums vom 11. Juni 1931 tüchtig schimpfte, ging er, von Skrupeln geplagt, zu Pater Pio. Doch dieser gab ihm zu verstehen: »Du hast schlecht getan. Wir müssen die Dekrete der Kirche respektieren. Wenn das Heilige Offizium glaubte, dieses Dekret diktieren zu müssen, dann hat es diese Anweisung gegeben, um den Fanatismus zu vermeiden, und wir müssen schweigen und leiden.«[11]

Ein anderer seiner Getreuesten informierte Pater Pio über eine eben erschienene Anordnung vom 24. Juli 1924 und bemerkte dazu, dass es Zeit wäre, mit diesen schmählichen Verfolgungen aufzuhören … und dass er auf den Platz hinuntergehen werde, um Gerechtigkeit zu verlangen. Da fuhr Pater Pio dazwischen: »Gegen wen? Vielleicht gegen die Kirche?«

Anklagen dieser Art pflegte er zurückzuweisen mit den Worten: »Lass es geschehen! Für mich bedeutet das nur weniger Arbeit und mehr Verdienste.«

Sein Seelenführer, Pater Agostino von San Marco in Lamis, kam nach San Giovanni Rotondo und besuchte Pater Pio in der Zelle Nr. 5 des Klosters. Als dieser seinen geistlichen Vater sah, brach er in lautes Weinen aus, das nicht mehr aufhören wollte. Armer Pater Pio! Dieses »Dekret«, gegen das er sich nicht aufbäumen wollte, lastete trotzdem schwer auf ihn. Er konnte nicht umhin, zu weinen und zu seufzen, so stark fühlte er sich davon getroffen.

Als Pater Agostino seinen geistlichen Sohn so weinen sah, wollte auch ihm das Herz brechen. Aber getreu seinem Auftrag, der ihm durch die Vorgesetzten anvertraut war, beherrschte er sich. So hielt er die Tränen zurück und sagte zu Pater Pio, nachdem er ihm gestattet hatte, ihm sein Herz auszuschütten: »Piuccio, es liegt an dir: Löse die Nägel!« Pater Pio hatte nur ein entschiedenes Nein dafür. Seine Tränen waren wohl ein Tribut an die menschliche Natur, ein Sicherleichtern. Doch das berührte die unerschütterliche Festigkeit seines Willens nicht.[12]

Fast jeden Monat kam Pater Agostino einen oder mehrere Tage nach San Giovanni Rotondo, um nach seinem geistlichen Sohn zu sehen. Er machte darüber auch kurze Notizen in sein Tagebuch.

Unter dem 1. Juli 1931 steht unter anderem dort zu lesen, was Pater Pio diese Prüfung so schwer machte: »Aber gerade für die Seelen fühle ich den Schmerz der Prüfung.«

24. August 1931:

»Durch Gottes Gnade fand ich ihn sehr gehoben. ›Wie verbringst du deine Tage jetzt?‹

Darauf er: ›Ich bete, studiere, wie ich kann, lese und langweile meine Mitbrüder.‹

›Und wie das?‹

›Ich scherze wie zuvor und besser als zuvor.‹

Er sagte mir ganz klar: ›Die ersten Tage der schrecklichen Prüfung fühlte ich mich übel, dann aber stützte mich Gott und folglich passte ich mich der neuen Situation an.‹«[13]

8. bis 15. August 1931: »Ich habe Pater Pio immer ergeben gefunden, wie sehr er auch von der neuen Prüfung bedrückt wurde. Er verbringt die meiste Zeit in Meditation im Chor ... Der Pater leidet alles mit Stärke. Die Stigmata bluten weiter, besonders das Leidensmal des Herzens.«[14]

24. September 1931: »Er erträgt auch mit Stärke und Vertrauen seine Gefangenschaft, wie er sagt. Er erkennt darin immer mehr den Willen Gottes und er will ihn gern erfüllen und tut es auch. Sicher leidet er viel, weil er die Seelen sehr liebt, aber er opfert Jesus seine Leiden auf und betet in seiner Verbannung.«[15]

2. Januar 1932: »Er verbringt seine Tage in Gebet und Meditation ... Er gehorcht, zeigt sich fröhlich und liebenswürdig gegenüber allen. Am Morgen, nachdem er mit den anderen im Chor zum Beten des Offiziums gewesen ist, bereitet er sich auf die hl. Messe vor. Dann geht er in die kleine Kapelle, wo er bei verschlossener Tür in der Anwesenheit eines Messdieners zelebriert, und die Messe dauert mehr als eine Stunde. Die *Frati* sehen ihn fast immer erst gegen 11 Uhr ... Der Pater erwartet, dass die Prüfung gemildert wird ... Inzwischen ist er ruhig, ergeben und zufrieden, den Willen Gottes zu erfüllen. Es geht ihm auch physisch gut, selbst wenn er leidend erscheint.«[16]

1. bis 2. Juni 1932: »Er ist immer ergeben unter der Qual der Prüfung, die am 11. Juni des vergangenen Jahres begann. Sie dauert noch an und Gott weiß, wann sie enden wird. Der Pater betet ruhig, ergeben und wartet auf die Stunde Gottes, wie er sagt, zu allem bereit, auch wenn diese Stunde sich in der Ewigkeit verlieren müsste.

Ich konnte seiner Messe in der kleinen Hauskapelle beiwohnen. Wer bei der hl. Messe dient, schließt hinter sich die Tür, sodass auf diese Weise niemand eintreten kann. So beobachtet der Pater skrupulös die Anordnung des Heiligen Offiziums. An jenem Morgen dauerte die hl. Messe eine Stunde und 35 Minuten, das Memento der Lebenden 25 Minuten, das der Toten 25 Minuten. Mir wurde gesagt, dass die Messe immer mehr oder minder so lange dauert. Während der Messe weinte er und man sah ihn förmlich verklärt.«[17]

22. November 1932: »›Geschehe, was geschehen will‹, sagte er mir, ›ich fühle mich ruhig. Jesus mache mit mir das, was er will. Es genügt, dass mir seine Hilfe nicht fehlt … Die Dinge gehen ihren Lauf … Fiat!‹«[18]

Er betete und studierte und las viel

Sein Lebensbereich war in diesen Jahren beschränkt auf seine Zelle, auf die kleine Hauskapelle, auf den Chor und die Bibliothek. Nach der hl. Messe von eineinhalb Stunden – Weihnachten brauchte er zu seinen drei Messen circa vier Stunden – folgte eine volle Stunde Danksagung. Dann ging er in die Bibliothek, um zu lesen. Manchmal erfolgte seine Lektüre so ausgiebig, dass er sich sein Bett in die Bibliothek stellen ließ.

Ebenso machte er es nachmittags nach der Vesper. Zuerst eine Stunde Gebet, dann wieder Lektüre bis zum Abend. Abends dann nochmals zwei Stunden innerlichen Gebets im Chor. Zu Bett ging er erst nach Mitternacht.

In diesen Jahren las er so viel wie noch nie in seinem Leben. Er las die Heilige Schrift, »Die göttliche Komödie« von Dante, alle Bände der »Geschichte der Päpste« von Ludwig von Pastor, ebenso die »Universalgeschichte der Katholischen Kirche« von René François Rohrbacher, dazu die vielen Bände der »Storia universale« von Cesare Cantù.

Pater Agostino hatte ihm geraten, ein Tagebuch zu schreiben. Er kam aber über die ersten acht Heftseiten nicht hinaus. Sie umfassen den 21. Juli bis 15. August 1929. Derselbe Seelenführer ermahnte ihn, mit ihm einen Briefverkehr zu pflegen, nachdem der Pater Provinzial seine Erlaubnis dazu erteilt hatte. Ja, der Provinzial selbst forderte ihn auf, Meditationen über die Hauptfeste des Kirchenjahres aufzusetzen. Pater Pio nahm weder die eine noch die andere Ermunterung an. Er fühlte einfach keinen Aufschwung dazu. Seine Aufgabe war es, zu beten, zu schweigen und zu leiden. Was er andere lehrte, das lebte er selbst vor: »Mache, dass deine Seele sich nicht ärgere über das traurige Theater der menschlichen Ungerechtigkeit. Auch diese hat im Zusammenhang der Dinge ihren Wert.«[19]

Mit Sehnsucht wartete er auf seine Rehabilitierung, um wieder die Beichte hören zu dürfen, aber nur aus Liebe zu den Seelen.[20] Es ist kein Schmerz wegen der eigenen Unerfülltheit, es ist ein wahrhaft priesterlicher Schmerz, der sich da offenbart: »Nicht für mich, sondern für diese armen Geschöpfe ohne Schuld, die meinetwegen so viel leiden.«[21]

XIII. VERLEUMDUNGEN UND REHABILITIERUNG

In dieser seiner »Gefangenschaft« wartete Pater Pio mit Sehnsucht auf die Stunde Gottes. Manchmal fiel ihm das Warten schon schwer. »Glücklich jene«, bemerkte er einmal zu Don Orlando, indem er auf die Gefängnisinsassen anspielte, »sie wissen wenigstens nach dem Urteil, wie viele Tage, wie viele Monate, wie viele Jahre sie eingesperrt sein müssen. Sie können die schon verbrachten Stunden zählen und jene, die sie noch zubringen müssen. Aber ich?!«[1]

»Während er so redete«, beobachtete Orlando, »presste es ihm das Herz wie in einem Schraubstock zusammen.«[2]

Doch zu keiner Zeit oblag er vielleicht intensiver seiner Sendung und Aufgabe »Heilige dich und heilige!« als in diesen Monaten der zweijährigen »Gefangenschaft«. Beten und vor allem Opfern und Leiden sind eben auch ein Gott sehr wohlgefälliges Tun, ein schwieriges Werk, das die meisten, die in der modernen Leistungsgesellschaft ihren Mann stehen und durch quantitative Leistung glänzen wollen, nicht leisten wollen.

Pater Pio war in diesen Jahren noch mehr als sonst mit dem leidenden Gottesknecht geeint, der das schwierige Werk der Erlösung durch stellvertretendes Sühneleiden bewirkte. Zu den Leiden des von seinem priesterlichen Dienst suspendierten Ordensmannes kamen die Leiden der gewöhnlichen Prüfung, wie Pater Agostino sie nennt.[3]

Zu den argen körperlichen Leiden durch die Wunden und andauernde Kränklichkeit kamen aber auch die Leiden vonseiten der näheren und weiteren Umgebung. Das Kapitel Verleumdung spielt in jedem Leben eines Mystikers eine Rolle, bei Pater Pio, dem überragenden Leidensmystiker, sogar eine sehr große.

Man hatte ihn der ungenauen Verwaltung und Verwendung der Almosen verdächtigt, die er empfangen hatte. Pater Agostino lässt darüber etwas in seinem Tagebuch durchblicken. Zweimal hatte der Orden schon darüber Auskunft verlangt durch den Visitator Pater Celestino da Desio. Dieser war am 23. Juli 1923 und nochmals im April 1924 nach Giovanni Rotondo gekommen, um die Sache zu klären.

Auch Pater Agostino verlangte als Beichtvater und Seelenführer Aufschluss darüber. Diesem erklärte Pater Pio im Mai 1937, »dass er alles dem Oberen übergebe, jede Offerte nach der Intention des Gebers, sei es für Messen oder als gewöhnliches Almosen oder als Almosen für die Armen«.[4]

Am 6. Oktober 1937 gab derselbe Pater Agostino seinem geistlichen Sohn zu verstehen, dass er angeklagt sei, er habe Gelder ohne Erlaubnis der Oberen verwendet. Dieser aber gab ihm genau Auskunft darüber, wie sich die Sache verhalte: »Manchmal handelte es sich um restitutionspflichtige Gelder, die ihm im Beichtstuhl übergeben worden waren, andere Male um Gelder, die er von einer Person zur anderen vermitteln sollte, andere Male um Almosen, die ihm von Wohltätern für bedürftige Personen, die nicht bekannt werden wollten, anvertraut worden waren.«

Pater Agostino hatte nach dieser Aussprache die Überzeugung, die er übrigens schon vorher hatte, dass Pater Pio in Geldsachen in allem recht gehandelt habe.[5]

Eifersüchtig auf seinen guten Ruf

In einem Brief vom 18. Mai 1926, den Pater Pio an seinen Provinzial, Pater Bernardo d'Alpicella, schrieb, fiel dann auch wirklich das Wort »Verleumdung«.

»… Ich fühle mich wirklich in der Seele zerrissen und vernichtigt bis zu dem Punkt, dass ich nicht mehr kann. Welche Infamie ist das, was man Ihnen geschrieben hat, nachdem man doch wusste, dass man log und verleumderisch lügen wollte. Das ist der Dank, den man mir abstattet, nachdem ich meine ganze Lebenskraft für meinen Dienst eingesetzt habe.«[6]

Auf die Anklage, dass er sich im Beichtstuhl die Hände küssen lasse, antwortet er: »Gott weiß es und es wissen alle, die sich in unserer Kirche befinden, wie oft ich sie angeschrien habe, und wenn es mir nicht gelungen ist, welche Schuld habe ich daran? Muss ich sie ohrfeigen? Hätte ich wenigstens die guten Hände gehabt, vielleicht hätte ich es getan.«[7]

Dann weist er die Behauptung zurück, dass er ein Friedensstörer im Kloster sei: »Sie sagen mir auch, dass ich Anlass bin, dass die Mitbrüder sich nicht des Friedens freuen. Das ist wahr, dass mich das vernichtet und die Seele zerfleischt bis zur grausamsten Agonie. Welchen Frieden habe ich jemals gestört? Mein Gott, verkürze meine Verbannung, ich kann nicht mehr. Ich bin ganz Auge, um niemandes Frieden zu stören und niemandem Verdruss zu bereiten …«

Zum Schluss fragt er noch: »Welches Wort der Verteidigung der Wahrheit und Unschuld ist gefallen gegenüber so vielen Schändlichkeiten und Verleumdungen und erdrückenden Zeugnissen, dass mein Herz ganz davon eingedeckt ist? … Ich kann nicht mehr.«[8]

In einem Brief vom 18. August 1926 legt er dar, wie sehr er aufgrund der wiederholten Beschwerden leidet:

»… Warum mir die Seele in solcher Weise durchbohren, wo ich absolut keine Schuld habe? Ich gehe auf niemanden zu und kenne von der Kirche nichts anderes als den Altar und den Beichtstuhl. Wenn ich diese heiligen Dienste geleistet habe, scheint es mir, als ob meine Kleider Feuer fangen würden, so groß ist der Eifer, in die Klausur zurückzukehren. Nach dem Beichten am Morgen erscheine ich in der Kirche nicht mehr, es sei denn nach 22 Stunden. Auch bei den Besuchen des Allerheiligsten nach dem Essen begebe ich mich, wenn ich merke, dass Leute da sind, entweder in den Chor oder verschwinde durch die geheime Treppe. Das ist die Wahrheit …«

Zum Schluss bittet Pater Pio seinen Provinzial darum, seine Gebete zu unterstützen, »wovon nicht das letzte ist, Jesus zu bitten, dass er mich bald zu sich rufe, weil ich fast nicht mehr kann«.[9]

Verleumdungen

Pater Pio hatte man zwar keine Vaterschaft angedichtet, wohl aber kamen kettenweise Briefe an seinen Hausoberen, an seinen Provinzial und selbst nach Rom, die ihn verdächtigten, er würde des Nachts Frauen Eintritt in die Kirche gewähren.[10]

Der Pater Provinzial fühlte sich daher veranlasst, Pater Pio das Sprechen mit jeder Frauensperson zu verbieten, wenn er sich nicht vorher die Erlaubnis des höheren Oberen (also seine Erlaubnis) eingeholt habe.[11]

Um diese Zeit war Pater Raffaele da Sant'Elia a Pianisi Guardian. Dieser kannte seit Jahren Pater Pios Leben der Buße und des Gebets und hatte nicht den geringsten Zweifel daran, dass es sich bei diesen Anschuldigungen durch anonyme Briefe um schändliche Verdächtigungen und Verleumdungen handle, hinter denen nichts anderes als weibliche Eifersucht stecke. Aber aus Gewissenspflicht entschloss er sich doch, den Dingen nachzugehen, um die Unschuld Pater Pios auch klar beweisen zu können. Die nächtlichen Kontrollen verlangten von ihm manches Opfer. Lassen wir ihn selbst berichten:

»Sommer wie Winter zog ich die Sandalen aus und machte so barfüßig meinen Inspektionsgang, sodass ich mir einen Bronchialkatarrh holte, von dem ich heute noch die Folgen trage. Diese Mühe dauerte einige Zeit, bis die anonymen Briefe vollständig aufhörten. Ich kann mit sicherem Gewissen und mit einem Schwur behaupten: Weder ich noch Pater Viktor haben das Geringste, was unschicklich gewesen wäre, wahrgenommen. Niemals habe ich Fetzen zerrissener Briefe gesehen.«[12]

Manchmal fanden sich nachts vor der Klosterpforte Pilger ein, die gemeinsam den Rosenkranz und die Lauretanische Litanei beteten und dann wieder heimgingen. Pater Pio pflegte an den Freitagen, besonders an den Freitagen der Fastenzeit, abends in die Kirche zu gehen und den Kreuzweg zu beten. Er hatte dabei keine Ahnung, dass sein Guardian seinetwegen auf Posten stand. Als nun am 24. Februar 1939 mit dem Posteinlauf wieder ein anonymer Brief kam, fühlte sich der Guardian auch dieses Mal verpflichtet, nachzusehen. Bei winterlicher Kälte schlich er sich auf dem Steinpflaster barfuß an den Ausgang des Chores, um festzustellen, ob Pater Pio dort sei. Zu seiner höchsten Verwunderung und größten Demütigung konnte er nun hören, wie der arme und verleumdete Pater Pio sich geißelte und dabei das Miserere mit ziemlich klarer Stimme betete.

Er sagte darüber: »Es war für mich ein großer Trost, persönlich festzustellen, wie der Pater seinen unschuldigen Leib kasteite zur Schande für die, die gegen ihn die schwärzesten Verleumdungen lancierten.«[13]

Als am folgenden Morgen ein weiterer anonymer Brief eintraf, »begriff ich das teuflische Komplott und von da an warf ich alles zum Teufel«.[14]

Pater Pio ging nun, wie er es gewohnt war, an den Freitagen in die Kirche hinunter und betete den Kreuzweg. Am Altar des hl. Franziskus blieb er eine Weile stehen.

Auch was diese Verleumdungen betrifft, nahm sich Pater Pio das Recht, sich zu verteidigen. Von seinem Seelenführer danach gefragt, antwortete er Pater Agostino: »Ich kann schwören, dass weder ich noch meine Mitbrüder des Abends die Tür zur Kirche geöffnet haben, um Frauen hereinzulassen: Ich glaube, dass niemand das mit Sicherheit bezeugen kann, er habe das mit eigenen Augen gesehen.«[15]

Deshalb wollte sein Guardian, der um die vielen Teufelsbelästigungen und -erscheinungen in der Zeit vor der Stigmatisation Pater Pios wusste, gleich annehmen, dass es sich um ein Trugspiel des Bösen handle, dass dieser die Gestalt einer hysterischen Frau oder eines feindseligen Klostermannes angenommen habe.

Doch muss das nicht der Fall gewesen sein, denn der Böse findet genügend Werkzeuge an lasterhaften Menschen, um sein Durcheinanderwürfeln und Zwietrachtsäen zu bewirken.

Pater Pio durfte dem Herrn auf den Wegen seiner verkannten und verschmähten Liebe sühnend nahe sein und das nicht bloß durch seine inneren, seelischen Sühneleiden in sich steigernder Gottverlassenheit – da diese Leiden fast sein ganzes Leben währten, nennt Pater Agostino sie die »gewöhnliche Prüfung« – *solita prova* –, sondern auch von außen her durch diese schimpflichen Verleumdungen.

Eine seiner geistlichen Töchter, die er zu mystischen Höhen hinaufgeleiten durfte und die gleich ihm mit mystischen Begleitphänomenen beschenkt war, hatte schon in einer Einsprechung vom 28. August 1923 erfahren dürfen, dass Pater Pio in besonderer Weise die Berufung zur Sühne habe. Sie berichtet: »Jesus sprach von vielen gottgeweihten Seelen, die durch Sünden gegen die Reinheit seine Geißelung erneuerten, wenn sie auch ihre Sünde gegen die Reinheit unter der weißen Weste der Guten und Keuschen verbergen.« Die innere Stimme gab ihr zu verstehen: »Ich habe deinem Vater den Auftrag zur Sühne gegeben … du darfst dich also nicht wundern, wenn die Feinde den Pater und auch euch als unrein verleumden, es ist die Sünde gegen die Unreinheit anderer, die ihr wiedergutmachen müsst. Und wenn dein geistlicher Vater schrecklich leidet, dann ist es deswegen, weil die Wiedergutmachung schmerzlich und die Sünde enorm ist.« Es wurde ihr bestätigt, dass Pater Pio eine »Opferseele« ist, »die dem Herrn wohlgefällt«.[16]

Am 17. Mai 1926 machte Lucia Fiorentino folgende Eintragung in ihr Heft: »Ich betete für meinen geistlichen Vater, der so von seinen Feinden und falschen Freunden aufs Korn genommen wird. Da sagte Jesus im Befehlston zu mir: ›Höre, meine Tochter, ich bin sehr traurig über all das, was geschieht, ich habe diesen Sohn auf die Erde geschickt … ich lasse ihn wirken zum Staunen aller, um die Seelen an mich zu ziehen. Sein Auftrag an einige scheint schwierig, seine Werke sind ein Geheimnis … Deswegen wird er viel verfolgt und als Zielscheibe genommen. Ich bin darüber betrübt, und besonders die Priester tun in der Person des Paters nichts anderes als meine Kreuzigung zu erneuern. Ich werde meinen treuen Knecht aus den Krallen dieser wilden Tiere ziehen.‹«[17]

Ich würde diese Einsprechungen seiner geistlichen Tochter nicht erwähnen, wenn Pater Pio es nicht selbst gewesen wäre, der sie aufgefordert hätte, diese »Zwiegespräche mit Gott« niederzuschreiben.

Er selbst durfte in diesen Jahren der inneren und äußeren Finsternis auch manchen Trost durch diese innere Stimme erfahren. So hält er am 21. Juli 1929 in seinem Mini-Tagebuch ein substanzielles Wort fest, das ihn innerlich aufleben ließ:

»Nach 15 langen Tagen schmerzhaften Leidens habe ich heute Morgen nach der hl. Messe während der Danksagung für einen kurzen Augenblick im tiefsten Innern die Stimme Jesu gehört, die mir sagte: ›Beruhige dich, bewege dich nicht hin und her, ich bin mit dir! …‹

Ich fühlte mich zum Leben zurückkehren, zum Leben, das mir durch das lange Martyrium, das ich in den 14 Tagen vorher durchlitten hatte, zerstört worden war. Alles schien mir zerstört worden: Alles in mir war unter die Presse gelegt worden, alles hatte mir Ekel bereitet, durch alles hatte ich mich gereizt gefühlt … Ich hatte mich an Jesus gewandt, aber wer hatte geantwortet? Das Nichts, das vollkommene Nichts. Ich hatte in der Tiefe der Seele ein Echo gehört, das mir zu sagen schien: ›Du bist verloren auf immer; denk daran, dich für immer vernichten zu lassen durch diese Hölle, aus der du niemals mehr herauskommen wirst. Verfluche alles, weil alles für immer gegen dich ist und sein wird.‹«

Dieses substanzielle Wort Jesu, das zugleich bewirkte, was es besagte, war gesprochen, wie Pater Pio erklärt, »in einem so süßen, durchdringenden und autoritativen Ton«. Es erweckte in ihm neue Hoffnung und verbannte die Verzweiflung. Daraus kann man sehen, wie Gott seine vollendeten Opferseelen oft bis zum Äußersten belastet. Doch der Gottessegen, der aus ihrem

Opfer quillt, ist demgemäß groß. Durch solche Liebenden und Leidenden stützt Gott oft die Kirche einer ganzen Epoche.

Besonders waren es die Frauen

Es waren besonders Frauen, die eine unkluge Werbung für Pater Pio machten. Dabei verhielten sie sich, als ob sie von ihm beauftragt wären. Das erzeugte bei den ernsten Männern Verdruss und manche Belästigung der Kapuziner. Am meisten aber litt Pater Pio selbst darunter.

Das war auch der Grund, weswegen er eines Tags zur Feder griff und an seinen Erzbischof, Msgr. Andrea Cesarano, folgenden Brief schrieb: »Aus dem tiefen Schweigen meiner kleinen Zelle höre ich seit geraumer Zeit das Echo unheilvoller Stimmen, die um meine arme Person kreisen. Alles ist falsch … Ich habe mit alldem, was man in Bezug auf mich gesagt hat und sagt, schreibt, behauptet und druckt, nichts zu tun. Ich muss sogar hinzufügen, dass ich sehr angeekelt bin von dem unwürdigen Verhalten einiger falscher Propheten, wenn sie sich auch zu mir bekennen, denn viele und viele Male habe ich sie durch meine Mitbrüder und fromme und auch angesehene Personen wissen lassen, dass alles, was sie tun und sagen, eine Wunde ist, die mir das Herz noch mehr zerreißt, die die Wahrheit verrät. Inzwischen aber haben sie in ihrem krankhaften Fanatismus weitergemacht, indem sie sich um die höchsten kirchlichen Autoritäten nicht kümmerten … Ich bin auch so weit gekommen, dass ich warne … gerade um ihren falschen Enthusiasmus zu stoppen und sie zur Einhaltung dessen, was das Heilige Offizium verfügt hat, zu ermahnen.«

Er verheißt, dass diese »dunklen und düsteren Schatten, die verschwinden, meine arme Person einhüllen und auf meiner armen Mutterprovinz, die selbst so viel leidet und schweigt seit vielen Jahren, und auf dem frommen Volk von San Giovanni Rotondo lasten«.[18]

Auch seine Mitbrüder versuchten, ihn in diesen Tagen der Prüfung durch ihr menschliches und christliches Mitfühlen und Mittragen zu stützen. Als der Kapuzinergeneral Giuseppe Antonio da San Giovanni in Persiceto das Drängen der höchsten römischen Behörden betreffs der Versetzung Pater Pios sah, wandte er sich in dieser für alle so schwierigen Situation an den Hauptakteur des Dramas, an Pater Pio selbst: »… Euch sind die großen Schwierigkeiten, die der Ausführung dessen, was Euch kundgetan worden ist, entgegenstehen, bekannt. Helft mit, diese Schwierigkeiten zu überwinden. Betet viel, dass nichts von dem eintrete, was manche fürchten. Es handelt sich darum, den heiligsten Willen Gottes zu erfüllen.«[19]

Ein anderer Ordensgeneral, Pater Vigilio da Valstagna, visitierte sogar das Kloster in San Giovanni Rotondo. Er unterhielt sich lange mit Pater Pio. Dieser kam aus der Audienz bei seinem Vorgesetzten »still, heiter und ruhig wie ein Kind« heraus. Beim Mittagessen gab der hohe Gast ihm sogar seine Nachspeise zum Geschenk.[20]

Außer den Mitbrüdern seines Klosters und seiner Provinz waren es vor allem die Kapuzinerbischöfe Italiens, die sich für Pater Pio einsetzten. So der Bischof von Treviso, Andrea Giacinto Longhin. Als Bischof hatte er reiche Erfahrung in der Verteidigung von verleumdeten Priestern. Was er vorschlug, führte ein anderer Kapuzinerbischof aus: Cornelio Sebastiano Cuccarollo, seit 1923 Bischof von Bovino. Als sich am 3. Mai 1925 einige Kapuzinerbischöfe in Fossombrone trafen, um den 300-jährigen Todestag des seligen Kapuziners Benedikt von Urbino zu feiern, schlug Bischof Longhin vor, doch in Erfahrung zu bringen, was insbesondere über die künstliche Hervorrufung der Stigmata Pater Pios gesagt werde. Mit dieser Aufgabe betraute er Bischof Cuccarollo von Bovino, das nicht weit von Manfredonia und San Giovanni Rotondo entfernt liegt. Dieser war nämlich schon sein Schüler in der philosophisch-theologischen Ausbildung. Cuccarollo verfasste nun eine Dokumentation und brachte sie zur Kenntnis der höchsten kirchlichen Autorität. Dem ist es zu verdanken, dass Pius XI. doch nachdenklich wurde. Er erkannte die Unbegründetheit und Falschheit der gegenüber dem Stigmatisierten vom Gargano erhobenen Anklagen. Die Folge war, dass er zu gegebener Zeit bestimmte Dekrete des Heiligen Offiziums aufhob und Pater Pio seine priesterliche Wirksamkeit am Altar und im Beichtstuhl wiedergab.

Bischof Cuccarollo war es auch, zu dem Pius XI. später in öffentlicher Audienz sagte: »Seid ihr zufrieden, ihr Kapuziner, nun ist Pater Pio rehabilitiert, et ultra, und darüber hinaus.«[21]

Auch Luca Ermenegildo Pasetti, ein dritter Kapuzinerbischof aus Venetien wie die beiden anderen, seit 1921 Bischof von Gera, trug das Seine bei. 1933 war er zusammen mit Msgr. Felice Bevilaqua vom Papst nach San Giovanni Rotondo gesandt worden. Am 14. März trafen sie dort mit Pater Pio zusammen. Als ihn der dortige Obere nach seinem Urteil fragte, war der Bischof voll des Lobes über die Demut, die Gelehrigkeit und die ganze Haltung Pater Pios. Dieser hatte in ihm den Mann des Gebets, ja den Gottesmann schlechthin erkannt. Auch sein Bericht nach Rom trug viel bei zu einem Wandel in der Beurteilung Pater Pios.[22]

Als weiterer Verteidiger der Wahrheit trat Don Luigi Orione, der Apostel der Nächstenliebe, auf. Seit Juni 1925 trat er offen für Pater Pio ein, kannte er diesen doch aus mancher Begegnung per Bilokation. So sehr er für absolute Diskretion und blinde Unterwerfung unter die Kirche war, sammelte auch er eine unwiderlegliche Dokumentation und machte sie kirchlichen Persönlichkeiten zugängig. Dann wartete er auf die Stunde der Wahrheit.

Laien traten auf ihre Weise für Pater Pio ein. Manchmal griffen sie zu Mitteln, die die ganze Situation noch anheizten und schlimmer machten. Der Dritte Orden von San Giovanni Rotondo ließ es sich nicht nehmen, um die Rehabilitierung Pater Pios zu bitten. In einem Brief vom 12. Dezember 1931 wandte sich sein Vorsteher an Kardinal Donato Sbaretti, den Sekretär des Heiligen Offiziums: »... Mit dem Herzen auf den Lippen« bat er um die Gnade, dass Pater Pio bald wieder seine hl. Messe in der

Öffentlichkeit feiern und den Gläubigen mit Rat und Tat zur Seite stehen dürfe. Sie würden das »mit fieberhafter Sehnsucht« erwarten.

So klärte sich allmählich der dunkle, gewitterschwangere Horizont von San Giovanni Rotondo wieder auf. Am 20. Dezember 1931 hielt der neue Erzbischof, Andrea Cesarano, seinen Einzug in Manfredonia. Am 24. Juni 1933 besuchte dieser zum ersten Mal die Kapuziner und unterhielt sich mit Pater Pio.

Nicht ganz einen Monat später, am 16. Juli 1933, durfte Pater Pio an den Altar der Kirche zurückkehren und die Gläubigen wieder um seinen Opferaltar scharen. Sein Provinzial, Pater Bernardo, war dazu eigens nach San Giovanni Rotondo gekommen und hatte diese freudige Nachricht am Vorabend während des Abendessens im Refektorium des Klosters bekannt gegeben. Daraufhin ging Pater Pio auf den Provinzial zu und küsste ihm die Hand. In der Person seines Oberen wollte er von Herzen zugleich auch dem Heiligen Vater für die empfangene Gnade danken.[23]

Derselbe Provinzial, der Pater Pio zu seiner Rehabilitierung gratulierte, hörte aber nicht auf, die äußere Ordnung um den Mystiker und Gottesmann durch strenge Anweisungen zu sichern. Er gab Anordnungen für ein geordnetes Beichten, denn die Vornotierungen waren um diese Zeit noch nicht eingeführt, verlangte Stillschweigen und rechte Ordnung in der Kirche und in der Sakristei. Um Eifersüchteleien und Bevorzugungen zu vermeiden, schaffte er die Privilegien und ersten Plätze mancher frommer Frauen und ganzer Gruppen ab. Sie waren für Pater Pio ja überdies ein Kreuz.

Um die Frömmigkeit in richtigen Grenzen zu halten und alle materiellen Interessen auszuschließen, verbot er in einer Anweisung vom 29. August 1936 den Weltleuten, die Zelle Pater Pios aus irgendeinem Motiv zu betreten. Seinen eigenen Mitbrüdern in San Giovanni Rotondo rückte er noch stärker zu Leibe: Dem Hausoberen befahl er, die Tücher, die Pater Pio benutzte, um das Blut der Wunden zu trocknen, hinter Schloss und Riegel aufzubewahren, und er lud Pater Pio ein, diese gebrauchten Tüchlein in einem Fach seiner kleinen Kommode zu hinterlegen. Ja, er drohte den dortigen Patres mit *suspensio a divinis* (»Enthebung vom priesterlichen Dienst am Altar und im Beichtstuhl«) und den Laienbrüdern mit Ausschluss von der hl. Kommunion, wenn sie diese oder sonst einen von Pater Pio benutzten Gegenstand an andere weitervermittelten.

Trotzdem freuten sich alle: Obere und Mitbrüder, das Volk von San Giovanni Rotondo, Pater Pio wieder in ihrer Mitte zu haben. Persönlichkeiten in Staat, Verwaltung und Kirche schickten zu diesem Anlass Telegramme und Glückwunschschreiben. Die Gläubigen strömten wieder zur kleinen Kapuzinerkirche, die Zahl der Beichten und Kommunionen nahm von Jahr zu Jahr zu. Pater Pio war zur Freude vieler wieder auf den Leuchter gestellt, damit er Licht verbreite in der Stadt Gottes, damit er den Sündern die Früchte der Erlösung anbiete und den Menschen guten Willens den engen und steilen Weg zur Heiligkeit und Christusähnlichkeit zeige. Es erfüllte sich, was Lucia Fiorentino in ihrer Vision vom mächtigen, Schatten spendenden Baum vorausgesehen hatte.

Pater Pio war noch gar nicht in San Giovanni Rotondo, als sie in einer Schauung im Kreuzgarten des Kapuzinerklösterchens einen übermächtigen Baum gesehen hatte. Es wurde ihr damals auch zugleich eine Deutung des Bildes gegeben. Dieser Baum, so wurde ihr gesagt, ist ein Sinnbild für eine Priesterseele, die jetzt zwar noch in der Ferne lebe, die aber hierherkommen werde. Sie werde viel Gutes wirken in dieser Stadt … Sie werde stark und fest verwurzelt sein wie dieser Baum, und alle, die von nah und fern sich in den Schatten dieses Baumes flüchteten, würden frei vom Übel … Wenn sie demütig zu diesem Priester kämen, würden sie Rat und Früchte des ewigen Lebens erhalten. Seine Sendung werde sich auf die ganze Welt erstrecken, und viele würden sich in den Schatten dieses mystischen Baumes flüchten, um Früchte der Gnade und Verzeihung zu erlangen. Wer dagegen diesen Baum verachte und verlache, dem drohte Jesus mit Züchtigungen.

Auch Letzteres ist zu Lebzeiten Pater Pios und nach seinem Tod in drastischer Weise wahr geworden.[24]

Einige, die der Sturm mitnahm

Nicht alle bestanden dieses schreckliche Jahrzehnt so gut wie der Hauptakteur des Dramas, Pater Pio. Kein Sturm der Verfolgung und Zurechtweisung konnte diesen übermächtigen Baum entwurzeln. Wohl wurde auch er tüchtig geschüttelt und gerüttelt, er spürte die Leiden, die ihn seelisch zu zermalmen drohten. Doch sein Haus war nicht auf Sand, sondern auf Fels gebaut. Gott, der Herr, war ihm Fels und Burg.

Freilich holte sich der Sturm auch seine Opfer. Eines der ersten war Pater Benedetto, dem man im Juni 1922 die Seelenführung Pater Pios entzog. Das Heilige Offizium verlangte von ihm, seine Chronik über Pater Pio Rom zu überlassen und auf jeden mündlichen und schriftlichen Kontakt mit Pater Pio zu verzichten. Siebzigjährig starb er 1942, ohne seinen geistlichen Sohn in diesen zwanzig Jahren nochmals gesehen zu haben.

Pater Agostino, der die Seelenführung fortsetzen durfte, deutet in seinem *Diario* (»Tagebuch«) den mutmaßlichen Grund an, warum man Pater Benedetto als Seelenführer abgesetzt hatte. Dieser hatte ein Büchlein herausgegeben mit dem Titel: *Ai desolati di spirito,* »Den Betrübten im Geiste – Briefe« (Roma 1920). Man hatte den Verdacht, dass darin Briefe an Pater Pio veröffentlicht worden seien, um Werbung für diesen zu machen. »Ich könnte schwören«, sagt Pater Agostino, »dass kein einziger von den an Pater Pio gerichteten oder von ihm empfangenen Briefen dabei war, wenn auch einige den Seelenzustand Pater Pios widerspiegelten.«[25] Mit Achtung und Verehrung dachte Pater Pio sein Leben lang an diesen Mann, der ihm von 1910 bis 1922 Vater und Seelenführer gewesen war.

Das zweite Opfer war der Provinzial, Pater Pietro da Ischitella. Er starb am 23. Februar 1923 an einem Herzanfall. Fünf Jahre lang hatte er die Kapuzinerprovinz von Foggia geleitet, gerade in jenen Jahren, die viel Verdruss wegen der Sache Pater Pios brachten. Sein Heimgang setzte Pater Pio schwer zu: »Sein Tod hat meine ganze Seele in heftigen Schmerz geworfen.«[26]

Nicht ganz zwei Monate später musste der Provinzvikar, Pater Luigi d'Avellino, am 15. April 1924 Apulien verlassen. Pater Pio schrieb ihm zwei Briefe, um ihm zu versichern, dass er mit ihm leide: »Mein Bruder, wir sind mit Dir und leiden mit Dir, wir weinen mit Dir und der Gedanke an Deine Unschuld tröstet uns und macht uns noch kühner, das göttliche Herz zu beschwören, es möge das Kreuz, das Dich als Haupt und uns als Untergebene so sehr drückt, wegnehmen. Mut also und sich nicht fürchten!«[27]

Auch andere Mitbrüder mussten damals den Konvent von San Giovanni Rotondo verlassen. Sie selbst und auch Pater Pio litten sehr darunter.

Das vornehmste unter all diesen Opfern war vielleicht Lucia Fiorentino. Mit starker und sicherer Hand hatte Pater Pio sie auf dem Weg eines stillen und verborgenen Opferlebens mitten in der Welt geführt. Als sie dann auf den Höhen des mystischen Kalvarienbergs angelangt war, ermunterte sie der Herr, sich ihm als Opfer für die Priester und gottgeweihten Seelen darzubringen. Sie unterstützte Pater Pio nicht bloß in seinem beginnenden weltweiten Apostolat, sie bot zum Ende dieses schrecklichen Jahrzehnts auch Gott ihr Leben an, damit ihr Seelenführer wieder ungehindert priesterlich wirken könne. Gott nahm ihr Lebensopfer an. Sie starb am 16. Februar 1934. Am 25. März 1934 durfte Pater Pio wieder in den Beichtstuhl für die Männer zurückkehren, am 12. Mai desselben Jahres bekam er die Beichterlaubnis *utriusque sexus* – »für Männer und Frauen« zurück.

XIV.
TROST DER LEIDENDEN

Im dritten Heft seines *Diario* macht Pater Agostino immer wieder auch Notizen über den Gesundheitszustand seines geistlichen Sohnes. Pater Pio verfügte seit den Tagen seines Ordenslebens eigentlich nie über eine vitale Gesundheit, er war immer auch irgendwie körperlich leidend.

Die Erfahrung der Heiligen ist: je mehr Kreuz, das in Liebe und Ergebenheit angenommen wird, desto mehr Nähe zum Gekreuzigten, desto mehr Entfaltung des mystischen Grundthemas von Lieben und Leiden. Bei Pater Pio klingt diese Grundmelodie besonders mächtig auf. Er ersehnt das Leid, das Mitleiden mit Jesus, um seinem göttlichen Geliebten die Lauterkeit seines Liebens zeigen zu können und um den Brüdern und Schwestern in Christus Hilfe und Trost zu bringen. Die Leiden werden bei ihm bis zum Lebensende nie ausgehen: die seelischen Leiden, die Leiden durch Menschen der Umgebung, Leiden durch Verkennung und Verleumdungen. Aber auch die körperlichen Leiden sind zahlreich und mehren sich mit den Jahren.

Außer den wiederholten Hinweisen auf seine schmale Kost und auf die wenigen Stunden Schlaf, die er des Nachts zusammenbrachte, auf die anstrengende und entnervende Arbeit im Beichtstuhl stellt Pater Fernando da Riese Pio X die Eintragungen Pater Agostinos über den Gesundheitszustand von Pater Pio in den Jahren 1937–1961 zusammen:

27. Januar 1937: Erkältung und Husten lassen ihn nachts keine Ruhe finden.[1]

26. Februar 1938: Er hat einen so starken Husten, dass dieser die Lungen zerreißen möchte.[2]

In der ersten Hälfte des Monats August 1944 fühlt sich Pater Pio schwindelig.[3]

Ende 1945, vom 25. bis 27. Dezember, erleidet er eine Nierenkolik und Gichtschmerzen.[4]

Im März 1946 muss er für vier Tage das Bett hüten »mit einer schrecklichen Nierenkolik«.[5]

Vom 12. bis 14. Mai 1946 musste er wieder zu Bett wegen heftiger Schmerzen am ganzen Körper.[6]

Vom 6. bis 9. August 1946 kann er den rechten Arm nicht mehr heben vor lauter Rheumaschmerzen.[7]

Vom 12. bis 23. August 1947 wieder eine Nierenkolik, die ihn »unsagbar« leiden lässt.[8]

Am 29. des Monats kommt noch eine Infektion an der Nase dazu, die ihn mit schrecklichen Schmerzen am ganzen Kopf beschenkt.[9]

Vom 7. bis 11. Juni 1948: Schmerzen am ganzen Körper.[10]

Vom 10. bis 14. Oktober 1948 leidet er an einer Darmentzündung, »viel, aber mit Ergebung und Freude«.[11]

Im Dezember 1948 muss der Pater drei Tage das Bett hüten, während »die Ärzte nichts von seinen Übeln begreifen«.[12]

Im Januar 1949 muss er wieder zu Bett mit Schmerzen »am ganzen Körper«.[13]

Vom 6. bis 7. November 1949 hat er eine starke Luftröhrenentzündung.[14]

Vom 7. bis 8. April 1950, am Karfreitag und Karsamstag: heftige Schmerzen besonders am rechten Arm »zwingen ihn zu Bett«.[15]

Ende Juli 1951: wieder eine Nierenkolik mit heftigen Schmerzen. Es kommt so weit, dass er um die Sterbesakramente bittet, so sehr scheint es, dass sein letztes Stündlein geschlagen hat.[16]

Im Oktober 1954 fürchtet er, sein Gehör zu verlieren. Im November desselben Jahres sieht man augenscheinlich, »wie es physisch mit ihm abwärts geht … Sein allgemeiner körperlicher

Zustand ist ein wenig alarmierend wegen einer allgemeinen Mattigkeit.[17]

Vom 22. bis 26. August 1958 leidet er an Nierensteinen.

Im November desselben Jahres leidet er an einer »schmerzhaften Ohrenentzündung«.[18]

Im April 1959 fühlt er sich körperlich schwach. Die Ärzte diagnostizieren Bronchien- und Lungenentzündung und nach einigen Tagen stellen sie eine Brustfellentzündung fest, die ihn zu vollkommener Ruhe zwingt. Vom 5. Mai an kann er weder zelebrieren noch in den Beichtstuhl gehen. In seiner Zelle folgt er durch eine Übertragungsanlage den Funktionen in der Kirche. Über das Mikrofon entbietet er den Gläubigen einen »Guten Tag und Nachtgruß«, der von einigen geistlichen Ermunterungen und Segenswünschen begleitet ist. Diese hat man später vom Tonband abgenommen und veröffentlicht unter dem Titel: »Padre Pio spricht zu euch und segnet euch«.

Von dieser Krankheit wurde er, wie er selbst erklärt, wunderbar geheilt durch die Fatima-Muttergottes, deren Statue man am 5. August 1959 mit dem Hubschrauber nach San Giovanni Rotondo gebracht hatte. Am 10. August konnte er wieder in die Kirche hinuntersteigen, am 21. des Monats wieder in den Beichtstuhl gehen.

Was darüber ist, ist Mühe und Schmerz

Im letzten Lebensjahrzehnt erlebte und erlitt Pater Pio das Psalmwort: »Unser Leben währt siebzig Jahre, und wenn es hoch kommt, sind es achtzig. Das Beste daran ist nur Mühsal und Beschwer« (Ps 90,10). Er erfährt die Gebrechlichkeit des Alters sehr intensiv. Sein Organismus ist geschwächt und verbraucht, die körperlichen Leiden mehren sich, sein Kreuzweg der inneren Leiden wird durch diese äußerste Schwäche und Müdigkeit noch schwerer.

Von 1960 bis 1964 hatte er Pater Rosario d'Aliminusa zum Oberen. Dieser beschreibt seinen Gesundheitszustand in diesen Jahren: »Er schien immer an der letzten Kraft angekommen und war in einer dauernden Erwartung des Todes.« Wünschte er ihm eine gute Nacht, dann erwiderte Pater Pio oft: »Empfehlen Sie mich dem Herrn, weil ich nicht weiß, ob ich den Morgen erreiche.« – »Er hatte keine Angst vor dem Sterben, aber er fühlte den Tod an seiner Seite, bereit, von einem Augenblick zum anderen zu sterben. Seine Mattigkeit erreichte ihren Höhepunkt gegen Sonnenuntergang.«

Er pflegte zu sagen, »dass ihn die Kraft mit der Sonne verlasse«. Dann war er nicht mehr der geringsten physischen Anstrengung fähig. Manchmal musste sich Pater Pio von jemandem, mit dem er gerade sprach, verabschieden. Er entschuldigte sich deswegen: »Ich muss gehen, weil ich mich nicht mehr aufrecht halten kann.«[19] Am Abend des Karfreitags 1963 brach er in Tränen aus: »Ostern werde ich nicht mehr erleben, ich kann nicht mehr … Ich fühle mich von allen Seiten mit Hammerschlägen getroffen. Mein Leben ist ein einziges Feuer.«[20]

Am 13. August 1965 seufzte er auf: »Ich fühle mich so übel!« Er wollte damit andeuten, dass er sich zurückziehen müsse. Als er sich am 20. August nach der hl. Messe wieder so übel fühlte, rieten ihm seine Mitbrüder, für dieses Mal auf den Beichtstuhl zu verzichten. Er aber stellte nur die kurze Gegenfrage: »Und die Pflicht?« Am 3. September 1965 war es ebenso. Da sagte er: »Man muss arbeiten … Der Beichtstuhl ist zuerst eine Arbeit und wenn man sich nicht dazu fühlt, ist er ein Opfer.«[21]

Wenn er ging, schleppte er sich oft nur so dahin, es war wirklich ein Jammer, ihn die Treppen emporsteigen zu sehen.[22] Es war der Gang eines Menschen mit wunden Füßen, eines mit körperlicher Krankheit geschlagenen Mannes, eines müden und körperlich matten Achtzigjährigen. Um ihm die Anstrengung des Gehens zu ersparen, setzte man ihn im März 1968 in einen Rollstuhl und fuhr ihn so in die Sakristei und vor allem zum Beichtstuhl. Auf diese Weise konnte er sein Apostolat am Altar und auf dem Richterstuhl der göttlichen Barmherzigkeit fortsetzen bis zu jener Nacht, da ihn Bruder Tod zu sich rief.

Pater Pio war wirklich ein Mann der Schmerzen, mit Leiden und Krankheit wohlvertraut. Im Beichtstuhl umbrandete den Pater nicht bloß die menschliche Sündennot, im Bußgericht erfuhr er auch viel von den Folgen der Sünde. Eine Flut von Krankheiten und körperlichen Leiden wurde ihm zugetragen, sei es durch persönliche Aussprache, sei es durch die vielen Tausend Bittschriften, die diese menschliche Not vor ihm ausbreiteten und ihn um Trost und Hilfe baten.

Ich suchte einen, der mich tröstet

Im Brief vom 26. März 1914 berichtet er seinem Seelenführer, Pater Benedetto, von ekstatischen Liebesgnaden, die sein Herz loslösen und in ihm eine Freiheit des Geistes begründen. Aber nicht nur die Freiheit der Kinder Gottes wird ihm geschenkt aufgrund seiner innigsten Gottvereinigung, auch große Gnaden des Mitleidens mit der Not anderer gießt Gott gleichzeitig in sein Herz. Lassen wir ihn selbst davon berichten:

»Es scheint mir, als habe Gott in den Grund dieser Seele viele Gnaden gegossen, was das Mitleiden mit anderen Menschen betrifft, besonders bezüglich der bedürftigen Armen. Das äußerst große Mitleid, das die Seele beim Anblick eines Armen empfindet, lässt ihr im eigenen Grund ein äußerst heftiges Verlangen erstehen, ihm zu Hilfe zu kommen. Wenn ich auf meinen Willen ginge, würde er mich drängen, sogar die Kleider auszuziehen, um ihn zu bekleiden. Wenn ich dann weiß, dass jemand betrübt ist, sei es seelisch oder leiblich, was würde ich nicht beim Herrn tun, um ihn von seinen Übeln befreit zu sehen? Gern würde ich mir all seine Leiden zuziehen, um ihn davon frei zu sehen und ihm auch die Früchte solcher Leiden abtreten, wenn es der Herr erlaubte.

Ich sehe sehr gut, dass dies ein einzigartiger Gunsterweis Gottes ist, denn wenn ich auch früher durch die Barmherzigkeit Gottes es nie unterließ, die Bedürftigen zu unterstützen, hatte ich dabei nur wenig oder kein Mitleid mit ihrem Elend …

Früher schien es mir manchmal, als ob ich der Hilfe anderer bedürfte, jetzt nicht mehr. Ich weiß aus eigener Erfahrung, dass das wahre Heilmittel, um nicht zu fallen, darin besteht, sich auf das Kreuz Jesu zu stützen mit dem Vertrauen auf ihn allein, der für unsere Rettung dort angeheftet sein wollte.«[23]

Solch große und erhabene Gnaden des Mitleidens sind es wohl, die die Mystiker befähigen und drängen, Gott zu bitten, er möge ihnen doch das Leid des Bruders auferlegen, damit dieser davon frei werde, er möge sie die Krankheit des Mitmenschen erleiden lassen und diesen frei machen von seinen körperlichen Übeln oder seine Krankheit wenigstens erträglich machen. Von Pater Pio wird wirklich auch berichtet, dass er sich Gott angeboten habe, um die Leiden anderer am eigenen Leib zu erleiden. Freilich allen konnte Pater Pio ihr körperliches Leid nicht abnehmen, weder durch die Gabe der Krankenheilung, die er besaß, noch durch persönliche Stellvertretung. So sann er nach einem Weg, das vielfache menschliche Leid zu lindern, aber auch fruchtbar zu machen für den Einzelnen, der leidet, und für die Kirche, ja für die ganze Menschheit.

Das Leiden als Kapital

Es gibt so viel Leid auf der Welt, körperliches Leid, seelisches Leid, Leid, das die Menschen einander antun, die einzelnen und ganze Völker und Volksgruppen, aber dieses Leid gleicht dem toten Kapital. Brach und nutzlos ist es trotz seiner Riesenfülle, wenn es nicht durch Liebe, Geduld und Ergebung, ja Leidensbereitschaft und Leidensfreude mit in den übernatürlichen Kreislauf hineingenommen wird. Die einzige Münze, mit der im Reich Christi, des Gekreuzigten, bezahlt wird, ist eben die Liebe. Lieben und Leiden aber gehören innig zusammen, sie sind gleichsam die beiden Seiten derselben Münze. Die Liebe drängt zum Leiden für den Geliebten, das Leiden aber, das mit dem göttlichen Geliebten und für ihn durchlitten wird, steigert und vermehrt die Liebe. Um uns zur reinen, lauteren, selbstlosen Liebe zu erziehen, schenkt Gott uns eine umfassende Leidenserziehung. Auch die selbst verschuldeten Leiden finden in dieser

Leidenserziehung, die von Gott gewollt ist, ihren Platz. Es gilt, im Leiden die Hand Gottes zu erkennen und zu ergreifen.

Am Leidensmaß Jesu mangelt nichts: Die Erlösung ist überreich. Doch die Liebe des Erlösers hat es gewollt, dass auch die Erlösten an diesem umfassenden Werk mitarbeiten dürften. Sie dürfen und müssen das Leidensmaß Christi durch ihr williges Mitleiden mit dem Herrn und Erlöser ergänzen.

Ein Vorentwurf

Seine eigenen Erfahrungen mit der Krankheit in Pietrelcina und im Militärhospital von der Heiligen Dreifaltigkeit in Neapel vor Augen, versuchte Pater Pio schon seit 1922 die armselige Situation des Städtchens am Gargano zu verbessern. Im ehemaligen Klarissenkloster in der Via Pirgiano ließ er das zivile Hospital vom hl. Franziskus einrichten. Es hatte zwei kleine Krankensäle, zwei reservierte Zimmerchen, alles in allem zwanzig Krankenbetten und genügend sanitäre Anlagen. Eine Gedenktafel im Atrium des Hauses erinnerte daran, dass es ein Haus war, das Pater Pio gewollt, vielmehr ihm vom frommen Drängen der Gläubigen, die ihm ihre Liebesgaben anvertrauten, auferlegt worden war.

Ein Freund Pater Pios, der Arzt Angelo Merla, leitete dieses kleine Krankenhaus. Zweimal pro Woche kam von Foggia auch der Chirurg Bucci, Chefarzt der vereinigten Krankenhäuser der Stadt, um die schwierigeren Eingriffe zu vorzunehmen. Doch war dem Haus keine lange Lebensdauer beschieden. Nach dreizehn Jahren wurde es 1938 durch ein Erdbeben schwer beschädigt und verfiel allmählich ganz. Freilich war die aufgewandte Mühe nicht umsonst gewesen. Das Haus war so etwas wie ein Vorentwurf, ein Studienobjekt für ein Krankenhaus mit den endgültigen Dimensionen, ein kleiner Anfang, der nach dem vollkommenen Werk verlangte.

Das »Haus zur Linderung des Leidens«

Der lang gehegte Traum, ein großes, modernes Krankenhaus zu errichten, sollte Wirklichkeit werden. Der Glaube und die Liebe des Gottesmannes sollten das menschlich Unmögliche zur Verwirklichung bringen. Der gewaltige Bau sollte erstehen an einem kahlen Berghang, 730 m über dem Meeresspiegel. Eine Unzahl technischer Schwierigkeiten musste zuerst überwunden werden. Da die Landschaft am Gargano um diese Zeit keineswegs verkehrstechnisch erschlossen war – der nächste Bahnhof war Foggia, 40 Kilometer von San Giovanni Rotondo entfernt –, galt es Werkstätten zu gründen und das Baumaterial selbst herzustellen. Es mussten Maschinen und ein Brennofen zum Brennen des Kalks beschafft werden. Zementplatten und Ziegel, Naturstein und künstlicher Marmor wurden gebraucht. Für Wasser und Elektrizität musste gesorgt werden.

Doch wäre es ein ganzer Roman, wollte man alles bis in die Einzelheiten festhalten, was die Errichtung der großen und schönen Klinik betrifft.

Es war an einem Winterabend. Pater Pio hatte drei seiner geistlichen Söhne in seine einfache Zelle eingeladen, um sie für sein Vorhaben zu gewinnen und zu begeistern. Alle drei waren Akademiker. Sie hatten ihre Heimat verlassen und waren in San Giovanni Rotondo sesshaft geworden. Sie wollten in der Nähe ihres geistlichen Vaters sein und sein Leben teilen. Dies war der Apotheker Carlo Kiswarday, gebürtig aus Zara in Istrien. Dieser sollte die finanzielle Verwaltung des Hauses übernehmen. Der zweite im Bunde war der Arzt Guglielmo Sanguinetti aus Parma. Er sollte Direktor und Seele des ganzen Werkes werden. Der dritte war der Diplomlandwirt Mario Sanvico aus Perugia.

Wahrlich, Pater Pio hatte ein besonderes Geschick in der Auswahl seiner engsten Mitarbeiter für das große Werk der Nächstenliebe. Auf dieses Triumvirat der ersten Pioniere konnte er sich stützen. Sie teilten seine Ideale und gingen für ihn durch dick und dünn.

Das moderne Krankenhaus sollte viele Millionen kosten. Aber auch für diese sorgte die göttliche Vorsehung. An jenem Abend des 9. Januar 1940 zog Pater Pio ein Goldstück von 10 Franken aus der Tasche seines Habits, das ihm eine alte Frau geschenkt hatte, damit er damit etwas Gutes tue. »Ich möchte der Erste sein, der dem Krankenhaus eine Schenkung macht«, meinte er in allem Ernst und erklärte: »Von diesem Abend an nimmt mein großes irdisches Werk seinen Anfang.«

Die kleine Goldmünze hätte nichts bedeutet. Aber mit dieser symbolischen Schenkung brachte Pater Pio zugleich seinen lebendigen Glauben an die göttliche Vorsehung in sein Werk ein. Sie war es ja, die ihn zu diesem Werk gedrängt hatte. Sie flößte ihm auch ein grenzenloses Vertrauen auf die hilfsbereite Liebe der Menschen guten Willens ein.

Und Pater Pio täuschte sich nicht. Bald kamen kleinere und größere Spenden. Freunde im Ausland schickten Unterstützung. Als der Zweite Weltkrieg sich näherte, riet Pater Pio seinen Freunden, das gesammelte Geld in Grund und Boden anzulegen, um die schreckliche Geldentwertung zu überstehen.

Erst nach dem Krieg konnte man zielstrebig ans Werk gehen. Im Oktober 1946 gab man dem Bauvorhaben seinen offiziellen Namen »Haus zur Linderung des Leidens« und trug die Stiftung unter diesem Titel als e. V. in das Vereinsregister ein. Im Herbst kam die Mitarbeiterin von *The Economist*, Barbara Ward, von London nach San Giovanni Rotondo. Sie war eine Frau von religiöser Tiefe und praktischem Sinn. Als man sie mit den Plänen des neuen Krankenhauses bekannt machte, vermittelte sie, ohne dass man sie eigentlich darum gebeten hätte, durch ihren Verlobten 250 Millionen Lire UNRRA-Gelder. Italienische Großstädte stifteten sogenannte »ewige Betten«, 350 000 Lire pro Bett. Allmählich liefen Spenden aus aller Welt ein. Da fasste Pater Pio Mut und erweiterte sein Vorhaben. Ein großes, schönes, modernes Krankenhaus sollte entstehen, das nicht nur den Einheimischen, sondern den Kranken aus allen Erdteilen, aus allen Ständen und Berufen Aufnahme und Betreuung schenken konnte.

1947, zwei Jahre nach Kriegsende, konnte man endlich mit den Bauarbeiten beginnen. Nicht ganz ein Jahrzehnt später, im Jahre 1956, fand die feierliche Einweihung statt. Giacomo Kardinal Lercaro zelebrierte den Festgottesdienst. Vor 20 000 Pilgern, die zur Eröffnungszeremonie gekommen waren, und vor den höchsten Vertretern von Kirche und Staat sprach er von einem Werk Gottes. Bewegten Herzens dankte ihm Pater Pio.

»Eine Etappe des zurückzulegenden Weges ist gemacht. Wir halten den Schritt nicht an. Wir antworten besorgt auf den Anruf Gottes für die Sache des Guten, indem ein jeder seine Pflicht erfüllt: Ich im ununterbrochenen Gebet als unnützer Knecht des Herrn Jesus Christus, Ihr im innigen Verlangen, die ganze leidende Menschheit ans Herz zu drücken, um sie mit mir der Barmherzigkeit des himmlischen Vaters anheimzustellen; immer mit der von der Gnade erleuchteten Tätigkeit, mit der Freigebigkeit, mit der Beharrlichkeit im Guten, mit der Lauterkeit der Absicht. Vorwärts in der Demut des Geistes und das Herz nach oben erhoben!«

Das »Haus zur Linderung des Leidens« ist sicher eines der schönsten, modernsten und auch größten Krankenhäuser Europas. Seine Operationssäle und Laboratorien sind nach den neuesten Errungenschaften eingerichtet. Klar und imposant ist sein architektonischer Aufbau. Sein weißer Marmor leuchtet hinein in die Gargano-Landschaft. Wohlgepflegte Anlagen umsäumen das Haus. Aber auch das Innere mit seinen mit hellem und dunkelgrünem Marmor ausgelegten Gängen macht einen äußerst freundlichen Eindruck. Geschmackvoll sind die Nischen und Erholungsräume. Es gibt dort Klimaanlagen und Aufzüge, die von fotoelektrischen Zellen aus bedient werden. Harmonisch mit dem Krankenhaus verbunden sind die Verwaltungsgebäude, Ärztewohnungen und Schwesternheime.

Freilich, alles Große und Schöne kostet Opfer. Pater Pio musste gerade sein äußeres Werk mit vielen und großen Opfern befruchten. Nur er selbst hätte sagen können, wie viele Unannehmlichkeiten, Missverständnisse, Enttäuschungen und Sorgen er wegen dieses »Hauses zur Linderung des Leidens« hatte ausstehen müssen.

Pius XII. schickte ein Segenstelegramm zu den Festlichkeiten der Einweihung und Eröffnung. Die berühmtesten Herzspezialisten trafen sich zu einem Symposium in San Giovanni Rotondo. Alle waren tief beeindruckt von diesem Bauwerk, noch mehr aber von Pater Pio selbst. Vier Tage später hatten sie im Vatikan eine Audienz bei Pius XII. Dieser sagte vom Liebeswerk des Pater Pio: Es sei die Frucht höchster Intuitionen, eines lange gereiften und in der Berührung mit den verschiedensten und grausamsten Formen physischen und moralischen Leids der Menschheit verfeinerten Ideals.

Als Prof. White dann dem Papst erklärte, man brauche viele Pater Pios auf der Welt, seufzte der Pontifex: »Dass der Himmel es wollte. Pater Pio hat die Gabe der Heiligkeit.« Doch lächelnd fügte er hinzu: »Aber das zu sagen, steht Uns nicht zu, um ihn nicht zu Lebzeiten heiligzusprechen.«

Ein Tempel des Gebetes und der Wissenschaft

Am ersten Jahrestag der Einweihung des »Hauses zur Linderung des Leidens« feierte Pater Pio, umringt von 5 000 Pilgern und geistlichen Kindern, die hl. Messe unter dem von massiven Säulen getragenen Eingangsbalkon des Krankenhauses. In seiner Festansprache weist er in die Zukunft und eröffnet seinen Freunden von nah und fern, wie er sich die Vollendung seines Werkes vorstellt:

»Von heute an nehmen wir die zweite Etappe des zu vollendenden Weges auf. Das nächste Wegstück ist dieses: Das Werk empfiehlt sich noch eurer Großherzigkeit; es soll daraus eine Krankenstadt entstehen, die technisch den kühnsten klinischen Erfordernissen gewachsen ist. Das Haus wird die Zahl seiner Betten noch vermehren müssen. An das Krankenhaus werden sich zwei Häuser anschließen müssen, eines für die Frauen und eines für die Männer. Darin sollen die angestrengten und müden Geister und Körper zum Herrn kommen, um bei ihm Erquickung zu finden. Ein Studienzentrum soll dem Sanitätspersonal helfen, seine berufliche Bildung und christliche Formung zu vervollkommnen. Wir müssen die Errichtung dieses Werkes vervollständigen. Es soll zu einem Tempel des Gebets und der Wissenschaft werden, in dem sich das Menschengeschlecht in Jesus, dem Gekreuzigten, wiederfindet … Die Söhne des Werkes, die in allen Teilen der Welt im Geist des seraphischen Vaters Franziskus und nach den Weisungen und Meinungen des Papstes sich im gemeinsamen Gebet einen, sollen hier ihr gemeinsames Haus für die Gebetsgruppen erhalten. Die Priester sollen ein Zönakulum für sich finden. Männer, Frauen, Ordensfrauen sollen hier Häuser finden, wo sie ihre geistliche Formung und ihren Aufstieg zu Gott ausführen und im Glauben, in der Losschälung und Hingabe die Liebe leben können, die alle christliche Vollkommenheit vollendet.

Die Liebe ist die Verwirklichung und Mitteilung des Lebens in Fülle. Jesus ist auf die Welt gekommen, um uns dies zu bringen. Hören wir auf seine Einladung: ›Wie mich der Vater geliebt hat, so habe ich euch geliebt. Bleibt in meiner Liebe!‹

Jesus stellt der Tätigkeit des göttlichen Lehrers die Tätigkeit des heilenden Arztes an die Seite … Würde dieses Werk nur dem Leib Erleichterung verschaffen, hätten wir nur eine Musterklinik errichtet. Aber nach dem Ansporn und Drängen soll sie durch die Einladung der Nächstenliebe tätiger Anruf zur Liebe Gottes werden.

Der Leidende soll in ihr die Liebe Gottes leben dadurch, dass er weise seine Schmerzen annimmt … In ihr soll die Liebe zu Gott im Geist des Kranken erstarken durch die Liebe zu Jesus, dem Gekreuzigten, die von jenen ausströmen soll, die der Krankheit seines Körpers und seiner Seele beistehen. Hier sollen Patienten, Ärzte, Priester Vorratskammern der Liebe sein, die umso überfließender in einem jeden sein wird, je mehr er sie dem anderen mitteilt.

Die Priester und Ärzte, die die Ausübung der Liebe gegenüber den kranken Körpern zusammenführt, auch sie sollen den glühenden Antrieb spüren, in der Liebe Gottes zu verbleiben, damit sie und ihre Patienten alle eine einzige Wohnstatt in ihm haben, der da ist Licht und Liebe.

Die ganze Menschheit soll sich gerufen wissen zur Mitarbeit an diesem Apostolat an der leidenden Menschheit, und alle sollen das Drängen des Geistes unterstützen: Sie werden von Jesus die Verherrlichung bekommen, die der Vater ihm gab, und sie werden in ihm eine Einheit bilden. ›Ich in ihnen und du in mir, damit sie vollkommen eins seien und die Welt erkenne, dass du mich gesandt hast und dass du sie geliebt hast, wie du mich geliebt hast.‹«

Dann ruft Pater Pio die mütterliche Hilfe Mariens an. »Sie möge allzeit herrschen in der Stadt, die rings um ihren Tempel erstehen wird.«

So deutet Pater Pio sein Werk und lässt erkennen, was daraus werden soll.

Die Gabe der Krankenheilung

Dass Pater Pio die Gabe der Krankenheilung besaß, ist vielfach bewiesen. Auf sein Fürbittgebet gab Gott vielen und vielen die Gesundheit wieder. Ich möchte dazu nur einige Beispiele herausgreifen:

Manchmal erlaubte es ihm der liebe Gott, sogar persönlich an ein Krankenlager zu eilen und Hilfe und Trost zu bringen. Frau Ersilia Magurno pflegte zwei Monate hindurch ihren Mann, der an Influenza und hohem Fieber darniederlag. Dazu kam ein gefährliches Nachlassen der Herztätigkeit. Von einer geistlichen Schwester unterstützt, wachte Frau Ersilia Tag und Nacht bei ihrem Gatten und rief Pater Pio ununterbrochen um Hilfe an. Zunächst wurde es eher schlimmer als besser. Das Fieber stieg bis auf vierzig Grad. Die behandelnden Ärzte gaben nichts mehr für das Leben des Kranken. Man spendete ihm die Sterbesakramente. Aber das Fieber stieg noch mehr und verursachte lange und besorgniserregende Herzanfälle. Man bat einen berühmten Herzspezialisten aus Mailand, der sich im Nachbarort befand, hinzu. Aber dieser gab dem Kranken nur noch wenige Lebensstunden.

Da nahm die tiefgläubige Frau auf einmal in der Nacht zum 23. Februar einen starken Blumenduft im Zimmer wahr. Sie dachte sofort an Pater Pio. Ob er wohl die ersehnte Gnade damit ankündigen wollte? Aber am Morgen des 24. Februar trat eine weitere Verschlimmerung ein. Mit raschen Schritten ging es dem Ende entgegen. Man telegrafierte nochmals an Pater Pio, der auch sofort antworten ließ. Der Todeskampf hatte schon begonnen.

Am 27. Februar endlich, nach einem erschöpfenden Krisentag, schlief der Kranke ein. Er hatte 39 Grad Fieber. Die Schwester hatte sich entfernt. Als die Frau um Mitternacht feststellte, dass ihr Mann ruhig und friedlich schlief, fasste sie neuen Mut. Und als sie am nächsten Morgen um halb acht Uhr erwachte, eilte sie sofort zu ihm. »Wie fühlst du dich?«, fragte sie. »Ich bin geheilt!«, antwortete überzeugt und voller Freude ihr Mann. »Ich fühle mich wohl. Pater Pio ist soeben gegangen. Sei so gut und mach das Fenster auf und dann gib mir das Thermometer.« Er war vollständig fieberfrei. Voll ungeduldiger Erwartung, mehr zu erfahren, fragte sie nun: »Hast du Pater Pio gesehen? Und was hat er zu dir gesagt?« – »Er war von einem Bruder begleitet. Zuerst hat er mein Herz untersucht und gesagt: ›Dieses Fieber vergeht, morgen bist du wieder gesund und in vier Tagen kannst du aufstehen.‹ Dann hat er sich im Zimmer umgesehen, hat die Medikamente geprüft, die ärztlichen Berichte gelesen und ist die ganze Nacht im Zimmer geblieben.« Intensiver Veilchenduft erfüllte von Neuem das Zimmer.

Als Ernesto Magurno seinen Dankesbesuch in San Giovanni Rotondo machte, begrüßte ihn Pater Pio mit Wohlwollen und väterlicher Liebe. Er legte ihm die Hand auf die Schulter und sagte: »Was hat dich doch dein Herz für Leiden gekostet!«

Für Menschen, die nichts anderes kennen als den naturgesetzlichen Zusammenhang von Ursache und Wirkung, klingen solche Berichte freilich fantastisch und märchenhaft. Aber es gibt noch mehr Dinge zwischen Himmel und Erde, die wir nicht verstehen. Gott, der die Naturgesetze gegeben hat, kann sie auch, wenn er es für gut befindet, zeitweise übergehen.

Pater Pio unterstützt die Ärzte

Er hilft nicht nur den Kranken direkt, er unterstützt manchmal auch die Ärzte durch sachdienliche Informationen, die zur Heilung des Kranken führen. Hören wir ein Fräulein berichten:

»Ich fiel von der Treppe und tat mir sehr weh an der Hüfte. Man brachte mich ins Krankenhaus. Erst nach längerer Zeit konnte ich wieder auf den Füßen stehen und gehen. Da dachte ich: ›Jetzt gehst du zu Pater Pio.‹ Ich tat es, beichtete bei ihm und fragte ihn, ob er mich als geistliche Tochter annehme. ›Ja gern‹, sagte er, ›umso mehr, als du heute Geburtstag hast.‹ Ich kehrte dann wieder in das gleiche Krankenhaus zurück. Man riet mir, ich solle in einen nahen Ort gehen und dort eine Kur von Schlammbädern nehmen. Das würde die Heilung beschleunigen. Als ich dort ankam, sah mich der Arzt verwundert an. ›Kennen Sie mich?‹, fragte ich ihn. ›Nein, ich kenne Sie nicht, aber heute Nacht habe ich von einem Kapuziner geträumt. Dieser sagte mir: Schau, es wird ein Fräulein kommen. Dieses ist bis jetzt falsch behandelt worden. Es handelt sich nicht um das, sondern um dieses Krankheitsbild. Er zeigte mir auch die Medikamente, die ich verschreiben sollte, und gab mir Hinweise, in welchem Sinne ich die Röntgenuntersuchung vornehmen sollte. Und dieses Fräulein sah aus wie Sie.‹ Da zeigte ich ihm ein Foto von Pater Pio. ›Ja, der war es‹, sagte der Arzt. Er hat dann die Röntgenuntersuchung in dem von Pater Pio angedeuteten Sinn durchgeführt und mich kuriert. Im Krankenhaus war die Diagnose nicht richtig gestellt worden.«

Die Heilung von Amalia Abresch

Lassen wir Friedrich Abresch zunächst von der Heilung seiner kranken Frau erzählen:

»1923 kam ich zum ersten Mal zu Pater Pio, um ihn um die Heilung meiner kranken Frau zu bitten. Doch bevor er meiner Bitte entsprach, verlangte er intensiv die Heilung meiner kranken

Seele. Ich legte jene Generalbeichte ab, von der ich schon berichtet habe. Dann wagte ich Pater Pio zu fragen, ob wir überhaupt noch auf Kindersegen hoffen dürften, denn meine Frau hatte eine Erkrankung an der Gebärmutter. Sie stand vor einer Operation, die eine Mutterschaft unmöglich gemacht hätte. ›Warum denn nicht?‹, meinte Pater Pio. Daraufhin nahm ich das nächste Mal auch meine Frau mit zu Pater Pio. Diese beichtete bei ihm, und nach der Beichte empfahl sie ihm ihr Anliegen betreffs Gesundheit und Mutterschaft. ›Die Ärzte sagen, ich soll mich operieren lassen. Es sei höchste Zeit, die Operation durchzuführen.‹ Daraufhin Pater Pio: ›Ja, machen Sie doch, was die Ärzte sagen!‹ – ›Aber wenn ich mich operieren lasse, kann ich nie mehr Mutter werden.‹ Darauf Pater Pio: *Niente ferri!* – ›Kein Messer. Du wärst fürs ganze Leben ruiniert. Vertrau auf Gott!‹ Pater Pio gab ihr dann seinen Segen. Meiner Frau wurde dabei ganz übel. Vielleicht aber war das der Augenblick der Heilung. Wir kamen heim. Unsere Hausbesitzerin war Ärztin. Diese untersuchte meine Frau, wie sie es auch schon vorher öfter getan hatte. Sie fand nichts mehr von dem Gebärmutterfibrom.

Das Kind der Verheißung

Inzwischen verging eine gute Zeit, von einer Mutterschaft war jedoch nichts wahrzunehmen. Da kam ich wieder einmal zu Pater Pio. Bei der Begrüßung fragte ich ihn: ›Pater Pio, was ist's mit dem Kind? Warum kommt es nicht?‹ Darauf Pater Pio: ›Hab nur Geduld!‹

Ein andermal wollte ich ihm erklären, warum ich allein gekommen sei. Mit dem Geschäft ist man immer angebunden. Zu zweit konnten wir uns nicht freimachen. Aber wenn ich heimkäme, dann würde ich die Frau schicken. Da sagte er: ›Schick sie mir nicht! Wenn man zu zweit ist, dann soll man nicht mehr reisen. Es geht so schnell, einem kleinen Geschöpfchen wehzutun.‹ Diese Ankündigung der Schwangerschaft machte mich überglücklich. Ich flog mehr zum Telegrafenamt, als dass ich lief, und gab folgendes Telegramm auf: *Prepara corredo bimbo* … ›Bereite Kindesausstattung vor!‹ Meine Frau verstand es und freute sich.

Pater Pio hatte gesagt: ›Es geht schnell, einem kleinen Wesen wehzutun.‹ Da dachte ich mir: ›Jetzt möchte ich doch einmal gern zu dem Professor gehen, der das Attest auf Gebärmutterfibrom ausgestellt hat.‹ Inzwischen war meine Frau stärker geworden. Doch ihre Freude war wieder einem kleinmütigen Pessimismus gewichen. Sie meinte, das rühre vom Fibrom her, das nun so wachse. Ich redete ihr das natürlich aus. Eines Morgens ruft sie mich ganz aufgeregt: ›Federico, Federico … Ich habe Pater Pio gesehen. Er hat mir ein Kinderbettchen gezeigt, und da lag ein lebendiges Kind darin. Und das hat er mir so hingehalten, als ob er sagen wollte: Glaubst Du es mir noch nicht?‹

Im letzten Monat gingen wir dann wirklich zu dem Professor, der das Attest ausgestellt hatte. Wie dieser durch den Wartesaal schritt, meinte er: ›Ah, das ist aber nicht mehr das Fibrom!‹ Das hatte sein klinisches Auge sofort erkannt. Doch wollte er sich noch vergewissern. Er sprach es selbst aus: ›Was man mit den Händen greift, ist sicherer als das, was man mit den Augen sieht.‹ Er war nicht wenig verlegen und sagte: ›So war es, aber ich kann jetzt nur eine gute Schwangerschaft feststellen.‹ Da erklärte ich ihm: ›Lieber Herr Professor, ich weiß nicht, ob Sie an Gott glauben. Aber in der Zwischenzeit sind wir bei einem Gottesmann gewesen …‹ Ich erzählte ihm nun die ganze Geschichte unserer Zufluchtnahme zu Pater Pio. Ich berichtete ihm auch, dass wir zuvor noch bei einem anderen erstklassigen Arzt gewesen waren. ›Ach‹, sagte er, ›Sie sind auch bei dem gewesen. Das war mein Lehrer an der Universität. Sie haben sich nicht geirrt‹, meinte er. ›Ich bin bereit, das Attest zu schreiben, dass Frau Abresch zuerst ein Gebärmutterfibrom hatte und dass dieses nun nicht mehr da ist.‹«

Das, was jetzt folgt, beleuchtet auch zugleich die Prophetengabe Pater Pios. Um den Faden der Erzählung nicht zu durchschneiden, lassen wir den Vater Abresch weiter berichten:

»Das Kind kam dann mit einer gewöhnlichen Hebamme zur Welt. Es war ein außergewöhnlich schönes Kind. Da die Leute um seine Vorgeschichte wussten, kamen sie gern, es zu sehen. Sie kamen sehr zahlreich, dass wir uns sagten: ›Da müssen wir eine Dankesfahrt nach San Giovanni Rotondo unternehmen und sie dazu einladen.‹ So viele wollten mit uns Gott danken, dass wir bei der Bahn einen eigenen Waggon bestellen mussten. Prozessionsweise legten wir dann den Weg zum Kirchlein ›Santa Maria delle Grazie‹ zurück und legten das Kind auf den Altar, um es dem Herrn zu weihen. Pater Pio kam und segnete den Kleinen.«

Fast fühlt man sich an biblische Motive erinnert oder an Heiligenlegenden. Doch der Vater will nur schlicht die Wahrheit berichten, um am Ende unbefangen um das Gebet für diesen Sohn der Verheißung zu bitten.

»Mit sechseinhalb Jahren durfte er zusammen mit mir Pater Pio bei der hl. Messe dienen. Die Messe war eben beendet. Pater Pio hatte die priesterlichen Gewänder ausgezogen. Da drehte er sich um und sagte zu dem Kleinen: ›Ein Gedanke sagt mir, du wirst einmal Priester werden.‹

1956 wurde Pio Abresch zum Priester geweiht und er diente danach der Kirche in einem wichtigen Amt einer römischen Kongregation. Er hat das Priestertum in völliger Freiwilligkeit gewählt, bestimmt nicht deswegen, weil Pater Pio es vorausgesagt hatte. Wir ließen ihm völlige Freiheit in seiner Berufswahl. Aber das hat Pater Pio getan: Er hat mit Eifersucht über seine Erziehung gewacht. Er wollte nicht, dass er aus der Familie weggehe und in einem auswärtigen Seminar unterkomme. Er ist daheim von guten Priestern unterrichtet worden. Nur die Examina machte er an den staatlichen Schulen. Er studierte dann an der Gregoriana in Rom und promovierte auch in der Theologie.« Auch ihm hat Pater Pio eine große Aufgabe vorhergesagt.

XV.
DER GROSSE BETER UND SEINE GEBETSGRUPPEN

Dem mystischen Beter Pater Pio habe ich schon in meinem ersten Buch ein ausführliches Kapitel gewidmet.[1] Für den Stigmatisierten auf dem Gargano war das Gebet Lebenselement. Er betete nicht nur, sein ganzes Leben war zum Gebet geworden. Mehr als er selbst sich dabei anstrengte, war es ein Gebet, das Gott in den Tiefen seines Herzens durch seinen Heiligen Geist hervorbrachte. Er sang das neue Lied der Auserwählten auf jede Weise. Sein Gebet war ein liebendes Aufmerken auf den, der in seinem tiefsten Seelengrund wohnte und ihn einlud, sein dreifaltiges Liebesleben mitzuvollziehen. Oft war es ein trautes Zwiegespräch, oft ein liebendes Hinhören auf das, was der Herr in seinem Herzen zu ihm sprach, oft aber auch ein Lied ohne Worte, weil der Herr seine Seele in liebender Umarmung ausruhen ließ. Freilich kannte er nicht nur den freudigen Gottesjubel, die selige Gehobenheit des Einsseins mit Gott, sondern er kannte ebenso das Seufzen und Weinen der Seele wegen des gottverhängten Dunkels, er kannte unter der Last »der gewöhnlichen Prüfung« die unheimliche Not der Gottverlassenheit und das bis zu seinem seligen Heimgang. Er kannte das Gebet als Anstrengung. Immer wieder musste er aus der Liebeshingerissenheit höchster mystischer Gottvereinigung zurückkehren in einen Zustand, in dem er in reinem Glauben und mit trockenem Willen um Gott ringen musste. Wahrlich, Pater Pio hatte eine tiefe und umfassende Gebetserfahrung. Aus eigener Erfahrung kannte er auch die Wirkmacht des Gebets, weil Gott jedes Gebet, das sein Heiliger Geist den Freunden Gottes eingibt, auch erhört.

Apostolat

Pater Pio gab dem Apostolat des Gebets den Vorzug vor dem des Wortes und der äußeren Tätigkeit. Das Gebet war für ihn die hervorragendste Tätigkeit. Dass die Menschen auf Pater Pio zugingen, war sicherlich nicht nur seiner sichtbaren Gleichgestaltung mit dem gekreuzigten Erlöser zuzuschreiben. Der innerste Grund dafür war die gewaltige Anziehungskraft der göttlichen Liebe, die er als Beter und Opferpriester vermitteln durfte. So forderte er die Seinen auf, diese gottgeschenkte Anziehungskraft noch zu vermehren, indem sie sich innig mit seinem priesterlichen Gebet und Opfer verbinden sollten.

Das »Haus zur Linderung des Leidens« und die Gebetsgruppen

Beide gehören zusammen. Pater Pio wollte sein äußeres Werk, das einen neuen Stil christlicher Caritas verwirklichen sollte, durch eine Armee von Betern gestützt wissen. »Ohne das Gebet ist unser Krankenhaus *Casa Sollievo della Sofferenza* (›Haus zur Linderung des Leidens‹) ein wenig wie eine Pflanze, die der Luft und Sonne beraubt wird … Werdet darum nie müde zu beten, das ist das Wesentliche. Das Gebet tut dem Herzen Gottes Gewalt an und erhält die notwendigen Gnaden …«[2]

Die Zusammengehörigkeit von Gebetsgruppen und dem »Haus zur Linderung des Leidens« betont auch der Generaldefinitor der Kapuziner, Clemens da S. Maria in Punta: »Als Pater Pio die Gebetsgruppen ins Leben rief, wusste er sehr gut, dass er nur einem sehr kleinen Teil der Menschheit Trost und Hilfe würde bringen können. Sein Herz dagegen ersehnte viel mehr. Er wollte deswegen die Gebetsgruppen, damit der Strom des Gebets sich noch weiter erstrecke und viele andere Herzen ergreife … und so zu jedem kranken Bruder und zu jedem körperlich und seelisch Bedürftigen gelangen könne.«[3]

Eines Tages las Dr. Guglielmo Sanguinetti, der Leiter und die Seele des ganzen Hauses, der *Spiritus Rector* des entstehenden Klinikkomplexes, Pater Pio aus dem *L'Osservatore Romano* ein Wort Pius' XII. vor. Dieser fühlte sich zutiefst davon angesprochen und sagte: »Fangen wir an zu handeln, krempeln wir unsere Ärmel hoch. Antworten wir als Erste auf diesen Appell des römischen Papstes.«[4] Es war nicht das erste Mal, dass Pius XII. zum gemeinschaftlichen Gebet ermuntert hatte. Seit den ersten Jahren seines Pontifikats versuchte er, das Glaubensgeheimnis vom mystischen Leib Christi, der Kirche, lebendig zu machen, indem er an unser Brudersein in Christus und an die selbstverständliche Pflicht, sich gegenseitig durch Gebet und Opfer geistig zu unterstützen, erinnerte. Noch bevor er am 29. Juni 1943 seine berühmte Enzyklika über die Kirche als den mystischen Leib Christi veröffentlichte und darin zu einer weltweiten, tatkräftigen, wirkenden, betenden und fürbittenden, sühnenden und opfernden Liebe ermahnte, hatte er schon zu gemeinsamem Gebet, zu Gebet in Gruppen und Vereinigungen eingeladen und das in besonderer Weise, als sich am politischen Horizont die Gefahr des Zweiten Weltkriegs abzeichnete. In einer Zeit, in der der kommende Krieg die Völker zu trennen und zu zerreißen drohte, sollte die Einigungsmacht des Gebets diese mit Gott und untereinander verbinden.

So mahnte der große Papst oft zum gemeinsamen Gebet: »Wir brauchen starke und geschlossene Reihen von Männern und Jugendlichen, die sich eng mit Christus verbunden halten, die wenigstens einmal im Monat das Brot des Lebens empfangen und auch andere dazu anleiten, ihrem Beispiel zu folgen« (Ansprache an die Pfarrer und Fastenprediger von Rom am 17. Februar 1942).

Ein Jahr danach mahnte er: »Fürchten wir uns nicht, sondern beten wir!«, und rief zu Gebetsgruppen praktizierender und betender Männer und Jugendlicher auf (vgl. Ansprache an die Pfarrer und Fastenprediger Roms vom 13. März 1943).

1952 griff er bei derselben Gelegenheit sein Anliegen wieder auf: »Was die Kirche dringend braucht, sind Gläubige und Gruppen von Gläubigen jeden Standes, die frei von der Knechtschaft der Menschenfurcht ihr ganzes Leben und Handeln an den

Geboten Gottes und am Gesetz Christi formen« (Ansprache an die Pfarrer und Fastenprediger Roms vom 8. März 1952).

Pater Pio, der sich schon zu Beginn seines Priester- und Ordenslebens die Mahnungen und Ermunterungen der römischen Päpste zu eigen gemacht hatte, tat es auch auf dem Höhepunkt seines priesterlichen Wirkens. Auf seine Einladung hin bildeten sich schon 1947 in Italien da und dort solche Gruppen, die das Verlangen hatten, in Gemeinschaft zu beten. Ein erstes Dokument, das das Bestehen solcher Gruppen anzeigt, stammt vom September 1949 und ist herausgegeben vom »Haus zur Linderung des Leidens«. Darin wird die Tätigkeit der Gruppen, die sich vorgenommen haben, gemeinschaftlich zu beten, so beschrieben:

»Sie kommen ein- oder zweimal im Monat zusammen, wohnen der hl. Messe bei, gehen zu den Sakramenten und beten gemeinsam den Rosenkranz ... Wir wären sehr froh, wenn diese Gruppen sich vervielfachten, wenn möglich unter der Führung eines Priesters.«[5]

1950 heißt es in »Einladung zum Gebet«: »Die Gruppen der Gläubigen sollen gänzlich und offensichtlich das christliche Leben leben, wie es der Wunsch seiner Heiligkeit ist, aber zuerst sollen sie Gruppen von Gläubigen sein, die zusammen beten.«[6]

Als das »Haus zur Linderung des Leidens« am 5. Mai 1956 sein zehnjähriges Bestehen feierte, begrüßte Pater Pio an diesem Tag bereits seine »lieben Söhne aus Italien und aus der ganzen Welt ... von nah und fern«. So lenkte er die Aufmerksamkeit auf diese Gebetsgruppen, die bereits in aller Welt verbreitet waren und nun in San Giovanni Rotondo ihr zweites internationales Zusammentreffen feierten. Er wollte sie mit seinem äußeren Werk, dem »Haus zur Linderung des Leidens« verbunden wissen und nannte sie »Vorposten dieser Zitadelle der Liebe, Pflanzschulen des Glaubens, Herde der Liebe, in denen Christus selbst gegenwärtig ist, sooft sie sich im Gebet und beim eucharistischen Liebesmahl vereinen und das unter der Führung ihrer Hirten und geistlichen Leiter ...«.

Vor ihnen stimmte Pater Pio einen Lobpreis auf das Gebet an: »Es ist das Gebet, die geeinte Kraft aller guten Seelen, die das

›Haus‹ stützt, das die Leidenden tröstet, die Kranken heilt, das Kraft und christliche Ergebung im menschlichen Leiden gibt, das das Lächeln und den Segen Gottes über jedes Siechtum und jede Schwäche breitet …«

»Betet viel«, ermunterte er, »weil ich besonders dem Gebet dieses Werk anvertrauen möchte, das Gott gewollt hat.«[7] Das Gebet der Kranken und Gesunden sollte zusammenhelfen, um die Krankheit unseres Jahrhunderts zu heilen. Pater Pio sprach es offen aus: »Die gegenwärtige Gesellschaft betet nicht und deshalb geht sie in Trümmer.«[8]

Der Geist der Gebetsgruppen

Seit Mai 1960 beauftragte Pater Pio Don Giancarlo Setti mit der Leitung der Gebetsgruppen. Dieser präzisierte das Programm der Gebetsgruppen so: »Das Programm ist für alle ein Programm des Gebets, ein Programm der Liebe, ein Programm des Gehorsams gegenüber der Hierarchie, ein Programm der Festigkeit.«[9] Als innerliche Kraft zur Unterstützung des äußeren Werks Pater Pios gegründet, sollten sie ihre Einheit und ihren Zusammenhalt im Geiste, in dem sie Pater Pio gegründet hat, finden. Jede Gruppe sollte sich selbst bestimmen, ihr eigenes Leben entfalten in Übereinstimmung mit dem Diözesanbischof und der geistlichen Leitung ihres priesterlichen Assistenten. Wesentlich auf das Gebet und die Caritas ausgerichtet, sollte sich das Leben einer solchen Gruppe in der Haltung ehrfurchtsvollen Gehorsams gegen die Kirche entwickeln.[10]

Zunächst hatte das Ganze noch einen rein privaten Charakter. Noch im April 1952 stellte man heraus, dass es keiner besonderen kirchlichen Anerkennung bedürfe, um sich unter der Leitung eines Priesters zum gemeinsamen Gebet zu versammeln. Der Priester sei aufgrund seines Amtes Mittler und Vermittler zwischen Gott und den Gläubigen durch die Darbringung des hl. Opfers, des eigenen Gebets und des Gebets der Gläubigen. Was Pater Pio und Giancarlo immer wieder empfahlen, war dies: »Sie sollten eins sein, nicht müde werden, Gutes zu tun, und der Hierarchie in allem gehorsam und ehrfürchtig gegenüberstehen, fest und beharrlich sein.«[11]

Tauchten irgendwo Hindernisse vonseiten des Klerus auf, dann war Pater Pios Antwort immer dieselbe: »Tut nichts ohne die Zustimmung der Bischöfe und Priester. Macht alles im gegenseitigen Einverständnis und gehorcht!«[12]

Es kam schon vor, dass manche Gruppen dort viele Schwierigkeiten und Feindseligkeiten vorfanden, wo sie sich eigentlich Ermutigung und Förderung versprochen hätten.[13]

Doch Pater Pio hatte die Gebetsgruppen ja nicht als Werbeapparat gegründet, der demütige Kapuziner suchte nicht seinen eigenen Erfolg, er wollte nur die Kraft des Gebets einsetzen, um eine säkularisierte Welt zum Geist des Evangeliums zurückzurufen.

Schnelle Entfaltung und päpstliche Gutheißung

Als die Gebetsgruppen am 22. September 1959 in Catania (Sizilien) ihren ersten nationalen Kongress veranstalteten, hatten sie sich bereits in ganz Italien und in vielen europäischen, ja sogar überseeischen Ländern verbreitet. Im Mai 1966 zählte man in Italien bereits circa 600 Gruppen und 56 im Ausland. Beim vierten internationalen Treffen am 22. September 1968 in San Giovanni Rotondo waren es bereits 726 Gebetsgruppen in zwanzig Nationen mit 68 000 eingeschriebenen Mitgliedern.

Dieser letzte Kongress zu Lebzeiten Pater Pios fand zum ersten Mal im Klima der offiziellen Gutheißung statt. Am 31. Juli 1968 hatte der Heilige Stuhl in dem damaligen Guardian von San Giovanni Rotondo, Pater Carmelo da S. Giovanni in Galdo, einen hauptverantwortlichen Leiter der Gebetsgruppen bestimmt und ihren Geist und ihre Zwecksetzung als gut anerkannt, weil sie eine Antwort auf die Appelle Pius' XII. darstellten. Diese Geste Pauls VI., die die formelle Anerkennung der Gebetsgruppen beinhaltete, war ein Trost für die letzten Tage Pater Pios. Am Ende seines Lebens durfte er noch diese Gutheißung von höchster kirchlicher Stelle erleben.

Die weltweite Schar der geistlichen Söhne und Töchter

Wer in die Gebetsgruppen eintrat, tat es, um mit Pater Pio verbunden zu sein. Er wollte in Gebets- und Opfergemeinschaft mit ihm stehen und sich ein Anrecht auf seine väterliche Hilfe und Führung sichern.

Von der ersten Kerngruppe seiner geistlichen Söhne und Töchter haben wir schon ausführlich berichtet. Sie scharten sich um Pater Pio, als ihn der Herr nach einem siebenjährigen Krankenaufenthalt in Pietrelcina wieder ins Kloster zurückrief. Seit 1917 hatte er von seinem Provinzial und Seelenführer, Pater Benedetto, die Erlaubnis, »dass er viele Seelen von San Giovanni Rotondo, die nach Vollkommenheit streben wollten, durch geistliche Vorträge, die im Sprechzimmer des Klosters stattfinden sollten, führe«.[14]

Die Konferenzen über Themen der christlichen Frömmigkeit und des Vollkommenheitsstrebens wurden dann abgelöst durch Aussprachen mit den Einzelnen. Aber auch auf diese musste er dann später verzichten, als die vielen kamen. Eines Tages ließ er Maria Pompilio wissen, dass viele und viele Seelen sich an ihn wenden würden: »Es werden noch viele, viele, viele kommen, meine Arme werden sich weit ausstrecken, um die ganze Welt zu umfassen.«[15]

Selbst seine beiden priesterlichen Seelenführer wurden, wie erwähnt, irgendwie auch seine geistlichen Söhne, die sich von ihm erleuchtete Ratschläge und ein Wort, das der Seele ihren Zustand deutete und sie beruhigte, erbaten.

Es ist ja eine Tatsache, dass große Sünder sich oft tiefer und umfassender zu Gott hinkehren, wenn ihnen Gott die Gnade der Bekehrung schenkt, als gewöhnliche Fromme. So wurden diese oft eifrige geistliche Söhne des Stigmatisierten vom Gargano und

Mitarbeiter an seinem weltweiten Apostolat. Im Schmerz und in der Liebe hatte er sie gezeugt, als Vater und Seelenführer führte er sie nun auf die Weide des Guten Hirten, zu den Höhen der existenziellen Christusnachfolge in Gebet und Buße und tätiger Liebe.

Pater Pio schenkte der Kirche aber nicht bloß große Bekehrungen, gemäß seinem Heiligungsauftrag gegenüber den Seelen drängte er seine Getreuesten zu den Höhen der christlichen Heiligkeit und Kreuzesnachfolge. Denken wir nur an Lucia Fiorentino, an die Ordensstifterin Maria Gargani, an die Diener Gottes Giacomo Caglione und Genoveffa De Troia. Um Pater Pio machten sich nicht nur Gruppen und Grüppchen aufdringlicher, hysterischer Frauen zu schaffen, um den Leidensmystiker scharte sich auch eine schöne Zahl echter und selbstloser Opferseelen, die ihr Lieben und Leiden mit dem Seinen verbanden.

Um eine Seele dem Herrn entgegenführen zu können, wollte er sie kennen wie ein aufgeschlagenes Buch, mit Punkten und Kommas wollte er ihr Lebensbuch kennen, er wollte um ihre Leiden und um ihre Freuden wissen. So schrieb er am 4. Juni 1918 an eine seiner geistlichen Töchter: »... Du willst dann, dass ich Dir sage, wie oft Du mir schreiben sollst. Wenn Du willst und wenn Du es brauchst. In mir wirst Du immer einen Vater finden. Schreibe wenigstens alle zwanzig Tage und sage mir alles, ohne etwas zu verbergen. Der Seelenführer muss über alles Bescheid wissen, über die Schmerzen und über die Freuden.«[16]

»Schreibe mir oft über Deinen Geisteszustand und fürchte nichts: Dir wird alle Liebe, deren ein Vaterherz übervoll ist, zuteilwerden.«[17] Um diese Zeit schrieb Pater Pio noch ausführliche Seelsorgebriefe. Später fehlte die Zeit, aber auch die physische Kraft dazu, seine durchbohrte Rechte konnte die Feder nicht mehr so gut führen.

Doch folgte er auch später seinen geistlichen Söhnen und Töchtern mit einer fordernden Liebe. Unerbittlich verlangte er von ihnen, dass sie ihr Leben ganz nach dem Willen Gottes ausrichteten.

Wenn man sein geistlicher Sohn werden wollte, musste man ihn darum bitten. Er lief keinem nach, sondern die Seelen mussten um seine geistliche Vaterschaft bitten. Er sagte: »Ich rufe niemanden und jage niemanden davon.« War man nun in die Zahl seiner geistlichen Kinder aufgenommen, musste man voranschreiten, entweder aus Liebe oder mit Gewalt. Er bestand darauf, dass man seine Pflichten gegen Gott, in Ehe und Familie und Beruf treu erfüllte, dass man sich um ein intensives Gebetsleben bemühte, dass man willig und ergeben sein Christenkreuz trug. Oft wiederholte er den Seinen: »Ich nehme euch als meine geistlichen Söhne an, aber unter der Bedingung, dass ihr immer Gutes einbringt und dass ihr mir keine schlechte Figur macht, weder vor Gott noch vor den Menschen, dass ihr ein beispielhaftes christliches Leben lebt. Sonst weiß ich auch die Peitsche zu gebrauchen.«[18]

Mit welch herzlicher väterlicher Liebe er sich seinen geistlichen Kindern verbunden fühlte, bezeugt sein Wort an Maria Antonietta Pompilio: »Ich habe einen Pakt mit dem Herrn geschlossen: Wenn meine Seele in den Flammen des Fegefeuers geläutert und würdig sein wird, ins Paradies einzutreten, werde ich mich an die Tür des Paradieses stellen und nicht eher eintreten, wenn ich nicht vorher die letzten meiner geistlichen Töchter und Söhne habe eintreten sehen.«[19]

Viele und viele durften die Wirksamkeit seiner väterlichen Führung und Hilfe erfahren. Auch sein Seelenführer, Pater Benedetto, musste zugeben, dass Pater Pio seinen Seelenzustand ausgezeichnet durchhellte, dass seine Versicherungen ihn beruhigten und dass er sich deswegen strikt daran hielt.[20]

Anderen schenkte er Licht und Trost, für sich selbst war er meist in tiefste Finsternis gehüllt. Das gehörte zu seiner »gewöhnlichen Prüfung«, wie Pater Agostino sie nennt, die ihn immer wieder die Ängste des Ölgartens und die Verlassenheit Jesu am Kreuz miterleben und miterleiden ließ. In solcher Leidensangst und Gottverlassenheit hatte er dann alles andere als Sicherheit über seinen inneren Weg; er fühlte sich auch unfähig, die eigenen Zweifel zu überwinden. Für sich selbst fehlte ihm dann auch die Gabe der Unterscheidung der Geister; er wusste nicht, ob seine inneren Bewegungen vom guten oder bösen Geist kamen. Erst recht fühlte er sich unfähig, seine Seele in den Stürmen der inneren Prüfungen zu beruhigen. Immer musste er Zuflucht zu seinem Beichtvater nehmen.

Doch wenn es um die Führung der anderen ging, da fehlte ihm weder Licht noch Klarheit, da vermochte er mit Weisheit und Klugheit zu raten und sicher Normen für das Voranschreiten auf den Wegen des Geistes zu geben. Da wusste er tiefgründige Diagnosen der Seelenkrankheiten zu geben und eine angemessene Therapie zu empfehlen, ja zu verlangen. Sein gesprochenes und geschriebenes Wort war voller Salbung und Kraft des Heiligen Geistes und alle, die vertrauensvoll und demütig seinen Anweisungen folgten, zogen daraus reiche Frucht.

Wahrlich, Pater Pio hat ungezählte Seelen getröstet und zum Herrn zurückgerufen.[21]

XVI.
DIE LETZTEN JAHRZEHNTE

Die Reihe der Jubiläen begann für Pater Pio mit dem 25-jährigen Priesterjubiläum, das er am 10. August 1935 feierte. Da die Dinge des »schrecklichen Jahrzehnts« noch in aller Erinnerung waren, wollte man weiter keine besondere äußere Feier begehen. Es gab weder ein gesungenes Amt noch Chor und Musik noch Handkuss nach der hl. Messe, wie es sonst üblich war. Einige wollten wenigstens ein *Te Deum* zum Abschluss des Tages, aber nicht einmal dieses wurde erlaubt.

Der Halbjahresbericht vom 8. September 1935 berichtet darüber: »Pater Pio las seine gewöhnliche stille Messe wie alle Tage. Es gab aber einen großen Volksauflauf … Unsere kleine Kirche war gedrängt voll. Man kann sagen, dass es ein wahres Fest der Seelen war, weil über 800 Personen (495 davon in der Messe von Pater Pio) zur hl. Kommunion gingen. Sicher war die Messe in dieser Form für die gewohnte Gruppe eine kalte Dusche, aber die wahrhaft Frommen und Verständigen haben das vollkommen verstanden und gutgeheißen.«[1]

Trotzdem bemühten sich die Mitbrüder, diesen Tag irgendwie hervorzuheben. Der Pater Provinzial kam eigens dazu von Foggia herauf. Sein Vater und sein Bruder Michele waren als Gäste ins Refektorium geladen.

Zum 50. Jahrestag seiner Einkleidung, der am 22. Januar 1953 gefeiert wurde, kam sogar der Ordensgeneral, Pater Benigno da S. Ilario Milanese, höchstpersönlich. Pater Pio machte die Erneuerung der Ordensgelübde in die Hände seines Provinzials »mit dem ganzen Überschwang seiner seraphischen Liebesglut, die nur vom Herrn verstanden wurde … Die kleine Kirche konnte die Menge nicht fassen ... Inmitten solcher Kundgebungen von Bewunderung und Liebe bleibt Pater Pio in seiner Einfachheit und Demut, indem er alles auf die Ehre Gottes, des Urhebers alles Guten, bezieht.«[2]

Auf das Erinnerungsbildchen zu diesem seinem goldenen Ordensjubiläum lässt er schreiben: »50 Jahre gottgeweihten Lebens / 50 Jahre ans Kreuz geheftet / 50 Jahre eines verzehrenden Feuers / für Dich, Herr, und für Deine Erlösten. / Was anders ersehnt meine Seele: wenn nicht alle zu Dir zu führen / und geduldig zu warten, dass dieses verzehrende Feuer / all meine Eingeweide verbrenne im Verlangen, aufgelöst zu werden.«[3]

Nach dem goldenen Ordensjubiläum fand am 10. August 1960 sein goldenes Priesterjubiläum statt. Dazu kamen seine geistlichen Söhne und Töchter in Scharen nach San Giovanni Rotondo. Drei Bischöfe und 6 000 bis 7 000 Gläubige waren zugegen, als er um 8.30 Uhr in der neuen Kirche seine Jubelmesse feierte. Sein Provinzial, Pater Amadeo, die Mitbrüder, die Professoren und Leiter des »Hauses zur Linderung des Leidens« nahmen daran teil. Beim Einzug in die neue Kirche, die die Massen der Gläubigen nicht fassen konnte, begrüßte man ihn mit Händeklatschen. Nachmittags erklang dieses Mal das *Te Deum*, um den Dank des Jubilars und der Mitfeiernden zu Gott emporzutragen. Den Abschluss des Festtages bildete ein Fackelzug bei Einbruch der Dunkelheit.

Drei Jahre später, am 22. Januar 1963, konnte er sein diamantenes Ordensjubiläum feiern. Mit 16 Jahren war er am 6. Januar 1903 ins Noviziat nach Morcone gekommen und dort am 22. Januar eingekleidet worden. Aus dem Fra Pio von damals war nun der Pater Pio geworden, den fast die ganze katholische Welt kannte. Trotz der winterlichen Kälte strömte auch damals viel Volk nach San Giovanni Rotondo, um die Jubelmesse Pater Pios um 5 Uhr in der Frühe mitzufeiern.

Am 6. Juni 1964 wurde ihm der »Goldene Stern« verliehen, eine Auszeichnung, die RAI nur jenen verleiht, die sich in besonderer Weise um die Betreuung der Kranken verdient gemacht haben. Zwei Jahre später, am 3. Mai 1966, feierte man das zehnjährige

Bestehen des »Hauses zur Linderung des Leidens« mit einem internationalen Kongress der Gebetsgruppen.

Am 26. Dezember desselben Jahres feierte die Bevölkerung des Gargano-Städtchens unter großem Jubel das Jubiläum seines fünfzigjährigen Verweilens in San Giovanni Rotondo.

Zu seinem 80. Geburtstag am 25. Mai 1967 gaben sich wieder seine Getreuen aus den Gebetsgruppen ein Stelldichein, um ihrem geistlichen Vater zu gratulieren. Der Massenandrang zum fünfzigsten Jahrestag seiner Stigmatisierung bot Pater Pio zugleich die Möglichkeit, sich von der unübersehbaren Schar seiner geistlichen Söhne und Töchter zu verabschieden. Er kündete seinen bevorstehenden Tod am 23. September 1968 zwar nicht theatralisch an, doch wusste er durch Gottes Erbarmen um den Tag und die Stunde, in der sich sein Mitgekreuzigtsein mit dem Herrn verwandeln sollte in die Herrlichkeit des verklärten Christus beim Vater im Himmel.

Noch ist es nicht so weit, noch geht es dem Leben und dem Höhepunkt seines priesterlichen Wirkens entgegen. Eine neue Kirche wird notwendig, um den sich mehrenden Pilgerstrom aus aller Welt aufzunehmen.

Der Bau der neuen Kirche

So groß war allmählich der tägliche Zustrom des Volkes, dass es schwierig war, die rechte Ordnung in der viel zu kleinen alten Kapuzinerkirche aufrechtzuerhalten. Es blieb nichts anderes übrig, als eine größere, geräumigere und moderne Kirche im Anschluss an das alte Kirchlein zu bauen. Am 31. Januar tat man den ersten Spatenstich, am 2. Juli desselben Jahres war Grundsteinlegung. Dem damaligen Guardian, Pater Carmelo da Sessano, fiel die Rolle des Bauherrn zu.

Das Heilige Offizium wollte zuerst nicht recht mitziehen, ja es blockierte durch sein Veto den anstehenden Kirchenbau. Man hatte in Rom Angst, dass man Pater Pio schon zu Lebzeiten ein Denkmal errichten wollte.

Im Pro und Kontra der Meinungen wollte der Guardian, der erst seit zwei Monaten in San Giovanni Rotondo war, die Meinung Pater Pios wissen. Er fragte also diesen: »Padre, was denken Sie über den Bau einer neuen Konventkirche? … Würde es Sie freuen, wenn man das verwirklichte? …«

Da antwortete Pater Pio in völliger Klarheit: »Mein Sohn, grundsätzlich bin ich dagegen, dass wir unsere Kirchen erweitern. Hier aber, unter den gegebenen Umständen, ist die Kirche nicht bloß nützlich, sondern notwendig. Die jetzige ist nicht nur ungenügend, sondern auch gefährlich … Im Sommer wirst Du sehen, wie viel Lärm, wie viele Schreie, wie viele Ohnmachten. Sie setzen sich mit den Füßen auf die Bänke … Man ruft dem Volk entgegen … Aber wie soll man es machen? Folglich, wenn man etwas tun kann, um eine neue Kirche zu bauen, es ist ein hl. Werk.«

»Padre, wenn der Papst um die Ungebührlichkeiten wüsste?!«

»Würde er alle, die die neue Kirche nicht wollen, exkommunizieren …«

Wille und Weisung Pater Pios waren klar. Man musste also zupacken.

Am 5. März 1954 hatte Pater Guardian ein langes Gespräch mit Alfredo Kardinal Ottaviani, einem Freund, Wohltäter und Verteidiger Pater Pios.

Nach manchen Berichten über die dauernde Gefahr der Profanierung aufgrund des Gedränges in den Sommermonaten zog auch das Heilige Offizium sein Veto zurück und so machte man den Anfang mit den Sprengungsarbeiten für die Krypta. Als Pater Pio darauf kam, dass diese für ihn hergerichtet werde, gab es einen Augenblick intensiver Spannung zwischen ihm und seinem Guardian. Er wollte nichts von einer Krypta wissen, denn er hielt sich für den »größten Sünder der Welt«.

Die Freuden des Seelsorgers

Gegen Ende des Zweiten Weltkriegs wurde das Kommen und Gehen der Pilger zur Mutter der Gnaden und ihrem stigmatisierten Diener immer stärker. Auch viele alliierte Soldaten und Offiziere waren damals darunter. Darüber freute sich Pater Pio, nicht weil er im Mittelpunkt des Geschehens stand, sondern weil er viele zu Gott zurück- oder doch wenigstens näher zu Gott führen durfte.

Nach dem Bau der neuen Kirche wurde die Atmosphäre um Pater Pio von Jahr zu Jahr internationaler. Wie es um die Mitte der 60er-Jahre zuging, durften wir selbst erleben. Da waren nicht bloß unsere Landsleute aus der Schweiz, aus Österreich und dem Elsass, da kamen auch Priester mit ihren Getreuen aus Irland und Nordamerika. Da traf man Missionare aus Peru und Lateinamerika und aus dem fernen Indonesien. Da begegnete man römischen Monsignori und anderen geistlichen Kindern Pater Pios aus dem Priester- und Ordensstand.

Zu Pater Pio kamen Personen jeden Alters und jeder Gesellschaftsstellung: Gelehrte und Analphabeten, Arbeiter und Großindustrielle, Bauernmägde und Prinzessinnen, Männer der Kirche und des Staates, der italienische Ministerpräsident Aldo Moro und Journalisten in großer Anzahl, Gläubige und Skeptiker, wahrhaft Fromme und mitunter auch bigotte Betschwestern. Allen begegnete er mit Güte. Freilich manchen musste er auch nach Gottes Willen einen Strahl der göttlichen Gerechtigkeit aufleuchten lassen, das aber nur, um die so Erschütterten umso sicherer in die Geborgenheit der göttlichen Liebe und Barmherzigkeit zu führen.

Anfänglich waren die Einheimischen eifersüchtig auf die Pilger, die ihren *Santo* besuchten. Erst allmählich begriffen sie die Vorteile des internationalen Pilgerstroms und ließen die Ausländer gewähren. Pater Pio, ihr großer Wohltäter, meinte: »Es ist gut, dass die Leute Arbeit und Verdienst haben.«

Pater Pio, der sich in seinem priesterlichen Dienst selbst vergaß, zählte sicher nicht seine Beichtkinder, wohl aber konnten das seine Mitbrüder leicht tun aufgrund der Vornotierungen, die sie um der besseren Ordnung willen machten. Im Jahr 1966 waren es über 18 000 und im letzten ganzen Jahr seiner Tätigkeit im Beichtstuhl zählten sie 15 000 Frauen und 10 000 Männer, durchschnittlich also täglich 30 bis 40 Frauen und 25 bis 30 Männer.

Unter den vielen Beichtenden waren nicht bloß gewöhnliche Fromme, sondern auch große Fische, die in sein Netz gingen. Es gab viele und große Bekehrungen. Das waren die stillen Freuden des guten Hirten und barmherzigen Vaters, der den verlorenen Sohn in seine Arme schließen durfte. Pater Pio hatte diese Freuden, die er niemandem mitteilte, auch nötig, denn die Leiden der »gewöhnlichen Prüfung« währten bis zu seinem Lebensende. Nun sah er, dass seine beschaulichen Seelenleiden, die ihn oft so niederdrückten, doch nicht umsonst waren, er sah und erlebte augenscheinlich, wie dieser Kaufpreis, der ihm abgefordert wurde, wirksame Gnaden vom Himmel herabflehte, er erlebte direkte Gnadenwunder.

Davon weiß der Chronist von San Giovanni Rotondo nichts zu berichten. Aber die Bekehrten selbst waren es, die mit ihrem Lobpreis auf die barmherzige Liebe Gottes nicht zurückhalten wollten und ihrer Freude über die geschenkte Rückkehr ins Vaterhaus öffentlich Ausdruck gaben. Unter den vielen und vielen Bekehrungen, die sich in San Giovanni Rotondo ereigneten, möchte ich hier nur eine herausgreifen:

Italia Betti, Professorin der Mathematik am *Liceo Galvani* in Bologna, machte sich am 14. Dezember auf den Weg zu Pater Pio nach San Giovanni Rotondo. Wer sie kannte, musste ihre Entscheidung sonderbar und unerklärlich finden, war sie doch in Bologna als kämpferische Kommunistin und überzeugte, unermüdliche Propagandistin des Marxismus-Leninismus bekannt. Sie hätte sich auch nie zu dieser Reise entschlossen, wäre ihr Pater Pio nicht eines Nachts im Traum erschienen und hätte sie dazu gedrängt. Als sie nun die Kapuzinerkirche der »Santa Maria delle Grazie« betrat, sah sie diesen Priester am Altar. Er las gerade die hl. Messe. Sie aber fühlte sich sehr krank, sie litt an einer sonderbaren Verwirrung.

Nach einer schlaflosen Nacht warf sich die Professorin vor den Beichtstuhl Pater Pios. Das geschah in aller Öffentlichkeit. Vor allen Leuten schwor sie den kommunistischen Ideologien ab und bat, zu Gott zurückkehren zu dürfen. Dem Direktor des Liceo Galvani, ihren Lehrerkollegen und einigen Schülern schrieb sie: »Ich habe den Frieden erobert, betet für mich!«

Viele Ex-Genossen versuchten, sie wieder umzustimmen, doch vergebens. Die Betti wollte San Giovanni Rotondo nicht mehr verlassen. An der Seite des Priesters, der sie zu Gott zurückgerufen und ihr nach zwanzigjähriger Verwirrung und Friedlosigkeit den Frieden des Herzens wieder geschenkt hatte, wollte sie leben und sterben. Am 28. Oktober 1950 starb sie an einem Krebsleiden und ruht nun im Friedhof von San Giovanni Rotondo. Mit dem Gürtel einer Franziskanertertiarin wollte sie beerdigt werden.[4]

Herzzerreißender Abschied von den Seinen

Die Liebe, die dem Geist Schwingen gibt, sodass er sich in Sehnsucht nach Gott verzehrt und danach verlangt, »aufgelöst zu werden, um bei Christus zu sein«, macht den Menschen nicht unempfindlich, sondern beschenkt ihn mit Tiefen des Mitleidens und Mitfühlens, mit einer Zärtlichkeit und Feinheit, die der gewöhnliche Christ einfach nicht hat und auch nicht haben kann, weil das alles eine herrliche Wirkung der großen beschaulichen, mystisch-passiven Liebe ist. Den Blick auf diese Liebe müssen wir im Auge behalten, wenn wir von Pater Pios tiefem Mitleiden beim Tod von Vater und Mutter, seines Bruders Michele und seiner Freunde erfahren.

Am 3. Januar 1929 starb seine Mutter, am 7. Oktober 1946 ging sein Vater heim, 1967 sein Bruder Michele. Jedes Mal, wenn er eines seiner Lieben durch den Tod verlor, gab es ihm einen Stich ins Herz.

Als Erste ging die Mutter heim.

Am 5. Dezember 1929 hatte Mary Pyle sie in ihr Haus aufgenommen, damit sie in der Nähe ihres stigmatisierten Priestersohns leben könne. Vier Jahre hatte sie ihn nicht mehr gesehen, jetzt freute sie sich, mit ihm Weihnachten feiern zu dürfen. Im Stillen nährte sie die Sehnsucht, Pater Pio würde einmal an ihrem Krankenbett stehen, wenn es Gott gefalle, sie heimzurufen. Darauf musste sie nicht mehr lange warten.

Trotz der eisigen Kälte ließ sie es sich nicht nehmen, der Mitternachtsmette beizuwohnen, die ihr Priestersohn feierte. Doch kaum war Weihnachten vorbei, da musste sie mit einer doppelten Lungenentzündung und einem starken Husten zu Bett. Die Ärzte zeigten sich besorgt.

Am ersten Januar machte Pater Pio einen Krankenbesuch. Von 13.30 Uhr mittags bis Mitternacht blieb er bei der kranken Mutter. Es drängte ihn, auf diese Weise seine kindliche Liebe und Dankbarkeit zum Ausdruck zu bringen und sie auch für die letzte Reise gut vorzubereiten. Francesco Morcaldi berichtet darüber als Augenzeuge: »Nichts Süßeres als sein Lächeln und seine Gebete am Bett seiner Mutter, nichts Zärtlicheres als seine Aufmerksamkeit, mit der er ihr manche Erfrischung reichte.«[5]

Manche fragten sich vielleicht, warum er, der von Gott mit der Gabe der Krankenheilung beschenkt war, nicht um die Heilung seiner Mutter betete? Für seine eigene Mutter betete er nur, dass Gottes Wille sich an ihr erfülle.

Am 2. Januar kam er wieder und fand sie schwer darniederliegend. Pater Raffaele brachte ihr die Sterbesakramente. Mama Giuseppa starb am 3. Januar 1929 um 6.15 Uhr morgens im Alter von sechzig Jahren. Maria Pompilio, die dabei sein durfte, berichtet auch vom Verhalten des Priestersohns beim Tod der Mutter. Als Pater Pio bemerkte, dass sie »hinübergegangen war«, drückte er ihr einen Kuss auf die Stirn und brach in ein lautes Schluchzen aus, halb ohnmächtig nahmen ihn zwei Ärzte und brachten ihn fort. Man legte ihn sanft auf ein Bett im angrenzenden Zimmer. Aber auch da überließ sich Pater Pio dem Weinen. Sein Weinen hatte etwas Außerordentliches und Herzzerreißendes, er machte mit seinen Tränen eine Menge Taschentücher nass. Auch die Anwesenden brachte er mit seinem schmerzvollen Klagen zum Weinen. Tief gerührt hatte er immer nur den einen Ausruf:

»*Mamma mia! Mamma mia bella!* Meine Mutter, meine gute Mutter.«[6]

Schon am folgenden Tag wurde Mama Peppa im Kleid einer Franziskanerterziarin auf dem Friedhof von San Giovanni Rotondo begraben. Pater Pio folgte dem Trauerzug von einem Fenster im Hause der Mary Pyle. Dort hatte er auch übernachten müssen, weil er mit seinen Kräften einfach am Ende war. So hatte ihn der Schmerz über den Verlust seiner lieben Mutter getroffen.

Bürgermeister Francesco Morcaldi berichtet noch: »Die Erschütterung durch den Schmerz bei Pater Pio war grausam ... Wir dachten nicht, ihn so leiden zu sehen. Hingegen scheint es, dass auf einmal die Saite seiner Stärke zerriss, um ihn niedergeschlagen in einem Ruhebett zurückzulassen, um zu weinen und zu klagen wie ein Kind und das ganze Tage lang. Mit unendlicher Süßigkeit rief er nur: ›*Mamma, Mamma mia ...*‹ Auf der Rückkehr vom Friedhof ging ich in das kleine Haus, wo die Mutter gestorben war, zurück. Ich fand Pater Pio auf dem Ruhebett ausgestreckt in einem Zustand zum Erbarmen ...« Als der Bürgermeister ihn fragte, warum er so herzzerreißend weine, er habe doch immer von der vollen Ergebung in den Willen Gottes gesprochen, sagte er: »Aber dieses Weinen sind Tränen der Liebe, es ist nichts anderes als Liebe.«[7]

Drei Tage währte dieser Zustand absoluter Erschöpfung.

Während die Mutter nur 60 Jahre alt wurde, ging sein Vater Grazio erst mit 86 Jahren heim. Auch er verbrachte seine letzten Jahre im Haus der Amerikanerin Mary Pyle. Auch er hatte das Glück, von seinem Priestersohn ins andere Leben hinübergeleitet zu werden. Ein Foto zeigt Pater Pio am Krankenbett seines Vaters, wie er ihm etwas zu essen gibt. Als dieser am 7. Oktober 1946 starb, begrub man ihn an der Seite seiner Gattin Giuseppa in der Friedhofskapelle der Kapuziner von San Giovanni Rotondo.

Im Mai 1967 starb sein Bruder Michele. Wir waren damals gerade auf Pilgerfahrt in San Giovanni Rotondo und ich erinnere mich noch gut an die Anschläge an der Klosterkirche, die sein Hinscheiden, das Requiem und die Beerdigung vermeldeten. Michele war fünf Jahre älter als Pater Pio, 1882 geboren, und ist

85 Jahre alt geworden. Die letzten zwanzig Jahre verbrachte er an der Seite seines Bruders. Seine Frau war schon gestorben und seine einzige Tochter hatte sich mit dem Lehrer Mario Penelli verehelicht. Ab und zu machte er einen Ausflug nach Pietrelcina, das er, wie sein priesterlicher Bruder, zeitlebens im Herzen trug. Fast alle Tage sahen sich beide Brüder im Kloster. Solange er konnte, besuchte Michele täglich dessen hl. Messe ... Ein langes Leiden, das ihn bettlägerig machte, läuterte ihn für einen guten Heimgang. Am 12. Juni 1966 hatte Pater Pio ihn zum letzten Mal besucht. Als er die Nachricht von seinem Tod erhielt, litt er sehr darunter, wenn er auch seine Tätigkeit im Beichtstuhl deswegen nicht einschränkte. Seine leibliche Schwester Graziella lebte 1968 noch. Sie war in den Orden der Birgittinnen in Rom eingetreten und erhielt den Namen Sr. Pia.

Tief schmerzte ihn auch der Heimgang seines Freundes Guglielmo Sanguinetti am 6. September 1954, der ganz überraschend für ihn kam, ebenso der Tod der Amerikanerin Mary Pyle am 26. April 1968. Seit über 40 Jahren, seit 1925, hatte sie an seiner Seite gelebt und Freude und Leid mit ihm geteilt. Sie war eine große Wohltäterin der Kapuziner. Mit ihrem Erbteil ließ sie das Kloster von Pietrelcina bauen.

Ein zweites schmerzliches Jahrzehnt

Von diesem schmerzlichen Jahrzehnt von 1952 bis 1962 meinte Pater Pio einmal: »Wir sind jetzt bei der letzten Station, der längsten und schmerzlichsten, angekommen.«[8]

Es war die Zeit, wo der Andrang der Gläubigen sich von Jahr zu Jahr mehrte. Die Volksmenge, die sich auf dem Platz vor dem alten Kirchlein drängte, war in ihrem südländischen Temperament natürlich oft sehr laut und lärmend. Selbst in der Kirche benahmen sich die Italiener in ihrer kindlichen Unbefangenheit wie zu Hause. So kann man verstehen, dass es bei dem Gedränge in der kleinen Kirche auch zu einem unordentlichen Durcheinander kam. Aber nicht nur die äußere Unordnung war ungeziemend für das Haus des Gebetes, es gab auch wirkliche Missstände. Eifrige Betschwestern betrieben ein wahres Schachern um die ersten Plätze. Für die Zusicherung, ganz vorne sein zu dürfen, wenn Pater Pio zum Altar gehe, ließen sie sich selbst bezahlen. Einheimische stachen sogar mit langen Nadeln zu, um unliebsame Ausländer von den vorderen Plätzen zu verdrängen, so erzählte unser Busfahrer, der das auf seiner ersten Fahrt nach San Giovanni Rotondo erlebt haben will. Ärgerlich war es schon, wenn diese Gruppe von Frommen die ersten Plätze um Pater Pios Altar für sich und die Ihren reservierte. Da gab es oft Freudenlärm von ihrer Seite und Reaktionen vonseiten derer, die sich benachteiligt fühlten. Die Kapuziner griffen oft ein, um solche Streitereien zu unterdrücken und die rechte Ordnung wiederherzustellen. Pater Agostino sparte nicht mit öffentlichen Zurechtweisungen, weil er fürchtete, dass diese Ungehörigkeiten den guten Namen der Klosterinsassen und Pater Pios beschmutzten.

Das war auch die Zeit, als man das Beichten bei Pater Pio durch schriftliche Vormerkungen ordnete. Die Terziarinnen, die vorher die Frauen bei der Beichte dirigiert hatten, waren darüber verstimmt und enttäuscht, und sie ließen es sich auch anmerken. Nach wie vor versuchten sie, die Ersten um Pater Pio herum zu sein, besonders wenn dieser in den Beichtstuhl ging und von dort wieder ins Kloster zurückkehrte.[9]

Es fehlte sogar nicht an Klagen gegen Pater Pio selbst: Man beschwerte sich, dass er bei den Männern in der Sakristei vor aller Augen die Beichte höre, man solle doch wenigstens ein paar Vorhänge spannen. Was die Frauenbeichte betrifft, wies man ihn an, die Türchen im Beichtstuhl zu schließen, damit das weibliche Geschlecht ihn nicht weiter sehen könne. Doch Pater Pio erklärte, dass ihm das wegen seiner kranken Lungen auf die Dauer unmöglich sei. Bei dem Andrang der Leute in der kleinen Kirche würde er zu wenig frische Luft bekommen. Müsste er diese Türchen schließen, dann könnte er kaum lange durchhalten.

Man verbot, Pater Pio im Beichtstuhl Briefe zu übergeben. Im Oktober 1951 warnte das Kloster durch Maueranschlag vor Publikationen und Nachrichten betreffs Pater Pio, die nicht genügend glaubwürdig erschienen. Man wollte alle Werbung, die den Zustrom der Leute nach San Giovanni Rotondo absichtlich förderte, unterbinden. Die Kapuziner erklärten, dass niemand außerhalb des Klosters das Recht habe, im Namen des Klosters zu antworten und noch weniger im Namen Pater Pios. Deswegen stellten sie auch manche Antworten, die Pater Pio zugeschrieben, aber von anderen vermittelt worden waren, als unzuverlässig hin.

Auch das Krankenhaus *Casa Sollievo della Sofferenza*, das anderer Leute Leiden lindern und übernatürlich kanalisieren sollte, brachte Pater Pio viel Leid, Schwierigkeiten und Verdruss, besonders was die Verwaltung des großen Klinikums anging. Unverantwortliche Presseinformationen taten dann auch das Ihre, um wieder einmal das Heilige Offizium und das Generalat der Kapuziner in Rom auf den Plan zu rufen. Der zweite Kreuzweg der von außen kommenden Leiden begann.

Römische Interventionen

Am 31. Dezember 1951 erschienen in San Giovanni Rotondo zwei Prälaten des Heiligen Offiziums, Msgr. Giovanni Pepe und Abate Emanuele Caronti. Am 16. Februar kam Pater Angelo von Genua als Visitator des Kapuzinerordens.

Am 11. März und 8. April 1952 unterbreitete das Heilige Offizium dem Kapuzinergeneral »nicht wenige Ungebührlichkeiten«, die man in San Giovanni Rotondo gefunden habe.

Am 13. Mai 1952 riet derselbe Pater General seinen Ordensleuten davon ab, Pilgerfahrten nach San Giovanni Rotondo zu begünstigen oder Schriften und Bilder Pater Pios zu verbreiten. 1959 wandelte er dieses Abraten in ein förmliches Verbot um.

Am 16. Juli 1952 traf unerwartet der Kapuzinergeneral, Pater Benigno de Sant'Ilario Milanese, in San Giovanni Rotondo ein.

Am 30. Juli 1952 erschien ein Dekret des Heiligen Offiziums, das nie in den *Acta Apostilicae Sedis,* sondern nur im *L'Osservatore Romano* vom 6. August veröffentlicht wurde. Darin wurden acht Bücher und Veröffentlichungen über Pater Pio verboten, weil sie ohne kirchliche Durchsicht und Druckerlaubnis herausgekommen waren. Man erklärte dazu, dass dieses Bücherverbot keine Verurteilung Pater Pios beinhalte, dieser aber selbst erklärt habe, dass manche wunderbaren Dinge, die man ihm zuschrieb, nicht der Wahrheit entsprächen.

Am 6. August 1953 erhielt die Kapuzinerprovinz von Foggia einen neuen Provinzial in der Person von Pater Teofilo da Pozzo aus der toskanischen Provinz.

Am 15. Dezember 1954 wurde Pater Pio vom Ordensgeneral auferlegt, »dass er sich nicht für die Fragen, die zwischen Gliedern des ›Hauses zur Linderung des Leidens‹ entstanden sind, interessiere«.

Im Juli 1960 ordnete man an, Pater Pio möge sich davon enthalten, »Frauen aus irgendeinem Grund in Privataudienz zu empfangen«.

Im Juli 1960 kam Msgr. Carlo Maccari von der Konzilskongregation nach San Giovanni Rotondo, um im Auftrag des Heiligen Offiziums das Kloster und Krankenhaus zu visitieren. Diese Visitation zog sich bis zum 17. September hin und fand aufgrund unkluger Indiskretionen eine weite Resonanz in der Presse.

Die apostolische Visitation von 1960 und ihre Hintergründe

Diesmal war es nicht das Heilige Offizium, das von selbst auf den Plan trat. Diese Visitation war vielmehr vom Kapuzinergeneral Clemens von Milwaukee erbeten worden. In einem Brief vom 14. April 1960 hatte er sich an den Papst gewandt und diesem die »gefährliche und schwere Situation« in San Giovanni Rotondo dargelegt. »Um ihr rechtzeitig abzuhelfen«, bat er, »so schnell wie möglich« eine apostolische Visitation im Kloster und Krankenhaus durchzuführen. Darin sah er die einzige »Möglichkeit einer wirksamen und vollständigen Lösung«.

Was aber hatte die Situation in San Giovanni Rotondo so gefährlich und schwer gemacht? Dazu einige Andeutungen:

Die Kapuziner waren auf den jüdischen Ex-Bankier Giambattista Giuffrè hereingefallen. Als dieser Bankrott machte, verloren sie auch ihre Darlehen. In ihrer Not dachten sie daran, ihre Verluste durch die damals sich steigernden Spenden für das Krankenhaus zu decken. Doch Pater Pio gab ihnen keine Lire, da diese Gelder ja in einer ganz anderen Intention gespendet worden waren. Dass die Presse solche Dinge in den Jahren 1955 bis 1958 benutzte, um das Kloster und den Orden in ein schiefes Licht zu rücken, ist nicht zu verwundern.

Den Höhepunkt erreichte die Pressekampagne in den folgenden Jahren von 1959 bis 1965. Da scheute man wirklich nicht davor zurück, Dokumente zu verzerren und dadurch neue Skandale hervorzurufen. Der Heilige Stuhl und der Kapuzinerorden wurden mit hineinverwickelt. Der Kapuzinerbischof, Msgr. Bartolomeo Bortignon von Padua, benahm sich sehr ungut gegen seinen Mitbruder auf dem Gargano.[10] Er suspendierte zwei seiner Weltpriester, die mit ihm wegen der Gebetsgruppen in Streit gerieten.

Auf dem Höhepunkt dieser Auseinandersetzungen kam es dazu, dass einige Kirchenmänner und Kapuziner Pater Pio durch Abhörgeräte im Sprechzimmer und in seiner Zelle Nr. 5 überwachten. Sogar in seinem Beichtstuhl brachte man solche Abhörgeräte an, die er dann selbst entdeckte. So erzählte mir Friedrich Abresch, der mich in die Welt Pater Pios einführte.

Umso schmerzlicher war dieser Presseskandal, als man feststellen musste, dass auch einige aus der Nähe Pater Pios dabei waren, die dieses Theater in den Tageszeitungen und Wochenblättern mit Stoff belieferten. Streit und Verdruss gab es auch Anfang Juli 1959, als das »Haus zur Linderung des Leidens« versuchte, den kranken Pater Pio in der Klinik zu behalten. Die Kapuziner hatten Angst, er würde vielleicht gar im Krankenhaus sterben. Das wollten sie nicht und kämpften deswegen hart darum, dass er ins Kloster zurückgebracht wurde. Pater Agostino gebrauchte harte Worte. Pater Pio, der lieber daheim im Kloster behandelt werden wollte, überließ die Entscheidung ganz seinen Vorgesetzten.[11]

In dieser aufgeheizten Stimmung überstürzten sich die Nachrichten. Man kolportierte Aussprüche und Prophezeiungen von Pater Pio, die später widerrufen werden mussten, so jene, dass der Stigmatisierte Kardinal Roncalli die dreifache Krone vorausgesagt habe. Wahrheit und Fabeleien wurden oft miteinander vermengt.

Mit dem »Haus zur Linderung des Leidens« gab es Schwierigkeiten, weil manche Post, die an Pater Pio gerichtet war und nicht selten Rat in Gewissensangelegenheiten erbat, dort in die Hände von Laien fiel.

Neue Anweisungen

Am 16. August gab der Visitator einige Anweisungen, die das Betreten und Verweilen der Pilger in der kleinen Kapuzinerkirche, in der der Beichtstuhl Pater Pios stand, besser ordnen sollten. Er ordnete unter anderem an, dass die Verbindung zwischen dem alten Kirchlein und dem neuen Gotteshaus durch zwei Gitter geschlossen werden sollte. Diese rein praktische Anordnung heizte aber die Fantasie der Zeitungsleute an. Ohne sich genau informiert zu haben, schrieben sie von Pater Pio als einem Gefangenen und Eingesperrten, den man beständig überwache. Seinen Oberen schimpfte man einen grausamen Tyrannen, einen herzlosen Peiniger und Gefängniswärter, ja man nannte ihn einen Sadisten. Pater Pios Umgebung teilte man in zwei Gruppen von Leuten ein: Die einen waren die Gewinnsüchtigen und Verfolger, die anderen seine Getreuen und Verteidiger.

Als Folge der Visitation erfolgten nach und nach folgende Anweisungen: Pater Pio sollte zur regulären Observanz zurückgeführt werden. Den Priestern und erst recht den Bischöfen sollte es verboten sein, bei der hl. Messe Pater Pios zu dienen. Die Zeit seiner hl. Messe sollte täglich gewechselt werden. Der Abstand der Gläubigen vor seinem Beichtstuhl sollte gewahrt werden. Dem Pater sollte es verboten werden, allein Frauen im Sprechzimmer oder anderswo zu empfangen. Man sollte ihn einladen, seine Messe in den Grenzen einer normalen Zeit zu feiern, in 30, höchstens 40 Minuten. Akte, die eine direkte Verehrung seiner Person bekundeten, sollten verhindert werden.

Die Visitation in Kloster und Krankenhaus zog sich bis zum 17. September 1960 hin. Unkluge Indiskretionen vonseiten derer, die eigentlich die Pflicht hatten zu schweigen, gaben der Presse manchen Stoff zu journalistischer Giftspritzerei.

Was Pater Pio selbst betrifft, so hatte er für all diese neuen Anweisungen und Vorkehrungen nur die Antwort eines demütigen Gehorsams. Sein neuer Oberer, Pater Rosario D'Aliminusa, schildert diesen im Brief vom 4. Mai 1961: »Ich habe dem Pater mitgeteilt … was ihn betrifft. Der Pater hat die Anordnungen im Geist der Demut und des Gehorsams entgegengenommen, ohne einen Einwand zu machen.«

Was die Zeit von 30 bis 40 Minuten betrifft, innerhalb derer er seine Messe zelebrieren sollte, sagte er: »Der Herr weiß es, dass ich es machen will wie alle anderen, aber es gelingt mir nicht. In bestimmten Augenblicken bin ich nicht fähig weiterzumachen. Ich fühle mich am Niederfallen und muss verweilen.« Er fügte aber sofort hinzu, dass er alles ausführen wolle, was ihm befohlen worden sei.

Als er die Mikrofone entdeckte, die man in seiner Zelle, wo er sich mit seinen »Getreuesten« unterhielt, angebracht hatte, konnte er die Bitterkeit seines Herzens nicht ganz verbergen. Er sagte nur: »Bis zu diesem Punkt?!«

Doch wollte er sich bei allem, was vorgefallen war, nicht als Verfolgter fühlen. Im Dezember 1964 griff er deswegen zur Feder, um die Vergifter der Atmosphäre, die Presseleute, zurechtzuweisen und zu bändigen. Er wies ihre Darstellungen, die ihn als Verfolgten und Unterdrückten zeichnen wollten, als Fantasiegebilde zurück: »Ich erfreue mich in meinem Dienst der vollen Freiheit. Ich weiß weder, dass ich Feinde und Verfolger hätte … Ich finde in den Vorgesetzten meines Ordens und bei den kirchlichen Autoritäten Verständnis, Trost und Schutz, noch brauche ich andere Verteidiger außer Gott und seine rechtmäßigen Stellvertreter.« Er habe das geschrieben, so versichert er, »aus Wahrheit und Gerechtigkeit, um Zweideutigkeiten zu vermeiden, die den Seelen und der Kirche Schaden zufügen und meinen Geist betrüben, der nichts anderes will als das Wohl aller und die Verherrlichung Gottes«.[12]

Diese ungesunde Propaganda, die glaubte, gegen seine Oberen und die Kirche für ihn eintreten zu müssen, lastete schwer auf ihm. Seinem Oberen aber gab er zu verstehen: »Was kann ich machen? Ich bete, dass Gott mich bald heimruft und mich von diesen Übeln befreit.«

Was blieb Pater Pio schon anderes übrig, als gute Miene zu all diesen Beschränkungen und Anordnungen zu machen, die ihm das Herz mit Bitterkeit erfüllten?

Das Haus und die Provinz leiden mit ihm

Es ist nicht leicht, an der Seite eines Heiligen zu stehen und erst recht nicht an der Seite eines so außergewöhnlichen Mannes, wie es Pater Pio war. Auf jeden Fall brachte die Visitation auch Änderungen in der Besetzung des Klosters mit sich. Auch die Provinzleitung wurde autoritär von oben neu bestimmt.

Am 18. September 1960 war dem Kloster in Pater Rosario D'Aliminusa, einem Ex-Provinzial der Kapuziner von Palermo, ein neuer Oberer vorgesetzt worden.

Am 19. März 1961 wurde der Kapuzinerprovinz von Foggia in der Person des Pater Torquato da Lecore, eines Ex-Provinzials der Toskana, ein neuer Provinzial gegeben.

Am 11. Juni 1963 wurden aus der Kapuzinerprovinz von Foggia die Definitoren und andere Brüder entfernt.

Am 10. Oktober 1963 wurde der Provinz mit Pater Clemens da S. Maria in Punta, einem Kapuziner aus Venetien, ein apostolischer Administrator gegeben.

Die Atmosphäre im Kloster schildert der dortige Obere, Pater Rosario, in einem Brief an den Ordensgeneral vom 24. April 1963:

»Wer das Milieu, in dem wir hier leben, kennt, kann sich leicht Rechenschaft geben über die Geduld, die man hier jeden Augenblick üben muss und wie man hier dauernden Beschwerden ausgesetzt ist aufgrund der einfachen Tatsache, dass es unmöglich ist, alle zufriedenzustellen. Alle bitten um dieselbe Sache: sich mit Pater Pio besprechen zu können und das aus den verschiedensten Motiven und zu jeder Stunde des Tages. Es ist eine Übung, die menschlich gesehen ermüdet und aufbraucht. Auch ich fühle mich nach fast drei Jahren müde … Und meine Müdigkeit wächst unwahrscheinlich, wenn ich jene der anderen Mitbrüder stützen soll.«[13]

Am 10. Mai 1963 ging der zweite Seelenführer Pater Pios, Pater Agostino von San Marco in Lamis, heim. Pater Pio trauerte sehr um diesen gütigen und doch auch wieder resoluten Oberen. In seinem *Diario* hatte dieser auch manche Eintragung über dieses so schmerzliche Jahrzehnt gemacht:

»30. September 1952: Der äußere Krieg von Personen, die mit dem Teufel verbunden sind, geht weiter, aber Pater Pio schreitet voran im Namen Gottes, als ob es ihn nichts anginge, während seine Seele in Bitterkeit getaucht ist.«[14]

»3. März 1953: Der Pater ist immer hingegeben an sein Leben des Dienstes für die Seelen. Die Leiden sind für ihn ein Geschenk Gottes, die sein gewöhnliches Leben nicht hindern.«[15]

»22. Februar 1955: Wenn auch leidend, ist er doch immer heiter in der Unterhaltung, er sucht im Gegenteil sein Leiden immer mehr zu verbergen.«[16]

»28. November 1956: Der satanische Kampf gegen das große Werk der Klinik geht weiter und Pater Pio leidet und betet.«[17]

»21. November 1957: Die physischen und seelischen Schmerzen sind andauernd. Und doch scheint es, als ob er sie nicht erleide.«[18]

»27. Februar 1959: Seelische und physische Schmerzen mit heroischer Ergebung in den Willen des Herrn, sogar mit Freude.«[19]

»14. Oktober 1960: Er hat gelitten und leidet aus Liebe zu Gott und aus so vielen Gründen … Aber er ist immer ergeben in den göttlichen Willen, weil er des Guten sicher ist, das daraus für das Werk Gottes kommen wird. Der Pater hat dem Stellvertreter Jesu Christi geschrieben und ist bereit, auch den geringsten Wunsch des obersten Hirten zu erfüllen, und dankt ihm für den Gedanken, der Klinik eine rechtliche Stabilisierung zu geben.«[20]

»25. Juni 1961: Für einige Monate gab es in den Zeitungen Artikel für und wider die Klinik und das Kloster. Pater Pio musste leiden und auch wir mit ihm. Aber wir erkannten die göttliche Zulassung und erfüllten alle den göttlichen Willen, der aus dem Übel immer das Gute zu schöpfen weiß.«[21]

Pater Pio litt und seine Mitbrüder mit ihm. Manchmal wurde es diesen etwas zu viel, sodass sie halb im Scherz, halb im Ernst sagten, sie könnten sich nur einen Pater Pio leisten. Wer aber am meisten litt, war der Leidensmystiker, der durch sein christusförmiges Leiden nicht nur die Mitbrüder im Kloster, nicht nur seinen Orden, sondern die ganze Kirche stützte.

XVII. DER GROSSE MARIENVEREHRER

Die kleine St.-Anna-Kirche, in der der kleine Francesco Forgione getauft wurde, war der »Muttergottes von den Engeln« geweiht. In der Hauptkirche des Ortes verehrte man die »Madonna della Libera« als die Patronin und Schutzfrau des ganzen Dorfes. Dieser mütterlichen Patronin war Francesco von klein auf in kindlicher Liebe zugetan. Auf ihr Fest »Mariä Himmelfahrt« freute er sich alle Jahre. Mit dem Herzen war er da in seinem Heimatort und huldigte der Himmelskönigin, auch wenn er in San Giovanni Rotondo seinem priesterlichen Dienst im Beichtstuhl nachkommen musste.

Es war in den 50er-Jahren, da kam sein Landsmann, Fra Modesto Fucci, nach San Giovanni Rotondo, um dort einige Streifen Marmor für die dortige Klosterkirche zu holen. Er hatte keine Eile und wäre gern noch einige Tage in San Giovanni Rotondo geblieben. Doch Pater Pio drängte zur Eile, er sollte das Patronatsfest der himmlischen Schutzfrau von Pietrelcina nicht versäumen. Er bedeutete dem Bruder: »Mach alles, was du tun kannst, und reise sofort ab …

Du musst sofort abreisen. Weißt du denn nicht, was morgen ist? Morgen ist das Fest unserer Madonella. O könnte ich auch kommen!«

Die Muttergottes behütet nicht nur die Tage seiner Kindheit, sie ist ihm auch nahe im Dunkel der passiven Läuterungen, die seinen mystischen Aufstieg begleiten. Nach den vielen Teufelsquälereien, die er jahrelang zu durchstehen hat, kommen regelmäßig mit Jesus auch die liebe Muttergottes und der hl. Schutzengel. In diesen weiteren ekstatischen Visionen und Ansprachen verkehrt er mit seiner himmlischen Mutter mit einer Kindlichkeit und Zärtlichkeit, man könnte sagen mit der Herzlichkeit eines Liebenden, der von der Schönheit der himmlischen Mutter hingerissen ist und sich bei ihr geborgen fühlt. Pater Agostino, der in seinem Tagebuch einiges von den ekstatischen Zwiegesprächen in Venafro festhält, hört ihn zur Muttergottes sagen: »*Mammina, Mamma mia!* Liebe kleine Mama, meine Mutter!« (29. November 1911). »Höre, meine liebe kleine Mama ... Ich liebe dich mehr als alle Geschöpfe der Erde und des Himmels, nach Jesus natürlich ... aber ich liebe dich.«[1]

In einer anderen Ekstase ruft er aus: »Ja, du bist schön, wenn der Glaube nicht wäre, würden dich die Menschen Göttin nennen. Deine Augen sind glänzender als die Sonne ... Du bist schön, meine liebe kleine Mutter, ich rühme mich dessen ... Hilf mir doch!«[2]

Seine Briefe sind voll zärtlicher Liebe und kindlichem Vertrauen zu Maria.

Durch Maria zu Jesus

»Diese zärtlichste Mutter wollte mich in ihrer großen Barmherzigkeit, Weisheit und Güte in einer sehr erhabenen Weise bestrafen, und zwar dadurch, dass sie so große und viele Gnaden in mein Herz ergoss. Wenn ich mich in ihrer und Jesu Gegenwart befinde, muss ich ausrufen: ›Wo bin ich, wo befinde ich mich? Wer ist es, der in meiner Nähe ist?‹ Ohne dass ein Feuer da wäre, fühle ich mich ganz verbrennen. Durch diese Mutter fühle ich mich innigst an den Sohn gebunden, ohne auch nur die Ketten zu sehen, die mich so eng verbinden. Tausend Flammen verzehren mich. Ich fühle mich unaufhörlich dahinsterben und doch bleibe ich immer am Leben. In diesen Augenblicken ist es, dass ich meistens in einem Entrüstungssturm aufbrause. Ich empfinde, wie mir das Blut zum Herzen strömt und von da in den Kopf.

Da fühle ich mich versucht, ihnen ins Gesicht zu schreien und den Sohn grausam und die Mutter eine Tyrannin zu nennen.«[3]

Diese zartinnige Marienminne ist nicht nur durchglüht vom heißen Temperament eines Südländers, der es wagt, seinem zärtlichen Empfinden einen warmen Ausdruck zu geben. Es ist vielmehr die mystische Glut eines großen Beschaulichen, der das Feuer der göttlichen Liebe erfahren darf. In diesem seinem Erleben und Erleiden der göttlichen Liebe, die ihn ganz verzehrt, fehlt die Mutter der schönen Liebe nicht. Diese Mutter will nicht nur die Sünder aus dem Sündenmorast herausziehen, sie vermag ihre Kinder und Verehrer mit dem Größten und Schönsten zu beschenken, mit der Liebe, die Gott selbst ist.

So erlebt Pater Pio die Christozentrik des Marianischen. Durch die Mutter wird er nicht nur zum Sohn geführt, sondern innigst und unzertrennlich mit ihm verbunden. Bei ihm ist das »Durch Maria zu Christus« vollendet.

Kindliche Dankbarkeit und grenzenloses Vertrauen zu Maria – ein Brief vom 1. Mai 1912:

»Liebster Vater! *O le joli mois c'est le mois de mai. C'est le plus beau de l'année.* Ja, mein Vater, dieser Monat lehrt uns sehr wohl die Süßigkeit und Schönheit Mariens. Wenn ich an die unzähligen Wohltaten denke, die mir die gute Mutter erwiesen hat, schäme ich mich, dass ich nicht mit entsprechender Gegenliebe vergolten habe, was sie mir in großer Güte erwies.

Wie oft habe ich dieser Mutter die schmerzlichen Ängste meines unruhigen Herzens anvertraut und wie oft hat sie mich getröstet? Und wo blieb meine Dankbarkeit … Wenn ich sehr betrübt bin, scheint es mir, dass ich auf Erden keine Mutter mehr habe, wohl aber eine sehr barmherzige im Himmel. Und wie oft beruhigte sich mein Herz, sodass ich alles vergaß, ja sogar die Pflicht der Dankbarkeit gegenüber der himmlischen Mutter.

Der Monat Mai ist für mich der Monat der Gnade und in diesem Jahr hoffe ich deren zwei zu empfangen. Die eine wäre, dass sie mich zu sich nimmt, oder wenn ich weiterleben sollte, dass sie mir lieber alle Tröstungen dieser Welt in Bitterkeit verwandelt, wenn sie mich nur nicht mehr diese Schurkengesichter … (gemeint ist der Teufel) sehen lässt. Die zweite Gnade, die ich erflehe, ist … Ihr versteht mich, mein Vater.

Diese letzte Gnade wage ich nicht noch einmal von ihr zu erflehen, weil es ihr missfällt. Sie würde nur von Neuem ihr schönes Angesicht verbergen, wie sie es schon einmal getan hat.

Arme, gute Mutter, wie lieb sie mich hat! Das durfte ich erneut zu Beginn dieses schönen Monats feststellen. Mit wie viel Sorgfalt hat sie mich heute Morgen an den Altar begleitet. Mir schien es, als hätte sie an nichts anderes zu denken als an mich und wie sie mein Herz ganz mit heiligen Anmutungen erfülle.

Ich empfand in der Herzgegend ein geheimnisvolles Feuer, das ich mir nicht erklären konnte. Ich hatte das Bedürfnis, Eis daraufzulegen, um das Feuer, das mich verzehrte, zu löschen.

Ich möchte eine so laute Stimme haben, um die Sünder der ganzen Welt einzuladen, die Muttergottes zu lieben. Weil das aber nicht in meiner Macht steht, habe ich gebetet und werde weiter dafür beten, dass mein Schutzengel für mich diese Aufgabe übernehme.«

So weit der marianische Teil des Briefes.

Auf Französisch, das er gar nicht beherrscht, beginnt Pater Pio sein Lob auf die Maienkönigin. Von der Schönheit und Lieblichkeit der Maiennatur erhebt sich sein Herz zur Schönheit, Anmut und Süßigkeit der Jungfrau-Mutter. Die Schönheit der himmlischen Mutter erfährt er weniger durch Darstellungen der Kunst, die diese überweltliche Schönheit in tausend Bildern wiederzugeben sucht. Gott enthüllt ihm selbst etwas von dieser unaussprechlichen Schönheit. Das schöne und über die Maßen liebenswürdige Antlitz der Muttergottes muss ihm oft zugelächelt haben, ja die strahlende Anmut der himmlischen Königin und Mutter der Gnaden, das Erfahren ihrer Nähe und mütterlichen Sorge muss Pater Pio irgendwie zum Dauerzustand geworden sein, sonst würde er in demselben Brief nicht seine Angst zum Ausdruck bringen, Maria könnte von Neuem ihr schönes Antlitz vor ihm verbergen.

Die Süßigkeit, die er dabei empfindet, ist keine sinnliche, sondern eine Wonne und Freude, die die geistige Seele dabei empfindet.

Wenn Gott sich spüren lässt, welch ein Glück, welch eine Seligkeit, die alle sinnlichen Freuden übersteigt! Wenn der Liebende die Schönheit und Lieblichkeit der himmlischen Mutter immer tiefer erfassen darf, dann bedeutet das für ihn ebenfalls Glück und seelische Geborgenheit, Sicherheit und Freude, besingen wir doch Maria als Trösterin der Betrübten und Ursache unserer Freude. Dankbar bekennt er – und dieser Dank scheint ihm noch viel zu wenig –, dass Maria ihm Trost und Beruhigung in den Ängsten und Nöten des mystischen Aufstiegs vermittelt, dass sie wirklich ein Stern im Meer in den Finsternissen und Versuchungen der dunklen Nächte gewesen sei.

In visionärer Schau darf er auch die mütterliche Liebe und Sorge Mariens erfahren, die ihn bei der Darbringung des eucharistischen Liebesopfers unterstützt. Sie geleitet ihn an den Opferaltar und das mit einer bevorzugenden Sorge und liebenden Aufmerksamkeit. Dabei entzündet sich in seinem Herzen ein geheimnisvolles Liebesfeuer, das so sehr auf das Körperlich-Leibhafte einwirkt, dass er nach kühlendem Eis Ausschau hält.

Mariens Schutz

Am 9. Mai 1915 schreibt er an Pater Agostino: »Die Macht des Teufels, der mich bekämpft, ist furchtbar. Aber es lebe Gott, weil er die Sache meines Heils, den guten und siegreichen Ausgang in die Hände unserer himmlischen Mutter gelegt hat. Beschützt und geführt von einer so zärtlichen Mutter werde ich kämpfen, solange Gott es will. Ich bin sicher und voll Vertrauen auf diese Mutter, dass ich niemals unterliegen werde.

Wie ist doch die Hoffnung auf den Sieg vom Land der Verbannung aus betrachtet so fern, Vater; wie nah und sicher aber ist sie, vom Haus Gottes aus betrachtet, unter dem Schutz dieser heiligsten Mutter.«[4]

Am 1. Juli 1915 schreibt er an Pater Agostino: »Wie süß, Vater, ist der Name Kreuz. Hier am Fuß des Kreuzes Jesu kleiden sich die Seelen in Licht und entflammen sich in der Liebe. Hier spannen sie die Flügel, um sich zu den erhabensten Flügen zu erheben …

Die Schmerzensmutter möge uns von ihrem göttlichen Sohn erflehen, dass wir immer tiefer in das Geheimnis des Kreuzes eindringen und uns zusammen mit ihr an den Leiden Jesu berauschen. Das sicherste Zeugnis der Liebe besteht im Leiden für den Geliebten, und nachdem der Sohn Gottes aus reiner Liebe so viele Schmerzen erduldet hat, bleibt kein Zweifel darüber, dass das für ihn ertragene Kreuz liebenswert wird wie die Liebe selbst.

Die allerseligste Jungfrau erlange uns Liebe zum Kreuz, zu den Leiden, zu den Schmerzen. Sie, die als Erste die Frohe Botschaft in ihrer ganzen Fülle verwirklichte, in ihrer ganzen Strenge, noch bevor das Evangelium überhaupt verkündet war, sie möge auch uns zu ihrer Nachfolge anspornen.

Setzen wir alles daran, immer dieser gebenedeiten Mutter nachzufolgen, wie es so viele auserlesene Seelen getan haben. Schreiten wir in ihren Fußstapfen, denn es gibt keinen anderen Weg, der zum Leben führt, als den, den unsere Mutter gegangen ist. Lehnen wir, die wir zum Ziel gelangen wollen, diesen Pfad nicht ab …«[5]

Wozu Pater Pio hier seinen geistlichen Vater ermuntert, das lebt er selbst und erfährt es immer eindringlicher. Maria erschließt dem Liebenden das ganze Christusgeheimnis, nicht nur das liebliche Geheimnis von Bethlehem, sondern auch und erst recht das Geheimnis von Golgotha. Er bewundert nicht nur die Schönheit und Liebenswürdigkeit der himmlischen Mutter, die Liebe zu Jesus, dem Gekreuzigten, lässt ihn auch die Schmerzen der Mutter immer tiefer erfassen. Er findet Zugang und Heimat im schmerzensreichen Herzen der Mutter unter dem Kreuz. Diese wiederum ist es, die ihn anfeuert und anspornt, seinen Blick unentwegt auf Jesus, den Mann der Schmerzen, den leidenden Gottesknecht, das unschuldige Opferlamm für unsere Sünden, zu richten und liebend und sühnend dessen Schmerzen und Leiden zu teilen. Das hilft ihm, die Kreuze des Alltags mit aufrichtiger Ergebung zu tragen. Dafür kann er der himmlischen Mutter nicht genug danken:

»Mir tut es nur leid, mein Vater, unserer schönen Jungfrau Maria nicht genug danken zu können. Denn ich zweifle nicht im Geringsten daran, dass ich durch ihre Fürsprache so viel Kraft vom Herrn empfangen habe, um die vielen Demütigungen, denen ich Tag für Tag unterworfen bin, mit aufrichtiger Ergebung zu ertragen. Auch gegenwärtig glaube ich, für jede andere Züchtigung gerüstet zu sein, die mir der Herr nach seinem Wohlgefallen schicken wird, und ich glaube nicht, dass mir die Kraft dazu von dieser Welt kommt …«[6]

»Wer mich findet, findet das Leben …«

Durch Maria findet Pater Pio hin zur Fülle des Lebens, die Jesus den Liebenden versprochen hat. Sein mystisch-innerliches Leben ist ganz marianisch gefärbt. Was er innerlich erfährt, das wünscht er auch seinem Seelenführer, Pater Agostino. An diesen schreibt er am 10. Juli 1915:

»Die Mutter Jesu, welche auch unsere Mutter ist, erlange uns von ihrem Sohn die Gnade, ein Leben ganz nach dem Herzen Gottes zu leben, ein ganz innerliches und in ihm verborgenes Leben. Diese so liebe Mutter möge uns mit Jesus so innig vereinen, dass wir uns von keiner Sache dieser Welt mehr einnehmen und locken lassen. Sie halte uns immer in der Nähe dieser unermesslichen Liebenswürdigkeit, bei Jesus. Nur dann können auch wir mit dem hl. Paulus sagen, dass wir Kinder Gottes sind inmitten eines verdorbenen Geschlechts.«[7]

Wer kann sich da wundern, dass der Geist Gottes einen solch innigen Marienverehrer drängte, sein tiefinnerliches, beschaulich-mystisches Beten an die schlichten Formeln des marianischen Rosenkranzes zu knüpfen.

Bring mir die Waffe!

Immer konnte man den großen Beter mit dem Rosenkranz in der Hand oder am Handgelenk sehen. Manchmal trug er ihn auch unter dem Brusttuch verborgen. Nie wollte er ohne diese »seine Waffe« sein. Andere Rosenkränze hielt er bereit unter dem Kopfkissen und auf der kleinen Kommode neben seinem Bett. Als er eines Abends trotz der vielen Rosenkränze, die er benutzte, im Augenblick keinen finden konnte, wandte er sich an Pater Onorato, der ihm in seinen alten Tagen oft beim Zubettgehen half. »Knabe!«, redete er ihn mit einem Dialektwort an, »bring mir die Waffe! Gib mir die Waffe!« Pater Onorato, der in Pater Pios Gedankenwelt zu Hause war, verstand das sofort.

Noch am Vorabend seines seligen Heimgangs legte er einigen, die ihn um ein geistliches Wort baten, ans Herz: »Liebt die Muttergottes und sorgt dafür, dass sie geliebt wird. Betet immer den Rosenkranz!«

Wovon das Herz voll ist

Wenn er von seiner himmlischen Mutter, wie er Maria nannte, sprach, konnte er seine innere Rührung nicht verbergen. Diese Rührung konnte sich zu direkten Tränenausbrüchen und starkem Schluchzen steigern, sodass er dann bei der abendlichen eucharistischen Andacht, die mit einem Gruß an die Himmelskönigin schloss, nicht mehr weitermachen konnte. Jedes Mal, wenn er am Bild der Immaculata beim Treppenaufgang, der zur Sakristei führt, vorüberging, blieb er regelmäßig einige Minuten stehen. In seiner kindlichen Andacht zu Maria kümmerte er sich dann nicht um seine Umgebung. Zu Füßen seines Bettes hing an der Wand das Bild der Mutter der Reinheit. Vor dem Einschlafen wollte er, dass sein Oberer oder einer der anwesenden Mitbrüder das *Ave Maria* anstimme. Innig heftete er dabei seinen Blick auf dieses Muttergottesbild und versuchte dann einzuschlafen.

Kälte und Zurückhaltung in allem, was die Verehrung Mariens betrifft, besonders aber das Anzweifeln der Vorzüge Mariens, taten ihm weh. Als er eines Tages von solchen Irrtümern, die moderne Theologen über Maria, ihre Jungfräulichkeit und das Geheimnis der Verkündigung verbreiteten, hörte, machte er sich auf und davon. Er entschuldigte sich beim Oberen darüber, indem er sagte: »Ich gehe, es wird mir übel, wenn ich bestimmte Dinge höre.«

Ich sehe dich in tausend Bildern

Der Briefverkehr mit seinen Seelenführern währt nur bis 1922, seine kindliche Liebe zu Maria aber zeitlebens. Da Gott seinen Freund den außerordentlichen passiven Weg gehen heißt, fehlen auch Schauungen und Ansprachen seitens der Muttergottes nicht.

Am 15. August 1929 erfährt Pater Pio Mariens Mutterschutz in einer Stunde intensivster seelischer Bedrängnis. Lassen wir ihn selbst darüber berichten:

»Heute Morgen bin ich an den Altar gestiegen, ich weiß nicht wie. Körperliche Schmerzen und innere Leiden wetteiferten miteinander, was mein ganzes armes Dasein mehr martern konnte … In dem Maß, wie ich mich der Konsumierung der heiligsten Gestalten näherte, steigerte sich dieses Gemartertsein immer mehr. Ich fühlte mich sterben. Eine tödliche Traurigkeit durchdrang alles und ich glaubte, dass alles für mich aus sei: das Leben in der Zeit und das ewige Leben …

Im Augenblick, als ich die Hostie konsumierte, durchdringt plötzlich ein Licht mein ganzes Inneres und ich sehe klar die himmlische Mutter mit ihrem Kind auf den Armen, die mir sagen: ›Beruhige dich! Wir sind bei dir, du gehörst zu uns und wir sind dein.‹ Als das gesagt war, sah ich nichts mehr …

Doch fühlte ich mich den ganzen Tag in ein Meer von Süßigkeit und unbeschreiblicher Liebe getaucht.«[8]

Pater Pio liebte auch die Gnadenbilder Mariens, die das fromme christliche Volk in Liebe und im Vertrauen auf ihre Fürbitte bei Jesus verehren soll.

Sehr verehrte Pater Pio die Muttergottes von Pompeji. Dorthin pilgerte er 1901 mit einigen Schulkameraden. Seit 1912 betete er Novene um Novene zur Muttergottes von Pompeji um die Gnade, wieder ins Kloster zurückkehren zu können. Am 3. Januar 1917 kündigte er an, dass er in einem Militärurlaub nach Pompeji fahren wolle. Auch Pater Agostino bittet er um Novenen und Rosenkränze zur Muttergottes von Pompeji, um eine Gnade, die ihm am Herzen lag, zu erhalten. Ebenso schreibt er der adeligen Terziarin Raffaelina Cerase: »Betet und … belästigt in hl. Weise das göttliche Herz und die heiligste Jungfrau von Pompeji!«[9]

Noch wenige Tage vor seinem Tod ehrt er die Muttergottes von Pompeji durch eine besondere Geste kindlicher Liebe. Als er am 19. September 1969 einen herrlichen Strauß roter Rosen zur Erinnerung an den 50. Jahrestag seiner Stigmatisation geschenkt bekommt, zieht er eine davon mit seiner verwundeten Hand heraus und übergibt sie einem seiner geistlichen Söhne aus Neapel, damit er sie vor dem Gnadenbild der Muttergottes vom Rosenkranz in Pompeji niederlege.

Auch der Muttergottes von Loreto war er kindlich zugetan. Als ihn einer seiner geistlichen Söhne eines Tages fragte, ob das hl. Haus in Loreto wirklich das wäre, in dem sich das Geheimnis der Menschwerdung vollzogen habe, antwortete er nur, indem er allen Streitfragen aus dem Weg ging: »Wenn ich nur einen einzigen Augenblick in dieses Haus eintreten würde, würde ich wegen der großen Rührung sterben.«

Ebenso ging seine Sehnsucht nach Lourdes. Als seine geistliche Tochter Raffaelina Cerase nach Lourdes pilgern wollte, schrieb er ihr am 28. Juli 1914: »Auch ich ersehne seit vielen Jahren einen solchen Besuch, aber ich merke, dass das für immer ein frommer Wunsch bleiben wird.« Er ermunterte sie, sich diese »schönste Gelegenheit nicht entgehen zu lassen«. Gern wäre er selbst mitgefahren und hätte das für eine große Gnade des Himmels gehalten.[10]

Aber Pater Pio, der eine solche Sehnsucht äußerte, nach Lourdes zu kommen, kannte es bereits in allen Einzelheiten. Er hatte das alles in einem visionären Traumgesicht erlebt. Er konnte alles bis ins Kleinste beschreiben. Sein Guardian, dem er es erzählt hatte, interessierte sich dafür, ob er da geschlafen habe. »Nein«, antwortete er, »da schlief ich nicht, da war ich wach.« Seitdem hatte Pater Pio kein Verlangen mehr, Lourdes zu sehen.[11]

Als Pater Onorato im Juli 1968 zu ihm kam und ihm sagte, er wolle nach Lourdes fahren, und dieser auch ihn zu dieser Pilgerfahrt einlud, sagte er: »Nun, in Lourdes bin ich schon so viele Male gewesen.« Als dieser etwas erstaunt bemerkte, er habe ihn noch nie das Kloster verlassen sehen, erklärte er: »Nun, nach Lourdes fährt man nicht bloß mit dem Zug oder mit dem Auto, man geht auch auf andere Weisen dorthin.«[12]

52 Jahre lang Diener am Heiligtum

52 Jahre lang lebte und wirkte er an diesem marianischen Heiligtum auf dem Gargano. Vor diesem Gnadenbild im Stil einer orientalischen Ikone, das die Muttergottes in südlich unbefangener Mütterlichkeit zeigt, vollendete er seinen mystischen Aufstieg, empfing er die Wundmale und vermittelte er vielen Sündern die Gnade tiefer Herzensbekehrung. Was er Gutes tat, die Krankenheilungen und die noch größeren Herzensumwandlungen, schrieb er der Mutter der Gnaden, der Mittlerin aller Gnaden, zu.

Eine ähnliche Madonna mit dem Kind auf dem Schoß und von Engeln umgeben hatte Pater Pio am Sonntagmorgen des 20. Juli 1913 in Pietrelcina gesehen, als er die Messe gefeiert hatte. Er fand sich im Geiste »von einer höheren Macht in ein äußerst geräumiges Zimmer getragen, das ganz von einem äußerst hellen Licht glänzte. Auf einem hohen, mit Edelsteinen besetzten Thron sah ich eine Frau von seltener Schönheit. Es war die heiligste Jungfrau, die auf ihrem Schoß das Kind trug, das eine majestätische Haltung und ein Gesicht, glänzend und leuchtend wie die Sonne, hatte, umgeben von einer großen Menge von Engeln in sehr leuchtenden Formen.«[13]

»Die Muttergottes von der Gnade«, sagte er einmal, »ist die Königin, der wir jeden Tag und mehrmals am Tag unsere Liebe kundtun und von der wir mütterlichen Beistand erwarten.«[14]

1959 durfte er die doppelte Freude der Einweihung der neuen Kirche und der Krönung des Gnadenbildes erleben. Erleben ist zwar zu viel gesagt, denn er lag gerade damals, als der Bischof von Foggia, Paolo Carta, am 1. Juli die neue Kirche konsekrierte und Federico Kardinal Tedeschini einen Tag darauf das Gnadenbild krönte, sterbenskrank im Krankenhaus *Casa Sollievo della Sofferenza*.

Auf der Wand hinter dem Hochaltar schmückt die neue Kirche das Gnadenbild in großen Dimensionen aus Mosaik. Links auf der Empore im sogenannten »Matroneum« sollte er im letzten Jahrzehnt seines Lebens seinen Stammplatz finden. Dort kniete er und saß er und betete einen Rosenkranz nach dem anderen. Nach innen gesammelt, ging sein liebender Blick zur Mutter der Gnaden und ab und zu auch auf die Menge der Pilger unten in der Kirche, deren Anliegen er der lieben Muttergottes vortrug.

Die Muttergottes heilt ihren treuen Knecht

In ungezählten Fällen hatte er für seine Brüder und Schwestern Heilungsgaben von Maria, dem Heil der Kranken, erfleht. Nun bat er sie um die eigene Heilung in schwerer Krankheit.

Als die Muttergottesstatue von Fatima in einer Wallfahrt durch die Städte Apuliens getragen wurde, wurde sie auch Pater Pios wegen nach San Giovanni Rotondo gebracht. Eine große Volksmenge wartete schon auf die Begegnung des großen Marienverehrers mit der Muttergottes von Fatima. Pater Pio war um diese Zeit schwer krank. Hatte er auch einen schweren Anfall von Bronchialasthma überstanden, so fühlte er sich trotzdem noch gänzlich erschöpft. Er nahm neben dem Altar Platz. Als die Muttergottes im Altarraum ankam, ging er ihr entgegen. Voller Rührung und mit Tränen in den Augen küsste er sie herzlich und hielt einen Rosenkranz an ihre Hände. Dann kehrte er in seine Zelle zurück. Man fürchtete einen erneuten Zusammenbruch.

Inzwischen trug man die Muttergottes von Fatima auf die Terrasse der Klinik, um sie von dort mit einem Hubschrauber weiterzubefördern. Doch Pater Pio wollte sie ein zweites Mal grüßen. Auf einem Stuhl ließ er sich in den Chor der alten Kirche tragen, um sich dort am Fenster, das auf den Kirchplatz hinausging, zu zeigen. Unter den Hochrufen einer begeisterten Menge erhob sich gerade der Hubschrauber. Bevor er aber sein neues Ziel anflog, kreiste er dreimal über dem Kapuzinerkloster, um Pater Pio zu grüßen. Als dieser sah, wie sich der Hubschrauber mit der Muttergottes von Fatima erhob, war er zutiefst gerührt. Unter Tränen betete und seufzte er voll kindlichen Glaubens: »Muttergottes, du bist nach Italien gekommen und ich bin krank geworden. Jetzt fliegst du davon und lässt mich hier in meiner Krankheit sitzen!« Nach diesem kindlichen Zwiegespräch mit der himmlischen Mutter senkte er sein Haupt. Da schüttelte ihn ein Schauer, der durch den ganzen Körper ging. Er fühlte sich völlig wiederhergestellt. Während andere nicht recht an eine wunderbare Heilung glauben wollten, deutete er die ganze Sache übernatürlich: »Die Muttergottes«, so sagte er, »ist hierhergekommen, weil sie Pater Pio heilen wollte.«

Die letzte Heilungsgnade vom Herzen der Muttergottes

Wir schreiben den 20. September 1968. San Giovanni Rotondo hat sich zum Fest gerüstet. Feierlich sollte der fünfzigste Jahrestag der Stigmatisierung Pater Pios begangen werden. Auch Gino Pin kam mit seiner ganzen Familie aus Biella (Vercelli) in die Stadt auf dem Gargano, um die Tage in Pater Pios Nähe zu verbringen.

Nicht umsonst flüchtete sich Gino Pin mit seiner Familie in die Nähe und Freundschaft des Stigmatisierten. Lag doch auf ihm und seiner Familie das Kreuz des Herrn in einer nie endenden Folge von Prüfungen, Demütigungen, Leiden, Erkrankungen. Pater Alberto vermittelte ihm auch ein kurzes Treffen mit Pater Pio auf der Veranda des Klosters. Pater Pio zeigte sich gütig, väterlich und verständnisvoll. Er ermutigte ihn und versicherte ihm, dass er für ihn und seine Lieben gebetet habe. Dann legte er ihm die durchbohrten Hände aufs Haupt und segnete ihn. Zuvor hatte er Gino Pin schon eine Widmung auf der Rückseite eines Muttergottesbildes zukommen lassen: »Jesus und Maria mögen immerdar deine Schmerzen lindern.«

Die Schmerzen und Leiden sollten auch am Gnadenort nicht fehlen. Seine Tochter Maria Pia wurde plötzlich krank und musste mit hohem Fieber, Leibschmerzen und Erbrechen ins Krankenhaus eingeliefert werden. Die Ärzte rätselten herum und tippten auf eine akute Blinddarmentzündung, eine Bauchfellentzündung oder gar auf einen Tumor.

Am Morgen des 22. September kam Gino Pin nach der stillen Messe ganz schmerzerfüllt und erschöpft nach einer schlaflosen Nacht zu Pater Alberto. Er berichtete: »Maria Pia geht es schlecht, sehr schlecht. Ich bin wirklich besorgt um sie, wie ich auch besorgt bin um Pater Pio (den man an diesem Morgen bewusstlos vom Altar wegtragen musste). Ich weiß nicht, was ich tun soll. Ich möchte sofort nach Biella fahren, um das Mädchen nach Hause zu bringen. Wenn ein Unglück geschehen sollte, dann befinde ich mich wenigstens daheim. Ich möchte einen Rat von Pater Pio, was ich tun soll. Vielleicht verlange ich etwas Unmögliches ...«

Darauf Pater Alberto: »Ich werde nachsehen, ob Pater Pio das Bewusstsein wiedererlangt hat und in der Lage ist, mir einen Rat zu geben.«

Er ging also auf die Veranda. Pater Pio saß da, ganz versunken im Gebet, während Pater Onorato sich um den Kranken kümmerte. Pater Alberto kniete nieder und rief ihn an, aber er gab keine Antwort. Darauf klopfte er ihm mit dem Finger aufs Knie. Da neigte Pater Pio, als hätte er einen Stoß erhalten, sein Haupt, blickte ihn an und fragte: »Was willst du?«

Pater Alberto trug ihm erneut den Fall Pin vor. Er erzählte ihm kurz, wie es der Tochter gehe und dass Gino Pin einen Rat erbitte, ob er das Mädchen nach Biella bringen oder hier im Krankenhaus lassen solle.

Pater Pio antwortete, ohne zu zögern: »Sie soll in diesem Krankenhaus bleiben. Wenn eine Operation notwendig wird, wird sie hier oder in Biella operiert werden. Ich werde für sie beten.«

Pater Alberto erbat noch mehr für seinen Freund, den er auf einer Predigtreise in Biella kennen- und schätzen gelernt hatte. »Pater!«, sagte er zu Pater Pio, »Gino Pin ist arm und kann sich die Ausgabe nicht leisten, mit seiner ganzen Familie so lange in San Giovanni Rotondo zu bleiben. Warum entreißen Sie nicht der Muttergottes die Genesung des Mädchens ohne Operation? …«

Pater Pio sah seinem Mitbruder tief in die Augen und sagte: »Ja … ich werde für sie beten.«

Um 11 Uhr machten Dr. Gusso, der Chefarzt des Krankenhauses, und einige andere Ärzte Visite bei der Tochter von Gino Pin. Aber zu ihrem Erstaunen konnten sie nichts mehr feststellen. Maria Pin wurde sofort aus dem Krankenhaus entlassen. Das war vielleicht eine der letzten Gnaden, die Pater Pio dem Herzen der Muttergottes entrissen hatte, meint Pater Alberto, der über diese Heilung berichtet.

Das war am Vorabend seines seligen Heimgangs. Als Gott seinen treuen Knecht zu sich rief, hielt dieser den Rosenkranz fest in seinen bleichen Händen und seufzte unaufhörlich: »Jesus, Maria! Jesus! … Maria!«

Ich sehe zwei Mütter

Die letzten Augenblicke seines Lebens erlebte Pater Pio in seiner Zelle auf einem Lehnstuhl sitzend. Vor ihm an der Wand hing ein Foto seiner Mutter, *Mamma Peppa*. Auf dieses Bild heftete sich sein Blick und er fragte seinen Mitbruder, Pater Pellegrino, wer das sei auf dem Foto. Als dieser ihm erklärte, das sei seine eigene Mutter, erwiderte Pater Pio: »Ich sehe zwei Mütter.« Der Mitbruder meinte wohl, dass es sich um ein Zeichen von Altersschwäche handele, und er ging auf das Foto zu und wiederholte, das sei das Bild von *zi'Giuseppa*.

Darauf Pater Pio, geistig völlig klar: »Beunruhige dich nicht, ich sehe sehr gut, ich sehe dort zwei Mütter.« Den letzten Blick heftete er auf das Bild der »Madonna della Libera«, der Patronin seines Heimatorts und seines Lebens.

»Die Kirche, unsere zärtlichste Mutter«

Das Bild von den zwei Müttern könnte man ebenso auf Maria und ihr Abbild, die jungfräulich-mütterliche Kirche, anwenden. Seine kindliche vertrauensvolle Liebe zu Maria wurde wie von selbst zur Liebe und Treue gegen die Mutter Kirche und ihren obersten Stellvertreter Christi, den Papst. So ermunterte er seine geistlichen Söhne und Töchter: »Die Muttergottes entzünde die Liebe der Söhne gegen den Stellvertreter Christi auf Erden und zeige uns einmal Jesus im Glanz seiner Herrlichkeit!«[15]

Mit derselben Liebe und Zärtlichkeit, mit der er seiner himmlischen Mutter anhing, hing er auch der Mutter Kirche an und betete für ihre Anliegen: »Beten wir für die Sache der hl. Kirche, unserer zärtlichsten Mutter.«[16]

Papst Benedikt XV. hatte die Gläubigen ermuntert, der Kirche durch Gebet und Opfer zu Hilfe zu kommen. Pater Pio wollte für die Kirche nicht nur Opfer bringen, sondern Ganzopfer sein. Von einem mystischen Feuerpfeil getroffen, findet er am Fronleichnamsfest 1918 gerade noch Zeit, diese Opferhingabe an Gott zu vollziehen.

Als sein Freund, Professor Enrico Medi, einmal nach Rom fuhr, empfahl ihm Pater Pio: »Sage dem Papst (Pius XII.), dass ich mit unermesslicher Freude mein Leben für ihn gebe.«

Am 18. September 1955 fragte ihn dieser Freund selbst, was er dem Papst sagen solle. Darauf Pater Pio: »Dass ich mich für ihn aufopfere und bete, dass ihn der Herr lange seiner Kirche erhalte.«[17]

Seine Gebetsgruppen sollten nicht nur nach seinen Meinungen beten, sondern für alle Meinungen der Priester, der Bischöfe und des Papstes, den er so sehr liebe, wie er Jesus liebe.

Der gehorsame Sohn der heiligen Kirche

Seine Liebe zur Mutter Kirche erwies sich im kindlichen Gehorsam, in einem Gehorsam, der kein Wenn und kein Aber kannte, der keine Bedingungen stellte und keine Erklärungen verlangte. Als es im August 1923 um seine Versetzung ging und die Atmosphäre in San Giovanni Rotondo sehr angespannt war, schrieb er in einem Brief: »Ich gehorche als ergebener Sohn des Gehorsams, ohne den Mund zu öffnen.«[18] Er wollte gehorchen, so heißt es da, »weil ihre Stimme für mich die Stimme Gottes ist, dem ich die Treue bewahren will bis in den Tod«; mit seiner Hilfe »werde er jedem Befehl gehorchen, wie schmerzlich er auch meiner Armseligkeit ankommen mag«.[19]

Als man ihn von seinem priesterlichen Dienstamt im Beichtstuhl suspendierte, dem er mit wahrer Leidenschaft des Herzens zugetan war, weinte er zwar im Stillen, aber er gehorchte der drückenden kirchlichen Auflage. Seinem Seelenführer, der ihn aufforderte, sich zu rechtfertigen und die Nägel vom Kreuz der Gefangenschaft innerhalb des Klosters zu lösen, sagte er ein glattes Nein. Er sehnte die Stunde Gottes herbei, tat aber selbst nichts, um die Nägel, die ihn ans Kreuz hefteten, zu lösen. Die einschneidenden Maßregelungen der kirchlichen Autorität, die tief in sein priesterliches Wirken und seine persönliche Freiheit eingriffen, fanden an ihm nie einen, der protestierte. Er war jederzeit bereit zu gehorchen, und zwar stillschweigend zu gehorchen. Trotz der harten Kontrollen und strengen Untersuchungen, die die Visitation durch Msgr. Carlo Maccari in den 60er-Jahren mit sich brachte, ließ sich Pater Pio seinen Glauben an die Kirche und seine Treue zur Kirche nicht schmälern. Er bekräftigte diese auch in der Stunde der Prüfung, indem er sagte: »Süß ist die Hand der Kirche, auch wenn sie schlägt, weil es die Hand der Mutter ist.«[20]

Als einige seiner geistlichen Söhne ihn verteidigen wollten, wies er das energisch zurück. Er tadelte Dr. Giorgio Festa, als dieser diffamierende Behauptungen über die Oberen seines Ordens aufstellte. Er bat ihn, seine Sprache zu ändern und in neuen

Auflagen alles herauszulassen, was diesen zur Unehre gereichen könnte. Er empfahl ihm, sich überhaupt des Schreibens zu enthalten. Es sei für ihn zu bitter und sein Herz könne das nicht aushalten.[21]

Auch seinem Freund, dem Bürgermeister Francesco Morcaldi, stellte er sich entgegen, als dieser eine Art Weißbuch zu seiner Verteidigung herausgeben wollte. Lassen wir diesen selbst berichten: »Als vor vielen Jahren die Polemik wütete, hatte ich eine Art Weißbuch zu seiner Verteidigung vorbereitet und wollte es drucken lassen. Als er es las, nahm er mich beim Hals und schrie mich in einem seiner Ausbrüche heiligen Zorns an: ›Satanas, geh und wirf dich zu Füßen der Kirche, statt diese Dummheiten zu schreiben. Stell dich nicht gegen deine Mutter!‹«

Morcaldi betrachtet diese demütige Gehorsamshaltung Pater Pios als einen Beweis seiner Heiligkeit. »Die Tatsache, dass der Pater sich immer den Anordnungen der Kirche unterwarf und das mit einer Demut, ist einzig Sache der Heiligen.«[22]

Ein Brief an Papst Paul VI.

Am 12. September 1968, elf Tage vor seinem Tod, griff Pater Pio ein letztes Mal zur Feder, um seine Liebe zur Kirche und zu ihrem obersten Hirten zu bekunden. Sein ganzes Leben war Liebe und selbstloses Opfern für die Kirche und Gehorsam gegen die Kirche. Vor seinem Sterben wollte er das nochmals bestätigen. Er nahm dabei die Gelegenheit des besonderen Generalkapitels wahr, zu dem sich die Kapuziner in Rom versammelt hatten.

Heiligkeit,
die Gelegenheit Ihrer Begegnung mit den Patres Kapitularen benutze ich, um mich geistig mit meinen Mitbrüdern zu vereinen und demütig vor Ihren Füßen meinen liebevollen Gehorsam, all meine Ergebenheit und Verehrung für Ihre hohe Person niederzulegen im Vollzug des Glaubens, der Liebe und des Gehorsams gegenüber der Würde dessen, den Sie auf Erden vertreten und verkörpern. Der Orden der Kapuziner stand

stets in erster Linie in der Liebe, Treue, im Gehorsam und in der Ergebenheit für den Apostolischen Stuhl; ich bitte den Herrn, dass der Orden so bleibe und fortfahre in seiner Tradition von Ernst und religiöser Strenge, evangelischer Armut, getreuer Beachtung der Regel und der Konstitutionen, sich gleichzeitig ebenso erneuere in der Vitalität und im inneren Geist, nach den Weisungen Eurer Heiligkeit zu helfen und beizutragen.

Ich weiß, dass Ihr Herz in diesen Tagen viel leidet um das Schicksal der Kirche, um den Frieden in der Welt, um all die vielen Nöte der Völker, besonders aber ob des Mangels an Gehorsam seitens mancher, selbst von Katholiken, gegenüber dem hohen Lehramt, das Sie, mit dem Beistand des Heiligen Geistes und im Namen Gottes, uns geben. Ich opfere Ihnen mein Gebet und mein tägliches Leiden als kleines, aber aufrichtiges Gedenken des letzten Ihrer Söhne auf, dass der Herr Sie tröste mit seiner Gnade und dazu bestärke, den geraden und mühsamen Weg weiterzugehen in der Verteidigung der ewigen Wahrheit, die sich niemals ändert im Wandel der Zeiten. Auch im Namen meiner geistlichen Kinder und der »Gebetsgruppen« danke ich Ihnen für das klare und entschiedene Wort, das Sie, insbesondere in der letzten Enzyklika Humanae vitae, gesagt haben, und bezeuge erneut meinen Glauben, meinen bedingungslosen Gehorsam für Ihre erleuchteten Weisungen.

Möge der Herr der Wahrheit zum Triumph verhelfen, seiner Kirche den Frieden schenken, den Völkern der Erde Ruhe, Eurer Heiligkeit Gesundheit und Wohlergehen, auf dass diese flüchtigen Wolken vergehen und das Reich Gottes in allen Herzen triumphiert dank Ihres apostolischen Wirkens als oberster Hirte der gesamten Christenheit.

Zu Ihren Füßen hingestreckt bitte ich Sie, mich zu segnen, zusammen mit den Mitbrüdern, mit meinen geistlichen Kindern, den »Gebetsgruppen«, mit meinen Kranken, mit allen Initiativen des Guten, das wir im Namen Jesu und mit Ihrem Schutz uns zu vollbringen bemühen.

San Giovanni Rotondo, 12. September 1968
Eurer Heiligkeit demütigster Sohn

P. Pio, Kapuziner.
(OR 29. September 1968)

Der Brief gleicht einem Testament. Pater Pio übergibt sein äußeres Werk und die Seinen der Sorge des Papstes und damit der Sorge der Mutter Kirche, um als »demütigster Sohn in den Armen derselben Mutter zu sterben«.

XVIII.
DIE MÄCHTE DER UNTERWELT

Der Kampf mit Satan nimmt im Leben des Pater Pio einen breiten Raum ein.

Im Leben von Pater Pio spielt das Dämonische eine große Rolle. Es wird kaum einen Heiligen der Kirchengeschichte geben, der einen solch intensiven Kampf mit den Mächten der Unterwelt ausfechten musste wie dieser Kapuziner auf dem karstigen Gargano. Tag und Nacht ging es zu, ständig fühlte er sich vom Widersacher umlauert, bedrängt und gequält. In Kindesjahren fing es schon an. In der visionären Schau zeigt sich dem jungen Francesco Forgione nicht nur die liebliche Gestalt des Schutzengels, des Gefährten seiner Kindheit, ebenso erlebt er auch die schwarzen drohenden Gestalten der Hölle unter immer neuen Schreckbildern. In einer Art Berufungsvision wird ihm kurz vor seinem Eintritt ins Kloster nochmals sein Widersacher entgegengestellt. Aus der Tiefe eines herrlichen Saals kommt ein überdimensionaler Koloss auf ihn zu, sodass er vor Schrecken vergehen möchte. Doch Jesus ist an seiner Seite. Stellvertretend für viele soll er den Kampf mit dem Widersacher Gottes bestehen, für all jene, die zu feig sind, in der Stunde der Versuchung ein energisches »Weiche, Satan!« zu sprechen. In ein Nichts werden die Täuschungsmanöver des Bösen zusammenbrechen, wenn man ihm in der Kraft und Macht des heiligen Namens Jesu begegnet.

Je mehr der Herr einen Menschen in seine große Liebe hineinzieht und ihn zur Mitarbeit am Werk der Erlösung erwählt, desto mehr muss sich dieser auf einen unerbittlichen Kampf mit Satan gefasst machen. Gott lässt es zu, um so die Heiligkeit und

Gerechtigkeit seines Dieners zu erweisen. So lässt auch Gott den ununterbrochenen Teufelskampf in Pater Pios Leben zu.

Außerordentliche Liebeserweise Gottes brauchen scheinbar das Gegengewicht außerordentlicher Leiden. Wer große Gnadengaben bekommen hat und wie Pater Pio mit der Fülle leuchtender Charismen beschenkt ist, muss auch umso mehr unter dem Teufel leiden. So will es die göttliche Erziehungsweisheit: Die Waagschalen von Erhöhung und Erniedrigung sollen sich das Gleichgewicht halten. Der Geist soll sich nicht hochmütig erheben aufgrund der außerordentlichen Gnadenerweise Gottes, denn jeglicher Hochmut würde zum Fall führen. Nur die tief Gedemütigten kann Gott auch erhöhen und auf den Leuchter stellen, damit sie weithin Licht verbreiten in der Stadt Gottes.

Formen teuflischer Anfechtung bei Pater Pio

Um einen Eindruck von den Angriffen des Teufels zu bekommen, brauchen wir nur unter dem Stichwort »Teufel-Demonio« im gut gearbeiteten analytischen Sachregister am Ende des *Epistolario I*[1] nachzusehen. Da bittet Pater Pio seine Seelenführer, dem Teufel doch aus der Ferne zu fluchen[2], denn der Teufelskampf dauere Tag und Nacht an. Selbst in den Stunden der Ruhe werde er von den teuflischen Gestalten auf jede Weise belästigt. Er möchte sich am liebsten von Jesus wenigstens eine kleine Verschnaufpause erbitten, doch ergibt er sich ganz in den Willen Gottes. Es handelt sich vor allem um quälende Versuchungen. Er fühlt sich wie belagert. Sein wütender Gegner reizt ihn durch Versuchungen zur Unreinheit, zum Unglauben, zur Verzweiflung.[3] Er macht ihm Vorwürfe wegen seines zurückliegenden Lebens, doch da tröstet ihn die Muttergottes in seiner Verzweiflung.[4] Körperlich geschwächt durch seine andauernde Kränklichkeit, setzen ihm die Schreckbilder der Höllengeister noch mehr zu.[5] Und doch möchte er lieber durch körperliche Leiden und Krankheiten gedemütigt werden, als durch diesen andauernden Teufelskampf in Gefahr zu kommen, Jesus zu beleidigen oder gar ganz in die

Krallen des erbitterten Widersachers zu geraten.[6] »Der Teufel will mich um jeden Preis für sich.«[7] »Mit einem Wort, mein Vater, ich befinde mich wirklich in den Händen des Teufels, der mich mit aller Gewalt den Händen Jesu entreißen möchte.«[8] So ist sein Tagewerk ein Beten, Ringen Seufzen und Weinen um den Frieden und die Ruhe in Gott. »Wie viele Tränen und Seufzer richtete ich zum Himmel, um von diesem Teufelskrieg frei zu werden!« Manchmal fürchtet er direkt den Kopf zu verlieren infolge der dauernden heftigen Anstrengung, mit der er sich Gewalt antun muss.[9]

So kann man es verstehen, dass er sich fragt, warum Gott dem Teufel eine so große Macht und Freiheit einräumt. Er fragt nach dem Zweck und den Zielsetzungen solch göttlicher Erziehungsweisheit.

Erst allmählich bekommt Pater Pio eine gewisse übernatürliche Sicherheit und Leichtigkeit im Zurückschlagen der teuflischen Versuchungen und Anfechtungen. Im Brief vom 10. August 1911 berichtet er sogar von einer geistigen Freude, die er dabei empfindet, auch fühlt er nicht mehr solche Schwierigkeiten, sich ganz in den Willen Gottes zu begeben.[10] Freilich ist auch das kein Dauerzustand. Bisweilen kommt es wieder ganz schlimm über ihn, dass er sich in seelischen Schmerzen krümmt, weil er nicht weiß, ob er der Versuchung zugestimmt hat, ja nicht einmal weiß, ob er im Stand der Gnade ist. Aber lieber würde er sich in tausend Stücke brechen lassen, als Gott nur ein einziges Mal zu beleidigen.[11] Der Teufelskampf vermag also die Verbindung mit Gott weder zu lösen noch zu vermindern, er ist eine Zulassung Gottes, die die Gottverbundenheit und das Verlangen nach Gott noch vertieft und steigert.

Pater Pio berichtet im Brief vom 18. Januar an Pater Agostino: »Blaubart (Spitzname für den Teufel) will sich nicht geschlagen geben. Der Kampf hat fast alle Formen angenommen. Seit einigen Tagen kommt er mich mit anderen seiner Helfershelfer besuchen. Sie sind ausgerüstet mit Stöcken und Eisenwerkzeugen … Wer weiß, wie oft er mich aus dem Bett hinausgeworfen und im Zimmer herumgezogen hat.«[12] Am 21. März 1912 schreibt er an denselben Seelenführer: »Der Teufel hört unterdessen nicht auf, mir unter den gruseligsten Formen zu erscheinen und mich in einer wahrhaft schreckenerregenden Weise zu schlagen …«[13] Ebenso im Brief vom 18. April 1912: »Ich war noch im Bett, als diese Teufelskerle kamen und mich in einer solch barbarischen Weise schlugen, dass ich es für eine ganz große Gnade halte, dass ich das ertragen konnte, ohne zu sterben; eine Prüfung, mein Vater, die weit über meine Kräfte ging.«[14]

Im Brief vom 28. Juni 1912: »Die letzte Nacht habe ich sehr schlecht verbracht. Diese Teufelskerle hörten nicht auf, mich andauernd zu schlagen, von etwa 10 Uhr, als ich zu Bett ging, bis gegen 5 Uhr morgens.« Dazu noch andauernde teuflische Einflüsterungen von Gedanken des Misstrauens gegen Gott und der Verzweiflung. Er verteidigt sich nur, indem er ständig wiederholt: *Vulnera tua merita mea.* – »Deine Wunden sind meine Verdienste.«[15]

Einige Teufelsgeschichten von seinem kurzen Aufenthalt in Foggia

Bruder Francesco aus Torremaggiore unterhielt sich, als Pater Pio im Kloster von Foggia stationiert war, jeden Abend ein wenig mit ihm. An diesem Tag aber war Bruder Francesco schon müde und wollte sich früher als gewöhnlich verabschieden, um ins Bett zu gehen.

Pater Pio hielt ihn jedoch zurück: »Bleib noch ein bisschen!«, bat er ihn und Bruder Francesco blieb noch eine Weile. Als er so bei Pater Pio saß, überkam ihn der Schlaf, und als er sich diesen aus den Augen rieb, meinte er: »Mein lieber Pio, schau, mir kommt der Schlaf, es ist besser, dass ich gehe.«

– »Aber bleib doch noch ein bisschen!«

So ging es wiederholt zu.

Als Bruder Francesco noch intensiver darauf bestand zu gehen, bat Pater Pio ein letztes Mal: »Bleib noch eine Weile, sonst kommen ›diese‹.« Also blieb Bruder Francesco noch eine Weile. Aber dann konnte er dem Schlaf nicht mehr widerstehen und sagte: »Höre, mein lieber Pio, es tut mir leid, aber ich muss jetzt gehen.«

– »Also, mein Bruder, geh nur!«

Bruder Francesco war noch keine vier Meter vom Zimmer Pater Pios entfernt, als er einen Höllenlärm hörte. Die Teufel waren da und schlugen auf den Mitbruder ein. Sofort kehrte er um. Als er in die Zelle von Pater Pio kam, fand er diesen niedergeschlagen und ganz in Schweiß gebadet. Wie oft wird solches passiert sein!

Ein Bischof erschrak

Eine weitere Teufelsgeschichte erzählt derselbe Pater Ferdinando. Auch sie ereignete sich in diesem halben Jahr, das Pater Pio im Kloster Foggia zubrachte.

Eines Tages hatten die Kapuziner auch einen Bischof beim Abendessen zu Gast, als unvorhergesehen wieder dieser Teufelslärm zu hören war. Die *Frati* waren schon daran gewöhnt, aber der Bischof nicht. Für diesen war das eine ganz ungewohnte und nicht gerade positive Neuheit. Erschreckt wandte er seinen Blick zur Decke des Refektoriums aus Angst, sie würde herunterstürzen.

Die Brüder blieben ganz ruhig und erklärten ihm: »Erschrecken Sie nicht, Exzellenz! Das sind die Teufel, die oft auf ihre Weise einen unserer guten Mitbrüder schlagen.«

Es scheint, dass der hohe Herr abgereist ist. Niemand weiß aber, wann, ob noch in der Nacht oder am frühen Morgen. Er unterließ es, sich von seinen Gastgebern zu verabschieden. Aber Letzteres kann auch eine Erfindung sein, die zum Lachen reizen soll. Wahr ist das, dass die *Frati* notwendigerweise die Wahrheit sagen mussten, aber den Teufelslärm nicht aus der Welt schaffen konnten.

Er fand sein Feldgeschirr, wo er es hingestellt hatte

Um diese Zeit leistete der leibliche Bruder des Paters, F. D'Aloia, aus der Gemeinde Fragneto l'Abate Militärdienst in Foggia. Man nahm ihn gastlich im Kloster auf. Freundschaftlich verkehrte er auch mit Pater Pio.

Eines Abends ließ er sein Feldgeschirr bei Pater Pio auf der Kommode stehen und ging mit den Brüdern zum Abendessen. Pünktlich griffen die Teufel Pater Pio in der gewohnten Heftigkeit und mit dem gewohnten Lärm an. D'Aloia hörte deutlich einen Lärm, als ob das Essgeschirr zu Boden gefallen wäre. Nachdem er sich aber zu Pater Pio, der sich niedergelegt hatte, begeben hatte, fand er das Essgeschirr dort, wo er es hingestellt hatte.[16]

Ein andermal verursachte der Teufel ihm stärkstes Kopfweh und intensiven Schmerz am rechten Arm, um ihm das Schreiben an den Seelenführer unmöglich zu machen. Auf alle Weise versuchte er, den Briefverkehr Pater Pios mit seinen beiden Seelenführern zu verhindern. Das ging so weit, dass er ganze Briefe einfach auslöschte, andere besudelte, um sie unleserlich zu machen.[17] Ja, ein anderes Mal erschien er Pater Pio gar in der Gestalt eines Mitbruders und übermittelte ihm den strengsten Befehl des Provinzials, Pater Agostino, seinem zweiten Seelenführer, nicht mehr zu schreiben. Das gehe gegen die gelobte Armut und sei ein schweres Hindernis auf dem Weg zur Vollkommenheit.[18]

Das alles ist aber nur ein kurzer Ausschnitt aus dem Kampf, der bis zum Tod andauerte. Noch gegen Ende seines Lebens musste er in die Klinik gebracht werden, weil ihn der Böse im nächtlichen Teufelskampf so übel zugerichtet hatte, dass man Pater Pio nähen musste.

Ohne besondere übernatürliche Stärkungen hätte Pater Pio diesen ununterbrochenen Teufelskampf nie bestehen können. Außerordentliche Gnaden- und Liebeserweise Gottes gehen diesen teuflischen Anfechtungen entweder voraus oder bringen göttlichen Trost, wenn der Kampf abflaut. An Pater Pios Leben und Erleben geht uns die Wahrheit von der Existenz des Teufels auf. Aus seinen Aussagen über den Teufel und die Dämonen erkennen wir die Macht und Ohnmacht der Hölle, die Macht Satans und seines Anhangs nicht zuletzt auch durch Menschen, die freiwillig zu ihren Handlangern werden. Auch das musste ein Pater Pio erfahren, dass die Hölle alles aufbot, um solche menschlichen Werkzeuge gegen ihn und seine geistlichen Söhne und Töchter mobil zu machen.

Die bösen Geister in den Himmelshöhen und auf der Welt

Noch viel intensiver soll Pater Pio das Reich der bösen Geister in den Lüften erlebt haben. Er sah das ganze Himmelsfirmament schwarz vor lauter Teufeln und Dämonen. Es sind also viele Feinde, gegen die wir kämpfen müssen.

Pater Pio hat auch, nach allem, was ich von ihm nahestehenden geistlichen Söhnen und Töchtern gehört habe, Schauungen über das Hinübergehen der Seelen gehabt. Nach seinen Schauungen sind es viele, die dem Teufel an den Ort des Verderbens folgen. Man darf die Dinge nicht verharmlosen. »Das Geheimnis der Bosheit« ist schreckenerregend. Die Gestalt Pater Pios und sein lebenslanger Kampf mit den Mächten der Unterwelt könnte da sicher manchem den nötigen Ernst zurückgewinnen lassen und sogar einen heilsamen Schrecken versetzen.

XIX.
SELIGER HEIMGANG

Die apostolische Visitation durch Msgr. Carlo Maccari im Jahr 1960 war ein tiefer und schmerzlicher Einschnitt im Leben Pater Pios. Seitdem ging es auch körperlich stark abwärts. Man sah, dass er von Tag zu Tag an Lebenskraft verlor, so hatten ihm die Leiden dieser »letzten und schwersten Kreuzwegstation« zugesetzt. Trotzdem blieb er auch im letzten Jahrzehnt seines Lebens seiner »übergroßen Sendung« treu und setzte sein intensives priesterliches Wirken am Altar und im Beichtstuhl fort.

Im Oktober 1962 begann das II. Vatikanische Konzil. Da kamen auch zahlreiche Konzilsväter, Bischöfe und Kardinäle (Josyp Slipyi, Antonio Bacci, Giacomo Lercaro, Giacomo Luigi Copello), um den großen Mystiker auf dem Gargano zu besuchen.

Im Dezember 1962 ließ das Augenlicht so nach, dass man ihm die Erlaubnis gab, das Breviergebet durch den ganzen Rosenkranz zu ersetzen. Seitdem teilte er auch nicht mehr die Kommunion an die Gläubigen aus.

Paul VI. wollte, dass er in seinem priesterlichen Wirken vollkommene Freiheit und Ruhe genoss. Deshalb empfahl er den Vorgesetzten Pater Pios, sich so zu verhalten, als ob er nicht durch das Gelübde des Gehorsams gebunden wäre. So fuhr Pater Pio aufgrund einer besonderen Dispens des Heiligen Stuhls fort, die Güter des Krankenhauses *Casa Sollievo della Sofferenza* zu verwalten und in den Personalangelegenheiten des Hauses zu entscheiden. Darüber berichtete er dann alljährlich dem Papst.

Schon seit dem 28. Oktober 1961 hatte der Heilige Stuhl das Krankenhaus rechtlich unter die Werke der Religion aufgenommen, doch hatte er Pater Pio als rechtmäßigen Eigentümer belassen und ihn deswegen vom Gelübde der Armut dispensiert. Pater Pio aber hatte seinerseits schon bestimmt, dass bei seinem Tod alle Güter der Klinik in den Besitz des Heiligen Stuhls übergehen sollten. Trotzdem wollte er am 11. Mai 1964 dieses Vermächtnis nochmals durch ein eigenhändig geschriebenes Testament bekräftigen. Inzwischen wurde eine Stiftung gegründet und auf Anweisung des Heiligen Vaters ist der päpstliche Gesandte zugleich auch Präsident dieser Stiftung (Anm. d. V.).

»Ich kann nicht mehr!«

Allmählich wurden seine Stoßseufzer, die verrieten, dass er am Ende seiner Kräfte war, immer lauter. Am Karfreitag 1963 vertraute er seinen Mitbrüdern an: »Ich kann nicht mehr …« Ein anderer hätte um den wohlverdienten Ruhestand gebeten und sich zurückgezogen. Doch Pater Pio wollte sein priesterliches Wirken nicht aufgeben. Nachdem er am 3. September 1965 ein wenig ausgeruht hatte, rief er die Patres Onorato und Marcellino da Cascalenda ans Bett und sagte zu ihnen: »Kommt und holt diesen Faulenzer aus dem Bett!«[1] Am 17. Februar 1965 erhielt er die Dispens, seine hl. Messe auch weiterhin in Latein lesen zu dürfen. Seit dem 24. November 1966 las er sie im Sitzen. Nur mithilfe der Mitbrüder und gestützt auf sie konnte er den Weg von der Zelle zur Kirche und zurück machen. In diesen letzten Jahren musste er sogar manchmal aufs Zelebrieren verzichten, besonders dann, wenn ihn sein Bronchialasthma plagte und ihn daran hinderte, in die Kirche hinunterzusteigen.

Die ärztliche Betreuung nahm in diesen letzten Jahren natürlich zu, doch wusste er um den Lauf der Dinge besser Bescheid als die Ärzte selbst. Er wusste um die kurze Lebensspanne, die ihm Gott noch gewähren würde. So ließ er am 14. Oktober 1966 seiner Nichte Pia in aller Bestimmtheit wissen: »In zwei Jahren werde ich nicht mehr da sein.« Auf ihr fragendes Warum wiederholte er nochmals in aller Bestimmtheit: »In zwei Jahren werde ich nicht mehr da sein, weil ich gestorben sein werde.«

Seine Anfälle von Bronchialasthma waren begleitet von Beklemmung auf der Brust, beschleunigtem Herzschlag, von Ausbrüchen kalten Schweißes und Atemnot. Dazu kamen die Schmerzen einer Arthrose an den Knien und am Rückgrat.

Vom 29. März 1968 an musste er den Rollstuhl benutzen, weil er die Beine kaum mehr bewegen konnte. Am 7. Juli erlitt er einen völligen Zusammenbruch und konnte dann oft auch nicht zelebrieren.

Mit diesen körperlichen Leiden gingen die seelischen einher. Auch diese konnte er nicht mehr verbergen, wie er es in den Zeiten besserer Gesundheit getan hatte. Seit 1965 erschien er in der Rekreation, die er sonst durch sein heiteres und gelöstes Wesen beherrscht hatte, ziemlich deprimiert, einsilbig und still.

Aufflammender Teufelskampf am Ende seines Lebens

Es schien, als ob der Teufel ihm wieder schwer zusetzte wie in den Jahren vor der Stigmatisation. In der Nacht vom 5. auf den 6. Juli hörte man in seiner Zelle ein starkes Donnern und fand dann Pater Pio seufzend und stöhnend rücklings auf dem Fußboden und an der Augenbrauenwölbung verwundet.

Ähnlich wie damals in Foggia rief er diesmal Pater Alessio zu sich und bedeutete ihm: »Mein Sohn, bleib hier, weil sie mich keine Sekunde in Frieden lassen!«

Ein anderes Mal hatte er so furchterregende Schauungen, dass er vor Schrecken die Hände erhob, die Finger spreizte und über die Maßen schwitzte. Wiederum kommentierte er das Erlebte Pater Alessio gegenüber: »Wenn du das, was ich gesehen habe, gesehen hättest, wärst du gestorben.« Wieder ein andermal lag er im Bett und betete den Rosenkranz. Pater Alessio war an seiner Seite. Da schrie er einem, der ihn störte, zu: »Was willst du … was willst du … komm näher … komm hierher!«[2]

Der Böse, den er in seiner Berufungsvision mit sechzehn Jahren gesehen hatte, gab sich immer noch nicht besiegt und belästigte den körperlich Erschöpften mit neuer List und Hartnäckigkeit.

Anfang 1967 musste er erleben, dass in einer Folge von Artikeln der liberalen römischen Zeitung *Il Tempo* Auszüge aus seinen Briefen an die beiden Seelenführer erschienen. Pater Pio bat seine Vorgesetzten, das zu verhindern. Als der Verfasser der Artikel, Francobaldo Chiocci, der auch in diesem Buch öfter zitiert ist, ein Priester und Anhänger Pater Pios, seine Artikelserie aber nicht zurückzog, wollten die Kapuziner gegen ihn auch nicht weiter gerichtlich vorgehen. Wenn Pater Pio auch schwer darunter litt, dass das »Geheimnis des Königs« hier enthüllt wurde, so hat diese göttliche Zulassung vielleicht doch auch dazu beigetragen, dass die Gestalt des vollendeten Leidensmystikers noch mehr zum Leuchten kam.

Mir fehlt bloß noch eines

Sehnsucht nach dem Tod empfinden nicht nur jene, denen das Leben zur Last und Qual wird, sondern noch mehr die großen Liebenden, denen Gott in hohen mystischen Liebesgnaden einen Vorgeschmack dessen geschenkt hat, »was kein Auge geschaut, kein Ohr gehört und in keines Menschen Herz gedrungen ist, was aber Gott denen bereitet hat, die ihn lieben« (vgl. 1 Kor 2,9). Pater Pio ersehnte den Tod, aber nicht um vom Joch des körperlichen Siechtums befreit zu werden, sondern um sich auf ewig mit dem zu vereinen, dessen Liebesmacht und -schönheit er in seinen ekstatischen Gebetsgnaden erfahren durfte. Mit der wachsenden Liebe steigerte sich auch die Angst, diese Liebe durch die Sünde wieder zu verlieren.

Sein Briefverkehr ist voll von Hinweisen auf diese ekstatische Todessehnsucht: »Schon seit einiger Zeit scheint es mir, dass keine Sache von hier unten mehr eine Anziehungskraft auf mich ausübe … Die Idee des Todes scheint alle Anziehungskraft für mich zu haben …«[3]

Am 29. Dezember 1912 schreibt der 25-Jährige: »Das Leben hier unten … langweilt mich. Es ist eine so bittere Qual für mich, wenn ich das Leben der Verbannung leben muss, dass ich fast nicht mehr kann. Der Gedanke, dass ich jeden Augenblick Jesus verlieren kann, macht mir einen Kummer, den ich nicht erklären kann.«[4]

Der Brief vom 16. Mai 1913 drückt in der ersten Hälfte die Liebessehnsucht des ekstatisch Liebenden aus, in der zweiten Hälfte die Leidenssehnsucht des Leidensmystikers: »Ich ersehne den Tod«, so schreibt er, »einzig, um mich mit dem himmlischen Bräutigam mit unlöslichen Banden zu einen; ich ersehne aber auch das Leben, um immer mehr zu leiden.«[5]

Oft bittet er selbst seine Seelenführer darum, sie möchten Gott bitten, dass er ihn bald heimrufe: »Betet für meinen baldigen Heimgang. Ich kann wirklich nicht mehr.«[6] »O Leben … wie bist du so lang! O grausames Leben! O Leben, das für mich kein Leben mehr ist! O wie fühle ich mich allein … in dieser Wüste der Welt.«[7]

Einen anderen Aufschrei der Sehnsucht nach dem Tod enthält der Brief vom 17. März 1916: »Überall, wohin ich mich wende, finde ich Dornen, eine einzige Sache bleibt mir als Freund: der Tod. Ihn rufe ich bei Tag und ihn rufe ich bei Nacht zu dem einzigen Zweck, um von ihm eine Erleichterung in all meinen Übeln zu bekommen.«[8]

Zwischen ihm und seiner geistlichen Tochter Raffaelina Cerase entspann sich ein edler Wettstreit, wer von ihnen beiden zuerst sterben dürfe. Pater Agostino berichtet davon in seinem Tagebuch.[9] Eines Tages begleitete er Pater Pio bei einem Besuch der lieben Kranken. Pater Pio betrat das Krankenzimmer, während Pater Agostino im Empfangszimmer wartete. Auf einmal hörte dieser, wie Pater Pio und Frau Raffaelina laut und aufgeregt diskutierten. Raffaelina war schon längst heimgegangen, als Pater Agostino Pater Pio über dieses Gespräch befragte: »Mein lieber Pater Pio, aber warum habt ihr damals beide so geschrien?«

Darauf Pater Pio: »Wir stritten, weil jedes von uns zuerst sterben wollte. Da sie sah, dass ich nicht nachgeben wollte, machte sie mich gefügig, indem sie sagte: ›Padre, lassen Sie mich zuerst sterben, und Sie werden sehen, was ich vom Himmel her machen kann!‹ Und jetzt sagt sie, dass sie nichts tun kann.«

Sie hat aber doch vom Himmel her mitgewirkt, dass sich die ekstatische Todessehnsucht ihres geistlichen Lehrers allmählich abschwächte und dieser mit aller Kraft seine weltweite apostolische Sendung ausbreitete. Der Ozean der Liebe, der in seinem Innern brannte, ließ ihn sich nun für das Heil der Brüder und Schwestern verzehren.

Dieser gottgewollten Sendung hatte er nun 50 Jahre in Treue gedient. Nun war er mit seinen achtzig Jahren beim ersehnten *Consummatum est* – »Es ist vollbracht« angelangt. Als Dr. Piera Delfino Sessa ihn am 10. Januar 1965 nach seinem gesundheitlichen Befinden befragte, sagte er es klar heraus: »Es fehlt nur noch eine Sache ...«

Am 13. August desselben Jahres sagte er: »Ich fühle mich so schlecht. Ich kann nunmehr sagen: Ich habe den Lauf vollendet, den Glauben bewahrt. Nun bleibt mir ...«[10] So ging es immer mehr dem Ende zu.

Der letzte Freitag des Leidensmystikers

Am 20. September 1968 war ein letzter Jubiläumstag. An diesem denkwürdigen Freitag beging Pater Pio den 50. Jahrestag seiner Stigmatisation. Man hatte nicht vor, eine großartige Feier abzuhalten. Aber seine geistlichen Söhne von nah und fern ließen es sich nicht nehmen, ihm ihre Liebe und Dankbarkeit zu bezeugen. Sie schmückten den Hauptaltar und auch das Kruzifix aus Zypressenholz auf dem Chor des alten Kirchleins mit 1500 roten Rosen. Die Festmesse war wie alle Tage morgens um 5 Uhr. Bei Einbruch der Dunkelheit veranstalteten sie einen Fackelzug vom Vorplatz der Kirche zur Wiese vor seiner Klosterzelle.

Am Tag darauf, am 21. September 1968, litt Pater Pio wieder stark an seinem Bronchialasthma, sodass er nicht zelebrieren konnte. Er empfing die hl. Kommunion in der Zelle. Mitbrüder, der Arzt Dr. Giuseppe Sala und andere Ärzte besuchten ihn. Er wiederholte nur immer wieder: »Es ist zu Ende!«

Als er sich am Nachmittag wieder ein wenig erholt hatte, getraute er sich sogar, an der Nachmittagsandacht teilzunehmen. Er wollte die Seinen, die an diesem Jubiläumstag zum internationalen Treffen der Gebetsgruppen nach San Giovanni Rotondo gekommen waren, erfreuen und segnen. Vom Krankenhaus flatterte ein Fahnenmeer, vor der geschmückten Kirche war eine Tribüne errichtet, jede Nation sollte eine Meditation über eine Kreuzwegstation vortragen. Ein großes Kreuz beherrschte den ganzen Kirchplatz. Die Gebetsgruppen beteten den Kreuzweg, ihr Gründer schleppte sich zur letzten Station seines lebenslangen Kreuzweges. Als ihm dann sein Oberer am Vorabend gute Gesundheit zu diesem großen Festtag wünschte, zu dem so viele geistliche Söhne und Töchter gekommen waren, antwortete er nur: »Alles andere als ein Fest! Ich müsste fliehen und verschwinden aufgrund der Verwirrung, die ich empfinde.«[11]

Seine letzte heilige Messe

Am Sonntag, dem 22. September 1968, wollte Pater Pio wie gewöhnlich um 5 Uhr morgens seine hl. Messe lesen. Doch sein Oberer nötigte ihn sanft, ein feierliches Amt zu singen und Pater Pio kam dem Wunsch nach, obwohl seine Kräfte dazu nicht mehr reichten. Unter der Assistenz von Pater Onorato und Pater Valentino begab er sich also total erschöpft an den Opferaltar. Es sollte seine letzte Messe sein.

Die neue Kirche konnte kaum die Massen von geistlichen Kindern und Freunden fassen, die ihrer Freude Ausdruck verleihen wollten. Zuerst musste man Ruhe und Ordnung herstellen. Pater Pio zeigte sich etwas überrascht und fast verdrossen über den großen Lärm, den die Menge machte.

Der Ton seiner Stimme klang müde, er hatte einfach keine Kraft mehr zum Singen. Er sang nur, weil es der Obere so gewollt hatte. So hielt er schlecht und recht bis zur hl. Kommunion durch. Zum letzten Mal reichte er einer Erstkommunikantin, der zehnjährigen Anna Fanoini, Jesus in der kleinen weißen Hostie. Dabei konnte er die Tränen der Rührung nicht verbergen. Er weinte aber nicht bloß wegen des unschuldigen Kindes, das zum ersten Mal Jesus in sein Herz aufnahm, noch mehr weinte er angesichts der übergroßen Menge von Festtagsgästen.

Als er sich mit dem liturgischen Gruß *Ite, missa est!* verabschiedete, antwortete die Menge mit Applaus und Ewiva-Rufen, Stimmen, die ihm beste Glückwünsche entboten, wurden laut. Das alles brachte ihn noch mehr in Verwirrung.

Als er sich dann vom Sessel erhob und die Stufen zum Volk hin gewandt hinabsteigen wollte, taumelte er. Es erfasste ihn ein Schwindel, sodass er sich kaum mehr halten konnte. In dieser Lage wäre er sicher zu Boden gefallen, wenn ihn nicht der Amerikaner, Bruder Bill, aufgefangen hätte.

Man setzte ihn in den Rollstuhl und brachte ihn in die Sakristei. Er war ganz bleich im Gesicht und seine Gesichtszüge zeigten eine geistige Abwesenheit und Verwirrung. Vom Rollstuhl aus streifte sein Blick die Menge seiner geistlichen Söhne und Töchter, die sich in den Seitenbalustraden drängten. Da konnte er nur noch hauchen: *Figli miei!* – »Meine Söhne, meine Söhne!«

Auch an diesem Tag verzichtete er nicht auf seine Danksagung. Danach trank er, wie er es gewohnt war, ein kleines Tässchen Espresso und wollte sich dann in den Beichtstuhl zur Beichte der Frauen fahren lassen. Doch man musste umkehren. Es half alles nichts, er war mit seinen Kräften so am Ende, dass er zitterte. Man hatte Angst, ihn nicht mehr lebend in die Zelle zurückbringen zu können.

Gegen 10.30 Uhr konnte er sich noch auf den Chor der alten Kirche schleppen, in dem er vor fünfzig Jahren die Wundmale des Erlösers empfangen hatte. Obwohl ihm Pater Onorato, der ihn so erschöpft sah, davon abgeraten hatte, wollte er sich am Fenster des alten Kirchleins zeigen, um seine geistlichen Söhne und Töchter in den Gebetsgruppen, die sich auf dem Platz vor der Kirche zur Festmesse versammelt hatten, zu grüßen und zu segnen. Er konnte es einfach nicht übers Herz bringen, es nicht zu tun, und so zwang er seinen kranken Körper dazu. Als sich dann das Fenster zum Kirchplatz hin öffnete, da gab es ein Winken mit den Händen und Händeklatschen, ein Schwenken der weißen Taschentücher und Rufen: Auf jede Weise wollte man

Pater Pios Gruß erwidern und ihm für seinen Segen danken. Kraftlos und mit letzter Anstrengung bewegte auch dieser ein weißes Taschentuch.

Nachmittags meditierte man die Stationen des Kreuzwegs und segnete den Grundstein für den zu errichtenden monumentalen Kreuzweg, den der bekehrte Künstler und geistliche Sohn Pater Pios, Francesco Messina, erstellen sollte. Dieser neue Kreuzweg sollte an diese denkwürdige Jubiläumsfeier des 50. Jahrestags seiner Stigmatisation erinnern. Danach wurde die Abendmesse in der Kirche gefeiert. Pater Pio begab sich dazu an seinen gewohnten Gebetsplatz im linken Matroneum. Als die Messe zu Ende war, wollte er sich erheben, um seine geistlichen Söhne und Töchter und alle Anwesenden nochmals zu segnen. Doch es gelang ihm nicht. Die Mitbrüder mussten den in sich Zusammensinkenden wieder in den Rollstuhl setzen und in seine Zelle bringen. Im Atrium des hl. Franz segnete er vom Rollstuhl aus die anwesenden Männer. Auch das Winken mit dem Taschentuch vom Fenster der Zelle Nr. 1 unterließ er nicht. Auf der »Wiese«, auf die er von seiner Zelle aus schauen konnte, grüßten ihn nochmals die Seinen mit Kerzen und Fackeln. Ab und zu mühte er sich und schwenkte sein weißes Taschentuch. Dann schloss sich das Fenster für immer, denn Pater Pios letzte Nacht brach an. Die äußeren Kontakte mit seinen geistlichen Kindern waren zu Ende.

Die letzten Stunden

Müde und erschöpft legte sich Pater Pio zu Bett. Als ihn sein Oberer in der Zelle fragte, wie es ihm gehe, sagte er unverhohlen: »Schlecht, schlecht, mein Sohn; nur das Grab fehlt mir noch. Ich stehe schon mehr drüben als herüben.«

An diesem Abend konnte er wenig Schlaf finden. Gleich einem kleinen Kind war er von innerer Angst gepackt und bat Pater Pellegrino, bei ihm zu bleiben. Immer wieder fragte er diesen nach der Uhrzeit, ob es schon Zeit sei, die Messe zu lesen. Ja, er bat ihn, am nächsten Tag die Messe für ihn zu lesen. Dann beichtete er bei demselben Pater. Am Schluss der Beichte bat er diesen: »Mein Sohn, wenn der Herr mich heute ruft, bitte die Mitbrüder um Verzeihung für alles, was ich ihnen zu tragen gab, und die geistlichen Kinder um ein Gebet für meine arme Seele.«

Darauf Pater Pellegrino: »Geistlicher Vater, ich bin zwar überzeugt, dass der Herr Sie noch lange leben lässt, aber wenn Sie recht haben müssten, darf ich um einen letzten Segen bitten für die Mitbrüder, die geistlichen Kinder und Ihre Kranken?«

Pater Pio: »Ja, ich segne sie alle: die Mitbrüder, die geistlichen Söhne und Töchter, die Kranken, Sr. Pia, meine Neffen und ihre Familien.«

Es war ein Uhr, als er sagte, er wolle aufstehen, er könne nicht richtig atmen im Bett, im Sessel gehe es besser. Um diese Zeit erhob er sich auch sonst zu seinem nächtlichen Gebet und zur Vorbereitung auf die hl. Messe. Bevor er sich dann in den Sessel setzte, pflegte er im Gang etwas auf und ab zu gehen. Als er in dieser Nacht aufstand, bemerkte Pater Pellegrino verwundert, dass er aufrecht ging. Es war nicht notwendig, ihn zu stützen. Er ging allein auf die kleine Veranda hinaus und setzte sich dort nieder. Man beobachtet das öfter bei Mystikern, dass beschauliche Liebesgnaden eine seelische Gehobenheit schenken, die auch den kranken Leib mitreißt. Doch das leibliche Wohlbefinden dauerte nicht lange. Schon nach fünf Minuten wollte er in die Zelle zurück. So half ihm Pater Pellegrino wieder in den Rollstuhl und brachte ihn in seine Zelle zurück. Auf einmal wurde er ganz bleich im Gesicht. Auf seiner Stirn stand der kalte Schweiß. Aber ununterbrochen betete und seufzte er: »Jesus, Maria!« Die Stimme wurde dabei immer schwächer.

Obwohl er seinem Betreuer bedeutete, er solle niemanden wecken, bat dieser doch Bruder Bill, ihm beizustehen. Inzwischen telefonierte er dem Arzt Dr. Sala. Dieser kam eilends und fand den Zustand Pater Pios besorgniserregend. Ein intensiver Asthmaanfall, begleitet von einem Herzkollaps, machte das Atmen fast unmöglich. Schnell rief er deswegen noch einige Kollegen aus dem nahen Krankenhaus herbei, um die Atmung künstlich zu unterstützen.

Inzwischen hatten sich der Guardian und die Mitbrüder in der Sterbezelle eingefunden. Sie knieten sich am Bett nieder und beteten. Pater Paolo, der Sakristan des Hauses, spendete noch die Letzte Ölung und betete die Sterbegebete vor. Immer noch seufzte Pater Pio sein »Jesus, Maria!«. Fast unmerklich verschied er gegen 2.30 Uhr ohne jeglichen Todeskampf.

Im Tod verschwanden die Stigmata

Man brachte den Leichnam auf die kleine Veranda neben der Zelle. Vier Mitbrüder bemühten sich um den Heimgegangenen, der ausgestreckt auf einem Ruhebett in der Haltung eines Schlafenden dalag. Es waren dies der Pater Guardian Carmelo, die Patres Pellegrino, Raffaele und Mariano. Ihren Augen bot sich nun der Körper des Stigmatisierten dar: Hände, Füße und Brust trugen keine Wunden mehr. Sie waren vollständig verschwunden. Nicht einmal eine Narbe war mehr davon vorhanden. Pater Giacomo da Montemarano machte Fotos von den einzelnen Wunden, um den neuen Tatbestand dokumentarisch im Bild festzuhalten.

Pater Guardian Carmelo bemerkt dazu:

»Als wir in der Nacht des 23. September am Leichnam Pater Pios die gewöhnlichen frommen Aufgaben praktizierten, die man allen Toten erweist, löste sich von der linken Hand Pater Pios ein kleines weißes Häutchen, ein letzter Rest des ganzen vergossenen Blutes und des Muskelgewebes, das sich fünfzig Jahre lang aufgelöst und zerstört hat. Ein ähnliches weißes, aber viel größeres weißes Häutchen war in der Sakristei von den Händen gefallen, und zwar am vorhergehenden Tag (22. September 1968), im Augenblick als Pater Pio vor der Feier der hl. Messe seine Halbhandschuhe auszog.«

Das Sichzurückbilden der Stigmata geschah nach dem Zeugnis desselben Oberen allmählich. »Als ich in den letzten drei Jahren seines Lebens in seiner Nähe weilte, konnte ich feststellen, dass von den Füßen auch die Blutergüsse verschwanden. Doch hatte er an den Füßen eine außerordentliche Empfindlichkeit. Diese war so groß, dass mich die Angst erfasste, wenn ich ihm die Sandalen anziehen musste. Es genügte in der Tat, mit dem Finger nur sehr leicht über seinen Fußrücken zu streifen, um ihm einen Schmerz zuzufügen, der sich sofort in eine Verzerrung des Gesichts übersetzte ...«

»Vier oder fünf Monate vor dem 23. September 1968 waren die Wunden noch offen ... doch verminderten sich allmählich ihre Blutungen ...

Wir, die wir Pater Pio beistehen durften, nämlich Pater Onorato, Pater Alessio und ich, stellten an den Leinentüchlein fest, dass sich auch an der Seitenwunde dasselbe Phänomen der Verminderung vollzog. Die Tüchlein waren in der Tat weniger blutgetränkt.

Am 22. September 1968 fielen während der Feier seiner letzten Messe zwei fast ganz weiße Schuppen von seinen Händen. Am Morgen des 23. September fiel die letzte Schuppe von der linken Hand, während Dr. Sala und ich den entseelten Körper herrichteten.

Dann merkten wir, dass an der Seite, an den Füßen und an den Händen weder Wunden noch Narben waren.«[12]

»Hand- und Fußrücken und die linke Brust hatten normale Haut, unversehrt und von derselben gleichförmigen Färbung wie der übrige Körper.«[13] Dr. Sala betrachtete das als ein außernatürliches Vorkommnis, das klinisch nicht zu erklären sei.

Pater Pios Mission war beendet, seine Aufgabe erfüllt. Die äußeren Zeichen göttlicher Beglaubigung waren nicht mehr notwendig, so sollten die Wundmale vom sterblichen Leib verschwinden. In seiner Seele aber werden diese gottgeschenkten heiligen Zeichen höchster Christusähnlichkeit in alle Ewigkeit eingezeichnet bleiben.

Da das Volk Pater Pio nur als den stigmatisierten Kapuziner vom Gargano kannte, wollte man ihm auch auf der Bahre die Halbhandschuhe belassen, die er zeitlebens getragen, um seine Wunden demütig zu bedecken.

Im Triumphzug durch San Giovanni Rotondo

Gegen 4.30 Uhr gab der Rundfunk die Meldung vom Tod Pater Pios bekannt, bald berichteten auch die Kirchen- und Tageszeitungen davon. Damit begann das Herbeieilen aus Italien und aus dem Ausland zur Kapuzinerkirche, wo Pater Pio aufgebahrt war. Um 8.30 Uhr öffnete sich das Portal der großen Kirche.

Vor dem Presbyterium lag er auf einem niedrigen Katafalk in einem Sarg aus Nussbaumholz. Über seinem Ordensgewand trug er die violette Stola des Beichtvaters, in den Händen, deren Rücken mit den Halbhandschuhen bedeckt war, hielt er das Kreuz, den Rosenkranz und die Regel des hl. Franziskus.

Vier Tage lang lag er so aufgebahrt, um dem gläubigen Volk und seinen geistlichen Söhnen und Töchtern von nah und fern Gelegenheit zu geben, ihm die letzte Huldigung zu erweisen. Die *Carabinieri* sorgten für die Aufrechterhaltung der Ordnung beim Eingang der Kirche, seine Mitbrüder hielten Ehrenwache bei der Bahre und sorgten dafür, dass sich die Rührung und Zuneigung der Südländer in den rechten Bahnen bewegten, denn viele kamen nicht bloß, um den Toten zu sehen, sie weinten, berührten und küssten ihn und beteten.

Unter den vielen, die in diesen drei bis vier Tagen am Sarg vorbeidefilierten, waren auch einige Bischöfe: Antonio Cunial, der bischöfliche Administrator von Manfredonia, Msgr. Andrea Cesarano, der über 35 Jahre lang Pater Pios zuständiger Bischof gewesen war, viele Priester und Ordensleute. Inzwischen hatte man Pater Pio in einen Metallsarg gebettet, der mit einer Glasscheibe bedeckt war.

Am Donnerstag, dem 26. September, um 15.30 Uhr, setzte sich der Leichenzug in Bewegung. Es war ein Triumphzug, man schätzte rund hunderttausend Menschen, die dem demütigen Gottesfreund das letzte Geleit gaben. In außerordentlich großer Zahl waren auch die Mitbrüder seines eigenen Ordens herbeigeeilt, der Pater General und der Pater Provinzial, aber auch viele Weltpriester und Ordensleute aus anderen Orden, dazu Vertreter der Regierung und der öffentlichen Verwaltung, seine eigene Verwandtschaft, die Nichte Pia Forgione und viele seiner Landsleute aus Pietrelcina begleiteten die Bahre. Als der Leichnam um 15.42 Uhr aus der Kirche »Santa Maria delle Grazie« herausgebracht wurde, wurde er mit südländischem Applaus empfangen. In der Luft brummten die Hubschrauber der Luftwaffe und Polizei und es wurden Blumen heruntergeworfen, als der Zug den acht Kilometer langen Weg durch San Giovanni Rotondo zurücklegte.

Als der Leichenzug nach vier Stunden wieder auf dem Platz vor der Kirche ankam, der bis auf den letzten Winkel gefüllt war, hielt der Generalminister der Kapuziner, Pater Clementinus von Vlissingen, in Konzelebration mit 24 Priestern und Assistenz von drei Bischöfen den Leichengottesdienst.

Am 22. September hatte man die unter dem Hochaltar der neuen Kirche liegende Krypta eingeweiht, die den Leib des Leidensmystikers aufnehmen sollte. Wie unter einem Altar ruht hier Pater Pio unter einem als Sarkophag geformten riesigen blauen Granitstein aus Labrador. Nun war sein Wunsch erfüllt, den er am 12. August 1923, als es um seine Versetzung ging, an Bürgermeister Francesco Morcaldi gerichtet hatte, dass er »in einem stillen Winkel dieser Erde« beigesetzt werden wollte.

Als die Gläubigen am Nachmittag des 27. September, dem Freitag der denkwürdigen Woche, zum ersten Mal sein Grab besuchen durften, befanden sich viele weiße Nelkensträuße rund um sein Grab.

Nun ist Pater Pio tot. Seine Lebensmesse ist vollendet. Aber seine Sendung ist nicht die eines Toten, sondern die eines Lebenden. Seine Macht der Fürbitte im Himmel ist noch größer, als sie es auf Erden war. War es ihm schon auf Erden geschenkt, um jedes seiner geistlichen Kinder zu wissen und ihm in väterlicher Liebe beizustehen, um wie viel mehr wird er erst vom Land der Vollendung aus denjenigen Vater, Führer und Helfer sein, die sich vertrauensvoll an ihn wenden.

In einer tragisch gespannten Weltstunde hat Gott seinen treuen Diener am 23. September 1968 heimgerufen. Die Kirche erlebte eine innere Zerreißprobe durch die negative Kritik, die man der päpstlichen Enzyklika über die christliche Ehe und Familie *Humanae vitae* entgegenbrachte. Der äußere Frieden war durch den Einmarsch der Russen in die Tschechoslowakei bedroht. Ob Pater Pio sich dem Herrn wohl ein letztes Mal für den Frieden in der Welt und die Wohlfahrt der Kirche zum Opfer angeboten hat, wie er es so oft getan hatte? Stand nicht sein ganzes Leben im Zeichen des Opfers und der stellvertretenden Sühne?

Beileidsbezeugungen und Presseurteile

Der Tod Pater Pios blieb in der katholischen Welt nicht unbeachtet. Eine Flut von Briefen und Telegrammen bekundeten dem Kloster und dem Orden Beileid und Anteilnahme. Zeitungsartikel und Gedächtnisreden suchten das Individuelle und Charakteristische seiner Persönlichkeit, seiner Tugenden und Eigenschaften zu beleuchten. Man nannte ihn einen Erwählten, einen treuen Knecht, einen überaus würdigen Sohn des hl. Franziskus, einen vorbildlichen Kapuziner, einen Apostel und Tröster unzähliger Scharen von Leidenden, einen Mann Gottes, einen würdigen Kapuzinerapostel, bei dem man die wunderbaren göttlichen Bestimmungen und die Anerkennung der hl. Kirche erwarten dürfe.

L'Osservatore Romano zum Tode von Pater Pio:

Die vatikanische Tageszeitung vom 23. und 24. September 1968 brachte auf ihrer letzten Seite unter der Überschrift »Der friedliche Heimgang von Pater Pio da Pietrelcina« aus Foggia die Meldung vom 23.: »Heute Montag 2.30 Uhr früh ist im Konvent von San Giovanni Rotondo Padre Pio da Pietrelcina zum ewigen Leben heimgegangen.«

Darauf folgte im *L'Osservatore Romano* der nachstehende Kommentar:

»Ein Mann der Demut, des Gebetes und der Buße.« Mit diesen Worten gab Msgr. Andrea Cesarano Papst Johannes Paul VI. Antwort auf dessen Frage nach Informationen über Padre Pio, und Msgr. Cesarano war damals schon seit über 25 Jahren der zuständige Erzbischof von Manfredonia und hatte das Leben und den Dienst des demütigen Kapuzinermönches sozusagen tagtäglich verfolgt.

Die Gestalt von Padre Pio ist der ganzen Welt bekannt. Von allen Seiten kamen zu ihm Gläubige und Zweifler, angezogen von seinem Tugendruf.

Man hat von besonderen übernatürlichen Gaben gesprochen und darüber wird sich die Kirche dereinst erklären. Wir können nur sagen, dass Padre Pio unzählige Seelen getröstet und zum Herrn zurückgeführt, Menschen, die dem Glauben und Christenleben fern und manchmal abgeneigt und der Religion feindlich gegenüberstanden, mit Gott wieder ausgesöhnt hat. Sein Beichtstuhl war ein Tribunal von Barmherzigkeit und fester Klarheit. Auch jene, die fortgeschickt worden waren, ohne die Lossprechung erhalten zu haben, hatten weitaus in der Mehrheit die Sorge, zurückzukehren und Frieden sowie Verständnis zu finden, während sich ihnen zugleich schon eine neue Zeitperiode geistlichen Lebens eröffnet hatte.

Cosmo Francesco Ruppi in *La Gazetta del Mezzogiorno*, Bari, vom 24. September: »Seine Gestalt ist unter vielen Gesichtspunkten ein ›Zeichen der Zeit‹ in der neuen Christenheit. Der Wert des Glaubens und der Liebe hat in der Tat in ihm einen tüchtigen und wirksamen Zeugen gefunden, das körperliche und seelische Leid einen Apostel, der mit gutem Grund mit Paulus sagen konnte, er trage die Wundmale Christi an seinem Leib, die Kirche Gottes hat einen verbindlichen Diener gehabt, der aus dem Beichtstuhl die höchste und verpflichtendste Kanzel gemacht hat.«

Ernesto Pisoni im *Corriere della Sera*, Mailand, vom 25. September 1968: »Er war ein Heiler der Seelen wie der Pfarrer von Ars, ein Tröster der erschütterten und verwirrten Gewissen, stark und zart, mit seiner kraftvollen und sicheren Vaterschaft ohne widerlich süße Sprünge und Salbungen eines vorgefertigten Heiligen.

Armer Pater Pio! So entstellt und verfälscht von seinem Mythos, von gewissen Bewunderern und Verteidigern, hingegen so echt und überraschend menschlich: ein südländischer hl. Francesco, derb in seiner kriegerischen Unschuld, auch witzig und selbstironisch, noch öfter in einem anderen Zustand und fast zermalmt von der geheimen Glut, die in ihm brannte und ihn bluten machte, von den Seinen verwundet, von vielen beargwöhnt, verdemütigt … sogar mit Falschheit angefeindet wie alle wahren Heiligen, aber immer unbeugsam in seinem Glauben.«

Nino Longobardi in *Il Messagero*, Rom, vom 25. September 1968:

»Pater Pio verkörperte für den, der zu ihm kam, den Vater, das in der Nacht der Zeiten verlorene Bild des Vaters: des autoritativen, weisen, überzeugenden, des immer unerschütterlich in seinem Glauben und in seinen Grundsätzen sicheren Führers in einer mehr als je unsicheren Welt …«

Emilio Cavaterra in *Il Giornale d'Italia,* Rom, vom 24. September 1968:

»Für uns bleibt er immer ein demütiger Bruder, der Millionen von Menschen Hoffnung gegeben hat, der den Glauben dem wiederschenkte, der ihn verloren hatte. Er war schließlich ein Vorbild schweigender Hingabe für den Priester- und Ordensstand in einer Zeit und in einer Welt, die ›den Tod Gottes‹ proklamiert.«

Stimmen aus dem Weltepiskopat

Andrea Cesarano, seit 1931 Erzbischof von Manfredonia, schätzte Pater Pio sehr. In einem Gespräch mit Papst Johannes XXIII. zeichnete er ihn als einen »Mann der Demut, des Gebetes und der Buße«. Vor seinem Tod am 19. Dezember 1969 hatte er noch seine Eindrücke über den stigmatisierten Kapuziner niedergeschrieben, den er seit der ersten Begegnung liebte. Darin schreibt er unter anderem: »Ich bewunderte an ihm die Heiterkeit des Geistes, die Fröhlichkeit des Charakters, die vollkommene Unterwerfung unter die Entscheidungen des Heiligen Stuhls ihn betreffend.«

Giacomo Kardinal Lercaro: »Ich fand an ihm einen einfachen Menschen, der zum Vertrauen gegenüber den Schwierigkeiten des geistlichen Lebens ermunterte.«

Julio Kardinal Rosales y Ras, Erzbischof von Cebu auf den Philippinen: »Ich habe an ihm bewundert die Frömmigkeit des Gottesmannes, die Sanftmut und Zeichen christlicher Demut, obwohl er von zahlreichen Gläubigen umgeben war.«

Stefan Kardinal Wyszynski, Primas von Polen mit anderen 44 Erzbischöfen und Bischöfen Polens:

»Wir alle sind überzeugt von der Heiligkeit des Lebens und der besonderen Sendung dieses Priesters. All das ist erwiesen durch sein langes vorbildliches Leben, geschmückt mit Tugenden, besonders mit dauerndem Gebet und einer besonderen Verehrung der Passion unseres Herrn Jesus Christus und der allerseligsten Jungfrau Maria, verschiedener heroischer Opfer und mit Buße, mit einem bewunderungswürdigen Apostolat, das aus der Liebe zu Gott und den Brüdern hervorging. Dieses lange vorbildliche Leben ist in der ganzen christlichen Welt und auch in unserem Vaterland wohlbekannt.«

Der Erzbischof Ildefonso Maria Sansierra von San Juan de Cuyo in Argentinien: »Ich spürte die Gegenwart Gottes in ihm … Er war eine Seele, die von Gott in Besitz genommen war: Das zeigte sein Betragen, seine Weise zu beten, und sein Einfluss auf jene, die ihn besuchten.«

Der Bischof von Apuania, Aldo Forzoni: Pater Pio war »ein Diener Gottes, ganz hingegeben an die geistliche Führung der Gläubigen, innigst vereint mit Jesus, dem Gekreuzigten, sodass er aus der Messe eine Stütze seines Lebens machte …«

Das ist nur eine Auswahl aus den vielen Stimmen des Weltepiskopats.

Sieben Jahre nach Pater Pios Tod

Nun ruht die sterbliche Hülle Pater Pios schon fünf Jahre in der eigens für ihn erbauten Krypta unter dem Altar der Klosterkirche von »Santa Maria delle Grazie«, an dem er täglich das hl. Opfer gefeiert hat. Doch wie die kleine Therese ihren Himmel damit verbringen wollte, auf Erden Gutes zu tun und sich nicht eher der Ruhe der Seligen hingeben wollte, als bis alle Seelen, die nach Gottes Willen das Heil erlangen sollen, gerettet sind, so wird auch Pater Pio ein ähnliches Wort zugeschrieben: »Ich werde nicht eher ins Paradies eintreten, bis die letzten meiner geistlichen Söhne und Töchter im Himmel sind.« Gilt auch seine Fürbitte in besonderer Weise denen, die sich seiner geistlichen Vaterschaft anvertraut haben, so ist er sicher bereit, allen zu helfen, die sich vertrauensvoll an ihn wenden. Dass sein Eintreten bei Gott kraftvoll und wirkmächtig ist, dafür zeugen die vielen Gebetserhörungen nach seinem Tod.

Was sein äußeres Werk betrifft, so hat er dieses in kluger Weise schon zu Lebzeiten dem Heiligen Stuhl anvertraut. Es untersteht also ausschließlich dem Heiligen Stuhl, und zwar dem Staatssekretariat Seiner Heiligkeit. Der Kardinalstaatssekretär hat sich auch einige Rechte vorbehalten, die entsprechend den Rechtsnormen des kirchlichen Gesetzbuches dem Ortsbischof zustehen.

Aber nicht nur eine kirchliche Anerkennung hat das äußere Werk Pater Pios, das Krankenhaus *Casa Sollievo della Sofferenza* (»Haus zur Linderung des Leidens«), als »Stiftung der Religion und des Kultes« erfahren. Durch Dekret des Präsidenten der Republik Italien vom 14. Januar 1971 hat es auch die staatliche Anerkennung erhalten. Diese schließt gleichzeitig auch die Billigung und Gutheißung der Statuten des Werks ein, was eigens im Dekret zum Ausdruck gebracht ist.

Diese doppelte Anerkennung ermöglicht es dem Werk Pater Pios, seine Aufgaben und Zielsetzungen in vollem Umfang anzustreben: die religiöse und ärztliche Betreuung der Kranken und andere Initiativen geistlich-religiöser Art wie Betreuung und Förderung der Gebetsgruppen, Abhaltung von Exerzitienkursen und anderen religiösen Veranstaltungen für die Pilger und für besondere Gruppen von Personen.

Manche glaubten zwar, dass Pater Pio sich mit diesem äußeren Werk mächtig übernommen hätte. Doch Gott schenkt es oft den großen Kontemplativen, dass sie nicht nur die Gottesliebe bezeugen dürfen, sondern auch die sich gerade durch das mystische Leben entfaltende Nächsten- und Bruderliebe. So hat sich auch der Liebes- und Kreuzesmystiker vom Gargano ein sichtbares Denkmal seiner Liebe zum leidenden Bruder und zur leidenden Schwester gesetzt.

Und doch ist das moderne Krankenhaus mit seinen tausend Betten lediglich ein Glied, äußerlich vielleicht das am größten erscheinende, ein Glied in einer Kette von Werken und Vorhaben, die nach der Intention Pater Pios mit Gutheißung des Heiligen Stuhles im Laufe der Zeit verwirklicht werden sollen.

Die apostolische Fruchtbarkeit des vollendeten Mystikers darf sich in besonderer Weise im Werk der Gebetsgruppen entfalten, die sich immer mehr ausbreiten und die geistliche Botschaft Pater Pios in alle Welt hinaustragen. Ein besonderes Anliegen der Gebetsgruppen besteht nach dem Geist ihres Stifters darin, dem menschlichen Leid einen neuen und tiefen Sinn zu geben, neu im Sinne des »neuen Menschen«, wie ihn der hl. Paulus bezeichnet, des Menschen, der »Christus angezogen hat«, d. h. der ganz der Liebes-Leidensgemeinschaft seines Herrn verpflichtet ist. In dieser echten und lebensvollen Christusnachfolge wird das Leid zum Ausdruck der Sühne. Das Leidensgebet vollkommener Hingabe an Gott in den Tagen der Krankheit wird zu einem mächtigen Fürbittgebet für die Kranken selbst und für die Brüder und Schwestern in Kirche und Welt. Dass Pater Pio alles menschliche Leid zum Mitleiden mit Christus erheben und adeln und durch den Sühnegedanken für die Kirche fruchtbar machen wollte, hat den Heiligen Stuhl bewogen, sich des Werkes Pater Pios anzunehmen und schützend seine Hand darüberzuhalten.

Ist auch der Pilgerstrom nach San Giovanni Rotondo nicht mehr so groß wie zu Lebzeiten des Stigmatisierten, so unterlassen es seine geistlichen Kinder doch nicht, immer wieder an das Grab ihres geistlichen Vaters zu kommen, um ihm ihre kindliche Dankbarkeit zu bezeigen und ihm ihre Anliegen vertrauensvoll vorzutragen. Bauvorhaben, die zu Lebzeiten Pater Pios begonnen wurden, sind jetzt schon vollendet. So der große, weite Parkplatz, vor allem aber der monumentale Kreuzweg, der durch Prof. Francesco Messina, einen der großen noch lebenden Bildhauer Italiens, geschaffen wurde. Der Grundstein dazu wurde am letzten Lebenstag des Stigmatisierten gelegt. Pater Pio konnte daran nicht mehr persönlich teilnehmen, begleitete aber die Feier von seinem Platz im Matroneum auf der Empore der Kirche aus mit seinem Gebet. Sicher hat er dabei nicht bloß für den Künstler gebetet, dem er eine tiefe Bekehrung vermitteln durfte, sondern für alle Kreuzträger und Leidenden, auf dass sie dem Herrn auf seinen Liebes- und Leidenswegen in Geduld, Ergebung, Ausdauer, Bereitschaft, ja in Freude folgen können. Am 25. Mai 1971 wurde er feierlich eingeweiht. Der Kardinal von Neapel hielt das Pontifikalamt, der Ortsbischof, der Erzbischof von Manfredonia, vollzog die Weihe. Ein Jahr darauf enthüllte derselbe Ortsbischof, Mons. Valentino Vailati, ein Pater-Pio-Denkmal.

XX.
PATER PIOS GEISTIG-GEISTLICHE GESTALT

Jean Guitton, ein Freund Papst Pauls VI., hat einmal versucht, das äußere und innere Antlitz des Stigmatisierten vom Gargano zu zeichnen. Er vergleicht Pater Pio mit einem Lasttier, das alles Menschenleid auf seinem breiten Rücken trägt. »Mehr habe ich nicht gesehen«, schreibt er in der Zeitung der französischen Katholiken, *La Croix*: »Ich sammelte diese Züge seines Wesens, seinen Scharfblick, seinen gesunden, gehobenen Menschenverstand, seine Schlichtheit. Wie alle Welt habe ich ungewöhnliche Dinge gehört. Im Übrigen hatte er weder das Antlitz noch den Körper eines Asketen. Ganz im Gegenteil: Er sah aus wie ein gemütlicher Bauer. Man könnte ihn etwa vergleichen mit Papst Johannes XXIII. oder mit einem ländlichen Sokrates. So stelle ich mir die ersten griechischen Philosophen vor, einen Diogenes oder Heraklit.

Was ich an ihm wie an allen Mystikern bemerkt habe, war, dass Pater Pio völlig indifferent gegenüber jeglicher menschlichen Neugierde war, gegenüber der Neugierde boshafter oder freundlicher Art, die ihn ständig umgab und schier erstickte. Er wollte nichts anderes erkennen als Christus, den Gekreuzigten (vgl. 1 Kor 2,2).«

Guitton fasst die Gesamtgestalt ins Auge: den Menschen Pater Pio, den Ordensmann, den Mystiker. Wir sollen zunächst Pater Pio als Menschen betrachten.

Gottesliebe, reine, lautere, selbstlose Gottes- und Nächstenliebe und die daraus entspringende Heiligkeit überdecken nicht das Menschliche und erst recht zerstören sie es nicht. Das meint das scholastische Axiom: Die Gnade setzt die Natur voraus, sie zerstört sie nicht, sondern vervollkommnet sie. Bei all seiner mystischen Vollendung, bei all seiner sublimen Liebes- und Leidensmystik blieb Pater Pio doch ein Mensch mit einem feinen, zarten, sensiblen Wesen. Piero Bargellini beschreibt ihn als einen »Zeiger von Natürlichkeiten, als einen Mann offener Aufrichtigkeit, als einen Frater ohne aszetische Geziertheit, als einen Priester ohne mystische Verhaltensweisen, als einen Beichtvater ohne geistliche Raffinessen«. Vielleicht hatte Bargellini auch zu wenig Blick für den Mystiker: Sein Blick, seine innere Sammlung, sein immerwährendes Gebet verrieten schon den Mystiker und Gottesmann. Aber der Mystiker verdrängte keineswegs das echt Natürliche und einfach Menschliche an ihm. »Man sieht«, bezeugt Giovanni da Baggio, »dass er mit der größten Einfachheit und Natürlichkeit handelt und deswegen bin ich umso überzeugter von seiner Heiligkeit.«

Sein goldenes Herz

Pater Pio war in der klösterlichen Gemeinschaft sehr aufgeschlossen und gesellig. Der Mann Gottes, dem der Gedanke an Gott keinen Augenblick fern war, dessen Leben ganz Gebet und Gottvereinigung war, fand seine Freude und Erholung darin, mit anderen Menschen zu sprechen. Darin bestand vor allem seine kurze Entspannung nach vollbrachtem Tagewerk. Wenn man die Qualität eines Menschen heute vor allem auch nach seiner Kontaktfähigkeit beurteilen möchte, so muss man es Pater Pio zugestehen, dass er äußerst kontakt- und freundschaftsfähig war. Seine große Popularität außerhalb des Klosters verdankte er neben seinen besonderen Gnadengaben vor allem seiner Menschenfreundlichkeit und seinem Interesse an den Schicksalen seiner Mitmenschen. Auch seine reiche und fruchtbare Briefkorrespondenz mit seinen beiden Seelenführern und den von ihm Geführten spiegelt diese Fähigkeit zu echter, tiefer und auch zärtlicher Geistesfreundschaft wider.

Er besaß eine äußerst empfindsame Seele. Unter der etwas robusten ländlichen Körperform schlug wirklich ein goldenes Herz mit einer feinen Antenne für alle Aufmerksamkeiten und Beweise mitmenschlicher Liebe. Vieles las er seinen Besuchern von den Augen ab. Mit der Empfindsamkeit einer Mimose erspürte er schon von Weitem die Bedürfnisse der Menschen und beantwortete ihm entgegengebrachte Liebeserweise mit großer Bereitschaft des Herzens.

Was soll man gar von seiner Fähigkeit, mit dem armen, bedrückten und kranken Mitmenschen mitzufühlen und mitzuleiden, sagen? Eine solche Intensität des Mitfühlens und Mitleidens ist uns gewöhnlichen Erdenbürgern Neuland, in das wir trotz bestem Willen einfach nicht vorzudringen vermögen. Erst der Heilige, der vollendete Christ, der große Gottliebende, kann die wahre Menschenfreundlichkeit, das ganze und wahrhaft edle Menschentum, zum Leuchten bringen. Jene, die heute so viel von Nächstenliebe und Mitmenschlichkeit reden und das ganze Christentum als weltfromme Mitmenschlichkeit verstehen möchten, erahnen nicht einmal die Höhen und Tiefen echten menschlichen Mitgefühls und brüderlichen Mittragens und Mitleidens mit dem anderen. Da sie meist über die Anfänge des Christlichen, über eine anfängliche Gottesliebe nicht hinausgelangen, kann Gott sie unmöglich damit beschenken.

Diese Intensität des Mitfühlens und Mitleidens mit den Brüdern ist nämlich die Frucht gottgeschenkter mystischer Gnaden. So konnte Pater Pio, der für sich das Privileg des Schmerzes und des Leidens von Gott erbat, im Angesicht der unschuldig Leidenden, vor allem der kleinen kranken Kinder, aufseufzen: »O könnte ich allen Schmerz vom Angesicht der Erde tilgen!« Aber sofort korrigierte er sich: »Aber wer bin ich doch, der das machen will, was Gott nicht machte!«

Selbst die Tiere spürten seine Güte

Zwar zähmte Pater Pio keinen Wolf von Gubbio, wie die Legende von unserem hl. Ordensvater Franz von Assisi berichtet. Aber der Klosterhund zeigte dem großen Gottliebenden vom Gargano seine besondere Anhänglichkeit. Fand er die Tür, die vom Klostergarten ins Haus führte, offen, machte er prompt einen kleinen Spaziergang bis zur Zelle Pater Pios im ersten Stock des Konventes. Dort angelangt, kratzte und scharrte er an der Tür und entfernte sich dann erst wieder, wenn ihm dieser sagte: »Geh, es genügt jetzt. Du kannst jetzt wieder weitergehen.«

Der vollendete, heilige Mensch bringt ein Stück paradiesischer Harmonie in das durch die Sünde verursachte Chaos der Schöpfung zurück. Das ist ein Lieblingsthema der Heiligenlegenden. Die Tiere verlieren dem Heiligen gegenüber ihre Wildheit, werden zutraulich und leisten ihm willig ihre Dienste. In der Versuchungsgeschichte wird von Jesus gesagt, dass er bei den wilden Tieren war (vgl. Mk 1,13).

Die Südländer gehen nicht immer gerade sanft mit den Tieren um. Im Land des umbrischen Franziskus, der den Vögeln predigte, schießt man auch auf die Vögel und bereitet sich eine gute Mahlzeit daraus. So ging ein Pater des Klosters von San Giovanni Rotondo eines Tages auf Vogeljagd. Er traf nicht viel, aber ein Vöglein fiel mit blutendem Flügel in den Klostergarten. Als man bei Tisch davon berichtete, unterbrach Pater Pio den Erzähler und sagte lautstark: »Aber der hl. Franz machte es nicht so!«

Er tadelte die Rohheit des Jägers, die in jenen Breiten aber nicht als solche empfunden wird. Jedoch entschuldigte er sich nach dem Essen bei seinem Mitbruder, dem Vogeljäger: »Entschuldige mich, ich hatte nicht dich gemeint.« Gegen die Tat wollte er wohl Stellung nehmen. Dazu drängte ihn seine große Tierliebe. Aber den Täter wollte er keineswegs von seiner Liebe ausschließen, noch weniger ihn in aller Öffentlichkeit demütigen.

Pater Pellegrino, der lange mit ihm zusammengelebt hatte und ihm auch im Sterben beistehen durfte, fasst sein Menschsein so zusammen: »Er hatte ein Herz aus Gold … Er ist ewig ein Kind gewesen, er jauchzte vor Freude auf bei den Überraschungen, die man ihm bereitete, angefangen von der Prise Schnupftabak bis zur angebotenen Praline. Er kostete die zarte Freude der Freundschaft, geläutert und gesichert durch die Armut. Äußerst feinfühlig für die geringste Aufmerksamkeit, die er empfing und die er mit Gebeten und Gnaden des ewigen Lebens vergalt … Er hatte die Sensibilität einer Mimose, von Weitem erahnte er den Wunsch der Menschen und antwortete dem, der ihn liebte, mit unmittelbarer Bereitschaft … Seine Art von Menschlichkeit und Güte, die ihm aus den Augen leuchtete, ist schwer mit Worten auszudrücken.«

Während andere Heilige sich von ihrer irdischen Familie und Verwandtschaft gänzlich trennten, blieb er zeitlebens mit seinen Eltern und Geschwistern in herzlicher Liebe verbunden. Er trug sie immer im Herzen und entfaltete auch einen regen Briefverkehr mit ihnen, um seiner liebenden Anhänglichkeit Ausdruck zu geben. Überschwänglich war er mit seinen Liebesbezeugungen gegenüber den unschuldigen Kindern seiner Verwandtschaft. Oft schrieb er, man möge den Verwandten eine »Flut von herzlichen Grüßen« und der kleinen Pia »eine Flut von Liebkosungen«, »eine Unzahl heiliger Liebkosungen« übermitteln. Später segnete er diese seine Nichte Pia »zusammen mit den Kindern und Mario mit einer vollen und überströmenden Segnung«.

Eine besonders innige Liebe verband ihn mit seiner lieben Mutter. Als diese ihm am 5. Dezember 1928 auf dem kleinen Platz vor der alten Kapuzinerkirche begegnete, nahm sie seine verwundete Hand in die ihre und überbrachte zunächst die Grüße der Verwandtschaft. Für jede Base – Libera, Pellegrina, Philomena und viele andere Verwandte – drückte sie einen herzlichen Kuss auf seine durchbohrte Rechte. Nachdem sie die Wünsche aller Basen und Vettern zärtlich zum Ausdruck gebracht hatte, schloss Mama

Peppa: »Und jetzt küsse ich sie für mich …« Doch es gelang ihr nicht, die Hand ihres Sohnes zu küssen, da dieser sie hochgezogen hatte und erklärte: »Dieses niemals. Der Sohn muss der Mutter die Hand küssen, und nicht die Mutter dem Sohn.«[1]

Ein Mann von Witz und Humor

Pater Pio war nicht nur intelligent, scharfsinnig und schlagfertig, er entbehrte auch keineswegs eines gesunden Humors. Eines Tages besuchte ein gewisser Baron das Kloster von San Giovanni Rotondo. Der Baron hatte schon vieles über Pater Pio gehört, kannte ihn aber noch nicht persönlich. Der Zufall wollte es nun, dass Pater Pio wieder einmal Pförtner spielen und so den hohen Gast an der Pforte empfangen musste. Dabei entspann sich ungefähr folgendes Gespräch:

»Guten Morgen, Bruder Pförtner, mein Name ist Baron von X. Tun Sie mir, bitte, den Gefallen und holen Sie mir sofort Pater Pio, von dem so viel gesprochen wird!«

»Entschuldigen Sie, Herr Baron, Pater Pio kann ich leider nicht herbeischaffen. Übrigens ist er keine Sehenswürdigkeit!«

Offenbar nahm der Baron diese letzten Worte nicht gut auf, denn er erhob den Finger und sagte: »Ei, ei, Brüderlein, Sie bilden sich ein, einen Heiligen beurteilen zu dürfen. Das dürfen Sie keineswegs!«

Darauf der Bruder: »Ich kenne den Pater Pio wie meine Westentasche!«

In diesem Augenblick kam ein Pater vorüber. Der Baron sprach ihn an: »Hochwürden, können Sie mir sagen, ob Pater Pio da ist, denn mit diesem Bruder Pförtner werde ich nicht fertig.«

»Das ist ja allerhand!«, lachte der Pater aus vollem Halse. »Dieser Pförtner ist ja eben der Pater Pio.«

Pater Pio war ein kleiner Spaßvogel. Die menschliche Gabe seiner fröhlich-heiteren Unterhaltungskunst war wirklich eine gottgeschenkte *gratia naturalis* (»natürliche Gnade«), die die Rekreation im Kloster belebte, gelöst und heiter machte. Auf diese Weise vergalt er seinen Mitbrüdern reichlich das, was sie seinetwegen zu leiden hatten. Pater Pio war nie um das rechte Wort verlegen. Auch konnte er scherzen über Persönlichkeiten und Tagesereignisse. Sein ungezwungenes Lachen brachte auch die anderen zum Lächeln. Dabei war alles so unschuldig und doch mit größter Lebhaftigkeit vorgetragen. Seine schallende, volle Stimme mit ihrem südländischen Akzent erhöhte noch die Anziehungskraft seines Wesens.

Der Arzt Dr. Giorgio Festa, der manchmal an dieser klösterlichen Rekreation teilnehmen durfte, weiß darüber zu berichten: »Während meines Aufenthalts im Kloster habe ich mehrmals gesehen, wie er an den heiteren Witzen und am fröhlichen Scherzen seiner Mitbrüder teilnahm, aber immer mit einem Anstand, mit einem Maß und einem Sinn der Hochachtung für alle, dass es bei jedem, der ihn beobachtete, Bewunderung hervorrufen musste.«[2]

Auch mit den Ärzten und über die Ärzte beliebte er zu scherzen, hatte er doch auch unter ihnen seine Freunde wie den Professor Pietro Valdoni. Als man ihn einmal aufforderte, doch in sein Krankenhaus zu gehen, um sich dort untersuchen zu lassen, nahm er den Rat der Mitbrüder nicht an. Er sagte nur: »Aber was denkst du denn, was die Ärzte wissen?«

Einer Gruppe von Ärzten hielt er ein Wort der Salerner Schule vor: »Sicherer ist eine Maus zwischen zwei Katzen als ein Kranker zwischen zwei Ärzten.«

Er scherzte aber nicht bloß über andere, auch über die eigene Schwachheit wusste er Späße zu machen. Einem Mann, der sich seinem Gebete empfahl, weil eines seiner Beine nicht mehr mitmachen wollte, antwortete er sogleich: »Du Glücklicher, der du nur ein Bein hast, das dich nicht trägt! Mich trägt nicht einmal eines.«

Eines Tages erzählte er von einem armen Mann, der ganz überrascht war, als er sah, wie ein kleines Tierchen sich auf zehn, hundert, ja tausend Füßen fortbewegte. Dieses Wunder der Schöpfung ließ ihn ausrufen: »O Herr, diesem lieben kleinen Tier von kaum einigen Zentimetern habt Ihr 1000 Füße gegeben, und mir, dem so Großen, habt Ihr nur zwei gegeben, die mir nicht mehr dienen.« Nachdem er dies erzählt hatte, verabschiedete er sich, nachdem er sich entschuldigt hatte: »Ich muss gehen, weil ich mich nicht aufrecht halten kann.«[3]

Mit seinem Humor und seiner Schlagfertigkeit war er alles andere als oberflächlich. Manche seiner Antworten zeugen von einer Tiefe und übernatürlich fundierten Lebensphilosophie: So antwortete er dem Komiker Carlo Campanini, der ihn fragte, wie er sein geistlicher Sohn sein könne, wenn er abends auf der Bühne den Clown spielen müsse: »Mein Sohn, in dieser Welt spielt jeder den Narren, so gut er kann, auf dem Platz, auf den ihn der Herr hingestellt hat.«[4]

Seinem Mitbruder, Pater Basilio, der sich der Philosophie verschrieben hatte, schrieb er: »Es ist den Philosophen eigen, viel zu reden und wenig zu empfinden. Die Philosophie hat selten große Liebende geschaffen und ich irre mich nicht, wenn ich das verallgemeinere, dass die leidenschaftlichen Philosophen niemals Asketen und noch viel weniger Mystiker sein werden. Täusche ich mich? Beurteile du es selbst mit der Schärfe deines Geistes ...!«

Als Mann von Witz und Humor war Pater Pio trotz seiner umfassenden Leidenserfahrung ein gelöster, heiterer, froher und ausgeglichener Mensch. Diese innere Ausgeglichenheit freilich verdankt er vor allem seiner innigsten und unlöslichen Verbundenheit mit dem, der die Liebe, die Güte und die Freude ist, seiner Vereinigung mit Gott. Der Humor des Leidensmystikers ist gleichsam ein Fenster seiner Seele, das uns einen Blick gewährt auf sein ununterbrochenes Zwiegespräch mit der ewigen Liebe. Wie dieser alle Abstufungen an Farbe und Freude kannte, so schlossen auch seine Ausbrüche eines hl. Zornes, seine Zurechtweisungen und sein Tadeln keine Form aus.

Goldenes Herz und doch ein Grobian?

Nicht alle Besucher Pater Pios berichten von seiner Güte und Menschenfreundlichkeit. Journalisten und Biografen machen im

Gegenteil aufmerksam auf die »schreckliche Gabe seiner *scontrosità* (»Widerspenstigkeit«).

Pater Domenico Mondrone SJ spricht von einer Herbheit, die sich einmal Ausdruck verschafft in Witz und Scherz, dann wieder in einem Kurz-angebunden-Sein, das sein Gegenüber frieren und erstarren lässt.

Doch schauen wir auf den Heiligsten der Heiligen, auf den Herrn selbst. Seine Güte und Menschenfreundlichkeit zerfließen nicht in sentimentale Weichheit. Er ist sogar eines hl. Zornes fähig, wo es um die Rechte seines Vaters geht. Er kann nach unserem Empfinden harte Worte wählen, wenn eine Gunst erbeten wird. Denken wir nur an die kurze und herbe Antwort, die er seiner eigenen Mutter gibt, als ihn diese in ihrer mütterlichen Feinfühligkeit auf die Verlegenheit des Brautpaares aufmerksam macht: »Frau, was willst du von mir?« (Joh 2,4). Denken wir an die Abweisung der kanaanäischen Frau: »Es ist nicht gut, das Brot der Söhne den Hunden vorzuwerfen ...« (Mt 15,26).

Noch schärfer kann der Herr werden, wo er heuchlerischer Verstellung oder frecher Gesetzesübertretung begegnet. Denken wir nur an seine Scheltreden gegen die Pharisäer (vgl. Mt 23,13 ff.) und an seine Drohreden gegen die Städte, die sich dem Wort Gottes verschlossen zeigten (vgl. Mt 11,21 ff.). Denken wir an die Schärfe der Zurechtweisung, mit der er Petrus einen Satan nannte (vgl. Mt 16,23).

Auf den ersten Blick könnte man diese nicht seltene Herbheit bei Pater Pio als Missklang und Schattenseite seiner sonst so harmonischen Persönlichkeit erkennen. Doch würden wir bei dieser Oberflächlichkeit des Urteilens stehen bleiben, würden wir uns schwer täuschen.

Wir müssen tiefer gehen, um das Geheimnis seiner Person zu ergründen. Tiefer gesehen war sein kurz angebundenes, scheltendes Wort vor allem ein Anruf und Rückruf, um andere auf ihre falsche Seelenhaltung aufmerksam zu machen. Oft wies er auf diese Weise Neugierige zurecht oder ließ eben angekommene Pilger wissen, dass man die ersehnten Gnaden nicht mit großer Leichtigkeit erlange, sondern sie erringen und erbeten müsse.

Nur allzu viele nährten die Sucht nach dem Außerordentlichen oder glaubten, eine Wallfahrt zum Stigmatisierten auf dem Gargano sei ein Wundermittel für jeden Leib- und Seelenschaden.

Aus Demut wies Pater Pio eine übertriebene Verehrung seiner Person als religiöse Verirrung zurück. Einem, der sich an ihn wandte: »Pater Pio, der Ihr so gut seid ...«, antwortete er: »Ich bin nicht gut. Jesus allein ist gut. Ich weiß nicht, warum das Kleid des hl. Franziskus, das ich trage, nicht von mir flieht. Der letzte Sträfling auf Erden ist Goldes wert im Vergleich zu mir.«

Als eines Tages ein Mitbruder ihm seine Liebe und Wertschätzung spüren ließ, sagte er zu diesem: »Mein Sohn, wisse, dass ich der größte Sünder auf der Welt bin.« Dabei brach er in Tränen aus. Zu einem anderen Mitbruder meinte er: »Würde ich wieder auf die Welt kommen, ich würde wohl Ordensmann werden, aber nicht Priester. Meine Unwürdigkeit versetzt mich in Schrecken und ebenso die Verantwortung des Priestertums.« Als ihm jemand für eine Heilungsgnade dankte, die ihm Pater Pio erfleht hatte, antwortete er: »Mein Sohn, was kann ich schon machen! Alles kommt von Gott. Ich bin nur reich an einer Sache, an einer grenzenlosen Armseligkeit.«

So war sein raues Benehmen sicher auch eine Art Selbstverteidigung gegen eine gewisse Überschwänglichkeit. Als ihn sein Oberer daran erinnerte, dass über sein Benehmen Klagen eingegangen seien, gab er zur Antwort: »Wenn wir es nicht so machen, fressen uns die Leute auf. Schauen Sie, was sie tun!«, und er zeigte auf sein durchschnittenes Zingulum und auf seinen Mantel, aus dem man mit der Schere ein Stück herausgeschnitten hatte. Dabei hatte er nur ganz kurze Zeit in der Menge gestanden.

Es war an einem Septembertag des Jahres 1958. Wiederum stand er eingepfercht in der Menschenmenge. Er konnte sich nicht mehr helfen und rief aus: »Aber das ist Heidentum. Wir leben mitten im Heidentum.«

Als ihm jemand erwiderte: »Aber Pater Pio, dieses arme Volk kommt aus Frömmigkeit hierher, um ein Wort des Trostes und einen Segenswunsch zu erhalten«, antwortete er: »Ja, das ist wahr, aber sie werfen sich auf mich wie die Hyänen, sie drücken mir die Hand wie in einem Schraubstock, sie drängen von allen Seiten, um mich berühren zu können … und ich sehe mich verloren. Ich darf dann den Harten spielen. Auch mir tut es leid. Aber wenn ich es nicht so mache, bringen sie mich um.«

»Höre«, sagte er zu Pater Carmelo, »ich behandle die Seelen, wie sie es vor Gott verdienen.« Seinem Seelenführer schrieb er schon 1921: »Glauben Sie mir, mein Vater! Die Wutausbrüche oder der Hagel von Schimpfworten, die ich manchmal gehabt habe, sind verursacht worden …

Wie ist es möglich zu sehen, wie Gott sich über die Übel betrübt und sich nicht in gleicher Weise zu betrüben? … Zu sehen, wie Gott daran ist, seine Blitze zu schleudern … Um sie aufzuhalten, gibt es kein anderes Heilmittel, als die eine Hand zu erheben und sie aufzuhalten und mit der anderen dem eigenen Bruder einen Stoß mit dem Ellenbogen zu versetzen aus einem zweifachen Beweggrund, dass er das Übel beseitige und sich von seinem Standort fortbewege, weil die Hand des Richters über ihn käme.

Wie oft, o weh, muss ich dann mit Moses zum göttlichen Richter für die Brüder sagen: ›Vergib diesem Volk oder streiche mich aus dem Buch des Lebens.‹«

Viele ahnten den Grund für seine Methode. Er schickte, ja er jagte manche direkt fort, nicht um sie fortzujagen, sondern um sie noch näher an sich zu ziehen. Als jemand gerade ein solches Fortjagen erlebte und sich darüber beklagte: »Aber Pater! Diese Seele haben Sie umgebracht!«, erklärte er: »Nein, ich habe sie an mein Herz gedrückt.«

Er selbst musste sich dabei anstrengen, mürrisch und roh zu erscheinen, während sein Herz danach verlangte, alle, die sich ihm näherten, an sich zu drücken.

So erklärte sich auch der schnelle Wechsel seines Gesichtsausdrucks nach einem solchen Rüffel. Kaum hatte er den Kopf nach der anderen Seite gewendet, konnte er schon wieder lächeln, als ob nichts gewesen wäre. Demselben Pater Carmelo versicherte er bei einer solchen Gelegenheit: »Mein Sohn, ich habe mich nur an der Oberfläche erregt, aber drinnen im Herzen ist immer eine solche Ruhe und Heiterkeit.« Während er selbst oft den Leuten einen Blitz göttlicher Gerechtigkeit sichtbar machen musste, mochte er es nicht, wenn seine Mitbrüder in derselben Weise mit den Leuten verfuhren, denn sie hatten keinen inneren Auftrag dazu.

Pater Pio als Kämpfer gegen die unbescheidene Mode

Innen und außen müssen übereinstimmen. Wer nach dem Herrenwort zuerst das Reich Gottes und seine Gerechtigkeit sucht, (vgl. Mt 6,33), darf sich nicht mit zweit- und drittrangigen Werten zufriedengeben. Er wird deswegen sein Äußeres nicht vernachlässigen, doch wird er sich auch seine innere Freiheit bewahren und nicht jeden Tanz der Mode, erst recht nicht der unbescheidenen oder gar schamlosen Mode, mitmachen. Zu dieser inneren Freiheit wollte Pater Pio die Seinen erziehen, sie sollten ihn aber auch in seinem Kampf gegen die *moda immodesta* – »unbescheidene Mode« unterstützen. Das verlangte er von seinen Getreuen. So stand auf einem Billet, das mir Frau C., die sich in San Giovanni Rotondo unserer Pilgergruppe etwas annahm, in die Hand drückte, zu lesen: »Wer in seinen Prüfungen und Nöten meine Hilfe und Unterstützung erwartet, der muss mich in meinem Kampf gegen die unbescheidene Mode unterstützen.«

Als Beichtvater sah Pater Pio in der unbescheidenen Mode der Frauen auch eine Gefahr für die Männerwelt. Darum die unerbittliche Kampfansage.

Schon immer war der Stigmatisierte vom Gargano unnachgiebig gegen jede weibliche Eitelkeit. Er duldete bei seinen geistlichen Töchtern weder Halsausschnitte noch kurze und eng anliegende Kleider und Röcke und durchsichtige Strümpfe, erst recht keine ärmellosen Kleider. Doch seit dem Aufkommen des Minirocks nahm seine väterliche Strenge eine sonst kaum gekannte Unerbittlichkeit an. Frauen, die er nicht anständig gekleidet sah, jagte er von seinem Beichtstuhl weg. Manchmal waren es Dutzende.

Mit einer gewissen Besorgnis betrachteten seine Mitbrüder das Vorgehen des heiligmäßigen Kapuziners. Schließlich entschlossen sie sich, an der Kirchentür zunächst ein Hinweisschild anzubringen, auf dem zu lesen stand: »Auf ausdrücklichen Wunsch Pater Pios müssen alle Frauen, die bei ihm zu beichten wünschen, in der Kirche mit Kleidern erscheinen, die mindestens 20 cm unter das Knie reichen. Es ist verboten, sich in der Kirche selbst längere Kleider auszuleihen, um bei Pater Pio beichten zu können.«

Dieser letzte Hinweis war weder ein Scherz noch überflüssig. Denn im Halbdunkel einer Kirchenecke hatte ein richtiger Handel mit langen Röcken, Kleidern und Regenmänteln eingesetzt, um zur Beichte bei Pater Pio mit der vorgeschriebenen Rocklänge erscheinen zu können.

Trotz dieses Anschlags an der Kirchentür und der späteren Überwachung durch einen eigens bestellten Ordnungsmann kam es immer wieder vor, dass Pater Pio noch manche Frau fortschickte mit der etwas barschen Bemerkung: »Geht euch erst anziehen!« Auch bei unserer Pilgergruppe sah der sonst so tief gesammelte Stigmatisierte einige Frauen intensiv an, ohne aber ein Wort zu sagen. Obwohl die Kleider bis kurz unters Knie reichten, entsprachen sie seiner Sittenstrenge noch keineswegs.

So galt um Pater Pio herum noch die Mode der Dreißigerjahre. Und diesem Wunsch ihres geistlichen Vaters beugten sich nicht nur die älteren Frauen, sondern auch die heiratsfähigen Mädchen. Ein Tadel ihres Seelenführers galt ihnen mehr als alle Angst und Furcht, altmodisch oder wenigstens unmodisch gekleidet zu erscheinen. Schließlich war es ja nicht nur der Wunsch des geistlichen Vaters: Die Mystiker sehen in ihren Schauungen die Muttergottes nie anders als so, wie es Pater Pio von seinen geistlichen Töchtern verlangte.

Tatsächlich warnte auch die Muttergottes von Fatima vor Moden, die unseren Herrn sehr beleidigen. Zu Jacinta, einem der Seherkinder, sagte sie: »Es werden einige Moden aufkommen, die unseren Herrn sehr beleidigen werden. Diese Moden betrüben das Herz Jesu und das Unserer Lieben Frau. Solche Moden bringen schwere Strafgerichte mit sich, wenn jene, die sie gebrauchen, sich nicht bessern. Die Personen, die Gott dienen, dürfen es nicht mit der Mode halten.«

Ein wahrer Franziskaner

Seine Eltern hatten ihn auf den Namen des hl. Franziskus von Assisi taufen lassen. Seit frühester Jugend fühlte er sich mit dem Poverello von Assisi verbunden, sodass er Gott in einem franziskanischen Orden dienen wollte. 65 Jahre lang folgte er der Regel des hl. Franziskus im Kapuzinerorden und hielt treu an dieser seiner Berufung fest, auch in den Jahren seiner geheimnisvollen Krankheit in Pietrelcina. Damals wollte ihn der Erzpriester seiner Heimatgemeinde, Salvatore Pannullo, dazu verleiten, seine klösterliche Berufung aufzugeben und ihm in der Pfarrseelsorge zu helfen. Doch entschieden wies er das Ansinnen dieses mit seiner Mutter weitläufig verwandten Priesters zurück: »Wenn einer dem hl. Franziskus sein Wort gegeben hat, kann er es nicht zurücknehmen.«[5]

Zwei Stunden vor seinem Tod löste der nun Achtzigjährige sein Wort ein. Gegen Mitternacht des 22. auf den 23. September 1968 äußerte er den Wunsch, die Gelübde der eigenen Ordensprofess erneuern zu dürfen. Er tat das bei vollem Bewusstsein. Er legte seine Hände in die des Pater Pellegrino und las die gleiche Formel, mit der er sich am 22. September 1904 an die franziskanische Gemeinschaft des Kapuzinerordens gebunden hatte. In seinen Schauungen fehlte neben Jesus und Maria, dem hl. Josef und dem Schutzengel nicht die Gestalt seines Ordensvaters Franziskus. In einer solchen ekstatischen Vision wurde er am 3. Dezember 1911 in Venafro im Zwiegespräch mit dem hl. Franziskus überrascht. Selbst der Teufel versuchte, in die Gestalt des hl. Ordensvaters zu schlüpfen, um den jungen Kapuziner zu täuschen.

Viele Jahre feierte er seine hl. Messe am Franziskusaltar der kleinen alten Kapuzinerkirche. Als 1939 der hl. Franziskus zum Patron Italiens erklärt wurde, freute ihn das über alle Maßen.

14 Tage vor seinem Tod erlaubte sich Pater Onorato einen Scherz. Er kam mit dem Schneidermaß und erklärte Pater Pio, er müsse das Maß für die Hosen nehmen, denn wenn es so weitergehe mit den kirchlichen Neuerungen, müsse man auf alles gefasst sein. Das war für Pater Pio doch etwas zu viel. In einem entschiedenen Ton platzte er heraus: »Hast du den Verstand verloren? Ich habe gelebt und werde mit diesem geweihten Habit angetan sterben, verstanden?«[6]

Als Pater Pio nach seiner Versetzung nach San Giovanni Rotondo mit der Betreuung der Ordensjugend betraut wurde, betete er inständig zu Gott, dass er sie alle »zu würdigen Söhnen des seraphischen Vaters Franziskus erziehen könne«.

Er liebte und förderte den Dritten Orden des hl. Franziskus. Seiner geistlichen Tochter Violanta, die den Dritten Orden in seiner Heimatgemeinde Pietrelcina einführte und förderte, schrieb er drei ermunternde Briefe. In einem dieser Briefe schreibt er voll innerer Rührung: »Ich habe vor Rührung und Tröstung geweint und habe im Schweigen der Nacht und in der Zurückgezogenheit meiner kleinen Zelle mehrmals meine Hand erhoben, um Euch zu segnen und um Euch Jesus und unserem gemeinsamen Vater, dem hl. Franziskus, vorzustellen.«

Freilich kann man Pater Pio nicht einfach der franziskanischen Geistigkeit und Schule einverleiben. Denn jeder vollendete Mystiker von Pater Pios Größe erhält sein besonderes Charisma, seine eigene Sendung und Aufgabe. Ja, das Charisma des Stigmatisierten vom Gargano scheint noch größer zu sein als das seines eigenen Ordensvaters, als dessen unwürdigen Sohn er sich betrachtete. Schrieb er doch in einem Brief vom November 1922 an eine geistliche Tochter, sie möge Jesus für ihn bitten, »dass er ihm die Gnade schenke, ein weniger unwürdiger Sohn des hl. Franziskus zu sein«.[7]

Demut ist Wahrheit. Demut ist Mut zum Dienen. Demut ist Angleichung an den sich selbst erniedrigenden und sich entäußernden Herrn.

»Er muss wachsen, ich muss abnehmen« (Joh 3,30). Dieses Wort des Täufers gilt für jedes christliche Wachsen und Reifen. Der Mensch muss Gott Raum geben. Das eigene Ich, das alles eifersüchtig auf seine Erfüllung beziehen möchte, muss zurücktreten. Sein Begehren und Habenwollen, sein Geltungsdrang müssen schwinden. Der Herr selbst will in uns eintreten und von innen heraus durch seinen Geist der Liebe unser Denken, Wollen und Handeln leiten. Bis in unsere tiefsten Antriebskräfte hinein soll alles von der alles und alle umfassenden Liebe des Gottesgeistes gespeist werden.

Menschliche Anstrengung, menschliches Sichkleinmachen und Sichdemütigen vor Gott und den Brüdern würde das nie erreichen, denn das Ich mit seinem Haben- und Geltenwollen stirbt nach einer Formulierung des hl. Franz von Sales erst eine Viertelstunde nach dem Tod. Was der Mensch nicht zusammenbringt, das wirkt Gott gnadenhaft in den beschaulichen Reinigungsnächten. Lange Jahre ziehen sich bei Pater Pio diese läuternden Nächte hin, immer wieder unterbrochen von mystischen Liebesgnaden mit einer Menge von mystischen Begleitphänomenen.

Wer so von Gott in sein eigenes Nichts hineingedemütigt wurde, der ergreift auch selbst gern jede Gelegenheit, sich vor den Menschen zu demütigen und sich von ihnen demütigen zu lassen. Ohne diesen abgrundtiefen mystisch-beschaulichen Hintergrund wäre Pater Pio nie der »Mann der Demut« geworden, als den ihn sein Bischof Papst Johannes XXIII. gegenüber bezeichnete. Erst aus dem Erahnen des mystischen Hintergrunds können wir die vielen Demutsaussagen seiner Briefe und Worte so recht begreifen.

Aus dieser beschaulichen Selbsterkenntnis heraus wusste er sich als Sünder, schlechter als alle anderen, der sich selbst zum Ekel und Abscheu wurde.[8] Jemandem, der seine Güte lobte, beichtete er: »Ich weiß nicht, warum dieses Kleid des hl. Franziskus, das ich trage, nicht von mir flieht.«[9]

Es war am 60. Jahrestag seiner Einkleidung, als ihm einige ihre aufrichtigen Glückwünsche zu diesem Erinnerungstag entbieten wollten. Aber anstatt Regungen freudiger Dankbarkeit in ihm hervorzurufen, mussten sie erleben, dass er in lautes Weinen ausbrach. Er bedeckte sein Gesicht mit den Händen und sagte: »60 Jahre der Unwürdigkeit!«

Seinem Mitbruder, dem Philosophen Pater Basilio, schrieb er voller Demut: »Ich glaube, dass mein vergangenes und gegenwärtiges Leben in Gottes Augen nicht würdig ist. O welch eine Last ist das für mich und sie wächst umso mehr, je weniger ich in mir die Kraft finde, besser zu werden.«[10]

Der Applaus und die Lobeserhebungen durch die Menge riefen in ihm ein starkes Bedürfnis hervor, sich zu demütigen, sich zu verbergen, ja zu verschwinden. Als ihm am 14. Mai ein junger Mann vorgestellt wurde, der wunderbar geheilt worden war, sagte er nur: »Ihr wisst nicht, was ihr sagt. Gott verzeihe euch!«[11] Jene, die ihm für sein Fürbittgebet dankten, ließ er wissen: »Alles kommt von Gott. Dankt nicht mir, der ich unschuldig bin, dankt der Madonna!«[12]

Durch die außerordentlichen Gaben, mit denen Gott ihn überhäufte, fühlte er sich eher gedemütigt als erhoben. Selbst seine Stigmata nannte er ein schreckliches Geschenk. Man hörte ihn sagen: »Ich muss dem Herrn Rechenschaft ablegen für dieses schreckliche Geschenk.«[13]

Diese tief gegründete Demut ließ ihn in allem seinen Vorgesetzten gehorchen, auch in den schwierigsten Situationen, auch gegenüber Anweisungen und Vorkehrungen, die er nicht immer verstand, die ihn einschränkten, absonderten und demütigten.

In dieser Demut war er gern bereit, sich zu entschuldigen, wenn er seine Meinung mit einer gewissen Halsstarrigkeit verfochten hatte. Mit Pater Giovanni da Baggio geriet er eines Tages in eine sehr lebhafte Diskussion, sodass sich dieser gekränkt fühlte und das Pater Pio auch zu verstehen gab. Dieser hatte das in der Hitze des Gefechts gar nicht so mitbekommen. Als er darauf aufmerksam gemacht wurde, fragte er: »Ich? Wie? Wann? Sag es mir, weil ich bereit bin, mich auf die Knie zu werfen und dich um Verzeihung zu bitten …

Ich wollte niemanden beleidigen. Sag es mir: Hast du wirklich Anstoß genommen? Wenn du es mir nicht sagst, lässt du mich heute Nacht nicht schlafen.« Und schon war er auch auf den Knien und bat um Verzeihung.[14]

Auch vor Pater Agostino von San Marco in Lamis warf er sich schluchzend auf die Knie und bat ihn um Verzeihung, weil er ihn den »Alten« genannt hatte.[15]

Mit einem Akt der Demut wollte er sein Leben abschließen. In seiner letzten Stunde hauchte er seinem Betreuer, Pater Pellegrino, zu: »Ich bitte um Verzeihung für allen Verdruss, für jedes schlechte Beispiel und für alle Ärgernisse, die ich der Kommunität gemacht habe.«[16]

In seinen Unterweisungen und Zusprüchen mahnte er immer wieder zur Demut, weil er sie als das Fundament jeglichen geistlichen Lebens betrachtete. Im Februar 1954 schrieb er zwei amerikanischen Schwestern, wie sie die Demut erlernen könnten: »Schauen wir zuerst in die Höhe und dann betrachten wir uns selbst. Der unendliche Abstand zwischen dem blauen Himmel und dem Abgrund gebiert die Demut.«[17]

Arm trotz der Millionen, die durch seine Hände gingen

In armen und bescheidenen Verhältnissen geboren, tat sich Pater Pio nicht schwer, die franziskanische Armut, die er gelobt hatte, treu zu halten. Er liebte und lebte diese franziskanische Armutshaltung trotz der vielen Gelder, die später durch seine durchbohrten Hände gehen sollten. Millionen über Millionen Lire bekam er geschenkt, um sein großes, schönes und modernes Krankenhaus zu errichten.

Die Welt, in der er lebte, war eng und begrenzt: eine dürftig eingerichtete Zelle zum Beten und Ausruhen, ein Altar, um den Opfertod des Herrn sakramental gegenwärtig zu setzen und mystisch mitzuerleben und ein Beichtstuhl, um den Strom der göttlichen Barmherzigkeit in die Sünderherzen zu leiten, ein bescheidenes Kloster, das ihm Heimstatt war, und ein Klostergarten, in dem er ein bisschen Luft holen konnte. Er kannte weder Urlaubsfreuden noch hatte er besondere Hobbys. Das Geld, das ihm für die Armen und Kranken gegeben wurde, führte er mit äußerster Genauigkeit dem Zweck zu, zu dem es gespendet worden war. Er trennte die Almosen, die dem Kloster gegeben worden waren, um sie dem Oberen zu übergeben, von den Geldern, die ihm für das Krankenhaus überreicht worden waren. Öfter machte er diese genauen Angaben: »Wenn ich unversehens sterben müsste, dann erinnere dich: ›In dieser Tasche‹ – dabei deutete er auf die rechte Tasche seines Ordensgewandes – ›sind die Offerten für die Klinik; in dieser‹ – dabei deutete er auf die linke Tasche – ›sind die Gelder für die Feier von hl. Messen.‹«[18]

Kardinal Lercaro schrieb von seiner Armutsliebe: »Wenn die Reichtümer ihm zuflossen, o seine Hände waren wirklich durchbohrt. Man diskutierte über Pater Pios Stigmata, niemand aber zog in Zweifel, dass seine Hände durchlöchert waren.«

Sein Tugendleben

Als Pater Donato Wynant da Welle im Juni 1938 zum Generalminister der Kapuziner gewählt wurde, wurden ihm auch die ganzen Akten über den »Fall Pater Pio von Pietrelcina« übergeben. Nachdem er die Dokumente studiert hatte, reiste er nach San Giovanni Rotondo, um sich mit Pater Pio selbst zu treffen. Er blieb dort einige Tage, um sich genau über den Stigmatisierten vom Gargano und das Milieu, in dem er lebte, zu informieren. »Nach wiederholten Prüfungen in jeder Richtung«, so fasst er seine Eindrücke zusammen, »habe ich darauf schließen können, dass Pater Pio wirklich gesunden Geistes war und dass mir die Sicherheit seiner Einfalt und Aufrichtigkeit blieb, die unfähig war zu täuschen oder ein Ja für ein Nein zu sagen.«

Am 3. März 1970 versuchte er, diese seine Eindrücke noch etwas genauer zu umschreiben:

»... Ich kann und muss erklären, dass ich bei allen Kontakten, die ich mit Pater Pio hatte, tief beeindruckt war von der Übung der Tugend:

1) Heiterkeit: überall und immer
2) Demut: indem er niemals von sich selbst sprach
3) Sprechen: niemals ein hartes Wort zu jemanden, der ihn sehr beleidigte
4) Zuständliche Sammlung: aber in der Rekreation Fröhlichkeit und Natürlichkeit, jedoch ohne je ein ordinäres oder weniger schickliches Wort
5) Eine zarte Liebe gegen die Oberen und einen vollkommenen Gehorsam gegenüber allen kirchlichen und religiösen Autoritäten
6) Eine gesunde, bescheidene Frömmigkeit ohne Überschwänglichkeit«[19]

Das Größte aber ist die Liebe, die, wenn sie vollkommen ist, alle übrigen Tugenden in vollkommenem Maß nach sich zieht.

Einmal kam ein Mann nach San Giovanni Rotondo, der ein geistlicher Sohn Pater Pios werden wollte. Ehrfürchtig küsste er diesem die Hand und wollte auf seinen Platz zurückgehen. Doch Pater Pio hielt ihn fest, sah ihn ernst an und sagte zu den Umstehenden: »Das hier ist ein Mann, der all seine Pflichten erfüllt. Doch wenn es heißt, auch nur ein klein wenig mehr zu tun, dann sucht ihr vergeblich nach ihm. Aber das Schlimmste ist, dass sich seine ganze Familie so benimmt wie er.«

Die Umstehenden lachten und der Zurechtgewiesene stotterte etwas zu seiner Entschuldigung. Aber Pater Pio schüttelte traurig den Kopf, als ob er sagen wollte: Wie soll man ihm nur begreiflich machen, dass es in der Liebe und im Tun des Guten keine Grenzen gibt und geben kann. Denn das rechte Maß, Gott zu lieben, ist, ihn ohne Maß und Grenzen zu lieben. Das wusste der Mystiker Pater Pio nur allzu gut.

Dies habe ich in einer eigenen Abhandlung darzustellen versucht.[20]

Gott zu lieben aus ganzem Herzen und aus allen Kräften, wie es Gott im Hauptgebot verlangt, scheint die menschliche Kraft und Fähigkeit zu übersteigen. Doch wenn Gott es will und vom Menschen fordert, dann hat er es ihm auch zu geben. Gott tut es gern, wenn sich der Mensch dafür bereitet, und er zieht sein Geschöpf mit unbeschreiblicher Liebe an sich.

Im Buch »Geistlicher Gesang« eines Johannes vom Kreuz lesen wir: »Wenn Gott eine Seele liebt, so nimmt er sie in einem gewissen Sinn in sich selbst auf und erhebt sie zu gleicher Höhe mit sich und so liebt er die Seele in sich, mit sich und mit derselben Liebe, mit der er sich selbst liebt.«

In der mystischen Gottesvereinigung durchdringt und durchherrscht Gott die Seele so vollkommen, sodass diese die Erfahrung des Völkerapostels macht: »So ist mein Leben ein Leben im Glauben an den, der mich geliebt und sich für mich hingegeben hat. So lebe denn nicht mehr ich, Christus lebt in mir« (Gal 2,20). Wo Christus als König in einer Seele wirklich sein Gottkönigtum ausübt, da ist auch der Vater und der Heilige Geist, die die Seele mit ihrem unmittelbaren schöpferischen Liebeswirken beschenken. Gott ist der Haupttätige, die Seele nimmt an diesem göttlichen Wirken in ihr teil, sie wirkt mit durch ihre liebende, freudig-bereite Zustimmung. Restlos und vorbehaltlos ist ihre Zustimmung zum göttlichen Wirken in ihr, denn Gott kann und will nur in einer Seele wirken, die sich ihm gänzlich zu eigen gegeben hat. Die Akte und Werke eines solchen Menschen sind göttlicher Art. Die Weise, wie sie getan werden, ist zwar menschlich, es muss nichts Auffallendes dabei sein. Und trotzdem ist es das Göttliche, das solchen Akten und Werken ihre Wertigkeit, ihr Verdienst und ihren Bestand schenkt.

Nicht Pater Pios erfolgreiches und weltweites Wirken an sich ist es, was seinem Werk Bestand für Zeit und Ewigkeit sichert. Dem menschlichen Tun, selbst dem menschlichen Tugendwerk haftet immer noch eine menschliche Beschränktheit und Begrenztheit an. Nur was Gott selbst wirkt, ist vollkommen. Gott selbst ist es, der sich in den Herzen derer, die ihn lieben, einen vollkommenen Gottesdienst bereitet.

Das aber hat Gott im Herzen eines Francesco Forgione und Pater Pio getan. Er hat sich ein Herz bereitet, fähig und bereit, den göttlichen Liebesreichtum in einem großen, ja übergroßen, höchstmöglichen Maß aufzunehmen und der Führung und Leitung durch die göttliche Liebe des Heiligen Geistes ganz zu entsprechen.

Der Geist ist es, der lebendig macht

Liebe zeugt Leben. Der Heilige Geist als die Person gewordene Liebe zeugt göttliches Leben. Die Gaben des Heiligen Geistes erweitern und vollenden das übernatürliche Liebesleben im Menschen nach allen Richtungen. Sie befähigen, die Anregungen und Erleuchtungen des Gottesgeistes willig, bereit und freudig anzunehmen und in die Tat umzusetzen. Sie schenken Antennen für das Göttliche und führen dem Christen eines umfassend guten Willens ungeheure göttliche Antriebskräfte zu. Durch sie greift der »Finger Gottes« in die Saiten der fein gestimmten Seelenharfe, um ihnen das »neue Lied der Liebe« in immer neuen Melodien zu entlocken.

Je größer und selbstloser die Liebe, je höher ihr Grad, je vollendeter die Stufe, desto intensiver wirken diese Gaben. Sie beeinflussen die Seele direkt und unmittelbar und bereiten sie so zu den außerordentlichen Höhenwegen der Tugend. Der Heilige Geist treibt sie förmlich dazu. »Das sind die Kinder Gottes, die vom Heiligen Geist getrieben werden« (Röm 8,14). Die Seele folgt ihm und kann ihm freudig folgen. Sie kann ihm nicht widerstehen und will es auch nicht. Ihr Wille ist in der mystischen Gottesvereinigung ganz von der Liebe des Heiligen Geistes entflammt. Je flammender die Liebe des Heiligen Geistes die Seele einnimmt, desto weniger kann sie ihm widerstehen. Freilich auf den niederen Stufen der Liebe ist weder die Entflammung noch die Kraft der Geistesgaben fühlbar wie auf den höheren.

Doch da man annehmen muss, dass Pater Pio mit dreißig Jahren ein vollendeter Mystiker war, kann man sich vorstellen, dass das unmittelbare Wirken Gottes durch die Geistesgaben sein Tugendleben schon in den Jahren vor seiner Stigmatisation zur höchsten Entfaltung brachte, ja zum Heroismus steigerte.

Hauch mir deine Weisheit ein, dass ich liebe Gott allein!

Die Weisheitsgabe vollendet die Liebe. Es gibt keine Vollendung in der Liebe und Gottvereinigung ohne die Beschauungserfahrung, die aus der Weisheitsgabe hervorgeht. Da diese das Wachstum in der Liebe begleitet, ist sie notwendig, stärkendes Mittel, um das wir alle bitten müssen. Ohne das Wirken der Weisheitsgabe gibt es weder eine vollkommene Liebe noch eine Erfüllung des Hauptgebots. Betrachten wir deshalb kurz, was Pater Pio dieser höchsten und vornehmsten Geistesgabe verdankt.

Ohne die Weisheitsgabe hätte ihm die tiefe Gotteserfahrung gefehlt, die sein ganzes Leben und Wirken getragen hat, ohne sie hätte er nie erfahren, was uns die Kirche in der Sakramentsoration beten lässt, »auf dass wir die Frucht seiner Erlösung allezeit in uns erfahren«. Sie gab ihm die felsenfeste Gewissheit von der Wahrheit und Göttlichkeit der Lehre Jesu, sodass er nicht auf die »Glaubwürdigkeit« verständlicher und lebensbezogener Überlegungen angewiesen war. Er besaß durch sie eine große innere Sicherheit, dass Gott in ihm in außerordentlicher Gnadenfülle lebte und wirkte.

Gerade diese aus der Weisheitsgabe stammende Sicherheit war geeignet, die Ruhe und das seelische Gleichgewicht in allen Prüfungen, besonders in den schweren Prüfungen der passiven Läuterungen und in den sich steigernden Sühneleiden seiner *solita prova* (»gewöhnlichen Prüfung«), wiederherzustellen.

Die Weisheitsgabe vermittelte ihm eine Gotteserkenntnis ohne Form und Bild, ein Gotterahnen und -empfinden, das sein Herz vor Liebe und Freude überströmen und im Frieden Christi aufjubeln ließ.

Andere Gaben

In Pater Pios Leben und Wirken haben vor allem die Gabe des Rates und der Stärke, der Frömmigkeit und der Gottesfurcht eine große Rolle gespielt. Wie oft wusste er in ausweglosen und schwierigen Situationen einen kostbaren Rat zu geben. Wie oft riet er bei körperlichen Krankheiten zu einer Operation oder sagte sein entschiedenes *Niente ferri!* – »Kein Messer!«. Mit einer menschlich-natürlichen Stärke hätte er die Belastung durch seine dauernde Kränklichkeit und noch mehr durch die vielen äußeren und inneren Leiden nie durchgehalten. Der Mut und die Ausdauer, die Festigkeit und Standhaftigkeit flossen ihm aus einer anderen Quelle zu. Die Kraft des Allerhöchsten kam ihm durch die Gabe der Stärke zu Hilfe. Ohne diese Geistesgabe hätte er weder das »schreckliche Jahrzehnt« von 1923 bis 1933 noch das »schmerzliche Jahrzehnt« von 1952 bis 1962 so heroisch duldend überstanden.

Die Gabe der Frömmigkeit beschenkt vor allem mit dem Geist echten und heiligen Kindseins vor Gott, aber auch mit einer liebenden Hilfsbereitschaft, die bis zur liebenswürdigen Hingabe an die Brüder und Schwestern geht. Wie der Arme von Assisi war auch Pater Pio ein ganzes und vollendetes Kind dem Geiste nach: einfach und natürlich, klar und wahr, ohne Hintergedanken und Argwohn, ohne Falsch. Solche Kinder vor Gott sind eigentlich alle Heiligen, natürlich in verschiedenem Grad. Denn Gott führt sie alle den Weg der Liebe, der zur vollkommenen, reinen, lauteren, selbstlosen Liebesverbundenheit mit Gott führen soll. Dieser Einigungsweg aber ist der Weg der Einfachheit, der heiligen Einfalt, weil er alles und jedes auf das »eine Notwendige«, auf Gott und seine Liebe, beziehen lehrt. Die Gabe der Frömmigkeit schenkt auch den kindlich trauten Liebesverkehr mit dem Vatergott. Die liebenswürdige und sanfte Hinopferung für die Brüder ersehen wir aus seinem Einsatz für die Sünder, aber auch für die Mitbrüder, für seine religiöse Ordensprovinz, für die *Fratini*, die er anfänglich betreute, für die weltweite Schar seiner geistlichen Söhne und Töchter, für die Armen und Kranken, denen sein äußeres Werk galt.

Die Gabe der Gottesfurcht, die die Demut vollendet und in ihr gegründet ist, bewirkte vor allem die geistlichen Nächte des Mystikers. Sie war es, die ihn vor der geringsten Sünde und Unvollkommenheit zurückbeben ließ, sodass er lieber sterben wollte, als Gott im Geringsten zu beleidigen. Sie war es, die ihn sein Sündersein vor Gott in einer Tiefe erfassen ließ, wie es nur den großen Liebenden und Kontemplativen geschenkt wird.

Wo das Wirken der Gaben des Heiligen Geistes in einem Menschen die Vorherrschaft erlangt hat, da ist mystisches Leben, unmittelbares Geisteswirken Gottes da, da hat sich die Taufgnade zu ihrer gottgewollten Höhe entfaltet oder ist auf dem besten Weg dazu; da ist die vollkommene, reine Liebe, die Gott selbst eingießt, durch die sich das innerliche Leben zu wahrer, gottgeschenkter Heiligkeit erhebt. Denn Heiligkeit ist nicht Menschenwerk, sondern Gottes Werk am Menschen, Gottes Geschenk. Pater Pio war damit von Gott so groß und herrlich beschenkt, dass er damit die ganze Kirche und jeden einzelnen Christen guten Willens in der Kirche beschenken kann.

Dieses Geschenk seiner wesenhaften Mystik und Heiligkeit ist noch bei Weitem wertvoller und zukunftsträchtiger als der große Nutzen, den sein Wirken der Kirche, ja der ganzen Welt brachte.

ANMERKUNGEN

I. Kindheit und Jugend

1 Graziella trat später als Sr. Pia von der schmerzhaften Muttergottes ins Kloster der Birgittinnen in Rom ein. Sie starb am 30. April 1969.

2 Vgl. Alessandro da Ripabottoni, *Pio da Pietrelcina, Infanzia e adolescenza,* San Giovanni Rotondo 1970.

II. Heilige dich und heilige!

1 P. Agostino da San Marco in Lamis, *Diario,* S. 157.

2 *Epistolario,* S. 679.

3 P. Raffaele da Sant'Elia a Pianisi, »Kurze Hinweise betreffs des Lebens von Pater Pio und meines langen Zusammenlebens mit ihm«, Ms., S. 13–14.

III. Der ungewollte Heimaturlaub

1 *Epistolario I,* S. 182.

2 Ebd., S. 180.

3 Ebd., S. 241.

4 Ebd., S. 180.

5 Ebd., S. 233.

6 Ebd., S. 727–728.

7 Ebd., S. 234–235.

8 Ebd., Brief vom 20. Juni 1910, S. 185–186.

9 Ebd., S. 187.

10 Ebd., S. 187, Brief vom 6. Juli 1910.

11 Ebd., Brief vom 17. August 1910, S. 196.

12 Ebd., S. 200.
13 Ebd., S. 209.
14 Ebd., Brief vom 29. November 1910, S. 205.
15 Ebd., S. 341.
16 Ebd., S. 207.
17 Ebd., S. 195–196.
18 Don Giuseppe Orlando, *Diario.*
19 *Epistolario I,* S. 276.
20 P. Agostino da San Marco in Lamis, *Diario,* S. 43, 66, 199, 209.
21 Ebd., S. 210.
22 Ebd., S. 25–42.
23 Ebd., S. 19–30; S. 36–39.

IV. Rückkehr ins Kloster

1 *Epistolario I,* S. 720.
2 Ebd., S. 725.
3 P. Agostino da San Marco in Lamis, *Diario,* S. 149.
4 Ebd., S. 202.
5 *Epistolario I,* S. 773.
6 *Epistolario I,* S. 798–799.
7 P. Emilio da Matrice, *Herzenserinnerungen,* S. 4.
8 Nina Campanile, *Diario,* Erinnerungen an Pater Pio.
9 Ebd.
10 Ebd.
11 Ebd.
12 Rachelina Russo, Ms.
13 Carmela Marocchino, »Erinnerungen an Pater Pio«, Ms.
14 Nina Campanile, Ms., S. 27 ff.
15 Filomena Fini, Ms., S. 10–11.
16 Filomena Fini, Ms.
17 Rachelina Russo, Ms.
18 Ms., S. 22.
19 Ms., S. 24.
20 Ms., S. 47.
21 Ms., S. 10.
22 Rachelina Russo, Ms., S. 27.
23 *Epistolario I,* S. 468.

24 Ebd., S. 583.
25 Ebd., S. 587, Brief vom 31. Mai 1915.

V. Mystik und Liebe

1 *Epistolario I*, S. 881.
2 Ebd., S. 909.
3 Ebd., S. 114.
4 Ebd., S. 116.
5 Ebd., S. 118.
6 Ebd., S. 122.
7 Ebd., S. 128.
8 Ebd., S. 193.
9 Ebd., S. 214.
10 Ebd., S. 216 und 217.
11 Ebd., Brief vom 31. Mai 1918.
12 *Epistolario I*, S. 1089.
13 Ebd., S. 303.
14 Ebd., S. 335.
15 Ebd., S. 622.
16 Ebd., S. 837.
17 Ebd., S. 756.
18 Ebd., S. 766.

VI. Lieben und Leiden

1 *Epistolario I*, S. 225.
2 Ebd., S. 1112.
3 Ebd., S. 1061.
4 Ebd., S. 1072.
5 Ebd., S. 1106.
6 P. Paolino da Casacalenda, »Le mie memorie intorno a Padre Pio«, Ms., S. 131–133.
7 *Epistolario I*, Brief vom 8. September 1911.
8 Don Giuseppe Orlando, »Padre Pio profeta«, Ms., S 15–16.
9 P. Raffaele da Sant'Elia a Pianisi, Ms., S. 1–2.
10 *Epistolario II*, Brief vom 23. November 1918, S. 114.

11 Ebd., S. 116.

12 Ebd., S. 1103.

13 Josef Hanauer, *Konnersreuth im Testfall. Kritischer Bericht über das Leben der Therese Neumann,* München 1972, S. 100.

14 P. Fernando da Riese Pio X, *Padre Pio da Pietrelcina,* S. 162–164.

VII. Charismen und mystische Begleitphänomene

1 P. Costantino Capobianco, *Detti e Aneddoti di Padre Pio,* S. 35–36.

2 Ebd., S. 73, No. 31.

3 Ebd., Nr. 24 und 28.

4 Ebd., Nr. 42.

5 Ebd., S. 76, Nr. 66.

VIII. Ein Leben lang Beichtpriester

1 *Epistolario I,* No. 221.

2 Ebd., No. 263.

3 Ebd., No. 335.

4 Ebd., No. 758.

5 Ebd., No. 837.

6 P. Agostino da San Marco in Lamis, *Diario,* S. 51.

7 Ebd., S. 52.

8 *Epistolario I,* No. 1158.

9 *Epistolario I,* Brief vom 19. Juni 1918, No. 1038.

10 *Epistolario I,* No. 206.

11 Ebd., No. 207.

12 Ebd., No. 304.

13 Giacomo Kardinal Lercaro, *Commemorazione,* S. 16.

14 Ebd., Alessandro Lingua, S. 30–32.

15 *Epistolario I,* S. 974–975.

16 Alessando Lingua, in: *Testimonianze.*

17 Ebd., Tarcisio da Cervinara, S. 237.

18 Ebd., S. 119.

19 Domenico Labellarte, in: *La Casa Sollievo della Sofferenza,* 22, 1971, 3, S. 21.

20 Ebd.

21 Felice Spaccucci, in: *La Casa Sollievo della Sofferenza,* 22, 1971, 14, S. 19.
22 *Testimonianze,* S. 120.
23 Ebd., Alessandro Lingua, S. 33.
24 Ebd., Domenico Labellarte, S. 22.
25 Ebd., Tarcisio da Cervinara, S. 237–238.
26 *Epistolario III,* Brief vom 30. März 1918, S. 192–193.
27 *Epistolario I,* S. 1227.
28 Ebd., S. 1210.

X. Pater Pios Seelenführung

1 *Epistolario II,* Brief vom 10. Dezember 1914 an Raffaelina Cerase.
2 *Epistolario I,* Brief vom 19. Juli 1975.
3 *Epistolario I,* S. 1243.
4 Ebd., Brief vom 27. Februar 1916.
5 Ebd., Brief vom 17. März 1922.
6 Ebd., Brief vom 21. Juli 1913.
7 Ebd., Briefe, S. 82 ff.
8 Ebd., Briefe vom 9. Mai 1915, 1. Juni 1915, 23. Juli 1915.
9 Ebd., Briefe vom 27. September 1916, 2. April 1917, 30. Januar 1921, 16. Juni 1921, 1. Oktober 1921, 3. Februar 1922.
10 Ebd., Brief vom 29. September 1911.
11 Ebd., Briefe vom 1. Juli 1915, 29. April 1919, 30. Januar 1921.
12 *Epistolario II,* Brief von Pfingsten 1914.
13 Ebd., Brief vom 11. März 1915, Brief vom 1. April 1915.
14 Ebd., Brief vom 23. Oktober 1914.

XI. Pater Pio am Altar

1 P. Tarcisio da Cervinara, in: *La Casa Sollievo della Sofferenza,* 21, 1970, 9, S. 10.
2 Francobaldo Chiocci und Luciano Cirri, *Storia di una Vittima,* Rom 1967, S. 588.
3 *Epistolario I,* S. 217.
4 Ebd., S. 217.
5 Ebd., S. 265.

6 Ebd., S. 264.
7 Ebd., S. 289.
8 Ebd., S. 244.
9 Ebd., S. 273.
10 *Epistolario I,* No. 128.

XII. Das schreckliche Jahrzehnt (1923–1933)

1 Don Giuseppe Orlando, »Padre Pio profeta«, Ms., S. 19.
2 P. Agostino da San Marco in Lamis, *Diario,* S. 59.
3 Vgl. APG, f 1.
4 *Vita e Pensiero,* Milano 10, 1924, S. 580–603.
5 AAS 15, 1923, S. 356, in: *L'Osservatore Romano* vom 5. Juli 1923.
6 AAS 16, 1924, S. 368.
7 *Epistolario I,* Briefe an die Oberen und Mitbrüder, S. 27–29, bes. S. 26.
8 Ebd., Don Giuseppe Orlando, S. 28.
9 Ebd., Francesco Morcaldi, S. 216.
10 P. Raffaele da Sant'Elia a Pianisi, Ms., S. 70.
11 P. Raffaele da Sant'Elia a Pianisi, *Padre Pio da Pietrelcina,* Roma 1926, S. 85.
12 P. Costantino Capobianco, *Detti e Aneddoti di Padre Pio,* S. 24.
13 Ebd., S. 60.
14 Ebd., S. 60.
15 Ebd., S. 61.
16 Ebd., S. 62–63.
17 Ebd., S. 60.
18 Ebd., S. 67.
19 Michele Calbucci, *La passione di Padre Pio,* Bologna 1954, S. 13–14.
20 Agostino da San Marco in Lamis, *Diario,* S. 71.
21 Padre Pio, Roma 1926, S. 22.

XIII. Verleumdungen und Rehabilitierung

1 Don Giuseppe Orlando, S. 22.
2 Ebd., S. 23.
3 P. Ferdinand Ritzel, *Der geistige Weg des Pater Pio,* Aschaffenburg 1974, S. 86.

4 P. Agostino da San Marco in Lamis, *Diario,* S. 88–91.
5 Ebd., S. 92.
6 *Epistolario I,* Briefe an die Oberen, S. 38.
7 Ebd., S. 39.
8 Ebd., S. 40.
9 Ebd., S. 41–42.
10 P. Agostino da San Marco in Lamis, *Diario,* S. 92.
11 *Epistolario I,* Brief von P. Bernardo d'Apicella vom 25. März 1934.
12 Ders., in: »Kurze Hinweise betreffs des Lebens Pater Pios und meines langen Zusammenlebens mit ihm«, Ms. III ff., 12v–13r.
13 Ebd., 13 rv.
14 Ebd., f. 14 rv.
15 P. Agostino da San Marco in Lamis, *Diario,* S. 92–93.
16 M. Preziosi, S. 71.
17 Ebd., S. 95–96.
18 *Epistolario I,* Brief an Msgr. Andrea Cesarano von Manfredonia vom 2. April 1932.
19 Brief ohne Datum, Kopie in APG.
20 Ebd., Giovanni da Baggio, S. 18–19.
21 Ebd., Alberto Del Fante, S. 87.
22 P. Raffaele da Sant'Elia a Pianisi, Ms., S. 75; P. Agostino da San Marco in Lamis, *Diario,* S. 69.
23 P. Raffaele da Sant'Elia a Pianisi, Ms., S. 77.
24 *Epistolario III,* Maria della Concezione, Lucia Fiorentino, Figlia spirituale di Padre Pio, 19. August, S. 19.
25 P. Agostino da San Marco in Lamis, *Diario,* S. 45.
26 *Epistolario I,* Brief an P. Luigi d'Avellino, Briefe an die Oberen, Ms., S. 31.
27 Ebd., Briefe an die Vorgesetzten, 9. Mai 1924, f. 23.

XIV. Trost der Leidenden

1 P. Agostino da San Marco in Lamis, *Diario,* S. 86.
2 Ebd., S. 94.
3 Ebd., S. 124.
4 Ebd., S. 131.
5 Ebd., S. 132.
6 Ebd., S. 135.

7 Ebd., S. 137.
8 Ebd., S. 139.
9 Ebd., S. 142.
10 Ebd., S. 149.
11 Ebd., S. 150.
12 Ebd., S. 151.
13 Ebd., S. 152, 154.
14 Ebd., S. 155.
15 Ebd., S. 157.
16 Ebd., S. 160.
17 Ebd., S. 170.
18 Ebd., S. 182.
19 Vgl. Rosario Fr. Pasquale, »Le debolezze di Padre Pio«, Ms., in: APG f. 1.
20 P. Marcellino da Casacalenda, in: *Testimonianze,* S. 93.
21 Ebd., S. 94–95.
22 Ebd., S. 94.
23 *Epistolario I,* S. 462.

XV. Der große Beter und seine Gebetsgruppen

1 P. Ferdinand Ritzel, *Der geistige Weg des Pater Pio,* Aschaffenburg 1974, S. 113–146.
2 Giovanni Gigliozzi, »Ein Gebetskreuzzug«, in: *La Casa Sollievo della Sofferenza,* 7, 1956, 8, S. 4.
3 *La Casa Sollievo della Sofferenza,* 17, 1966, 10–11, S. 12.
4 Ebd., 22, 1971, 2, S. 19.
5 Ebd., September 1949, S. 6.
6 Ebd., August 1950, S. 9.
7 *La Casa Sollievo della Sofferenza,* 17, 1966, 10–11, S. 3.
8 Ebd., 10, 1959, 17, S. 3.
9 Ebd., S. 13.
10 Ebd., S. 18.
11 Vgl. Giancarlo Settis Bericht, Ms., in: APG, f. 2.
12 P. Onorato da San Giovanni Rotondo, Ms., in: APG, f. 12.
13 Giacomo Kardinal Lercaro, Ms., S. 15.
14 P. Paolino da Casacalenda, Ms., S. 41.
15 Maria Pompilio, Ms., 22 v.

16 *Epistolario III*, S. 204.
17 Ebd., S. 207.
18 *La Casa Sollievo della Sofferenza*, 3, 1952, 5, S. 1.
19 Maria Antonietta Pompilio, *Erinnerungen*, Ms., 31 v.
20 *Epistolario III*, S. 98.
21 *L'Osservatore Romano* vom 23./24. September 1968, S. 8.

XVI. Die letzten Jahrzehnte

1 Foglio 2.
2 P. Agostino da San Marco in Lamis, *Diario*, S. 163–164.
3 Ms., in: APG, sez. XII, cart. 6.
4 *La Casa Sollievo della Sofferenza*, 1, 1950, 7, S. 1–2.
5 Francesco Morcaldi, »La morte della madre di Padre Pio«, in: *A und Z*, 13. Januar 1929.
6 Maria Antonietta Pompilio, Ms., S. 80–81.
7 Ebd., Francesco Morcaldi.
8 Manlio Masci, *Padre Pio – Cinquant'anni di sangue e di storia*, Rom 1966, S. 175.
9 *Epistolario I*, Brief des Pater Provinzials an den Ordensgeneral vom 25. April 1953.
10 Francobaldo Chiocci und Luciano Cirri, *Storia di una Vittima*, Rom 1967.
11 P. Agostino da San Marco in Lamis, *Diario*, S. 184–185.
12 APG, Sez. XII, cart. 5.
13 ACP, Ms.
14 P. Agostino da San Marco in Lamis, *Diario*, S. 162.
15 Ebd., S. 164.
16 Ebd., S. 173.
17 Ebd., S. 177.
18 Ebd., S. 180.
19 Ebd., S. 183.
20 Ebd., S. 191–192.
21 Ebd., S. 192.

XVII. *Der große Marienverehrer*

1 P. Agostino da San Marco in Lamis, *Diario,* S. 29.
2 Ebd., S. 42.
3 *Epistolario I,* S. 357.
4 *Epistolario I,* S. 576.
5 Ebd., S. 602.
6 Ebd., S. 182.
7 Ebd., S. 606.
8 *Voce di Padre Pio,* 3, 1972, S. 12.
9 *Epistolario II,* Briefe an Raffaelina Cerase, S. 117.
10 *Epistolario II,* Briefe an Frau Raffaelina Cerase, S. 59–60.
11 P. Rosario da Aliminusa, »Padre Pio e i suoi confratelli«, Ms., in: APG f. 1.
12 P. Onorato da San Giovanni Rotondo, »Torna presto!«, in: *Testimonianze,* S. 124–125.
13 *Epistolario I,* S. 388.
14 *La città posta sul monte,* S. 8.
15 *La città posta sul monte,* S. 8.
16 *Epistolario I,* S. 466.
17 P. Bernardino da Siena, »Padre Pio e la Chiesa«, in: *Atti del 1. Convegno,* S. 140.
18 *Epistolario I,* S. 26.
19 Ebd., S. 32.
20 *Atti del 1. Convegno,* S. 145.
21 *Epistolario III,* S. 289–290.
22 Francesco Morcaldi, in: *Famiglia Cristiana,* 1968, Nr. 42.

XVIII. *Die Mächte der Unterwelt*

1 *Epistolario I,* Briefverkehr Pater Pios mit seinen beiden Seelenführern von 1910 bis 1922.
2 Ebd., S. 203.
3 Ebd., S. 219, 225.
4 Ebd., S. 224.
5 Ebd., S. 225.
6 Ebd., S. 205.
7 Ebd., S. 213.

8 Ebd., S. 219.
9 Ebd., S. 209.
10 Ebd., S. 230.
11 Ebd., S. 278.
12 Ebd., S. 251.
13 Ebd., S. 266.
14 Ebd., S. 273.
15 Ebd., S. 292.
16 P. Costantino Capobianco, *Detti e Aneddoti di Padre Pio,* S. 5 ff.
17 *Epistolario I,* S. 297.
18 Ebd., S. 321.

XIX. Seliger Heimgang

1 P. Marcellino da Casacalenda, »Il suo Calvario«, in: *Testimonianze,* S. 93 und 94.
2 Giorgio Cruchon, »Le stimmate di Padre Pio«, *Atti del 1. Convegno,* S. 124.
3 *Epistolario I,* Brief vom 14. März 1910, S. 180.
4 Ebd. S. 328.
5 Ebd., S. 357.
6 Ebd., S. 521.
7 Ebd., S. 384; S. 656.
8 Ebd., S. 767.
9 P. Agostino da San Marco in Lamis, *Diario,* S. 52.
10 P. Marcellino da Casacalenda, *Detti e Aneddoti di Padre Pio,* in: *Testimonianze,* S. 66.
11 Chronik, S. 795.
12 P. Pellegrino da Sant'Elia a Pianisi, »Erklärung«, Ms., S. 1–2.
13 Giuseppe Sala, »Attestato sulle stimmate di Padre Pio«, San Giovanni Rotondo, 7. Juli 1969, in: APG, f. 2.

XX. Pater Pios geistig-geistliche Gestalt

1 Mary Pyle, »Zia Giuseppa und zio Grazio«, in: *Il Fraticello a Padre Pio,* Foggia 1960, S. 34.
2 Giorgio Festa, Ms., S. 133.

3 Rosario d'Aliminusa, »La debolezza di Padro Pio«, Ms., in: APG, f. 1.
4 P. Costantiono Capobianco, *Detti e Aneddoti di Padre Pio,* in: *Testimonianze,* S. 142.
5 Giovanni Gigliozzi, in: *Atti del 1. Convegno,* S. 27.
6 P. Onorato da San Giovanni Rotondo, »Torna presto«, in: *Testimonianze,* S. 125.
7 *Epistolario II,* S. 324.
8 *Epistolario I,* S. 432, 1096, 1105.
9 P. Eugenio da Montefusco, in: *Testimonianze,* S. 53.
10 *Epistolario I,* S. 234.
11 P. Carmelo da Sessano, in: *Testimonianze,* S. 119.
12 F. Bianco, in: *Testimonianze,* S. 70.
13 P. Eugenio da Montefusco, in: *Testimonianze,* S. 54.
14 Vgl. Giovanni da Baggio, in: *Testimonianze,* S. 52–53.
15 P. Domenico aus Macchia Valfortore.
16 *Testimonianze,* S. 48.
17 Ebd., S. 48.
18 Ebd., S. 129.
19 Bericht von P. Donatus Wynant da Welle, in: APG ff. 5–7.
20 P. Ferdinand Ritzel, *Der geistige Weg des Pater Pio,* Aschaffenburg 1974.

LITERATURHINWEISE

P. Agostino da San Marco in Lamis, *Diario*, San Giovanni Rotondo 1971.

P. Agostino da San Marco in Lamis, *Diario*, hrsg. von P. Gerardo di Flumeri, San Giovanni Rotondo, *Testimonianze 2*, 1975.

P. Alessandro da Ripabottoni, *Padre Pio da Pietrelcina*, Foggia 1975.

P. Alessandro da Ripabottoni, *Pio da Pietrelcina, Infanzia e adolescenza*, San Giovanni Rotondo 1970.

Atti del 1. Convegno di studio sulla spiritualitá di Padre Pio, hrsg. von P. Gerardo di Flumeri, San Giovanni Rotondo, 1. bis 6. Mai 1972.

P. Costantino Capobianco, *Detti e Aneddoti di Padre Pio*, San Giovanni Rotondo, *Testimonianze 4*, 1973.

Giacomo Kardinal Lercaro, *Lettere di Padre Pio*, 1969.

P. Fernando da Riese Pio X., *Padre Pio da Pietrelcina*, Postulazione Generale Cappuccini, Roma 1975.

P. Paolino da Casacalenda, *Le mie memorie intorno a Padre Pio*, hrsg. von P. Gerardo di Flumeri, 1978.

Padre Pio da Pietrelcina, *Epistolario I, Corrispondenza con i direttori spirituali (1910–1922)*, hrsg. von P. Melchiorre da Pobladura und P. Alessandro da Ripabottoni, San Giovanni Rotondo 1971.

Padre Pio da Pietrelcina, *Epistolario II, Corrispondenza con la nobildonna Raffaelina Cerase (1914–1945)*, hrsg. von P. Melchiorre da Pobladura und P. Alessandro da Ripabottoni, San Giovanni Rotondo, 1975.

Padre Pio da Pietrelcina, *Epistolario III, Corrispondenza con le figlie spirituali (1915–1923)*, hrsg. von P. Gerardo di Flumeri, San Giovanni Rotondo 1977.

Maria della Concezione, Lucia Fiorentino, *Parole divine, Lettere di Padre Pio*, Reihe »Sapienza di Vita«, 1964.

P. Ferdinand Ritzel, *Der geistige Weg des Pater Pio*, Aschaffenburg 1974.

ZEITSCHRIFTEN

La Casa Sollievo della Sofferenza, offizielle Zeitschrift der Gebetsgruppen, erscheint vierzehntägig.
La Civiltà Cattolica, die Zeitschrift der Jesuiten.
L'Osservatore Romano, Zeitschrift des Vatikans.
Voce di Padre Pio, Monatszeitschrift für die Selig- und Heiligsprechung Pater Pios, San Giovanni Rotondo, erscheint heute monatlich.
Famiglia Cristiana, christliche Wochenzeitschrift, publiziert in Alba.

ABKÜRZUNGSVERZEICHNIS

AAS (»Acta Apostolicae Sedis«) sind seit 1909 das Amtsblatt, also das amtliche Promulgations- und Publikationsorgan des Heiligen Stuhls.
ACG = Archivio Curia Generale dei Cappuccini, Roma.
ACP = Archivio Curia Provinciale dei Cappuccini, Foggia.
APG = Archivio Postulazione Generale dei Cappuccini, Roma.
Ms. = Manuskripte.